不二之光

達摩祖師《破相論》全維度解析

不爲定義知識・只爲啓發智慧

◉ 趙一澄 著

前 言

　　《壇經》中有人問六祖大師：「黃梅意旨，什麼人得？」六祖說：「會佛法人得。」那人又問：「和尚還得否？」六祖說：「我不會佛法。」你看祖師何其高明。要從世間追究這一問一答，其實問者不甚禮貌，明明六祖得承衣缽，此人卻明知故問。而祖師回話不卑不亢，坦蕩有聲「會佛法人得」。若從修行地追究，問者切心真摯，求取得失，故祖師拋以欲勾「會佛法人得」。佛者，覺而不迷也，祖師不住求取得失而隨緣接引，自然清明做主。

　　該人再問：「和尚還得否？」祖師更加高明，曰：「我不會佛法。」如此，一則以「不會」顛倒於「會」，打掉問者之切心，使其無法住念，開無所得門，方便接引契入無念心地；二則佛尚無法予人，又怎可能有人「會」佛法？畢竟「所謂佛法者，即非佛法」。本都是緣來則應，緣過自捨，無住生心，雁過寒潭之影不留痕事，又哪裏需要「會」什麼佛法？

　　上面這段文字，是本書中的一個片段。祖師之不會佛法，自有奧義。我之不會佛法，卻是相應一個七非之人的自知。

　　之前拜訪一位領域內的資深前輩，他問我為什麼自號「七非」？我說是檢視自己之前走過的人生，於自己而言，著實是一個「非好兒子、非好兄弟、非好丈夫、非好父親、非好老板、非好導師、非好人」的有漏之人，而我的社群裏的小夥伴對我的印象總結，又是一個「非善、非惡、非上、非下、非智、非愚的非常之人」。老師聽完先點頭又搖頭道，此二「七非」俱是凡俗七非，是外七非，你的七非應當還具有楞嚴七處徵心、七處俱非的意義，當為出世之殊勝內七非，即「非內、非外、非根、非塵、非明暗、非和合、非無所著」。如此之內外七非，以內破外，以外顯內，則內外圓通，可名因緣自在。

　　或許也正因如是之自在因緣，誤打誤撞地契上了達摩祖師《破相

論》的義趣，於是這本基於無心插柳的網絡講座而整理出的講稿文字，也就應運而呈現了出來。

2018 年，是我人生的重大轉折之年，也正是在這一年，我的人生開始真實踏上年至不惑的應有節奏。繼而在之後一次拜訪我的佛法老師時，他忽然和我談及《破相論》，說是時候該和大家講講這個內容了，讓我先從殺放生的性相關係和大家講起來。也是奇怪，不知怎的我就聽成了讓我通講全文。老師的話是必須要聽的，於是就從 2019 年的佛誕日開始了《破相論》全文的網絡講授。

既然要講破相，那自己也就首先不住時間相，沒想過要講幾節課講多久，更加不住文字相，每次網課也從不專門備課，均為在授課當下借祖師文字而「說己心理」。不知道這種講法是不是反而合上了《破相論》的意旨，所以學員聽眾很是相應，也就自然越來越多人加入到對《破相論》的學習中來，紛紛表達覺得解開了他們心中關於學佛的諸多困頓和疑惑之處，身心生活也都有了很大的受益和改善。

2019 至 2020 年，我就這麼有一搭沒一搭地講著。也是奇特的緣分，課程總共二十三講，結果又是莫名其妙地趕上了 2020 的佛誕當日最後一講自然圓滿收官。回頭一看，一部原文字數並不算多的《破相論》，講了整整一年。

講完總要向老師做任務匯報的，結果老師一句話把我說懵了。他說：「我只讓你先講殺放生，你怎麼都講了？我還納悶，怎麼講這麼久？」因老師是不通網絡與智能手機的自在比丘，且現世間雲水相，行蹤無定，所以日常我們的瑣碎交流並不多，一年有時一見，有時兩見，見則深入坦誠，以心會心，所以他這才知道我講完了。我回答道：「不是你交待我講麼，我哪裏會講《破相論》？就因為是老師布置的任務，我是硬著頭皮上的陣。」他笑了，說道：「看來這就是你的緣分！如是心中無求，反而沒有攀緣，恰合了佛法不取不捨的意趣和祖師禪的性質，隨緣說己心理而盡份服務大眾，反而容易圓通。」我聽他這麼一說，也就繼續和他說起講解《破相論》過程中大眾的受用和回饋，他繼而感慨：「這個時代，確乎需要《破相論》光大於世，看來是應

了機了！」

　　《破相論》是被收錄於《涵芬樓續藏經》的一部古論，因據傳是達摩祖師與弟子的問答實錄，也常被稱為《達摩破相論》。歷史至今也一直存在另一種說法，即此論並非達摩祖師本人之言，是後人托其名而作。托名而作的做法和說法，在中國古籍史上也確實並非鮮例，比如《黃帝內經》、《神農本草經》，甚至《道德經》一樣都存有這方面的學術爭議。就是足以代表中國佛教本土智慧精粹的《六祖壇經》，也存在多個版本，各有表述差別，一樣存在是否係托名而作或經後人篡改的各種意見分歧。至於如《楞嚴經》、《圓覺經》等就更不用說，皆具爭議。然則，作為收錄在《大藏經》中的一部古籍，無論其是否為達摩祖師親作，或為他人托名而作，誠如龍樹菩薩在《大智度論》中所言：「佛法非但佛口說者是，一切世間真實善語，微妙好語，皆出佛法中。如佛毗尼中說：何者是佛法？佛法有五種人說：一者佛自口說，二者佛弟子說，三者仙人說，四者諸天說，五者化人說……」按照《大智度論》的說法，只要符合佛教的義理，無論誰說，不僅可能算是佛經，而且還可能算是大乘佛經，因其皆「同圓種智」。

　　中國佛教發展至今，禪門一路始終是主流，而達摩大師更被尊為漢地禪門初祖，可對他最重要的法語集之一，亦可稱得上是宗寶教珍的《破相論》，歷史至今的傳講者卻鳳毛麟角。追究原因，可以說是非常複雜或非常簡單。說複雜其實是不好明說之意，說簡單無非是因為大眾學明白了，就容易斷了一些喜好名聞利養的名利客的財路罷了。名聞利養本身並不是問題，如陽光灑在水面上自然反射的波光粼粼。執相而求的問題從不出在「相」上，而是出在「執」上，如此就會誤認波光為水或為陽光。所以《破相論》之所破者，非在相，而在執。因一切執著均是自我設限，其實妨礙了自性的更多變化發展可能。

　　於我而言，無論是複雜或簡單的原因都不足道，反而是在傳講《破相論》的過程中，從太多聽眾和學員的回饋裏，不斷切實地感受到這部寶論的殊勝價值！他們或從多年困苦的偽宗教迷信裏轉繫縛為解脫，或從緊張對立的家庭關係裏回歸彼此的溫暖成就，或從身心病痛中綻

放出健康自在，或從事業瓶頸的迷茫焦慮裏，清晰人生目標且蓬勃發展……這一切都在證明著從佛陀到真正的金剛祖師們所秉承的一佛乘心性道，原是如此的務實好用並鮮活有力，且足以激活每一個人無限超越、無限發展的生命可能。從一部藏經古論中，除了可以領略到先賢古德的智慧哲思和文化光彩，更能如是啟發有緣大眾可應用於現實人生的本具智慧，於我而言，這確是最具價值的為所當為。

也正因如此，從《破相論》開講，就有不少聽眾和學員將我的講座音頻，自己聽抄下來反復學習。待全文講完，更多的聽眾和學員也就不斷表達希望我能把音頻形成書稿，以方便大家捧文在手，更細深入的願望。從音頻到今日之書稿，期間又過了兩年。在這兩年裏，我也隨緣開了不少其他網課，如《八大菩薩傳》、《五加行》等，也開了《生命大自在》的多場線下課，更是隨順全國各地學員聽眾的邀請，參加了各地舉辦的許多場很有規模的見面會講座。從這些越來越熱烈的響應裏，我越來越真切地感受到，大家對我們提出的口號「破除迷信，解放思想，實事求是，得大自在」的真實相應，更加真切地感受到越來越多人對我們倡導的「不為定義知識，只為啟發智慧」的說法的喜愛和認同。

佛陀在《金剛經》中言道：「是法平等，無有高下，是名阿耨多羅三藐三菩提。」又言道：「所謂佛法者，即非佛法。」我對此不僅深信，且體會越來越深。達摩祖師在《悟性論》中言道：「平等法者，凡夫不能入，聖人不能行。平等法者，唯有大菩薩與諸佛如來行也。」我對此不僅深信，且體會越來越深。六祖惠能大師說：「佛法在世間，不離世間覺。」我對此不僅深信，且體會越來越深。

佛者，覺而不迷也，凡者，迷而不覺也。迷於世間名相，則為六根繫縛；迷於出世名相，則為五蘊繫縛；迷於般若名相，則為心地繫縛……迷有無量層，覺有無量層，開發自性無盡藏的遊戲，要通過無盡破相乃至無相可破，才能不斷通關晉級，才有可能真的領略「無二之性即是佛性」的本具風光。在今天這樣一個信息愈發互通發達，人人趨向平等自由的時代，了解《破相論》的價值，不僅屬於宗教知識

的認知學習，而是由此來開啟一扇回歸平等覺性，揮灑自性家珍的寶藏之門。這扇家門其實原本就沒有關過，只是我們日常太習慣於隨習氣而馳求名相得失，沈淪色受分別，於是大都活成了失了憶的大富翁，變身為在門外淪落街頭的潦倒乞丐。簡單說，這扇門所開顯的道路，足以讓我們從簡單盲從的「信大師」開始走向智慧自如的「活自己」

　　所以《破相論》當應時代之緣再度廣弘，因為通過這扇門，我們會更容易喚回「本自具足，能生萬法」的根本記憶，乞丐翻身做主變富翁，繼而活出自己本具的生命無盡大自在！

　　所以當講《破相論》。

　　至於為何書名取為《不二之光》，相信每一位讀者會於書中自然會得。

　　　　　　　　　　　　七非之人 趙一澄
　　　　　　　　　　　　壬寅年立夏日 於正心堂

破相論 01：祖師希望你不勞而獲

【經文】

問曰：若復有人誌求佛道者，當修何法最為省要？
答曰：唯觀心一法，總攝諸法，最為省要。
問曰：何一法能攝諸法？
答曰：心者萬法之根本，一切諸法唯心所生；若能了心，則萬法俱備；猶如大樹，所有枝條及諸花果，皆悉依根。栽樹者，存根而始生子；伐樹者，去根而必死。若了心修道，則少力而易成；不了心而修，費功而無益。故知一切善惡皆由自心。心外別求，終無是處。

【七非先生解】

緣起

今天是三個日子的集合（2019 年 5 月 12 日）——佛誕日，母親節，還有汶川地震的紀念日。

十一年前的這個時候，我去了汶川救災。那是一次非常深刻的生命體驗，對我而言，非常非常的重要。學佛人真正踐行一下對他人扶危救難的幫扶，多些這樣的生命體驗，同時從體驗中再能產生一些思考，真的很有意義。所以，與其說我們當時是在汶川救他人的災，倒不如說，在那裏完成了對自己內心的一種更深層次的反思與救贖。

今天也是母親節，知母念恩。全世界沒有一個人不是媽媽生的，所以紀念母親的偉大，非常的必要。我們在之前的網課裏也專門談到過母光明的意義，所謂「母光明與子光明」的關係，這是佛法裏非常

重要的一個概念。怎樣才是更好的知母念恩？回報父母的恩德？回歸自性的母光明？在網課裏有比較詳細的說明。

第三個日子就是佛誕日。這是學佛人的紀念，今天正心堂的公號也發了篇文章，談到了紀念佛誕的意義和角度，大家可以看一下。看過正心堂文章的朋友，或者一直在關註我們公眾號的朋友，應該都比較了解我們的風格，我們不只是從形式上去表達一種宗教情感，而是更多的在於引導大眾回歸自己的心性本途。

就在今天，我們選擇從《破相論》來作新一輪網課學習，這樣的一個開啟，應該說也是因緣如是，因緣際會吧！

大乘佛法的根本入手點

這個時代，大家在各種自媒體上都能了解關於佛學、心靈、生命成長的種種知識，也越來越眼花繚亂。也正因時空因緣如是，大家就不太容易只掉進任何或單點、或片面的說法裏，如井底之蛙般學習，困頓住自己本無限靈動、鮮活的覺性。所以，到了這樣的一個時空因緣節點，大家的自性也就在推動著每一個人自己，開始或主動或被動地用一種更加趨向覺悟、趨向自在的方式來學習發展。然而無論形式為何，萬變不離其宗的佛法根本入手點在於：

離一切諸相，則名諸佛。（《金剛經》）
離一切相，即一切法。（《楞嚴經》）

讀解「佛法」這兩個字完全可用《金剛經》和《楞嚴經》這兩句話作一個概括。

佛法的目的是讓我們通過離相破執，發現清淨本來。那是生命的無盡藏所在，蘊含著無窮巨大的自性寶藏。恰恰達摩祖師的《破相論》，

在這個時代就應該成為一個被弘揚的主流，因為它能破迷顯真，不假彎路而直契寶藏，非常的有意義！

人生只有一條路

　　我們的學習社群，自 2017 年建群至今，無論是通過網課的形式，還是線下的學習活動，越來越多的小夥伴收穫了越來越多的生命力量和自由，這是我非常樂見的一件事。我們倡導的是「不為定義知識，只為啟發智慧」，而對佛法最美好的傳承態，恰是「眾生畢竟成佛」和「無量世界無邊佛」。換句話說，最美好的佛法傳承，所需要的一定不是一群簡單的迷信者、盲從者、輕信者。

　　佛經裏明確地告訴過我們十種「不輕信」：

　　1. 不因師長所言而輕信，
　　2. 不因經典記載而輕信，
　　3. 不因言者的外表而輕信，
　　4. 不因傳統而輕信，
　　5. 不因合乎邏輯推理而輕信，
　　6. 不因符合常識判斷而輕信，
　　7. 不因傳說而輕信，
　　8. 不因謠言而輕信，
　　9. 不因學說推論而輕信，
　　10. 不因預設成見而輕信。

　　這十種不輕信就是告訴我們：每一個人都應當在身心發展之路上，不斷地發現自己的智慧覺悟，而不是對任何觀念、說法簡單認可、盲目跟隨。

佛法的真實傳承，需要的是一代又一代、一群又一群、一個又一個能夠生發出與佛無別的智慧，能夠為自己和別人帶來最美好的生命光明的傳承者。換句話說，你必須成佛！否則，你對不起佛陀，對不起佛法，也對不起生你養你的衣食父母、社會大眾。因為，沒有人會花那麼多的心血，去培養一個甘願沈淪於無明、狹窄、封閉、混沌、計較、造作、分別和自我迷失的生命體。

「佛」之一字，究其本質，是覺悟、智慧、圓滿自在、無礙通達的代名詞，所以佛之義理，不應僅屬於宗教範疇。所以無論你是不是學佛人，你都當收穫這樣的自在人生，而這就是佛法駐世最美好的祝願，也是你自己本具的最偉大的生命真相。所以各位，你們腳下根本沒有第二條路，只有一條路，就是：必須成佛，乃至無佛可成。連佛的名相都要超越掉，收穫屬於自己的徹底的生命自由，只有這一條路！

如果佛陀的本願力，不能夠用最直接有效的方式，讓我們在生活的每一個當下，直接超越狹隘的自我，成就自性的大覺，那佛就失敗了，我們的衣食父母、社會大眾也就都失敗了。不是這樣的！眾生必定成佛！只要你活著，你根本就沒有第二條路可走，你必須超越自己的局限性，你必須收穫最美好的生命自由！

到死亡那一天來臨時，你什麼都帶不走，這叫「萬般帶不去，唯有業隨身」。萬般帶不去，就是告訴你：這些所有的呈現因緣，沒有任何實際的留戀價值。它們的呈現，只是你一道又一道的考試題，是你的自性安排你不斷實現自我升級，不斷覺悟的考試題。

一個畢業的學生，離開學校時，是不可能再帶著之前的課本和作業，奔向新的生命崗位的，因為他畢業了。所以記住這一點：你生命中的所有存在因緣，只是為了讓你發展你自己，超越你自己。換句話說，只要你活著，從來就都只有「成佛」這一條人生之路可走。

身入寶山空手歸

不要再在自己的小情緒、小在意、小得失、小分別裏面繼續無聊地打轉了，沒有任何的意義，你的生命不是用來幹那個的，切記這一點！

當把自己的生命浪費在無邊的瑣碎在意和得失糾結裏時，那就意味著你在辜負父母生養你的恩德，辜負佛陀、歷代祖師大德對你的期待，也辜負你自己的覺性良知，辜負你自己的本具智慧和福德。換句話說，你本是如來寶藏，你深入了自己的寶山，卻可能只是撿了石頭回去；不要說失了寶藏多可惜，你甚至也都沒有哪怕用石頭為自己真的蓋一間能遮風避雨的小房子，反而經常幹的事，是用石頭把自己敲死；之後，又重來一次這樣的人生……無限折騰。困頓在那些終究無常的、沒有意義的小情緒、小在意、小得失、小糾結裏，實實在在是對生命最大的浪費。

不要說你的人生如此，佛在《大寶積經》等一些經典裏，甚至也曾有過這樣的方便說，即不為阿羅漢作授記。為什麼？因為哪怕你修至阿羅漢或辟支佛，在佛的經教裏，都稱他們為雜途旁道，不入大乘，因他們造作了一個有餘涅槃，認為我們的生活是汙濁的，所以當出離，於是人天不能識得他們，無法為眾生做真實入道之表率。這在大乘菩薩道裏，就被被稱為「雜途旁道」。雖然在比如《法華經》等其他經典中，佛又對包括阿羅漢在內的一切眾生予以了全體授記，但我們要明白，那也是從每個人佛性根本具足角度上的另一種方便表達。

踏上學佛快車道

《易經》有云：天行健，君子以自強不息。自強不息的發展之道，就是中華人文的根本血脈。我們重啟這一輪的網課學習，也就更不必

在旁枝末節的所謂修學的「術」的層面上去經營瑣碎，裝點苟且。我們直接上快車道，用最快的方式，讓大家能夠收穫到最有質量、最具能量的佛法智慧。所以我想在這樣的佛誕日，我們做這樣的緣起，應該是非常非常美好的一件事。

在我的眼中，確實沒有一個人不是當下佛、未來佛。也正因如此，我們就來一同發生彼此之間最美好的智慧對話。當我們用彼此的自性、智慧來對話時，我們每一個人當下就是悉達多太子，從這點來講，你就是當下佛；當我們通過彼此的交流，獲得智慧的激發，此刻每一個人都是釋迦牟尼佛，這就是你的下生佛，你也可以稱他為彌勒佛。

所以請再不要用非佛的方式對待自己，困頓無明。更請不要再說自己是鈍根下愚，如果你是鈍根下愚的話，那我們一定要追究一下，你到底是在否定佛？還是在否定自己？或者是在否定我呢？我很尊重你，我尊重你的覺性、佛性，時時光明。佛更尊重你，在他眼裏，你就是佛。不要忘記佛在《金剛經》中所言，「為發大乘者說，為發最上乘者說」。你如果在生活中能聽聞到《金剛經》，請問你是不是大乘人？是不是最上乘人？如果不是，那你怎麼會聽到？你能聽到，說明你就是大乘人、最上乘人！所以，請不要再否定自己。

行腳途中的感悟

我這次是在行腳的途中和大家做這樣一個分享。這是我在五一福州《生命大自在》的線下課結束後，自己隨性有的這樣一個行為，到今天剛好是第七天。這次的行腳，我個人收穫非常多，其中有一個典型的案例，實在地讓我體會到了什麼叫「慢不如快」，「原始不如先進」。

我從福州出發，走了兩天後，在第二天的傍晚，走進山區裏一個前不著村、後不著店的地方，我自己當時也在想，接下來往哪兒走？

晚上在哪兒住？當時天也快黑了，我用手機搜搜地圖，前面確實沒有什麼賓館、旅店，但是我又不能不往前走。結果剛好前方經過一處山道的拐彎，一拐過那個彎，就在道邊，一所寺院出現在眼前。如果這個寺院是在道路比較深的地方，有個指示牌說幾百米什麼寺院，我都不一定會往裏走了，可能還會往前找，看看有什麼房子或者農舍，結果剛好就在道邊出現這麼一座寺院。如果這所寺院關著門，我也不一定會去敲門，因為我主觀上不願打擾別人。結果恰好寺院大門敞開，那作為一個行腳的修行人，看到大門敞開的寺院自然就會心生歡喜，「十方道場十方緣」，修行人見到道場，和回家一樣正常。

有人問那晚上為什麼不繼續行腳？不是不可以，但行腳最好不走夜路，夜路大車太多，山裏的路沒有路燈，一片漆黑確實不安全，行腳本是一件「心平路自平」的事，更加不必刻意攀緣。於是我走進了寺院，問裏面客堂的管理居士能不能掛單？那裏的居士不知道什麼是掛單，跟我說往前走沒有賓館了，建議我走回頭路，兩公里外有個賓館。兩公里要走半個多小時，那時我已經走了一天的路，已經比較疲憊了，再走回頭路也確實沒必要。當地的居士其實想把我往外推，看起來他們除了在蒲團上打打坐、求求佛、磕頭燒香……以外，並不知道什麼是修行人的規矩，對「十方道場雲水寮」應該並不懂。

但是畢竟寺院的法師是專業的。他當時不在，我等了一下，法師從外面回來，一聽我這麼說，就讓我留宿了。我很感謝，因為第二天我往前走才知道，豈只是十公里以內沒有賓館，二十公里以內都沒有賓館。我留宿後，晚上就和這位主持法師聊天，他是位北方法師，接這個小寺院五年了，他的夢想就是如何能夠早日建成一個大的道場，他給我看了規劃圖，我一看就心知肚明，他做事心太累。

既然法師留宿我，那我覺得要回饋他一下，得說點實話，也是希望他能越來越好。我說：「你做事心太用力，得虧年輕，時間長了的話，健康影響會很大，尤其心臟，容易出問題。」唉呀！他一下就覺得我說的特別入心，他說五年了，第一次讓人一句話把心思說透了。很高興的拉著我喝茶交流。其間，他有福州的弟子來看望他，我就問從福

州開車到這邊有多久？他說正常的話，大概四十分鐘到一個小時。

最多一個小時就能開到這間寺院！我從福州行腳，走了整整兩天！這讓我深刻體會到了什麼叫做「慢不如快」，「原始不如先進」。當然這是相對而言，如果是為自己逍遙自在，那快就不如慢。但如果你鎖定了一個目的地，不要說走路比不上開車，連自行車、電瓶車都比不了。想起一路上身邊疾馳而過的那些車子，蹭蹭的就不見了蹤影，確實太快了！

菩薩惡師

我想通過這個小經歷和大家說明什麼呢？請大家打開《破相論》，看看開篇的內容：

> 問曰：若復有人誌求佛道者，當修何法最為省要？
> 答曰：唯觀心一法，總攝諸法，最為省要。[1]

這就是快車道。換句話說，學佛什麼是最省事、最要緊、最切實、

1　《道行般若經》中的關於善師與惡師的區別：
須菩提白佛言：若有新學菩薩，聞是語得無恐怖。
佛言：設使新學菩薩與惡師相得相隨，或恐或怖；與善師相得相隨，不恐不怖。
須菩提言：何所菩薩惡師者，當何以知之？
佛言：其人不尊重摩訶般若波羅蜜者，教人棄捨去遠離菩薩心，反教學諸雜經，隨雜經心喜樂；復教學餘經，若阿羅漢、辟支佛道法。教學是事，勸乃令諷誦，為說魔事魔因，行壞敗菩薩。為種種說生死勤苦，言菩薩道不可得，是故菩薩惡師。
須菩提白佛言：何所菩薩善師，何行從知之？
佛言：其人尊重摩訶般若波羅蜜，稍稍教人令學成教，語魔事，令覺知，令護魔。是故菩薩善師也。

最有效的路徑？不是那些形式上的旁枝末節——儀軌、符咒、觀想、持誦……這些都不是。那些是方便接引的手段，只是善釣者釣你從輪迴苦海脫身的魚餌，而非價值本體。

這就是為什麼佛在經典裏將阿羅漢、辟支佛以下的修法，都稱為雜徑、小途，並且把在大乘菩薩道裏傳播雜徑小途的老師，稱為菩薩惡師。換句話說，在大乘菩薩道的範疇裏，凡教你認為生死是苦、著相而求，讓你「執方便為究竟」、心外求法，不能實現自轉法輪、真實任運自在的，都叫菩薩惡師。

還有這個在

有群友提了問題：佛不是說眾生平等嗎？那為什麼對阿羅漢有分別心呢？

佛對阿羅漢沒有分別心，佛描繪的是客觀層次、客觀路徑，是你對阿羅漢有分別心啊！認為阿羅漢在佛眼裏是不堪的。不是的！佛說的是實相，恰是因緣平等的呈現。換句話說，佛不為阿羅漢授記，並不是對阿羅漢的否定，他只是說阿羅漢道、辟支佛道，非菩薩善師。換句話說，說種種生死勤苦，讓你厭離世間的，不是菩薩道的好老師，但是在阿羅漢道、辟支佛道裏全部成立。所以佛沒有說否定，是你聽出的否定，那是誰的問題？

有個禪宗公案很有意思，有個比丘尼向一位禪師請法，禪師給她講法，講到興起，隨手就拍到了這個比丘尼的肩上，比丘尼大驚，指著禪師問：師父啊，你怎麼還有這個在？意思是說：師父怎麼還能夠拍我呢？我是女的，你是男的。禪師隨即指著她的心口回應道：你怎麼還有這個在？！

明白了嗎？隨手拍到不是事，心起分別才是問題。所以不是佛在做分別，佛只說一個現象呈現，是我們對羅漢、菩薩、辟支佛、六道

有情的心起了分別，問題出在了這兒。

捨一得萬，不是交易

佛在菩提樹下覺悟，說的第一句話就是「大地眾生，皆具如來智慧德相，只因妄想執著不能證得。」

換句話說，眾生之迷，只是因為妄想執著，破除妄想執著就是智慧德相，區別僅在於破的程度、層次不同。回到我們的快車道 — 正開始的《破相論》學習，當我們能離相一分，就能綻放萬分清明之力，收穫萬分生命自在。這就是前面打的比方，走路和開車的區別，慢車道和快車道的區別，雜途小徑和康莊大道的區別。

佛法裏有一個詞，叫「捨一得萬」，什麼是「捨一得萬」？不是說你在功德箱裏放了一塊錢，別人就能給你一萬塊錢，你捐一百塊，你就能從別的地方得到一百萬。那不是成了做交易買賣了麼？《金剛經》裏說：「若菩薩心住於法而行布施，如人入暗，即無所見。」意思就是這麼做只是徒勞。

《金剛經》裏接著說：「若菩薩心不住法而行布施，如人有目，日光明照，見種種色。」這就是說，但你能不住於法，不住於相，你就自然收獲自性萬分的清明力量回饋，這是「捨一得萬」，實實在在、不可思議。你自己想一想，無邊黑暗和日光明照的差別，其實何止萬倍！

順便在這裏提一句，在《地藏經》中也有光目女救母的故事，很多人僅俗解為世間之孝，這沒什麼錯，只是這如同吃蘋果只舔了一下皮，未免可惜。故事比較占篇幅，大家可以自己在網上看故事，我在《八大菩薩傳》的《地藏傳》裏也有詳解，這裏不再贅述。我剛好順便提一下，什麼是光目女？就是若人不住相布施，「如人有目，日光明照，見種種色」，這是光目。那什麼是「女」呢？慈悲、智慧為女。以不

住相而行智悲，才能度脫喜食蝦蟹之子（雜念妄念）的母親（執著心）。

心生法生，心滅法滅

　　我們這次參加福州線下課學習的群友，交了很多作業發到群裏，大家都看到了，很驚人！驚人的好：文筆好、義理好、收穫好。這個收穫不只是思路上的收穫，而且是他（她）生活裏實實在在的改變，包括身心健康上實實在在的改變。有些人身上十多年的腫塊不見了，有的人身上疼了十幾天，聽了三天課，好了……我不是醫生，沒有用任何醫學的方法，也沒有用其他的任何手段來干預，但確有這樣的發生，在我看來，原因很簡單：「心生種種法生，心滅種種法滅」。離一分相，內心放鬆一分，自性回饋給你的力量往往就是這麼不可思議。

　　大家應該也聽說過，有的到了癌症晚期，醫院都判了死刑的病人，回家之後不管不顧，反正不管了，遊山玩水去了，歇心了，幾年之後一查，癌症反而沒有了。為什麼？就是因為「此生故彼生，此有故彼有；此滅故彼滅，此無故彼無」。

　　「心」沒有了對「相」的執，「相」自然就煙消雲散了。就像太陽出來，烏雲自然就不見了，就這麼簡單。所以，你只管讓太陽出來，現陽光普照，別的不用管。這是佛法的大慈悲，希望大家能夠超越名相上的執著、妄想、分別。你離一分相，就獲萬分利，確實不可思議。

　　當然，這些都是個例，是因為這些人的內心確實發生了生命見地上的真實轉變，所以外在對應的就會發生天翻地覆的變化。然而不可將此又作為迷信，變成了有病不去醫院，非要特立獨行，那也是一種著相偏執。

別忘了為什麼念咒

若能了心，則萬法俱備；猶如大樹，所有枝條及諸花果，皆悉依根。存根而始生子；伐樹者，去根而必死。若了心修道，則少力而易成；不了心而修，費功而無益。故知一切善惡皆由自心。心外別求，終無是處。

有群友又提了個問題：發現自己鬆懈了持念咒語的共修，是不是著了一個貪舒服的相？當時我就問他了，念咒的目的是什麼？著在那個咒上面的用心，和回歸自己初心目的的用心，雖然用心的層次還沒有發生根本變化但如果你連念咒的目的都忘了，那你念的是什麼呢？

你不妨先回過頭來看看自己的行為目的。噢！我念咒的目的是為了清淨自在，而不是去念出緊張、焦慮、貪求……馬上心就輕鬆下來。每一個人的行為目的其實都是為了實現快樂，所以佛法也設了一個稱為「極樂世界」的方便譬喻。既然是為了快樂，那快樂是從緊張的心來？還是從放鬆的心來？不言而喻。

還是同一層次的用心，但用力已經發生了很大變化，受用已然大不相同。大家看到了吧，僅僅只是提醒下離相破執的方向，就這麼簡單有效，那要是真明白了離相破執的妙處，生活能不天翻地覆的變化麼？

公案之「嗡嘛呢叭咪牛」

有一個公案，應該很多人都聽過，說清了咒力和心力的關係：

一位藏族老太太在轉塔朝聖，遠處有一位大活佛就看到塔前有一道白光在繞塔旋轉。大活佛知道這是有清淨定力的修行人出現了，於是就要過去看看是什麼人。結果走進一看，是一位老阿媽，不停的在

念〈觀音菩薩心咒〉：「嗡嘛呢叭咪牛……嗡嘛呢叭咪牛。」注意發音，是「牛」不是「吽」（hòng）。

當然這是個比喻故事。因為藏文的「吽」和「牛」無論從發音或字形上，都很難發生直接關聯，大家領會精神就好。所以大活佛就跟老阿媽說：哎，阿媽！你念錯了，應該是嗡嘛呢叭咪吽，不是嗡嘛呢叭咪牛。大活佛指點老阿媽，老阿媽當然很高興，就趕緊改成「嗡嘛呢叭咪吽」。然後大活佛就走遠了，回頭再一看：咦？怎麼剛剛的白光沒有了？原因是那位老阿媽只要一念到結尾，就要想一想：哦，嗡嘛呢叭咪吽……嗡嘛呢叭咪吽。

其實這個故事對大活佛的意義當比對老阿媽的意義要大很多。大活佛這一下就明白過來，是自己著相了！著在了咒相上。於是轉身回頭，去和老阿媽說：「阿媽，我剛剛回去查了經典，你念的是對的，是我記錯了，就是嗡嘛呢叭咪牛。」這下老阿媽放心了，接著念「嗡嘛呢叭咪牛……嗡嘛呢叭咪牛」。老阿媽的心又變回平和穩定，這種平和穩定的身心內在，就自然地呈現出一種光明相。

公案之「狗牙生舍利」

還有一個「狗牙生舍利」的公案，講的是古印度時期的事。

佛陀涅槃後，有一位婦女對佛陀非常有信心，就想請一顆佛陀的舍利回家供奉。她委託在外做生意的兒子給她想辦法請一顆回來。兒子滿口答應，可總是忘記，這位媽媽就急了。有一天，兒子出門前說：這次我一定給您帶回來。結果還是忘了。在回家的路上，兒子突然想起這件事：壞了，回家得挨老媽罵。剛好看到路邊有一條死狗，他就從死狗的嘴裏拔下一顆牙，洗洗乾淨裝起來，帶回家跟媽媽說：媽，這就是給您帶回來的佛舍利。哎呀！老太太很高興，兒子怎麼會騙她呢？於是老太太就把這顆狗牙當舍利供養了起來。每天禮拜，非常虔

誠。結果這顆狗牙還真的就生出了許多小舍利，老太太更高興了，覺得這是和佛陀感應了。等老太太命終時，也現出了很多瑞相，大家都說老太太一定是往生為天人了。

我想請問大家的是：能生舍利的是狗牙麼？如果老太太知道這是狗牙的話，那還能生出舍利麼？

大家明白了吧，這就叫做「萬法唯心造」。

通過這兩個故事，回過頭來看「破相」的必要性，就知道我們很多時候都是在「著相而求」，我們就是不肯相信我們內心本來具足一切力量，我們就是不肯回到心性道上，用最快最有效的方式發展自己、成就自己。而是心外馳求，然後上當受騙，最後竹籃打水一場空，瞎子點燈白費蠟，不僅虛耗了光陰、反而強化了無明執著，何其可惜悲哀！

陰德怎麼修

我們再講一個傳統的故事——神醫扁鵲的故事[2]。大家都知道扁鵲是神醫、大醫，他判斷了齊桓公的病，但是扁鵲自己怎麼說？他說：我是治已經發生的病；我二哥呢，是病剛剛有苗頭，他就已經治了；而我的大哥是最厲害的，我大哥治的是未病，病沒有發生的時候，他已經幫人把問題解決了。也正因為如此，所以反而沒人知道他，因為病相不現前，他已經解決完了。

在座的諸位，形式上你們的功德善事，在所謂宿世之間，無論放

2　扁鵲三兄弟的故事出自於《冠子·卷下·世賢第十六》。
（魏文侯問扁鵲）曰：「子昆弟三人其孰最善為醫？」扁鵲曰：「長兄最善，中兄次之，扁鵲最為下。」魏文侯曰：「可得聞邪？」
扁鵲曰：「長兄於病視神，未有形而除之，故名不出於家。中兄治病，其在毫毛，故名不出於閭。若扁鵲者，鑱血脈，投毒藥，副肌膚，閑而名出聞於諸侯。」

生也好、持咒也好、拜懺也好、供養也好……林林總總，實在是已經做得太多了。這些形式上的陽德，在我看來已經是非常功德無量了。那我們回歸一點陰德，回到心地法門上，回到最為省要、重要的心地法門上，直接釋放自性，在無形無相之間轉大法輪，看看做的怎麼樣？

陽要靠陰來生的，你所有的呈現的生命能量，幸福美好，是要靠陰德成就的。看不見的功德，顯現成為看得見的成就，所以修行人都修陰德。怎麼修？執相而求都在面上，怎麼可能出陰德？各位要好好想想這個問題。

通過我們這樣的學習，我想可以給大家打一個保票：但凡離相修行，而不是執相而求，在生活中，你會發現原本困惑你的諸多問題就會自然地消失不見。這就叫依陰德顯化的「上醫治未病」。

佛法是真切務實的，不是簡單的心理引導和單純的學術思想。佛法是教會我們開啟實實在在的自性般若能量，即如來藏，即大寶藏，即無盡藏……不得了的！所以，真正學會這一種開啟自心自性智能的最快速、最有效的方法，你就能讓你的生命境界隨心改變，這也就被稱為「心能轉物，即同如來」。

換句話說，我們學習的目的就是一個：要讓大家都能掌握這種不修自得、「不勞而獲」、不假方便、立地自在的佛法。

之前在北京時，有一次一位七十歲左右的比丘尼來拜訪我，說有個地方的道場希望她去接，然後她也考慮怎麼配套建個中藥材基地，更好地造福當地等等。結果和我溝通完後，她就大笑而去，說：我現在渾身放鬆，周身自在，都能從你的辦公室走回我住的酒店去！那可是好幾公里的路程，為什麼這麼說？因為卸了她的千斤重擔。

因為她很信任我，交流時，我們就不論身份，直心相見。我問：您當年是因為生病而出家學佛的吧？她說：是。我說：如果您要搞中藥材基地，您當年應該入醫門，怎麼反而入了空門？入空門還要操心這些事？還不要離開名相看問題麼？

她一下就明白了。

著相而求，就必定「有求皆苦」；離相無求，自然發現「無求乃樂」

的自在美好！所以禪堂的門楣都掛著對聯，「十方同聚會，各自學無為」，明白人進禪堂，看到這一句，掉頭就走了，當下自在！為什麼？「無為」用「學」麼？用「學」的還是「無為」麼？不明白的人就坐進去開始做功夫，那就準定挨板子，打的就是這顆不肯歇的賊心！結果現在很顛倒，大多數禪堂都在教人做功夫、找念頭，這樣得出來的境界也是賊心境界，離「狂心頓歇，歇即菩提」的宗旨，早不知背道而馳到哪裏去了，「歇心」二字，真難！

《金剛經》講「一切賢聖皆以無為法而有差別」。三藏十二部設種種方便，都是導人離相破執、歇心無為。若能如此，自然清淨的如來藏光明就現前，隨緣相應顯能，那個創造力更加驚人，所以經裏說八地菩薩以上的修為，就具備了創造世界的功德力，這才是「行深般若波羅蜜多」的價值開始。

真正的佛法、了義的佛法、光明的佛法、大乘的佛法，一定是要解決你時時處處生命的任運自在，時時處處能夠推轉你的生命法輪，時時處處能夠光明普照，讓你在生活中運用得起來，直接自利利他、自覺覺他！這才是大乘佛法、有價值的佛法、有意義的佛法！

放下屠刀，立地成佛

昨天學習群還在討論一個問題：「放下屠刀，立地成佛」是否能實現？或只是個美好的願景？

有些大德法師的說法，認為這只是一個美好的願望。這也沒什麼對錯可追究，各自相應。但如果只認為答案如此，那就違背了佛法的周遍圓融。在我看來，放下屠刀當然可以立地成佛！為什麼？這把刀，就是你的分別取捨，就是你的掛礙執著，就是你的一切能所取捨心。如能一念真實放下這把刀，自性本智妙覺中馬上就會現一個圓滿清明的生命能量態出來，這個態，就可以稱為「佛」。

「直斷、頓超」是大圓滿的境界；「不假方便，直指人心」是禪宗的精神；「花開見佛悟無生」是淨宗的意趣。禪淨密本不二，《金剛經》說「是法平等，無有高下，是名阿耨多羅三藐三菩提」。一切法門都是為了讓你契入自性本懷所設的種種方便，每個人不過是根性平等的因緣別相，要看清這一點，才能樹立真實的生命自信。

　　佛門裏處處譬喻，比如現在寺院天王殿裏供奉的那一尊彌勒菩薩，也就是布袋和尚[3]，大腹便便，笑口常開。人問他什麼是佛法？他把布袋往地上一放，放下就是。那要是放不下呢？擔起來就走。這叫自在，橫豎平等不二，立地圓通。

　　這裏有一個要點，人們很容易忽視，布袋和尚袒胸露腹、不修邊幅的邋遢造型，就是在提醒人們要破相！無論門裏穿一樣衣服的人，還是門外穿不同衣服的人，不破除求好的心，不超越名相的執，怎麼可能真實入道？這個造型放在天王殿裏，就是告訴世人，不先認同「破相」，縱然折騰百千劫，也不過是門外漢的瞎折騰。「天王」尚且不可得，遑論成就「世尊」。

3　布袋和尚：布袋和尚，名契此，唐末至五代時明州奉化（今浙江省寧波市奉化區）僧人，號長汀子。布袋和尚是壹位來自民間、深得民心的大師，其真性最本然。布袋和尚身世如謎，據傳唐朝時，寧波奉化的龍溪上漂著壹捆柴，柴上有壹幼兒，有惻隱之心人將其救起，只見孩子圓頭大耳、眉清目秀，對人咪咪發笑，人們愛不釋手，把孩子抱回家來。後來，這孩子長大剃度到香火鼎盛的岳林寺。出家後，他總隨身帶著壹個大布袋，人稱「布袋和尚」。世傳為彌勒菩薩之應化身，身體胖，眉皺而腹大，出語無定，隨處寢臥。
關於布袋和尚，有壹首很有意思的小詩：行也布袋，坐也布袋。放下布袋，何等自在。
這裏有一個布袋和尚的小故事：有一次，保福和尚遇到布袋和尚，聽說布袋和尚的修行很高，於是便上前請教。保福和尚問布袋和尚：「什麼是佛法大意？」布袋和尚並不回答，只是放下布袋，雙手叉腰站著。保福又追問：「就只是這樣而已嗎？或是還有更深層的意境？」布袋和尚背起布袋，走了。

牛飲水成乳，蛇飲水成毒

有群友提問：有種說法，現在是末法時代，要仔細分辨各種法門；而佛經裏還有一種說法，「是法平等」。那對於不同的法門又該如何選擇呢？坦白說，我現在對世界充滿了恐懼，每走一步都需要巨大的勇氣。

我想對這位群友說：你的問題其實已經給了你自己答案，原因很簡單，是法門的問題嗎？這是你的內心對世界有很多恐懼的問題，和法門有什麼關係？所以還是佛經裏的那句話：「牛飲水成乳，蛇飲水成毒」。

牛喝了水能變成乳汁，蛇喝了水能變成毒汁。對蛇而言，毒汁無毒；對牛而言，乳汁也平常。對人而言，乳汁有用，能夠養人；毒汁有毒，碰一點就會死掉。這就是告訴我們，所有應用層面的高下可否，是對應我們的分別取捨而成立的。對於飲食，毒汁我們要避開，乳汁我們就取用；對於藥用，毒汁價高於黃金，乳汁稀鬆平常。

大街上有那麼多的飯館，從小到大你只吃一家飯館嗎？你只吃一家飯館裏的一道菜嗎？你從小到大是只吃一種食物長大的嗎？如果不是，你就知道廣聞博學如是。你無論學什麼，怎麼做，都當以「讀萬卷書，行萬里路」的認知格局，不斷開闊自己的視野和生命格局，以不停催動自己的無限智慧發展。

是不是末法，在於我們怎麼認識自己，而根本不在於外境是不是末法。所以「法無正末，顯隱由人」。你只要活著，還能呼吸，還能聽聞到《金剛經》，還能聽聞到《破相論》，你就是大乘根器，你畢竟成佛。你本來就是一位有知有覺的因地菩薩，所以不可以再用任何非佛的方式輕蔑自己。就算全世界有不同的人、事、物，以各種不同的方式讓你感受到了輕辱，你也不可以繼續這麼對自己。佛教教人跪下去的目的，是讓人們放下原本習慣的自以為是和得少為足，學會禮敬無上自性，繼而學會更好地站起來，去做自己生命的王！勿忘佛法

是自尊、自立、自信、自強、自覺乃至趨向大覺之道，是一條大雄之道。佛法更是一條坦陳在每一個人腳下的平常之道，如果一個人對於外在的吃飯、穿衣、睡覺……沒有產生不平常的思維，那麼就不應該對世界、自己、佛法……產生不平常的思維。

唯觀心一法，最為省要

我再給大家念一遍第一段話：

> 問曰：若復有人誌求佛道者，當修何法最為省要？
> 答曰：唯觀心一法，總攝諸法，最為省要。

切記切記！很多人都說自己修持的是無上大法，甚深祕法，但是請問你真的如實觀心了嗎？如果你沒有回歸心性本懷，沒有超越名相取捨，那就叫「如人入暗，即無所見」。如果你能借相觀性，超越哪怕一點點名相上的束縛、執著、分別、取捨、判斷、感受，馬上心底就會大放光明。這在後面的《破相論》學習中會逐漸展開，讓你領略什麼叫真實的自性般若的不可思議。

有些人越是學佛煩惱越重，痛苦越大，身心的繫縛感越來越強，生活的困苦感越來越強。這就是因為執相而求了，或者被人誤導了觀念，加重了執著。這不僅徒勞無功，而且南轅北轍。

換一個角度，這其實也表徵了真實佛法的一種平等不二，為什麼呢？因果如是！你著相，所以一定讓你現著相的因果，讓你各種磕碰，撞到頭破血流，家破人亡，或許才肯歇心回頭，發現平常是岸。這也是一種「慈悲」，但是你真的願意接受這樣的「慈悲」嗎？還是更願意直接跨上快車道，就像我在山中行腳時，身邊那一輛又一輛飛馳而過的轎車、貨車，如果大家都奔向同一個目的地叫畢竟成佛的話，你

會選擇雙腿，汽車，還是火箭呢？

我們把前面的部分再復習一下：

問曰：何一法能攝諸法？

答曰：心者萬法之根本，一切諸法唯心所生；若能了心，則萬法俱備；猶如大樹，所有枝條及諸花果，皆悉依根。栽樹者，存根而始生子；伐樹者，去根而必死。若了心修道，則少力而易成；不了心而修，費功而無益。故知一切善惡皆由自心。心外別求，終無是處。

心外別求，終無是處。切記這點！

「不勞而獲」和不修自得

不要再困頓於自我欲求不滿上，不要再困頓於狹隘小氣的觀念束縛裏，不要再辜負今天你能夠聽聞到《金剛經》、《破相論》的福德。回到自己真實的需求上來，在大乘佛法的世界裏，你想要什麼，直說無妨！

你想要財富？還是想要男人或女人、名聲地位、健康幸福……這一切佛法都可以滿足你。原因很簡單，因為佛法是心地法門，而我們的心地本自具足，能生萬法。這裏的大秘密、大竅訣讓我們一層層依破相而展開。

要實現你想要的一切，只有一個要求：不再做那個執著手裏十塊錢二十包的劣質辣條的幼稚小孩。你得願意去了解這世上還有諸多美味，比如五千塊錢一克的松露，比如剛剛採摘下的新鮮草莓……不然你總抓著劣質辣條不鬆手，執著在小得失、小名利、小在意裏，你想嚐到真正的自在滋味，收穫完整的幸福安樂，是不可實現的。

今天我們先開一個頭，要讓大家知道：破相的意義就是這麼大，

破相的價值就是這麼大，破相的力量就是這麼大，最後必須實現的是「不勞而獲」和不修自得。就像現在的人喜歡叫外賣一樣，因為省事不用做飯，別人把飯送到面前；也都喜歡帶薪休假，最好的是連休假的概念都沒有，就是別人給自己錢還不用上班最舒服。這就是人性，沒有對錯，人性喜歡不勞而獲，喜歡實在、高效。恭喜各位，真正的佛法就是讓你「不勞而獲」，不修自得的。

所以《金剛經》裏談到「一切賢聖，皆以無為法而有差別」。歷史上的大智大勇之士，無不一腦門子撲在真正的佛法裏，超越對世俗名相的在意，為什麼？因為只有提升認知維度，不斷超越名相，就能越來越多地發現其中的大喜樂、大自在、大收穫。不看見黃金，誰肯扔下手裏的廢銅爛鐵？不看見松露，誰肯扔下辣條？從佛陀到真正的金剛祖師，都是因為相信並發現了這條快車道，發現了途中越來越多的松露與黃金，所以樂此不疲地無限發展自性。所以趕緊換乘生命智慧的火箭，開啟生命宇宙的自由之旅吧。

破相論 02：活著只為一件事

【經文】

問曰：云何觀心稱之為了？

答曰：菩薩摩訶薩，行深般若波羅蜜多時，了四大五陰本空無我；了見自心起用，有二種差別。云何為二？一者淨心，二者染心。此二種心，法界自然，本來俱有；雖離假緣，合互相待。淨心恒樂善因，染體常思惡業。若不受所染，則稱之為聖。遂能遠離諸苦，證涅槃樂。若墮染心，造業受其纏覆，則名之為凡，沈淪三界，受種種苦。

【七非先生解】

大象不走兔徑

我們上次布置的兩道作業題，一個是：佛說法四十九年，無一法可說。那為什麼要說四十九年呢？

很多群友的回答其實已經說到點上了，「佛說法四十九年，無一法可說」，確實是意在破執，而非說法。為什麼這麼說呢？大家都知道，所謂佛陀菩提樹下覺悟成就，說的第一句話就是：此諸眾生云何具有如來智慧，愚癡迷惑，不知不見。既然是「只因妄想執著不能證得」，那唯一有意義的事情就是破除妄想執著。換句話說，就是破除對妄想的執著；也可以說成破除執著的妄想。林林總總，善巧方便，都是只做這一件事：希望你能超越自己的妄想執著，進而發現自己的本來面目。

既然如此，你就知道，學佛叫「別無他法，別無他事」。任何加重你的妄想執著的，一定不是佛法。無論他是不是披上了一層貌似和佛的名相有關的外衣，無論什麼外衣，記住「但凡加重你妄想執著、分別取捨造作的，不可能是佛法」！因為佛法只有一個目的：只因妄想執著，故破除妄想執著。所以《金剛經》云：說法者，無法可說，是名說法。

用這一點，大家來做一個科判、比較，就會變得非常容易理解。

如果一段言說、文字，最後是讓你實際上產生了某種必然的價值觀、取捨、概念和形成了一種思維裏固化的名相，而非引導你超越原有的執著、分別，任何這樣的呈現和表達，無論形式上講的是什麼，你要知道，這叫：有法可說，增加執著，製造分別，墮於名相，即非佛法！

一定要看透這一層，這樣的話，你的學佛見地就會變得非常清晰！

「大象不遊於兔徑」，這是佛法裏非常重要的一個比喻。大家在寺院的門口經常會看到有大象的雕像，因為佛經裏面就有這樣的比喻：大象的腳印是最穩健的。學佛，如同跟隨大象的腳印去走路，一步都不會走偏差。大象過河不像其他動物，一入水就被沖走了，還要游泳掙扎半天；大象過河直接跳下去，被稱為「香象截流」，這是佛法裏很重要的一個譬喻，用來說明學佛當如大象般力量穩健、紮實、厚重，不繞路、不糾結、不諂曲，能直下直取，直奔目標，直接成功。

佛陀誕辰之喻意

上次布置的第二道作業，大家寫的都是「佛誕日的意義」。可能是有些人沒聽清，我當時要求大家思考的是：我們為什麼要去紀念佛陀的誕辰？

印度歷史是口述歷史，我在印度和瓦納那西大學的教授有一個對話。印度教授自己的原話如是，印度是沒有文字歷史的，留下的都是

口述歷史。那麼在口述歷史極大不確定性的範疇裏，你怎麼去確認一個標準的歷史時間？所以我們要知道，四月初八確實是一個比喻義。

大家找到了「依四聖諦，行八正道」，進而「出離無明，破除妄想執著，回歸清淨本來」這樣的比喻性，很好。「依八識轉四智」，也很好。無論以種種譬喻、種種方便，但凡能夠讓你破相入性的，怎麼「解」都可以，這就叫「佛以一音演說法，眾生隨類各得解」。「解」是解放的「解」——解放思想束縛，解放身心束縛，解放觀念束縛。它並不只是註解、理解的「解」，更是「解放」、「解縛」。但能解縛，怎麼解都可以。

為什麼我們要去紀念這樣的一個日子？我們為什麼要這麼主動地去紀念佛陀的一個名相上的誕辰？在我看來，是因為我們就是想要找回那個本真的自己，我們就是想要讓自己這一顆浮躁在塵世裏，無處安全、無處安放、無常焦慮、恐懼飄蕩、回不了家的弱小靈魂，回歸自己的生命大雄，所以我們紀念佛陀。

從來只有一件事

當我們理解了這些角度的時候，那麼你要做的只有一件事情，從來做不了第二件事，你的生活裏也根本沒有第二件事可做！你所認為的事，無非是呈現為你的妻子、你的丈夫、你的家庭、你的孩子、你的事業、你的財富、你的健康、你的追求、你的喜樂、你的精神⋯⋯無論它轉化托生成什麼模樣、什麼名目，終究逃不出一個事實的本質：你無非是在借所有的這些事緣，發展自性大雄之力，趨向自性覺悟自在！

哪一刻你希望自己收穫的不是幸福、喜樂、自在？不是解脫煩惱無明？所以你從來就沒有幹過第二件事，不要忘了這一點。這就是自性最美好的安排，給了你無數道測試題、給了你無數的功課、給了你

無數的角度、給了你無數的因緣呈現，來不停地點你回家、不停地點你成長、不停地點你破除妄想執著，進而趨於覺悟自在。牢記這一點！那麼你就是「二六時中」的「恒時精進」。

切切不可再拆分我的工作、我的生活、我的信仰、我的學習、我的愛情、我的健康、我的財富、他的事、我的事、別人的事，切切不要再做這樣的拆分！「一真法界，同體大悲，自他不二」是真實的。你從來都是借助所有外在的因緣，讓自己離苦得樂、趨吉避兇。所以你從來只做這一件事，只不過它呈現成為了不同的面貌而已。這一件事就叫「破除妄想執著，回歸清淨本來」。

來的都是功課

通過上一次布置的作業，我們要梳理一下我們的基本認識。當你問我這個法怎麼樣，是不是很殊勝？那個師父怎麼樣，是邪魔外道還是菩薩化身？今天做的這件事情有沒有功德意義，明天又為一件什麼事情起了這樣或那樣的煩惱……請你自己回過頭再看看，這些是不是都叫廢話，跟別人有關嗎？跟這件或那件事的呈現差異有關嗎？究其實，不過是和你的妄想執著，和你在妄想執著裏造作的無數割裂、分別的小我有關，這些觀念的分別取捨和佛法又有什麼關係？和你的自心自性又有什麼真的關係？無非都是觀念裏的自欺和造作罷了。

看透這些事，你還會掉進自我欺騙的坑裏嗎？你還會真的在意分別、煩惱迷惑嗎？來的都是功課，來的都是你要的。讓你自己超越已有觀念分別、身心習氣的功課，來的都是你要去打贏的仗！你必須證明自己就是那個生命的強者，自覺的大雄！人生從來只有這一件事！哪有第二件？所以怎麼還會介意那些瑣碎的糾纏、煩惱和痛苦感？

跟大家說這些，是因為從我的內心裏，是完完整整地尊重在座的每一位，你們本自具足、本來清淨、本來圓滿、根本大雄。所以我壓

根不會把在座的任何一個人看成是弱者，把在座的任何一個人看成是那個分裂的小我。換句話說，我只和你們每個人的自性大雄對話，因為你本來就是。你自己忘了，我沒忘！

什麼是極樂世界

有同學問：求發願往生極樂世界，是不是也是一個問題？這個問題其實非常簡單，經典裏說的多明白，「有求皆苦，無求乃樂」。心中懷著求，就造作分別之苦。只要心懷分別，當下即苦。你還跟我說到極樂？這是自欺。有本事你證一個極樂出來，有本事你造一個極樂出來，有本事不要去給阿彌陀佛添麻煩，而是去幫他分流一下利益眾生的人群，你再看看你什麼受用？從這裏就能很簡單地看出來你是不是真信，是不是切願，是不是實行。也就是所謂的「信、願、行」，是不是真的紮實。

極樂世界是什麼？「無量光，無量壽」。「無量」是「無可計量」，「無」字當頭。「無可計量」是什麼？既可以叫「其大無外」，也可以叫「其小無內」，因其無可計量。也恰因無可計量，所以唯有超越名相、超越分別、回歸不二，才是極樂。

很多人認為的「無量」是無限向外的數量累積，這是基於世俗貪求心的名相思維，壓根南轅北轍。

法藏比丘的發願

佛法慈悲，告訴我們阿彌陀佛，也就是無量光佛，或名無量壽佛，尚有入涅槃時，其後觀音菩薩補位；觀音菩薩仍有入涅槃時，之後大勢至菩薩補位……換句話說，連所謂「無量壽」的佛都會「死」去，

你又如何成立你那依世俗妄想而希冀獲得長生不死的願望呢？

有本事證一個自己的無量光、無量壽淨土出來，轉娑婆成極樂！如法藏比丘般發願：「我立是願，都勝無量佛國者，寧可得否。」法藏比丘發願說願我所成剎土，遠超一切諸佛剎土！如此發願，方是真自信、真承擔！否則，《無量壽經》中為什麼要用那麼長的一段文字，來囉嗦法藏比丘的四十八大願呢？

為什麼講《破相論》的極少

如果大家上網查一查，會發現一個很有意思的現象，就是佛門裏講各種經論的講師，從古至今都不在少數，可講解《破相論》的人卻十分少有。達摩祖師是在中國古今佛教史上，具有不可動搖的殊勝地位的聖者，但是他的《破相論》、《血脈論》、《四行觀》、《悟性論》等，後人講解傳播的很少，或有個別講解，也不過泛泛而談，而非深究義理，更不用說結合生活。這是為什麼呢？

從某個角度說，其實原因並不複雜。這是因為大家如果真的學明白了《破相論》，個個都會開始在生活裏自轉智慧，開始實現自成長、自解脫，每個人都太容易成佛了。

尤其對於一些喜用世間分別心來造作名相差別，十分在意自我正確的山頭幫派，呈現上無論是佛教有關的，還是非佛教有關的，《破相論》的傳播，顯而易見地會對其構成原有名聞利養上的實質影響。著相而求是最容易的事，告訴你供多少萬盞燈，你的功德就能大到多少萬倍，你將來就福報無邊，或者告訴你形式上的放生、建塔、供僧等是多麼的有意義和殊勝，你就福生無量……於是乎你就更加貪心增上，強化分別執著。大家彼此以世俗心相應，交易所需。怎麼可能讓你明白破相的道理，破了相，你還會喜歡做相裏的事嗎？所以講解《破相論》的人就非常少，原因不言自明。

同時，我們可以換一個角度來看問題，正因為這些「大菩薩」們不講《破相論》，讓大家墮入名相馳求的苦裏，在其中苦生苦死、偏執失衡、旋入旋出⋯⋯逼到你傾家蕩產、身心困頓、精神錯亂，撞破南牆。然後你終於回頭反思：哎呀！原來是我自己的貪心作祟，根本不是在追求佛法智慧，只不過是想用自己的世俗心來和佛法做交易。苦啊！於是從這裏放下，開始尋求真正的出苦之道。

所以不講《破相論》的，換個角度說也是大菩薩，這才是真實的平等觀。

淨念相繼，一門深入

大家還要記住，切莫因為學了《破相論》，看似離了對名相的執，最後又掉入了離名相的執！如此，還是個妄想執著，並非回到自己的清明智慧。但是終歸一點要知道：人生在世，當讀萬卷書，行萬里路，以廣聞博學啟明心性。如此，則是務實的「淨念相繼，一門深入」。如何是淨念相繼？你自己念念清明、覺而不迷、念念無住，自然超越自己原本的固有執著和分別習氣，繼而超脫身心不同層次的種種習氣。深入哪一門呢？深入的就是你自己不斷超越妄想執著，深入清淨本來，實現生命發展的本願之門。

千萬記住，佛覺悟時的那一句話，已經將數千年來的三藏十二部義理根本說透：「奇哉！奇哉！此諸眾生云何具有如來智慧，愚癡迷惑，不知不見！」[4]清清明明，了然如是。

記住這一點：心外別求，終無是處。

4　出自《大方廣佛華嚴經》卷第五十

云何觀心稱之為了

接下來我們學習下面這一段，「問：云何觀心稱之為了？」也就是說，如何觀心才稱之為了心呢？

前面說了，「不了心而修道，則費功而無益；若了心修道，則省力而易成」。那「云何觀心稱之為了」？達摩祖師在這裏回答了這個問題：

菩薩摩訶薩，行深般若波羅蜜多時，了四大五陰本空無我；了見自心起用，有二種差別。云何為二？一者淨心，二者染心。此二種心，法界自然，本來俱有；雖離假緣，合互相待。淨心恒樂善因，染體常思惡業。

達摩祖師告訴我們，「菩薩摩訶薩，行深般若波羅蜜多時」，他談的「了」是菩薩摩訶薩的「了」，先要看清這個基本定位。換句話說，什麼是「菩薩摩訶薩」？就是一個發大乘心的修行人。在座的諸位是不是發大乘心的修行人呢？很多人說：「哎呀，我是鈍根，我是愚癡的人。」真是這樣嗎？你是愚癡的鈍根，你能聽聞到《金剛經》？你能聽聞到《心經》？你還能接觸到殊勝的《無量壽經》？你還能聽說有「極樂世界」？你是鈍根嗎？《金剛經》說得明明白白：「如來為發大乘者說，為發最上乘者說。」你能聽聞到，怎麼可能是「鈍根」？

超越自己，就是大乘

回到心地本身，我們剛剛已經說到了這一點：你這輩子根本就沒有第二件事做，你就是在超越自己。你能超越昨天的那個自己一點點，能比這個當下之前破執一點點，離念歇心一點點，平等無住一點點，

真實自在一點點，這就是屬於你的「大乘」。這是一種很有實用意義的方便說。為什麼？你如果落在別人的學術裏談「大乘、小乘」，那就沒有任何實用價值。別人的大小乘跟你的人生又有什麼關係呢？與其討論別人的大小乘，不如紮紮實實回歸自身，用你的大小乘來指導你的現實生活。

你是重復昨天的那個自己？還是成為比昨天更自在清明一點的自己？問問自己在這兒的差別，如果是和昨天一樣的自己，都不要說小乘，你不就在輪迴嗎？你能比昨天多收穫了一點智慧的清明、生命的自在，你是不是已經超越了過去？比起之前的自己，放大了你的心量，拓展了生命的格局，如此，你的承載力是不是比以前大了一點？所以這就是你的實用「大乘」！

所謂「小乘」，是名小乘，而非小乘。那是你自己從迷漸覺過程中的一個階段，「覺自心現量，妄想不生」就是「小乘」，「超自心現量，自覺聖智相現」就是「大乘」。沒有其他。有本事契合自己的人生去理解、領會佛法，不要總談那些於事無益的空泛的名詞概念！不能回到生命真實起用，只談概念型的知識，知識最後一定會和你一起燒成一捧灰，甚至連灰都留不下。知識是啟發智慧的工具，所以善用知識，直接起用，這也是對「直斷頓超，不假方便」的有效應用。

「知幻即離，離幻即覺」，原本簡單的事，結果在概念裏繞來繞去，落名相、增分別、生造作、更取捨，這是學佛嗎？這叫自欺。所以要明白，所謂「菩薩摩訶薩」，菩薩者，覺有情也，摩訶者，廣大也。而大者，即是無限發展之意。所謂「菩薩摩訶薩」就是指在座諸位俱是發大乘的生命成長者，本來覺有情。

從局域網到全網聯動

再說「行深般若波羅蜜多時」。「般若」，在《金剛經》裏面講得比較細。之所以不用「智慧」，是因為「般若」的所指超越世俗意義上的分別智慧的概念，讓你搞不清到底是什麼意思，如此則方便不住於世俗概念。

「波羅蜜多」譯為「到彼岸去」。其實此岸就是彼岸，回頭就是岸，哪兒還有另外的彼岸。所以叫方便說。同時，你也可以用無量的想像力，去方便理解什麼是「波羅蜜」，「波」比如是一種能量的運動現象態，而「羅」是能量的交織遍布態，「蜜」則是能量的疊加聚集態。波羅蜜可以說是生命智慧能量的無限發展、疊加、交互，又彼此攝受、映射、互通的一種狀態。從某個角度說，所謂「波羅蜜」也可以指為你的生命智慧全息網絡。

我們日常從沒有離開過自性、自心、自能的運用。我們能夠吃飯、上班、工作、運動、談情說笑，能夠做任何想做的事情，規避一切我們不想做的事情……其實都是在用我們的「般若波羅蜜多」。你一直在起用它，只是你日常起用的部分，就如同一個非常窄小的局域終端，在一個無限廣大的全息網絡裏的一個很小的單點終端。你還沒有完整起用更加整體、更加廣闊的全網系統，為什麼？這就是因為基於狹義自我的妄想、分別、執著的限制。

有些人更加狹窄，只活在某種單一觀念裏，世界觀狹小、人生觀單一、價值觀封閉，這就如同只認得了自己的筆記型電腦是自己的全部，可能連小範圍的局域網都沒連上過。隨著時間推移，電腦的軟硬體功能都得不到升級迭代，很快就會問題頻出，或者被淘汰。

當我們的自系統開始連接相對廣闊的局域網，就會發現新世界，原來會有這麼多的功能，這麼多的聯動。各種更新迭代的發生，能夠造作出更大的功能成就。這就好比從人格升級為天人格；繼而連接更大的網絡，發現在上面可以非常自由地產生更多生命價值，這就好比

連接到了「羅漢網絡」；推而演之繼續連接「菩薩網絡」，最後發現了「佛網絡」……

到了這裏終於發現，其實自己原本就處於全網之中，而且這個全網本也才是自性的完整構建。在這個網絡上，自他不二、物我不二、性相不二……這個無限發現和不斷發展的過程，其實就是「行深般若波羅蜜多」的過程。

四大五陰，本空無我

在自己如此「行深般若波羅蜜多」的過程裏，你是不是會逐漸發現自己原有的筆記型電腦的配置越來越不夠用？要想連接更廣闊精密的網絡，運作更復雜的程式，是不是要求更高的系統配置？於是你就會放下原有的小系統執著，開始向更強大的系統升級。在這個過程中，你會發現，只要你不失連通全網的初心，那麼中間的一切過程都對你無法形成障礙，一切都是成就你的系統不斷更新迭代的助力因緣，這些因緣隨你的需求而出現，隨你的不再需要而消失，這個因緣生滅的過程就叫「了四大五陰，本空無我」。

「四大」：地、水、火、風。「五陰」：色、受、想、行、識；也被稱為「五取蘊」或「五陰熾盛」。這套四大五陰的運作系統「本空無我」，是隨你的初心本願，你的覺性發展，而呈現出的助力組合。這套組合因你的需求而生，也因你的需求而滅。換句話說，「四大五陰」不過是組成你這臺筆記型電腦的一些基礎軟硬配件，應緣而生；當你要升級迭代了，它就隨緣而滅。

所以還是回到我們起初說到的話題：你這輩子活到今天，從沒幹過第二件事，你一直走在你的自性覺悟、成長超越、清明發展的路上。你沒有一件事不是這麼幹的。再舉個例子，你幼兒園的親密小夥伴，不見得還是你今天的閨蜜，很有可能你都難以記起她的名字。可當年

在幼兒園的時候，你們可是最好的小夥伴，甚至還說過要生生世世做好朋友。可為什麼今天你連她的名字都想不起來了呢？原因很簡單，因為你今天的生命階段，不再需要這樣狀態的小夥伴，所以這段緣就自然消弭了。

發展才是硬道理

對肉身的在意執著也是同樣的道理。一個生死相就把你困住了？放心好了，你一定會活到死的！為什麼？因為你不再需要這個階段的功課，你的初心和自性在安排你下一階段的功課，這是再正常不過的事，那又恐懼什麼？在意什麼呢？

有人說：「知道一切都是夢幻，但就是離不開。」這還是不知「幻」，不要把抓不住的無奈說成是「知幻」，這是自欺欺人！

所以要理解，所謂「了四大五陰，本空無我」，就是「菩薩摩訶薩，行深般若波羅蜜多時」的自然過程。只要你是那個一直在超越自己一點點、自由自己一點點、離妄想執著一點點、回歸自在喜樂一點點，成熟、成長、承擔力大了那麼一點點的那個自己，你就會自然不斷放棄之前狹窄、無明、幼稚、懦弱、分別、造作的那個自己和與之相應的生命環境。就好像你今天還會住回你二十年前、三十年前的那個更簡陋的，可能連抽水馬桶都沒有的生活環境裏麼？不會的！

有一次在一個活動場合裏，我和另幾位主辦方邀請的嘉賓有一個發言交際。他們其中幾位嘉賓紛紛表達對現實的不滿和對下一代的焦慮，大約的說法就是「現實如此不堪，我們要給我們的下一代留一個什麼樣的未來……」。輪到我發言的時候，我的話很簡單，大意就是「各位會接受自己活回自己父母年輕時的生活境況麼？如果不會，我們為什麼要去擔憂我們下一代的未來？我們的下一代毫無疑問不會活成我們今天的樣子，而且一定會讓自己活得比我們這代還要自在精彩，

就如同我們絕不會讓自己活得比我們的前代要差勁一樣」。

難道我們的人生不是這樣麼？一直在發展，甚至有時會以摔跟頭、犯錯誤的方式呈現，然而其本質，從來是發展。「發展才是硬道理」，因為這是每個人與生俱來的初心本願。

但凡成長，分分鐘都不會留戀過去。那對生死又有什麼可在意的？之所以在意生死，是因為我們沒有形成真正清明通透的生命見地。所以往往一個生死相、一個健康相就容易把我們困住。不健康是昨天的事，跟今天有關係嗎？如果今天還有，只是因為你需要它。為什麼需要？就是因為你的習氣依然執著在生成這個所謂「不健康」的邏輯上，比如某種生活習慣，某種情緒慣性。所以才需要用這個相繼續提醒你，甚至折磨你，直到你有一天放下了對原有習氣的執著，習氣之相也就會自然消失無蹤。我們的群友裏有太多這樣境隨心轉，身心生活發生很大變化的案例，他們都是怎麼做到的？究其根本，無非觀念認知上實現了真實變化，一切的外在行為結果，就發生了真實變化。

每一個人本自具足的自性裏面，都蘊藏著完備的「無盡藏」，在應用層面，這也被稱為「如來藏」。所謂如來藏，從某個角度講，也可以簡單稱為生命能量，這個能量就是隨你的德、隨你的性、隨你的願、隨你的觀念習氣呈現出來的。你今天現出來的緣、現出來的業，就是你自性發展的需要，以此促進你每天不斷進步、優化和發展。讓你通過現象來返聞自性，明白了這個層次上的緣起性空、超越了這個習慣上的執著偏好，那這個相也就不見了。下一個標註著你的新的妄想執著的相就會現前。這就是你的真實的漸修之道、覺悟之道。

極樂世界自己造

前面談到極樂世界，極樂世界是一定會到的，怎麼到的？你自己造的！你還想著去別人的地盤？開什麼玩笑！去別人那兒要不要路

費？要不要住宿費？自己直接造一個就完了，多省事！難道不該如此嗎？所以還不去成就你的自性國土，成就你的自性極樂嗎？這是給你最大財富、最大成長、最大收穫、最大解脫、最大自在的最優路徑。

達摩祖師說：「誌求佛道，當修何法最為省要？答曰：唯觀心一法，總攝諸法，最為省要。」不從「觀心」上做文章，還繞路？當然，你可能覺得繞路很開心，我也隨喜。但是比如愚鈍如我這般，開車在村路縣道裏繞了半天，好容易看見了高速路，能讓我直達目的地，說什麼我都不會在小路裏繼續繞。我不幹！

染心及其呈現的層次

放下了四大五陰的假合執著的時候，你就會看見你的自心自性中，但凡起用就有兩種功能呈現：一者淨心，二者染心。

什麼意思？比如說，天上有一個太陽和一個月亮，月亮的光來自太陽。我們將太陽比作淨心。月亮的光來自太陽，我們無法用眼睛直視太陽，但是通過月亮，我們能夠找到太陽的方向。所以在一般傳統的宗教繪畫或造像中，菩薩所坐皆為月輪。淨心有非常多的表達，比如無疑信心、無煩惱心、如來藏心等等。所謂淨心，就是「不假分別」。關於淨心，要參考《楞嚴經》：「覺海性澄圓，圓澄覺元妙，元明照生所，所立照性亡。」這裏涉及明覺力、覺照力。這個問題留待以後論述。

什麼是染心？染心在佛經、論典裏有很多論述，比如「一念不覺而有無明，無明不覺生三細，仗境為緣長六粗」。這裏所謂的「三細」，從名詞概念上被稱為業相、轉相、現相。所謂「六粗」的名詞概念是智相、相續相、執取相、計名字相、起業相、業繫苦相。這些名詞雖然聽起來複雜，究其本質，無非人的貪嗔癡三性和眼耳鼻舌身意的六根運動邏輯。但是要記住一點，佛法絕不會離開你的自性、自心、自

身談問題，絕不會讓你最後學出一堆不實用的外在概念而落入空泛。

在日常生活裏，染心指因名相差別念而起的好壞執著想。比如剛剛大家提的問題，錯把無奈的認同說成是離幻；比如「我要求生極樂世界」；又比如說生活裏別人欠你錢也好，感情裏面受挫也好，你的痛苦、在意、歡樂，這都是最粗大層面的染心。那菩薩道的染心是什麼？是「依境界起分別智」或「依境界不起分別」，這都叫染心起用。

再打個比方，自心起用時，一個功能名叫「淨心」（其實是離一切相的能量性），類似於電流，無相賦能；一個功能名叫「染心」（其實是成一切相的邏輯性），類似於數位，成相顯能；兩者自然和合，就構成了電視機裏豐富多彩的成相世界。染心的層次非常細微，這個部分我們暫不詳細分析。但是大家要知道的一個基本點是但凡動念，在現階段來講，都稱為染心起用。

上過《生命大自在》1.0 課的同學，無不驚嘆，原來大乘佛法的視域和層次是如此的自由豐富，與此前接觸的所謂名相上的宗教形式，沒什麼直接的關係。佛法不僅僅是捧著經書、盤著儀軌。佛者，離一切相也。但動念高下、是非、左右，都不過是染心起用裏最粗大的那一層，這層名叫世俗心。

依世俗心，無論搞什麼，都是世間法，不是佛法。《楞嚴經》云：「以生滅心為本修因，而求佛乘不生不滅，無有是處。」

同樣的道理，在《金剛經》裏則被稱為「若菩薩心住於法而行布施，如人入暗，即無所見」。而大乘佛法裏所謂的「實修」，都是基於「若菩薩心不住法而行布施，如人有目，日光明照，見種種色」而「行深般若波羅蜜多」。如此，則越行越實現真實無礙的自在。這和很多人在起心動念裏搞是非高下、對錯得失，根本不是一回事。

家人是你最好的生命功課

不要被名相轉，先把根本方向確立起來。「萬法唯心造」，「心外別求，終無是處」，記住這兩點，沒有這個方向做基礎，很容易掉進妄想執著的粗大染著心裏貽誤終身。

今天有一位群友問我：七、八月的線下課，能不能把家人帶來？我明確跟他說：你的家庭是你的道場，如果我是為了起山頭、搞幫派，那「我的學生」或者「我的弟子」越多越好，如此有利於我的名利雙收。但他們其實是你自己的真實功課，你都放到我這兒來，他們就算有改善，可你還是那個煩惱的自己，那就沒有任何意義了。你必須要能自轉法輪，自建自在，那就是你最好的生命功課。在你的生活中能隨緣自利利他，自覺覺他，帶給自己和別人美好自在，那不是更好嗎！

所以希望通過我們的網課、線下課，能有越來越多的人紮紮實實明白方向，走上通向屬於自己的自在人生的快車道、高速路，能自轉法輪、利樂無量有緣。若能如此的話，那大家都是菩薩，各個散發著菩薩的光芒，加持如我這般的凡夫俗子，那我多省心、多開心。我才沒興趣把自己搞到「神壇」上去，讓所有的「弟子」都感覺永不如我，必須抱著我的大腿，才能得到恩賜的幸福。這樣的狀態下，所有的所謂「弟子」在我面前展現的，不過是永無休止的貪婪餓鬼性，拼命求取，不斷強化取捨，餵養貪嗔二性。「物以類聚、人以群分」，所謂「神壇」上如此這般的我，又能是什麼好東西呢？

見與師齊，減師半德

古德說：「見與師齊，減師半德。」你的見解和老師的一樣，你都減低了你老師的功德。「見過於師，方堪傳授」。大家最低的發願應該是：「老師，你講的那點東西，我分分鐘秒殺你！」「你將來不

過是我腳下的一塊墊腳石，老子獲得的收穫和成就必將遠遠超越於你，而且比你活得還要自在一百倍！」若能如此，我可真的為你們高興啊！

　　大家要記住一點，一個所謂的「佛學老師」，無論他用什麼內容包裝自己，只要其核心思想有以下幾點特徵：1. 因為我的身份很厲害，所以我說的是絕對真理，你們應當認同並服從；2. 因為我祖上傳的秘方（傳承）很厲害，所以我說的是絕對真理，你們應當認同並服從；3. 因為我的老師很厲害，所以我說的是絕對真理，你們應當認同並服從；4. 因為我的名聲很厲害，所以我說的是絕對真理，你們應當認同並服從；5. 因為我是你的老師，所以你永遠都是我的學生，而且永遠不能超越我。

　　這些都是違反了佛說的「十種不輕信」和「依法不依人」。遇到這樣的「老師」要非常謹慎。大家在生命發展的這條路上，要看清一個根本點，如果沒有人能替你吃飯睡覺上廁所，就不會有人能替你實現生命自在。最好的老師也不過是一個見地的啟發者和行為指向的示範者。

淨心和染體的運轉態

　　回到正文，「此二種心，法界自然，本來俱有；雖離假緣，合互相待」。「法界」這個詞，很多人想得很玄妙，其實沒那麼玄妙。比如你會游泳，那麼游泳池或江河湖泊，就是你「能游泳之法」的「邊界」，這就是法界的屬性邏輯。所謂「一心十法界」，就是從心體起用的十種功能屬性的各自邊界。從這個層面上再打個比方，我們的心如同一個工具箱，裏面放著不同的工具，每種工具都有它的用途範圍，有些工具的功能通用的場景多些，有些只能一物一用，這些可用的範疇，都可以稱為「界」，這些工具或功能，就是「法」。

　　「此二種心」，就是通用於一切場景的成相顯能之法，有點像「系

統標配」。「本來俱有」，當你動心起用的時候，就如同陰與陽的並生，自然呈現出來。

「雖離假緣」的意思是，這種陰陽並生的本具「能量態」如同日月，彼此呈現為分離狀，雖然不假外緣而生，但也同時應緣而發生作用。「合互相待」，「合」指它的本質一如，「互」指它因相對而成立的關係。

「淨心恒樂善因，染體常思惡業」。「善因」就是離相意。比如電流，如果不通過緣（邏輯）和數位交互，自己是不顯相的，也無意顯相。所謂「善」者，即離相平等無別意，而非世俗心裏的好壞善惡，那是節目劇情裏面論是非，無關電流的體性。「因」就是初始。初始上平等無別，就叫「恒樂善因」。

「染體常思惡業」，這句話用字很精準，不稱「染心」而稱「染體」。染心（其實是成相之性）一起用就叫「染體」。用一個「體」字來標註緣（邏輯）的承載點。比如數位，它有實性嗎？沒有，它只是一個邏輯呈現，或者就叫一個邏輯。任何邏輯都需要有一個承載性的表達，這個承載表達就稱之為「體」。比如佛法裏說三身——法身、報身、化身，法身本無相，離一切相是名法身。如果不用這個「身」字，從我們的理解認知上就會無處安放這個概念，因此不得已用「身」字來表達承載。

再比如，「淨心」類似於光，光需要遇到物，才能顯出「明」的性，如果遇不到物，就顯不出光的明性，也就談不到「光明」。實際上，當我們談到「光」，說的就是因「明」性而顯出的「光」能。這個「物」就叫染體，泛指一切成相邏輯。「染心」和「染體」的區別在於，染心是能成染體的性能，染體是能顯出成相邏輯的承載表達。

所謂「染體常思惡業」，指的就是這個成相邏輯的承載性能，它的意義在於「通過分別取捨，構建一切成相」。從某個角度說，我們古代文化裏說到的盤古開天地前的「混沌」狀態，就是基於淨心、染體的多層次、深度互相作用構建後（這點在我們的《生命大自在》線下 2.0 課程裏有詳細講解），在最外層的物質能相上的「染體」層次。

從「混沌」這裏，再次向後分出了名相層裏的天地萬物、宇宙多元。從這裏開始，相法開始運轉。

如果大家還是覺得不好理解，那就再打一個照鏡子的比方。「淨心」即鏡前之人，「染心」即鏡中之人，「染體」即鏡面。一個人對著鏡子，在自己的額頭貼花或化妝，如是做任何事，都叫覺根起用，淨心淨業。一個人對著鏡子，把鏡中人當主體，為鏡中人的額頭貼花或化妝，如是做任何事，都叫染心做主，染體惡業。因為花貼在了鏡子上，人一走開，花即貼空，妝也化在了鏡面上，臉一挪開，鏡面妝容什麼都不是。

煩惱痛苦的產生

「染體常思惡業」，即鏡子的功能，就是分別成相。「惡業」的「惡」，上面一個「亞」，下面一個「心」，這叫做二心，就是分別取捨。這個「惡業」不是世俗裏面的什麼殺個豬是惡，念個佛是善，不是的；某些條件下，殺豬也可能是善，念佛可能是惡，不一定的。這個「惡業」，就是《地藏經》所說的「閻浮提眾生，起心動念無不是業無不是罪」之意，是指人但凡落入分別取捨而生妄想執著，就是佛法層面的「惡」。

《破相論》後文接著就說道：「若不受所染，則稱之為聖，遂能遠離諸苦，證涅槃樂。若墮染心，造業受其纏覆，則名之為凡，沈淪三界，受種種苦。」

我們的煩惱和苦從哪兒來？從著於分別取捨（也就是「貪瞋」二性）中來，這就是輪迴之本。貪瞋二性，本是工具屬性，現在工具做了主人，那不是顛倒又是什麼？

梁武帝的世俗心

能行不取不捨，叫不受所染。如何不受所染？大家之前應該有所了解，在佛法的傳講邏輯裏，無論放生還是做其他慈善，都有一個要做到的前提，即以「三輪體空」來攝受行為過程。也就是要能做到「人、我、法」三空，才是功德。這其實就是讓人直契不取不捨之道。但是很多人做不到。很多人說我放生了不起，我行善很慈悲，沒有錯，但這叫做「染體行粗大惡業」，而非「三輪體空」，也就了無功德。

這就是梁武帝見達摩的公案所指。現將《五燈會元》中的這段公案摘錄如下：

帝問曰：「朕即位以來，造寺寫經，度僧不可勝紀，有何功德？」祖曰：「並無功德」。帝曰：「何以無功德？」祖曰：「此但人天小果有漏之因，如影隨形，雖有非實。」帝曰：「如何是真功德？」祖曰：「淨智妙圓，體自空寂，如是功德，不以世求。」帝又問：「如何是聖諦第一義？」祖曰：「廓然無聖。」帝曰：「對朕者誰？」祖曰：「不識。」帝不領悟。祖知機不契，是月十九日，潛回江北。

如果梁武帝問的是所謂「福德」，可能達摩祖師就會說「有點福德」，因為福德是後天德，無關先天智。如果梁武帝問的是所謂「福報」，這個就叫貪心現前，達摩祖師可能就會跟他說：「你連福德都沒有，是個貪心餓鬼性，會墮落的。」

為什麼梁武帝「並無功德」？就是因為他著相而求，心住於相，所以連一絲超越世俗名相的淨染心光都見不到，更不用說真正領會什麼是「廓然無聖」了，這是連無相淨心都不住的諸佛境界，用世俗得失心如何領會呢？為何祖師不識得「對朕者」？因為這是梁武帝隨緣所生之心，「朕」是外在緣分標籤，不是能問之性，所以不需識得。

達摩祖師如此這般自在無礙的境界，又怎是梁武帝以世俗人我心

所能領會的呢？

心外別求，終無是處

什麼事都可以做，什麼事也都可以不去做，問題在於你用什麼心去做和不做。這是佛法紮紮實實的落腳點。有人問：「有了清明的心，如何在做事的時候能到位？」有了清明的心，做事還能不到位嗎？你有眼睛的時候，你走路會容易磕碰麼？眼瞎的時候更容易磕碰吧。不必臆想，這還是在頭上安頭，造作思維。

佛法很簡單、直下、實在。你要隨染心造業、隨思維相、隨世間執著、隨你的想像轉、隨你的念頭轉、隨你的生活轉，那就叫「凡」，「沈淪三界，受種種苦」。

不取不捨，隨緣相應，無住生心，雖然這也還是染心起用，但相對細微清靜些，這被稱為「如來善友」，即算得行般若。通過如此見地的養成，就容易踏上通向真實自在覺悟的康莊大道。其他一切讓人更增分別執著、高下對錯、餵養世俗的方式，無論是呈現為宗教的樣子還是非宗教的樣子，都被稱為「如來惡友」，也就是行習氣。則會讓你遠離真實清明和平等自在。

若能於一切行中「依般若」，那你就是大自在之「如來使」[5]。所以「此法殊勝妙難思」，唯在不偏離「心外別求，終無是處」的觀心本途，方能發現自性之寶藏家珍。

5　如來使：出自《法華經‧法師品》。經云：善男子善女人，我滅度後能竊為一人說法華經乃至一句，當知是人則如來使，如來所遣行如來事。

破相論 03：那爛陀的滅亡相

【經文】

問曰：云何觀心稱之為了？

答曰：菩薩摩訶薩，行深般若波羅蜜多時，了四大五陰本空無我，了見自心起用，有二種差別。云何為二？一者淨心，二者染心。此二種心，法界自然，本來俱有；雖離假緣，合互相待。淨心恒樂善因，染體常思惡業。若不受所染，則稱之為聖，遂能遠離諸苦，證涅槃樂。若隨染心造業，受其纏覆，則名之為凡，沈淪三界，受種種苦。

何以故？由彼染心，障真如體故。《十地經》云：「眾生身中有金剛佛性，猶如日輪，體明圓滿，廣大無邊；只為五陰重雲所覆，如瓶內燈光，不能顯現。」又《涅槃經》云：「一切眾生悉有佛性，無明覆故，不得解脫。」佛性者，即覺性也。但自覺覺他，覺知明了，則名解脫。故知一切諸善，以覺為根；因其覺根，遂能顯現諸功德樹。涅槃之果德，因此而成。如是觀心，可名為了。

【七非先生解】

離一分相，得一分自在

　　最近大家的打卡筆記，真是驚人的好！我在裏面學到太多東西了，非常感謝來自大家自性智慧、般若光明的加持。同時，這幾次《破相論》的直播，有不少群友分享給更多的人在聽，大家回饋也都很好。

　　「離一分相，得一分自在」，這是真實不虛的，所以經裏才說「離一切諸相，則名諸佛」。確確實實，執著在自己狹隘相執裏的苦，真的是苦不堪言。所以佛陀慈悲，告訴我們眾生之苦，其實都苦在妄想

執著裏，而不是苦在外面的世界之相上。

有人會說：經裏也講到「貪嗔癡性即是佛性」。這話沒錯的，可我們執著在貪嗔癡上，就構成了自己的偏執、染汙和苦，所以貪嗔癡性雖是佛性，可貪嗔癡心不是佛心。如同大海上的浪花，你可以說浪花的水性和大海相同，可不能說浪花就是大海。

本自具足，能生萬法

前面講到「淨心」「染心」。事實上，很多人對於淨心和染心理解得未必透徹。為什麼這麼說？按照文字的邏輯，很多人就會容易理解成：淨心好！染心不好！

看！這一刻就是習氣的分別造作。淨心、染心只是兩種功能。就好像天上同樣掛著太陽和月亮，你不能說月亮不好，太陽好。它只是個功能，淨是一種功能，染也是一種功能。

這個功能的起用，就是構築因緣。因即淨，本自具足；緣即染，能生萬法。「本自具足，能生萬法」這八個字，著實是把佛法的根本講透了。

利根不受所染

當人著於「染」，也就是被緣所牽縛時，就如同天空失去了太陽，大地陷入黑暗的無明態。所謂無明，就是失去了淨心明覺的意思，如此，你就永遠發現不了能起用「淨染功能」的「自心」為何，從何而來，其性、能、相為何？那就永遠會不得「究竟佛智」，一切作為如盲人行道，一切所謂的修行也如盲人摸象，只能是在局部風光裏打轉。

回到應用層面，讓我們來談談什麼是對染心的覺知和應用。舉一

個現實的例子：有一位當代的僧人，在出家前曾經吃喝嫖賭混社會，東北話叫「街溜子」，這人膽大氣壯，什麼都做卻唯獨不染毒品。有一次他的道上朋友給他推薦試試毒品，他一試，可不得了，馬上覺得：哇！這個東西太美妙了！感受太好了！所以再也不能碰了。

這就是利根器的修行人。他碰到了，馬上就掉頭。他知道這個東西太美好、太誘人了，一掉進去肯定完了，自己根本沒有力量擺脫，這一念清明馬上現前，毒品從此再跟他無緣。也就是因為有這樣的覺知力，所以這個人後來居然就出家了。不僅出了家，而且還是一個見地、修行上不錯的修行人。

通過這個例子，我們就知道，同樣是染心造業，但是他不隨業流轉。凡夫隨業流轉，旋入旋出，所以受其纏覆，則名之為凡。

聖人是什麼呢？不是沒有染心，不是不生染體，他叫不受所染。所以《金剛經》講了那麼多的功德，講到第三十二分結論的時候，又讚嘆了一遍功德，因為前文說的是受持讀誦為人演說功德大到什麼程度，最後又說一遍「云何為人演說」，結論是八個字，「不取於相，如如不動」。

「不取於相」，就是不受所染，所以稱之為聖。「如如不動」，簡單說，動好理解，這是第一層；不動也好理解，這是第二層；如不動，像不動一樣，那就是有動，是動非動名動；還要在前面再放一個如，如如不動，啥意思？破執，讓你連是什麼、非什麼、名什麼都給破掉；讓你根本就沒法抓起這個話頭，無從撿起抓手。只有破得乾乾淨淨，才真的能夠自轉法輪。當然，「如如不動」還可以從不同角度理解，同樣對應妄、想、執、著四個層次的性能運動邏輯，這部分後面我們再展開。

沒有不了義的經

關於了不了義的法、了不了義的經,學員一直在分辨。在我看來,所謂了義不了義,是隨緣的方便說,方便相應,勿忘「但有言說,都無實義」,又有誰真的敢說哪本經是不了義的佛經呢?為什麼?只有不了義的分別心,沒有不了義的佛經。

有人說:佛說四依,最後說「依了義經,不依不了義經」[6]。這話沒錯,這同樣是為了讓你結合自己當下的現實,轉出自己的了義法輪,了知當下的心義如是,返聞當下的清淨自性,超越當下的自我束縛,實現當下的自在任運。這就是你當下的了義。

頭疼藥不能醫你的腳疼,腳疼藥也醫不了你的頭疼,你非說頭疼藥是了義藥,腳疼藥是不了義藥,沒有這樣的道理!對腳疼來講,腳疼藥就叫了義藥,頭疼藥就叫不了義藥。倒過來也是如此,所以哪有不了義的佛經!

是法平等,貴於相應。相應就是了義,不相應就是不了義。所以簡單定義這是了義,那是不了義的,給人以法,給人答案,強行拆分這是世俗、那是勝義,你就知道那都叫糊塗人說的糊塗法。切記:萬千法門,均為破執,但有言說,都無實義[7]。連實義都沒有,還談什麼了義還是不了義?那不都叫方便戲論嗎?什麼叫戲論?戲就是遊戲啊,逗你玩的說法,目的是破執,僅此而已!

所以我們一直倡導的就是「不為定義知識,只為啟發智慧」,這就是對平等不二的現實應用。

---

6 出自《大般涅槃經》第三十六卷。
7 出自《楞嚴經》:汝元不知,如來藏中,性色真空,性空真色,清淨本然,周遍法界。隨眾生心,應所知量,循業發現,世間無知,惑為因緣,及自然性,皆是識心,分別計度,但有言説,都無實義。

自迷猶可，切莫謗佛

切記一點：「若人言如來有所說法，即為謗佛，不能解我所說故。」佛哪兒跟你說法呀？哪還給你傳法呀？哪還讓你去修證一個什麼法呀？大家不能墮入方便的下流，最後還真的以為自己修證成了個什麼東西。哎呀！我修完了個什麼法，我證了一個什麼功，這簡直是開玩笑。《心經》說得很明白：「無智亦無得，以無所得故，菩提薩埵。」那你還覺得有智有得，這不是糊弄自己麼？怎麼行！

六祖大師說：「汝等須知，自迷猶可。又謗佛經，不要謗經，罪障無數。若著相於外，而作法求真，或廣立道場，說有無之過患，如是之人，累劫不得見性。」拿這句話對照一下自己所謂的「佛法修學」，看看自己是不是著相而求了。

《金剛經》裏同樣說得明明白白：「所謂佛法者，即非佛法。」那你還要再上讓你「修成大法」的當麼？

那爛陀的滅亡相

在讀書會的群裏曾有過一個關於那爛陀滅亡的討論，我覺得很有意思。那爛陀是古代中印度摩揭陀國的大寺院，規模宏大，曾有多達九百萬卷的藏書，最盛時有萬餘僧人、學者聚集於此參研佛法，所謂精通三藏的佛學家達一千多人。從五世紀創立開始，至七世紀已成為全印度令人矚目的大乘佛學中心。凡事有盛必有衰，到八世紀時，那爛陀開始走向衰落，至十二世紀，被中亞信仰的外族軍隊所毀。

據傳說，當時那爛陀被外族軍隊包圍，因彼此信仰差異，於是圍軍告訴尚在那爛陀學習和生活的僧人：放棄你的信仰則生，若不放棄則死。結果僧人無一放棄，皆被殺害。這個傳說是否屬實，我們不必

追究，說這個案例的目的，是為了引申出我們的視角。

在討論時，有群友說：那爛陀的僧人執著於相了，偏離了「離一切相」的佛法，偏離了「無一法可得」的佛法，偏離了「隨圓就方、以退為進」的大智慧。用俗話講，學成了迂腐，面對外敵居然甘願束手就擒，而不是捨身拼命，缺乏大乘佛法的擔當和力量，於國、於那爛陀、於個人無益……這都是來自群友們的各種思考角度，我們不去論對錯，各得其解，怎麼都可以。

我之前對這起傳說中的事件也多少有一些思考。同時，這裏提出來，也是覺得用這件事來類比淨心、染心的現實應用體察，其實非常的有意義。為什麼？那就是當我們去討論一件事或者圍繞某個觀點進行爭論的時候，我們到底討論或爭論的是什麼？這點第一重要！

很多時候，所謂的「觀心」或者「修行」，就在這些點滴細微處。往往我們開口時，就已經偏執於觀念而失去了真實的平等。我們評判心從哪兒來？從習氣慣性來！當我們帶著自己的成見開始評判，墮入是非，已經是隨最低的染心層次造業了。

《大乘佛說稻芉經》有：「若見因緣，彼即見法。若見於法，即能見佛。」換句話說，若能於任何緣相現前時，能離一切相，覺而不迷，即是領悟佛、法。回到那爛陀的案例，打個或許不甚恰當的比方，如果佛教的發展，無論學術或者僧團建制，一路都順風順水，完備無瑕，那還談什麼「荷擔如來家業」？還要你發什麼慈悲心、立什麼度生願？那你的覺悟力量又靠什麼來激活？

緣生緣滅，成住壞空，本就是平常事。凡事盛極必衰，分久必合，這是事物平衡發展的基本規律。從緣相上看，學術極度興盛了，終了就得現一個相，叫「秀才遇上兵，有理說不清」，告訴你學術和鋼刀不二。有學術的被沒學術的拿鋼刀幹死，拿鋼刀的得被有學術的指揮。這就是緣起法，時時處處告訴你什麼叫不二平等。

客觀上，那爛陀裏不見得各個都是真明白的修行人。能做到慷慨赴死、隨緣了業，還能體悟不二，表法於大眾的，就是真明白的修行人。對於其中不能做到圓通無礙的人，起碼也是隨緣了舊業，逼到放

下身見，「寧捨生命，不捨三寶」，剛好離了對自己肉身相的執著。這也是一種視角，各得其解的視角。所以是能看待為分分秒秒的表法，還是看成是非俗眼裏的對錯，只在自己的目標和見地。

再換個角度說，佛經最後常印著《普皆迴向文》：「願以此功德，莊嚴佛淨土，上報四重恩，下濟三途苦；若有見聞者，悉發菩提心，盡此一報身，同生極樂國。」

什麼叫「若有見聞者，悉發菩提心」？殺我，我都讓你生出菩提心！什麼叫大乘佛法、大乘氣象？度化眾生非得是扮成神的樣子嗎？不盡如此！我被你殺，讓你知道什麼叫信仰的尊貴和不住世間所得，甚至激發你一個念頭疑情，這都叫「如來度化」。在真明白、真覺悟、真自在的人那裏，確實如《金剛經》所言「一切法皆是佛法」，更如《維摩詰經》所言「一切諸法是解脫相」。

一合相

據說有一位近代的禪門老和尚，說自己看一個人修道功夫如何，幾十米開外瞥一眼其人行坐身形，便一目了然。傳聞真假不做追究，但這個功夫確實可以做到。豈只見人走路如是，其實人的談吐也是如此，其本質就是身語意的關聯運動。所以有時候群友在群裏問我一些問題，除非是參加過線下活動的群友，大家可能有短暫的接觸，絕大多數提問的群友我都不認識，但通過他的文字或語言，其實背後的心思和身心狀態，也就基本上一目了然了。大家覺得好像我有什麼特殊的能力本事。我跟他們講，實實在在一點都沒有，但為什麼能做到呢？佛法裏對此稱為「一合相」的邏輯。

《金剛經》中如是言道：「如來所說三千大千世界，即非世界，是名世界。何以故？若世界實有者，即是一合相。如來說一合相，即非一合相，是名一合相。須菩提，一合相者，即是不可說，但凡夫之

人貪著其事。」當凡夫貪著世界之相，認世界為實有的時候，那麼這個世界的所有顯相，就是一合相的呈現邏輯。

很多人不理解什麼是一合相，簡單說，就是全體事物的根本發生邏輯一以貫之。比如從一個細胞的狀態，就能看清一個人的健康本質；從一個人的談吐，就能知道他對待工作和生活的方式；這世界所有事物的運動發展模式……乃至藝術表達的種種形式，無不圍繞人們的「貪嗔」二性而進行邏輯呈現。在這裏，貪嗔二性也就是取捨關係，貪即取，想要的；嗔即捨，不想要的。這裏的貪嗔二性，也可以被稱為陰陽二性。出入陰陽、上下陰陽、是非陰陽、對錯陰陽、冷暖陰陽、生死陰陽、大小陰陽等等……一切的根本規律是一個規律，一切的根本呈現邏輯是一個邏輯，一切即一，芥子納須彌，即是一合相。

傳統文化中的卦術也同樣基於此邏輯。你舉手投足間的每個當下，是不是都關聯著你的過去、承載著你的當下、貫通著你的將來？所以叫一念三世。只是讀解之人由於自身的認知水平差別，所以存在著讀解的層次差距。

船子度夾山

船子和尚是我國唐代的著名高僧，法號德誠，師從藥山惟儼。藥山惟儼禪師是六祖惠能大師的高徒青原行思禪師一系的第三世傳人。船子和尚在藥山參禪三十年，盡得藥山之道。有一天，他對兩位師兄道吾、雲巖說：你們將來各居一方建立藥山宗旨，我率性疏野，唯好山水，樂情自遣。今後你們如果遇到有點根性的好苗子，指一人來，我將平生所得傳授給他，以報先師恩德。隨後，他從藥山出發東行四五千里，到了今天蘇州吳江一個名朱涇的地方，見此地蘆葦蕭蕭，江水長流，風景清明，就在這整天駕著一葉扁舟，隨緣渡客，歷時又是三十年。

一日，他的師兄道吾和尚去京口（今鎮江）鶴林寺，正好碰上夾山善會和尚上堂說法。此時的善會和尚還沒有住進夾山，那是在他從船子德誠和尚得法後的事，為了講述方便，我們也就姑且先稱此時的他為「夾山和尚」。

道吾和尚在堂下聽夾山和尚開示，正好有位僧人向夾山提問：「如何是法身？」夾山回答道：「法身無相。」僧人繼續問：「如何是法眼？」夾山回答：「法眼無瑕。」道吾和尚聽到這裏，不禁「噗哧」一聲笑了出來。

法堂之內取笑講法師，本是看起來有些失禮的事，可夾山和尚卻沒有羞惱，反而謙虛下座，行至道吾和尚面前，兩人有了這樣幾句交流：

（夾）山便下座，請問道吾：「某甲適來只對這僧話必有不是，致令上座失笑。望上座不吝慈悲！」
（道）吾曰：「和尚一等出世，未有師在？」
山曰：「某甲甚處不是，望為說破。」
吾曰：「某甲終不說，請和尚卻往華亭船子處去。」
山曰：「此人如何？」
吾曰：「此人上無片瓦，下無卓錐。和尚若去，須易服而往。」

古德這種風範，了不起！想想在法堂上的時候，人家正在講法，而底下的聽眾裏有人當眾嘲笑，大法師能毫不介意，謙虛下座，真誠請教，這是什麼樣的格局與氣象。所以道吾和尚就說他「一等出世」，是個好根器，只是缺好老師點撥。於是就讓夾山去找船子，而且得是換裝，以平常人打扮，放下一切名頭標籤。如此夾山也肯去，那便是真心向道的心，而且是平常心啊！這點尤為重要。

而夾山也不過就問了一句「此人如何？」，這是個什麼人，幾斤幾兩。道吾的回答極為巧妙，不僅點了夾山當以無我平常心去見，才能得見船子法相真容，並且用「此人上無片瓦蓋頭，下無錐地容足」來說明船子的境界，即以「無住心」為基，如此則對夾山形成吸引力；

言語中更用直下與譬喻不二的方式，同樣告訴了夾山自己的狀態。如此高明的交鋒，夾山畢竟會得，知道難得遇到高人點化，那還有什麼多說，肯定要聽話照做了。

當船子看到平常人打扮的夾山，其實也知道來人不俗，真道人的氣象畢竟不同。於是就有了接下來這段傳頌千古的精妙對話：

船子才見，便問：「大德住什麼寺？」（看似問世間來去，其實問念住何處。）

（夾）山曰：「寺則不住，住則不似。」（寺即相，能隨問不住世間相，就是對上機了，是個根器。）

師曰：「不似，不似個什麼？」（於是船子繼續問，不住相的心又是什麼？）

山曰：「不是目前法。」（夾山這就開始似是而非的繞舌頭了，船子聽出了問題。）

師曰：「甚處學得來？」（於是問從哪兒學的這些？也是提醒夾山能隨問而返聞自性。）

山曰：「非耳目之所到。」（夾山沒領會，還在饒舌，並說自己是隨緣相應，其實是心隨境生，而不自知。）

師曰：「一句合頭語，萬劫繫驢橛。」（船子點化這就是凡合了自己心意處，便是迷而不覺處，不能轉身，就成繫縛。）

師又問：「垂絲千尺，意在深潭。離鉤三寸，子何不道？」（於是接著問，既然求覺而來，如你所言意在目前，那為什麼不能自覺自轉？）

山擬開口，被師一橈打落水中。（夾山起心動念，又是被動而轉，船子打的就是這個起念生心，錯認其母。）

山才上船，師又曰：「道！道！」山擬開口，師又打。（此水意指心識之流，都是隨緣隨境生的無量念，哪個也不是能生念的母體。）

山豁然大悟，乃點頭三下。（夾山這才明白，自己以前不過是自性的能相，壓根不是無念自性。這點頭三下，便是性、能、相三通，體、

相、用三合，身、語、意一致。）

　　師云：「竿頭絲線從君弄，不犯清波意自殊。」（船子這才告訴夾山自性無染之道，無論有緣無緣，自性都是不生不滅，且自主自由的。）

　　山遂問：「拋綸擲釣，師意如何？」（夾山這是誠懇之問，水中所悟明白了本自具足的方向，但如出生之嬰兒，雖然無染無垢，但不知以當何用，故而問之。）

　　師曰：「絲懸淥水，浮定有無之意。」（船子這才告訴他，這才真的是無心為用而隨緣起用，境隨心轉而心境一如的隨順自在。）

　　山曰：「語帶玄而無路，舌頭談而不談。」（夾山這個回應，是明白了確實言語道斷，心行處滅，但攀緣起心即不是，無住生心方真如。）

　　師曰：「釣盡江湖，金鱗始遇。」（船子肯定了夾山，能不住名相，不住心念，才發現真實自在之道，這是師徒印心了。）

　　山乃掩耳。（夾山和船子的印心表達，不是用心，而是自然相應。）

　　師曰：「如是如是。」（船子看到的，是夾山不使心也不被心轉的自然純真相應態，這個方向就對了。）

　　遂囑曰：「汝向去直須藏身處沒蹤跡，沒蹤跡處沒藏身。吾三十年在藥山只明斯事。汝今既得，他後莫住城隍聚落，但向深山裏钁頭邊，覓取一個半個接續，無令斷絕。」（夾山見地雖然明了，然則心行未必純熟，所以提醒日常打磨，給個事由，以為測試。）

　　山乃辭行，頻頻回顧。（果然一說事，夾山就中招，開始落情感，有人我。這也是真心，然則不俐落。）

　　師遂喚：「闍梨。」（此二字意為「僧」，更有僧中之師意。僧者淨而不染也，同時提醒夾山自己已然可以自性自度，自己就是自己最好的老師。這是船子提醒夾山莫忘本。）

　　山乃回顧。（於心於情的自然相應。）

　　師豎起橈子曰：「汝將謂別有。」乃覆船入水而逝。（殺人誅心的高明，讓弟子無法住一念，以自己不住生死相，而徹底讓弟子明白

什麼是「離一切相，則名諸佛」的大自在！）

很多人認為禪宗公案特別難理解，因為那都是當時當下的情境發生。其實佛法本就是一時緣起之法，我們當下講公案，也不是為了去了解古人，而是借當下講公案的這個緣，彼此激活屬於自己的破格相應。若能如此，反而會發現對公案的感受，如歷歷在目，滋味不同。

這個故事真能感同身受的時候，眼淚自己會掉下來的。這就叫以身示法，做給你看。這樣的呈現真的感人。道吾和尚令夾山放下而起疑去，船子則令夾山真疑性起而不落心識，繼而破疑見性。這種道人對道人的成就之心、成就之恩，真的是無法用任何世間情、物可以比擬。你們大家都知道的，我的老師明恒禪師其實就是如道吾、船子般對我的。

所以講這個故事，我自己心裏其實就很感動很感動，師恩難報啊！

勝義諦和世俗諦

有人問勝義諦和世俗諦。現在外面最荒唐、可笑的說法，就是把這二諦拆開來，告訴你什麼東西在勝義諦是怎麼個意思，在世俗諦是怎麼個意思……這大概是對龍樹中觀最糟糕的一種誤讀。為什麼這麼說？大約龍樹菩薩創立中觀的緣由之一，就是因為怕學人落分別習氣，強化了二諦的分別觀待。可別忘了「二諦融通三昧印」，若離世俗諦則無勝義諦，「佛法在世間，不離世間覺」，怎麼能拆分看待呢？

「諦」是真理，「義諦」就是它的義理如是。所謂「世俗」，即是指我們染心起用、隨業能而現業相的狀態。一切業相呈現的邏輯，都叫世俗諦。而「勝義」，指的即是生成名相和一切身語意呈現的業能之性，因性能無相，故不用討論。能說出來的都是世俗分別譬喻。

換句話說，不存在「在勝義諦怎麼看」的問題，但有看待，就是

分別識起用，都叫世俗諦的範疇。只是在這裏，從功能上區分為「如來善友」和「如來惡友」，所謂如來善友的行般若識，容易讓人離開執著；所謂如來惡友的行習氣識，容易加重人的執著心。這同樣如同日與月、晝與夜，太陽和白天的功能是照亮一切，生長一切；明月和夜晚的功能是隱晦一切，休養一切……這只是簡單打個比方，大家不要又變成追究太陽、月亮的功能區分是不是如此哦。

六祖大師在《壇經》裏說得多好，「汝等須知自迷猶可。又謗佛經，罪障無數。若著相於外，而作法求真，或廣立道場，說有無之過患，如是之人，累劫不得見性。」哪有外在的勝義諦、世俗諦的區別！今天很多情況下的佛法傳播，確實存在著嚴重的掛羊頭賣狗肉的問題，不少人常常用不二之經講分別之法，用本來無法予人亦無所得的具足無為、方便之教，反而強化了大眾有求、有法、有得、有為的更深分別和自我貪著。

若有見聞者，悉發菩提心

回到那爛陀的公案。我們今天有幸在那爛陀的遺址上憑弔懷古，是不是因為我們看到的是遺址，內心才會生出要去弘揚佛法、利樂有情的心？如果看到的還是始終如一的輝煌，那還要你做什麼，「荷擔如來家業」就完全不需要了，別人都幹得挺好的，不是麼？我當時在那爛陀和我們的群友小夥伴們開玩笑說：我們有可能就是當年那些被砍頭的人，所以今天才會回到這個地方來憑弔懷古。當時時間倉促，沒把很多問題說透徹，所以回來以後，我在一篇回顧那爛陀講話的文章裏就補充了一句：「可能我們當年也是砍了那些僧人頭的人啊，也因此結緣，所以今天再來到這裏，才會更加地想要去弘揚佛法。」

這就是「若有見聞者，悉發菩提心」的奧義，不是嗎？

幾乎每個去過那爛陀的學佛人，內心多少有過類似的困惑，既然

佛法那麼廣大無邊、威德無窮，怎麼對自己的保護力會這麼差呢？很多人都糾結在這個問題上！很多大師也沒給出更好的解釋，無非用「無常」或者「成住壞空」簡單應對一下，很難具有說服力。其實正因是如此呈現，才真的說明佛法是如此的真實不虛，其所標註的方向，就是「順逆皆方便」的自性發展之道！

正因為佛法廣大無邊、威德無窮，所以它才不讓你著任何強化喜好的分別之相！它連自己所呈現出來的輝煌模樣，都可以隨一個外力摧毀示現給你看，這才是佛法真正平等性之大智慧、大勇氣、大慈悲！為了喚醒我們這些往往迷失於自我習氣、喜好分別「合頭語」的無明旅人，它不惜示現為自戕或叫做自斷一指，來作為你的「如來善友」，以此無常平等之呈現來告訴你，切莫著相而求，「法身無相，法眼無瑕」。

一旦什麼都隨順了你的分別喜好，可想而知，你的那個自我迷執、自以為是的習性，會演化地有多麼強烈。那就成了根本自戕，如自斷雙臂、附帶雙腿，你會變成法身慧命上的「終身殘疾」。

以覺為根

若墮染心，造業受其纏縛覆，則名之為凡，沈淪三界。受種種苦。何以故？由彼染心，障真如體故。

染心起用，淨心就不現前，如同天空萬里皆雲，雖然也有光亮，滋養萬物，但畢竟大家就見不到什麼是直接的陽光和太陽。也如夜晚，月亮雖然反射的是太陽的光，但大家還是無法從黑暗裏脫身。

《十地經》云：「眾生身中有金剛佛性，猶如日輪，體明圓滿，廣大無邊；只為五陰重雲所覆，如瓶內燈光，不能顯現。」又《涅槃經》云：「一切眾生悉有佛性，無明覆故，不得解脫。」佛性者，即覺性也。

但自覺覺他，覺知明了，則名解脫。故知一切諸善，以覺為根，因其覺根，遂能顯現諸功德樹。涅槃之果德，因此而成。如是觀心，可名為了。

大家要把這段吃透，不要離開「以覺為根」。任何時候，你執迷不悟，隨染心造作分別，落任何「合頭語」，就離開了覺根。不是覺根就是迷根增長，無論怎麼澆灌施肥，都不可能長出功德樹、智慧果來了。這就是為什麼祖師說「著相修行，皆是惡法，非菩提道」的精準之處！

如何以覺為根呢？「離一切諸相，則名諸佛」。佛者，覺也。對任何緣境都能即現即離（隨緣不住），即如是覺。

但凡你還被現象轉，比如被家庭瑣碎轉，被健康疾病轉，被佛像、寺院、經塔這些象徵物轉……這就都叫沒出息。所以佛陀也好、達摩祖師、六祖大師、蓮花生大師也好……任何宗派的真正的祖師大德，其實都是在和你說這一件事，就是希望你格局、氣象大一些，真的相信「本自具足，能生萬法」，但能放下那點一文不值的自我貪求，就能真的開始轉自性大法輪，得生命大自在！

所以，不要離開這個「覺」字，如是觀心，可名為了。那如何觀？

第一，以覺為根。如何是以覺為根呢？最簡單地說，「無求乃樂」，乃至於覺亦不求！不求覺就沒了迷。真的能徹底歇心，隨順平常，如此反而最容易接近「隨順覺性」。覺性隨緣自現的力量可是不得了，比自己那點隨恐懼在意短視的習氣力量大了不知多少倍！

第二，若能做到第一點，自然就會看清一切緣境隨緣幻化的本質，自然「知幻即離，不作方便，離幻即覺，亦無漸次」[8]。你一樣是用染心在隨緣，幹嘛呢？隨緣度化、隨緣轉化、隨緣優化、隨緣點化、隨緣教化，這就是真實的生命力量基於「本自具足」而「能生萬法」的增強表現。原本在意的事，現在很難再那麼在意；原來覺得的困難，

8　出自《圓覺經》。

破相論 03：那爛陀的滅亡相

79

現在如同小兒科。這樣的狀態，是一種如樹苗成長般的自然態，你會對自己更有信心。

有些群友小夥伴在見到我第一面的時候就會哭，甚至跟我會吐露心聲，說一些非常隱私的事，並且在我這裏也能感受到自在。原因很簡單，只因為他們在我面前的時候，我對他們沒有分別心。我沒有覺得他（她）特別可憐或者誰對誰錯，或者做的那些事多麼可恥或者多麼高尚。他們每一個人都只是我的一個生命同行者，一個同在輪迴之中不斷發展，並一起走向覺悟自在的同行者。平常心共振平常心，無分別智共振無分別智，因一體不二，平等無別。

修行沒有別人的事，就是自己的事。你是一個一千瓦的燈泡，你就一定照亮一千瓦的地方；你是個五瓦的燈泡，最多也就照亮五瓦的地方；那你要是太陽呢？那就叫大日如來，就能自然生養萬物。你不離五瓦的相執，怎麼得一千瓦的性能？不離一千瓦的相執，怎麼得一萬瓦的性能？那就更加不要說成為太陽了。

破相論 04：你是獅子 or 兔子

【經文】

問曰：上說真如佛性，一切功德，因覺為根，未審無明之心，以何為根？

答曰：無明之心，雖有八萬四千煩惱情欲及恒河沙眾惡，皆因三毒以為根本。其三毒者，貪嗔癡是也。此三毒心，自能具足一切諸惡。猶如大樹，根雖是一，所生枝葉其數無邊。彼三毒根，一一根中，生諸惡業百千萬億，倍過於前，不可為喻。如是三毒心，於本體中，應現六根，亦名六賊，即六識也。由此六識，出入諸根，貪著萬境，能成惡業，障真如體，故名六賊。一切眾生，由此三毒六賊，惑亂身心，沈沒生死，輪迴六趣，受諸苦惱；猶如江河，因小泉源，洎流不絕，乃能彌漫，波濤萬里。若復有人斷其本源，即眾流皆息。求解脫者，能轉三毒為三聚淨戒，轉六賊為六波羅蜜，自然永離一切諸苦。

【七非先生解】

夢裏的父親、上師和我

前兩天講了夢瑜伽的課，我們的群友也都寫了非常棒的作業，在我們的打卡學習區裏，短短十多天就有四千多份打卡作業，真是了不得！

有一位群友寫到：她做了一個很清晰的夢，夢到自己有三個老師：一個是她的父親，一個是她的上師，還有一個是被關在監牢裏的我。我非常感謝這位群友對我的擡愛，把我擡愛到她的父親、上師同等的高度。但是我們講夢瑜伽，其實剛好是告訴大家如何能夠利用夢去破執，去返聞自性。從這個角度簡單說兩句。你夢到的那個父親不是你

的父親，你夢到的那個上師不是你的上師，你夢到的那個被關的人也不是我。

那麼，父親是什麼呢？你夢到的這三個角色，你的父親實際上是你的種性，是自己心性的根本，在佛法裏面也比喻成力量和方便。換句話說，你內在是有力量的一個人，你也是追求生命力量的一個勇士。你的上師呢，也不是你生活裏認識的那位上師，上師比喻的是你對覺悟的追求，所以那是你自己的覺悟、覺知。被關著的是誰呢？也不是我，那個就是你自己，還在五欲六塵、輪迴生死之中的那個自己。為什麼不是我呢？因為你在聽我的課，聽課如果沒好處，那自己還會聽嗎？不會的。所以這就是求取心的呈現，因為求取，所以反而困頓於「監牢」，這個監牢就是自己的後天心識，五欲六塵。

你同樣將這三位都感受為老師，這就是平等不二的呈現。你的覺悟也好，你追求生命成長的力量也好，還是依然困頓於求取無明的自我意識也好，其本質都是一致的。它都能夠讓你走向生命的覺悟，從未離開過。這也正是《圓覺經》「成法破法皆名涅槃⋯⋯諸戒定慧及淫怒癡俱是梵行」的道理。徹底平等，一切不二。

很多群友說，聽了夢瑜伽一堂課之後，本來睡覺不做夢的反而開始做夢了，本來常常做雜夢的反而夢境變清靜了，有些睡不著的變的沾枕頭就睡著，原來沾枕頭就睡著的反而頭腦越來越清晰⋯⋯這都是因為你的心在相應，借聽課的緣，自動完成對自己生命質量更加平衡、優化的一種整理，這也被稱為「真實的進階」。

獅子撲人，降維打擊

最近，有些群友在學習筆記中寫道：因為我們強調的是破相離執、回歸平等的愛。在生活之中，當碰到其他的一些所謂修學系統，或者來自其他佛友各種各樣的著相做法時，自己就開始覺得不相應了。重

點在於，當碰到這種不相應以後，自己馬上就能夠掉頭返聞：哎呀，我自己又開始落分別了。這是很好的。借緣回觀自己最難。我們的群友用這麼短的時間，能夠有這種回觀返聞的力量，這其實就是覺知力隨見地變化的自然發展。就像《三體》裏有一個說法叫「降維打擊」。

什麼是降維打擊？舉個生活裏的案例，方便麵現在的銷量不如以前，為什麼？因為外賣的興起。簡單說，方便麵解決的是就餐的方便，而外賣解決的是在方便的基礎上，吃得更加舒服自在。做外賣業務的人，壓根兒不會把方便麵企業作為自己的競爭對手。這叫降維打擊。

放在佛法修學裏也是一樣。為什麼佛陀說無一法予人，自己也無一法可得，唯以離相破執之方便而行無為，這就是降維打擊。尤其祖師一法，根本不論你的所謂修學過程中什麼「覺知力的培養」、「八關齋戒的墨守」、「六度萬行的學習」等等，而是擒賊擒王，直奔主題！這個在佛門中同樣有一個比喻，被稱為「獅子撲人，韓盧趁塊」。

韓盧是一種狗的名字，趁，是趁機的趁；塊，就是石塊的塊。你跟狗做遊戲，向遠處扔塊石頭，狗就追著石頭跑，然後把石塊叼回來。你跟獅子扔石塊試試？獅子根本不搭理，而是直接撲倒扔石塊的人。

點石成金的故事也是如此，有人能點石成金，大家很高興，都求著他多點金子。明白的人就說了，我不要金子，我要你那根手指頭。明白了嗎？這就是認知維度的變化所帶來的根本差異。

真學佛人沒有時間繞路，都是直奔主題，獅子撲人。很多寺院的匾額都題著這樣的字句：「作獅子吼，發法王音。」大家得有這樣的見地、認識，哪兒還有工夫繞在那些雜途小徑上？所以我們的群友，僅這十幾天以來，從講《破相論》開始，一個個的真叫突飛猛進，時時刻刻都能在生活中開始去隨緣觀心，返聞自己！雖然過程中還會有煩惱、反復、糾結，這很正常，但是都越來越明白「觀心一法，總攝諸法」的重要。真的了不起！這恰是從佛陀到祖師大德的真實修行道。

六祖的善分別

有小夥伴問道：我們講的不是「無分別」嗎？怎麼還要區分一個「快車道、慢車道」，為什麼達摩祖師還要說「最為省要」，這不就是分別心麼？其實但有言說，即是分別。是以分別為用，還是以分別為體，這是有根本區別的。接下來給大家舉一個巨大「分別心」的例子，來理解一下什麼是分別為用。在《六祖壇經》裏有這麼一段描寫：

時，祖師居曹溪寶林，神秀大師在荊南玉泉寺。於時兩宗盛化，人皆稱南能北秀，故有南北二宗頓漸之分，而學者莫知宗趣。

師謂眾曰：「法本一宗，人有南北。法即一種，見有遲疾。何名頓漸？法無頓漸，人有利鈍，故名頓漸。」然秀之徒眾，往往譏南宗祖師，不識一字，有何所長。秀曰：「他得無師之智，深悟上乘。吾不如也。且吾師五祖，親傳衣法。豈徒然哉！吾恨不能遠去親近，虛受國恩。汝等諸人，毋滯於此，可往曹溪參決。」

一日，命門人誌誠曰：「汝聰明多智，可為吾到曹溪聽法。若有所聞，盡心記取，還為吾說。」誌誠稟命至曹溪，隨眾參請，不言來處。

時祖師告眾曰：「今有盜法之人，潛在此會。」誌誠即出禮拜，具陳其事。師曰：「汝從玉泉來，應是細作。」對曰：「不是。」師曰：「何得不是？」對曰：「未說即是，說了不是。」

師曰：「汝師若為示眾？」對曰：「常指誨大眾，住心觀靜，長坐不臥。」師曰：「住心觀靜，是病非禪；長坐拘身，於理何益？聽吾偈曰：生來坐不臥，死去臥不坐，一具臭骨頭，何為立功課？」

誌誠再拜曰：「弟子在秀大師處學道九年，不得契悟。今聞和尚一說，便契本心。弟子生死事大，和尚大慈，更為教示。」師云：「吾聞汝師教示學人戒定慧法，未審汝師說戒定慧行相如何？與吾說看。」誠曰：「秀大師說，諸惡莫作名為戒，諸善奉行名為慧，自淨其意名為定。彼說如此，未審和尚以何法誨人？」師曰：「吾若言有法與人，

不二之光 —— 達摩祖師《破相論》全維度解析

即為誑汝。但且隨方解縛，假名三昧。如汝師所說戒定慧，實不可思議。吾所見戒定慧又別。」

志誠曰：「戒定慧只合一種，如何更別？」師曰：「汝師戒定慧接大乘人，吾戒定慧接最上乘人。悟解不同，見有遲疾。汝聽吾說，與彼同否？吾所說法，不離自性。離體說法，名為相說，自性常迷。須知一切萬法，皆從自性起用，是真戒定慧法。聽吾偈曰：心地無非自性戒，心地無癡自性慧，心地無亂自性定，不增不減自金剛，身去身來本三昧。」

　　當年自六祖大師得衣缽，在南華寺傳法開始，神秀的徒眾們就往往譏諷他是農民出身，不識一字，所以不會有什麼長處。這就是分別心，以俗眼看是非、落俗見。神秀大師反而回應得特別好，他說惠能大師得的是「無師之智，深悟上乘，我不如也」。他說我不如惠能大師，非常謙卑。另外大家要知道，所謂「無師之智」即自性法。接下來神秀大師又說道：「且吾師五祖，親傳衣法，豈徒然哉？」而且我的老師，五祖弘忍大師親自把衣缽、法要傳給了六祖惠能，怎麼是莫名其妙沒有來歷的呢？

　　然後神秀大師說：「吾恨不能遠去親近，虛受國恩。汝等諸人勿滯於此，可往曹溪參決。」什麼意思？他說我自己已經被國師之名所累，疲於應付世俗，沒有辦法去親近六祖，你們作為我的弟子，千萬不要停留在我這個地方，一定要到曹溪去，去參拜六祖，能使你們有決定性的收穫。

　　看看神秀大師的格局心胸！沒有幫派主義，沒有人我是非，真真正正地在護持佛法，讓自己的弟子趕緊去親近六祖，得到更好的法要。客觀地說，現在很多喜好山頭幫派、籠絡弟子、大搞神權膜拜的那些名利客，確實和神秀大師沒法比。

　　接著往後看。有一天，神秀大師命他的門人志誠法師：「汝聰明多智，可為吾到曹溪聽法，若有所聞，盡心記取，還為吾說。」他說：你很聰明的，可以代我去曹溪聽六祖法要，如果有所收穫的話，用心

記下來，回來告訴我。

「誌誠稟命去曹溪，隨眾參請，到六祖面前，不言來處。」誌誠不說自己從哪兒來的，他自己因為這個時候有介意，心裏面怕萬一說出來處的話，底下的人不高興，覺得他盜法或有其他俗情顧忌。

這種事情怎麼能瞞得住六祖大師呢？祖師告眾曰：「今有盜法之人，潛在此會。」他說有人是不請自來，潛伏於此，要偷東西走。其實這是六祖點化誌誠的方便，為什麼呢？因為但聽者心中有所掛礙，就不是直心，就是諂曲心，那怎麼聽也不過聽個分別俗見，而不是真正的離相之智。

誌誠也是上根器，六祖這麼一說，自然不會再藏著掖著，馬上出來禮拜，「具陳其事」。六祖大師就問誌誠：你的老師是怎麼跟大眾講修行的？誌誠就回答說：我的老師教我們「住心觀靜，長坐不臥」。六祖大師就說了「住心觀靜，是病非禪。長坐拘身，於理何益」等一段見地上的看法。

大家要好好看看《六祖壇經》，《六祖壇經》實在是太通透了，什麼都說得明明白白！我重點要跟大家說的是後面一段。隨後兩個人就展開了一段關於佛法非常精妙的討論，這個討論的意思和我們今天要講的《破相論》的部分幾乎是一致的，六祖大師的話讓我們著實領教到什麼是佛法的坦蕩、真誠！

誌誠隨後談了神秀大師對戒定慧的看法：「諸惡莫作名為戒，諸善奉行名為慧，自淨其意名為定。」那六祖大師是怎麼回應的呢？他回應道：「汝師戒定慧接大乘人，吾戒定慧接最上乘人，悟解不同，見有遲疾。」什麼意思？六祖大師其實是非常坦蕩地否定了神秀大師，一點沒留情面。他說：你老師的戒定慧法是接大乘人的，我的戒定慧是接最上乘人的，你看著辦。

你看看，貌似巨大的分別心，說高說下，而且對如此謙虛的神秀大師和誌誠，都一點沒留情面。如果僅以俗眼觀之，這一段反而是顯得神秀大師和弟子謙恭有禮，六祖大師高傲狂狷，素養不足。可真的是這樣麼？

佛門中有這樣一句老話：寧可老僧下地獄，不將佛法作人情。六祖大師是心地清淨、如如不動、自在任運、時時無礙的人，他有妄分別心嗎？怎麼會！這反而就是隨緣相應、無念相應的真實力量！而且正因自心無私無染，所以誌誠和我們今天的觀者，接收到的信息自然就是正面的，這就是不可思議處，讓你看著分別相都難起分別念。任何造作，刻意諂曲，都不是真平等不二。唯有實事求是，才是！

六祖大師的示現，就叫不生妄分別，反而隨緣善分別，不失平等，自然有力。隨後他又說道：「吾所說法，不離自性。離體說法，名為相說，自性常迷。須知一切萬法，皆從自性起用，是真戒定慧法。」此意旨和《破相論》如出一轍。

學佛不是過家家

我們生活在一個共同的時空因緣裏。這個時空因緣的基本屬性，決定了我們沒有任何時間應當浪費於無謂的生命消耗。世界上沒有人能繞開一天二十四小時的基本時間邏輯。我們想盡辦法要帶大家能於「二六時中恒時精進」，盡量一秒不空過。那你自己還有多少時間浪費在那些雜途小徑上？還在那兒去揣摩說，我應該還要去幹哪些著相的事，要怎麼考慮好所謂的人情世故……

是獅子就不追逐石塊，是大象就不走兔徑。

那些還在繞路，用人情世故來對待自他法身慧命的，往往慣於給自己找很多託詞，比如「因為我們私交很好」，「因為我在那個系統學習了很多年，真的很不好意思」，「我還不能讓別人對我起煩惱，不如就這麼訓練不分別的心吧」等等。對這樣的說法，我必須得先鼓勵你，為什麼？因為你首先能回頭檢查自己，這很好；但第二點，我同樣也得批評你，在佛法修學上，你還在搞人情世故？你拿自己當什麼？

你當下就是那個追石塊的韓盧，當下已經是造作的貪著分別和世俗的情緒懦弱，哪兒有點清明的真誠和直下承擔的勇氣？

各位，神秀大師那麼真誠謙卑，誌誠法師那麼恭敬坦誠，饒是如此，你看看六祖大師都毫不客氣，絕不留情。為什麼？只要你是真為法來，那你說一句真，我就回你十句真，這是真慈悲！

這也是為什麼群裏大家問我問題，我說話也比較直接的原因。因為你有苦、有難，你求助於我，我再跟你虛與委蛇、客氣客套，那就是我沒有真的尊重你的信任誠懇，我更加沒有尊重你本自具足的清明智慧。我再和你哄小孩一樣過家家，僅是撫慰感受，說些你喜歡聽的合頭語、片兒湯話，那就變成了是在和你玩世俗人情，不僅拿你當生命弱者，也拿我自己當神棍騙子。最重要的，於你要解決的問題，壓根不會有任何有用的價值。

我們再看《金剛經》怎麼說：

以要言之，是經有不可思議，不可稱量，無邊功德。如來為發大乘者說，為發最上乘者說。若有人能受持讀誦，廣為人說，如來悉知是人，悉見是人，皆得成就，不可量，不可稱，無有邊，不可思議功德，如是人等即為荷擔如來阿耨多羅三藐三菩提。

經為「發大乘者說，為發最上乘者說」。佛不想跟你說一句廢話。佛眼中從來沒有看眾生是弱小根器。若真視為弱小，何必和你談金剛般若？談大乘發心？

佛為什麼也跟你說娑婆苦？是因為你本來具足、本自清明，你迷在妄想執著的娑婆相裏不肯出來，他就專門說個娑婆苦、極樂美給你聽，勾你的發展性，讓你住不住已得已有，自然就肯破執前行。

不將佛法做人情

佛時時刻刻都是用最有效、快速、不繞路、不假方便的直契，來接引你離相破執，身心自在，收穫你生命真實的般若能量。

誰有空跟你玩人情世故，閑扯那麼多虛與委蛇的東西？有群友問：為什麼生活裏很多不如意？原因很簡單，因為你需要！你的生活是因為你的需要，才會呈現成如此的樣貌。為什麼需要？原因更簡單，就是要你在其中隨著自己的得失在意，去發現你自己到底造作了多少是非、造作了多少混沌、造作了多少胡扯八道的糾纏！讓你去發現自己到底有沒有真的尊重過自己的本具清明智慧。沒發現就不停地折騰、反復，直到你發現為止。

這其實就叫步步直契，煩惱轉菩提！所以沒有什麼真的必須的漸修道，都是方便接引罷了。一旦明白煩惱處即是覺悟處、解脫處，無煩惱則無覺，依煩惱而現覺，煩惱菩提不二，徹底不過只是橫看成嶺側成峰，當下自在。這也就合上了《維摩詰經》所說的「一切諸法是解脫相」。都是解脫你的觀念繫縛，執著邊界來的，還識不得？身入寶山空手歸，多可惜。

所以，有六祖大師珠玉在前，我們也就敢瓦礫於後。可以明確地告訴大家：凡跟你說下乘法、說小乘法、說繞路法，以方便成執著，加重你的自我在意的，都不是佛法。

現在有一些人，特別喜歡拿別人的生命當弱者。這是因為他們對自己壓根就沒有建立過「本自具足，能生萬法」的真實自信，沒有建立過「性、能、相」關係的真實生命見地。用刀砍水，無論什麼痕跡，水性都毫髮無損。其實就這麼簡單。真能明白，自然「無掛礙故，無有恐怖，遠離顛倒夢想，究竟涅槃」。可惜他們不明白，很多時候我覺得他們是不想真的去明白。名聞利養那麼誘人，而弱化他人的心智靈魂的套路，難道不是獲得名聞利養的最佳途徑嗎？

學佛是「天上天下，唯我獨尊」的事，是入「大雄寶殿」的事，

是「發雷霆音」的事，是做生命強者的事！你必須成為生命的強者。什麼強者？能夠在念念迷執困頓時，想起自己本自清淨、本來具足，告訴自己有能力破當下的執，出當下的苦，不假任何外力，實現自在無礙！

我是誰啊？有我沒我，你都必須得成！他是誰啊？有他沒他，你都必須得成！不論人我是非，不論有佛沒佛，你都得成！成什麼？成自己的生命大自在！因你本來自在！這是佛法大道至簡，不加諂曲的修學。我們上一課講到船子度夾山的公案，那是什麼氣魄！是什麼就是什麼，還想繞路就死給你看！這還有什麼可諂曲的，哪兒有人情世故在？這叫「寧可老僧墮地獄，不將佛法做人情」。

有這個氣魄對自己嗎？你其實有。自己是大象，就別走兔徑。自己是獅子，就別做狗。

六識作主，不由自主

問曰：「上說真如佛性，一切功德，因覺為根，未審無明之心，以何為根？」

問題問得很好，說老師你說一切功德都是從每個人的真實覺悟處發生的，那無明失覺的心，又是從哪裏長出來的呢？這個問題的重點，其實是提問的人還是在用分別心計度思量，拆分對立了所謂「功德」和「無明」，不知道其實所謂「無明」恰就是「功德」的妙用相。比如問者之所以能提出問題，是因為有答案的存在，不然都無從問起。「問」與「答」，本就是相對而生，「此有故彼有」。恰以分別為用，才能顯露出究竟的精彩，這就是分別與究竟不二。只是問者往往自己不知道，用自己的後天習慣性思維模式區分、割裂，這就是所謂的「迷」態，如老話所言「日用而不知」。

整個《破相論》的語文表達邏輯，其實跟佛經非常一致，都是表

法，老師和學生一唱一和的表法。其實所有的要義，在開篇處就已經講透講完了，但是弟子會不得、接不住，怎麼辦？那就一層層往下說，到哪一層能接住了，後面就都不用再說了。這就像六祖在五祖處得受衣缽，就是五祖為他講《金剛經》的緣。講前面不明白，非得到第十分《莊嚴淨土分》「應無所住而生其心」一句，豁然明白，感慨「何期自性，本自清淨；何期自性，本不生滅；何期自性，本自具足；何期自性，本無動搖；何期自性，能生萬法」[9]。這不是五祖指示給他什麼是自性，而是就在這個緣上，惠能明白了屬於自己的自性家珍為何，於是五祖也就不用再接著講了。這也正是我們一直倡導「不為定義知識，只為啟發智慧」的核心意義。原本就沒有標準答案，每個人的心創造屬於自己的世界，雖然有些部分有共識，但也不會真的彼此感受完全一致相同。每個人都能活出自己的自在精彩是本。所以講經、問答也是如此，不是為了給人答案，而是啟發每個人「因無住而無盡的本有智慧」。

　　《破相論》從這一提問開始，也就開始用具體的事來梳理見地了。和大家只去梳理性理，大家接不住，接不住沒關係，性事不二、理事無別，那就用事來說理就好。

達摩祖師回答：

無明之心，雖有八萬四千煩惱情欲及恒河沙眾惡，皆因三毒以為根本。其三毒者，貪嗔癡是也。此三毒心，自能具足一切諸惡。猶如大樹，根雖是一，所生枝葉其數無邊。彼三毒根，一一根中，生諸惡業百千萬億，倍過於前，不可為喻。如是三毒心，於本體中，應現六根，亦名六賊，即六識也。由此六識，出入諸根，貪著萬境，能成惡業，障真如體，故名六賊。一切眾生，由此三毒六賊，惑亂身心，沉沒生死，輪迴六趣，受諸苦惱；猶如江河，因小泉源，洎流不絕，乃能瀰漫，

9　見《壇經·行由品第一》

波濤萬里。若復有人斷其本源，即眾流皆息。求解脫者，能轉三毒為三聚淨戒，轉六賊為六波羅蜜，自然永離一切諸苦。

這一段其實沒什麼可講的，達摩祖師回答的文字，意思非常清楚明白。三毒，貪嗔癡。轉三毒為三聚淨戒，轉六賊為六波羅蜜，自然永離一切諸苦。這段話重點在「於本體中，應現六根，亦名六賊，即六識也。由此六識，出入諸根」一句。這句的重點在「出入」。我們現在是被六識──眼、耳、鼻、舌、身、意識所奴役，隨它出入六根，繼而六識交互，產生這一層次上的自我構建，繼而愈發強化貪嗔之性，於是「障真如體」，也就是忘了本，迷失了回家的路。由六識做主，活成不由自主。本來六識應該是我們發展自由的工具，現在工具成了主人，主人成了奴隸，這就是我們的真實人生。

貪嗔癡性即是佛性，如浪之性與海之性，皆為水性。可貪嗔癡心就不是佛心了，如浪之能和海之能，可就差了不知多少個層次。

所謂「勤修戒定慧，熄滅貪嗔癡」，很多人誤會地認為貪嗔癡是壞東西，戒定慧是好東西，其實這還是基於分別習氣的模式化思考。戒定慧是個緣，如我們前面所說的「如來善友」；貪嗔癡同樣是個緣，如同我們說的「如來惡友」。如果想發現自性更多風光，就不要駐足於局部風光。所謂「勤修戒定慧」，不是讓人更加抓取執求某種成果，而是通過戒定，破除對名相心相的一切慣性執著，自然發現無心之慧，照見心性本來的方向。熄滅的也不是貪嗔之性，而是迷執於貪嗔取捨的習氣、以偏概全的愚癡之心。

心平行直可真難

怎麼轉三毒為三聚淨戒？三聚淨戒是什麼？三聚淨戒如果追究名詞，指的是「律儀、攝諸善法、攝眾生」這三件事。從實用義理上，

在後文中達摩大師稱其為「制三毒心」。在這裏，我們首先要了解的側重點，在於「善」字。一個修行人也是一個善行人。很多人往往誤會，將佛法的「善」認為是世間善惡的善。其實在不同的認知維度上，同一個字所表達的意義指向是不同的。在佛法的角度，所謂的善法，首先指的就是解脫法，繼而不斷深入為平等法、不二法。

「善」之一字，我們用它的字形打個比方，羊字頭，草字中，口字底。羊把草吃入口中轉化成奶，比喻能把雜染之無明轉歸為無染之清明，這是佛法的善。所以所謂三聚淨戒，指的就是我們能夠隨緣平等無住、念念轉迷為覺、常予眾生自在。

有人問：那這樣的善，我日常怎麼做到呢？就按六祖大師《無相頌》中所說的做：

心平何勞持戒，行直何用修禪。恩則孝養父母，義則上下相憐。讓則尊卑和睦，忍則眾惡無喧。若能鑽木出火，淤泥定生紅蓮。苦口的是良藥，逆耳的必是忠言。改過必生智慧，護短心內非賢。日用常行饒益，成道非由施錢。菩提只向心覓，何勞向外求玄。聽說依此修行，西方只在目前。

「心平何勞持戒，行直何用修禪」，這麼簡單，就不肯做。非得心不平、行不直，假模假式的往禪堂裏坐，往禪墊上坐，開始磕呀、拜呀、供啊、念啊、求啊、找啊，然後說我要修行了，所以我現在遠離貪嗔癡，我跟老公要分房睡了，我也不給家人做肉菜了……你看看這心得是有多不平？就這顆是非、分別、造作、貪婪的心，還想出離輪迴？不可能！

合格的佛法老師

什麼是合格的佛法老師？這是一個非常有必要搞清晰的問題。關於「佛法」，我們之前已經引用了經中所言「離一切諸相，則名諸佛」和「離一切相，即一切法」。明明這麼直接簡單，結果從古至今，還是有很多人就要把佛法講成著相法。不是教人著外相，就是教人著心相，總之沒離開過一個「求」字，結果必然是「有求皆苦」。然後，越是外求的人，內在會愈發缺失力量。這樣的結果只會變成三個字「抱大腿」，換三個字就是「信大師」，而這絕不是佛法本願。佛法本願是讓你學會「活自己」！

一個真正的好老師，一定希望學生的成就遠勝於己。一個真正的好老師，絕不會希望學生一輩子抱他大腿，因那只能證明他的教育徹底失敗。一個真正的好老師，一定是想盡辦法用最快的速度，讓學生獲得遠超自己的成就，青出於藍而勝於藍！

一個真正的好老師，從呈現上會有三個基本特徵：

第一，教你觀苦。什麼苦？迷執為苦。一個好老師一定告訴你，所有的苦都來自於你的妄想執著，而非讓你分別外在為苦，從來「緣境無好醜，好醜在自心」！所以好老師一定會教化你走向離相破執、破迷開悟的方向。

第二，教你自皈依。一個好老師一定告訴你萬法唯心造，一切不離自心，如是自皈依，而非他皈依。但凡自稱是佛，但凡叫你生生世世不離師，說你不聽師父的話就會下地獄，說你是師父的弟子，就不能相信別人……那都叫社會大哥，不是人生導師。一定要看透這層。

第三，教你深入不二。指導你徹徹底底地深入不二法門，平等不二、性相不二、高低不二……一切不二。文殊菩薩以七佛之師示現護持佛陀，而佛尚因文殊菩薩還有佛、眾生二見而斥責其為「二鐵圍山現前」，連這都不許，何況其他。所以但凡說有個外極樂讓你證得，有個外緣境讓你有所得，如此皆為分別惡見。勿忘《心經》如是言：

以無所得故，菩提薩埵。

另外在我眼中，老師又分為三種類型：

一曰教師。傳道授業解惑，為有法予人，定義知識，行世間禪。

二曰法師。自無一法，而以隨緣萬法之方便，助人解黏去縛、解脫自在，行出世禪。

三曰禪師。隨緣方便而直指生命實相，導人當下超越妄想執著，回歸本來，行真實禪。

而那些只在名相層面要求學生「生生世世不離師」的，其實不過都是偽宗教騙局！從自性而言，本來不二，無從分離，故言之多餘。從外相層面，一切本非實存，更不應為學人增加著相念執。所以無論從上下左右內外任何角度，這樣的要求，其實都難以成立。

切記這一點：一個老師最大的成就是培養出遠勝自己一萬倍的人才，而不是去培養只會匍匐在自己面前的奴才。

破相論 05：六道正在汝心頭

【經文】

問曰：六趣三界廣大無邊，若唯觀心，何由免無窮之苦？

答曰：三界業報，唯心所生；本若無心，於三界中，即出三界。其三界者，即三毒也；貪為欲界，瞋為色界，癡為無色界，故名三界。由此三毒，造業輕重，受報不同，分歸六處，故名六趣。

問曰：云何輕重分之為六？

答曰：眾生不了正因，迷心修善，未免三界，生三輕趣。云何三輕趣？所謂迷修十善，妄求快樂，未免貪界，生於天趣。迷持五戒，妄起愛憎，未免瞋界，生於人趣。迷執有為，信邪求福，未免癡界，生阿修羅趣。如是三類，名三輕趣。云何三重？所謂縱三毒心，唯造惡業，墮三重趣。若貪業重者，墮餓鬼趣；瞋業重者，墮地獄趣；癡業重者，墮畜生趣。如是三重，通前三輕，遂成六趣。故知一切苦業由自心生，但能攝心，離諸邪惡，三界六趣輪迴之苦，自然消滅離苦，即得解脫。

【七非先生解】

愛因斯坦式的佛之友

很多人在問念佛持咒的問題，今天給大家分享一個小秘密。大家都知道愛因斯坦最著名的質能公式 $E=mc^2$，這個也是狹義相對論最核心的公式。寫起來很簡單，但它是個了不起的偉大公式，能完全搞明白其意義的又有幾個人呢？換個角度說，你就算天天念叨一萬遍 $E=mc^2$，這輩子念上了十億遍，如果沒有深入基礎物理、應用物理、理論物理，你也不可能真正用好這個公式。

什麼人能真正領受呢？紮紮實實把物理原理一層層理解透徹的時候，你不僅真的能夠運用好這個公式，可能還可以在這個公式基礎上，發展優化出你的公式。

　　這跟我們念佛號、持咒的道理其實是一模一樣的。這也正是佛法八正道「正見第一」的意旨所在。見地不到，談其他真的沒有意義。如果非要說有意義，無非是在三大阿僧祇劫無量無邊的時空裏，你做了一點點幾乎可以忽略不計的知識小功課。但要是見地真了，那就是「不歷僧祇獲法身」，直下頓超，直了成佛。這就是快車道和慢車道的區別，見地清明和執相而求的區別。

　　用這麼一個愛因斯坦的公式來打比方，大家就應該非常明白，你做的所有外在形式的功課，如果沒有一個非常清明的見地做支撐，那就好比一個幼兒園的小朋友也聽說了 $E=mc^2$，每天念無數遍，但是如果他永遠是幼兒園的認識水平，就算念了一輩子，愛因斯坦也不會見他的，因為沒有意義。或者最多就是拍拍小朋友的臉，鼓勵她好好學習，紮實成長，而不是直接和小朋友一起去造原子彈。

　　反之，如果你真的掌握了這公式背後的無上玄妙，不用你去找愛因斯坦，他都會來找你見個面，邀你一起做些事。這也是一種「佛為眾生作不請之友」的理解角度，所謂「佛」一直在陪著你長大、成熟。你要不要和他交朋友？

　　你是用世俗心、凡夫心、業障心和他交朋友，他也現成業障凡夫的樣子和你交朋友，那就叫三大阿僧祇劫；你用清明的智慧、成長的追求，真正夯實自己生命見地的方式和他交朋友，那他就會用愛因斯坦的方式和你交朋友。兩條路，就這麼清晰，一點也不復雜。只在於你自己怎麼選擇。關鍵是，真的說三大阿僧祇劫的話，幾百億年吧？那還真的和我沒關係。這是告訴你，其實沒有第二條路，只有一條直下的超越之道！

　　那從哪裏上路？還是見地兩個字！

悉達多和釋迦牟尼

有人問我，為什麼佛成佛前叫悉達多，成佛後稱為釋迦牟尼？從名相歷史的角度，有一些淵源說法。從和我們直接關聯的角度，我談談我的一個視角，供大家參考。

什麼是悉達多太子？這裏我們首先忽略音譯，只看名字的漢字。我們來解讀一下。一花一世界，一葉一如來，我就願意這麼依文解義，玩鬧中啟智。有些人說這明明是音譯，是我胡謅。可《維摩詰經》明明有云，「佛以一音演說法，眾生隨類各得解」。我能從一個漢字裏去體悟修行，解出我的智慧，那是我的本事。我也願意把這體會分享給同行者，只要能啟發智慧，就非常值。

從文字上看「悉達多」，「悉」就是周遍，「達」就是觸及，「多」就是無限。我們每個人都是自性的法王子，但都活在這個周遍的、無處不在的、觸手可及的、密實的妄念執著輪迴包裹之中。我們每個人都在走向成為自性君主的路上，所以每個人都是悉達多王子。

那釋迦牟尼佛呢？之前我在網課《太子成佛的秘密》裏面說的比較細，這裏不再展開。還是只用名字來啟智。從意譯上，「釋迦」是能仁，「牟尼」是清淨。什麼叫能仁？「釋」就是釋放、解放；「迦」還有個音，邂逅的「邂」音，原本的字義也如是。換句話說，隨緣邂逅一切，都能解脫自在，一切都能成為解放自己束縛的工具，隨處釋迦，這是內心本具的智慧，主動性的慈悲，這就是你的能仁。

那什麼是「牟尼」？「牟」有牛叫的意思，「欲成諸佛龍象，先做眾生馬牛」。牛也指負重承擔，大白牛車即是。「牟」也通「眼眸」的「眸」。「尼」就是阻隔的意思。「牟尼」就是你能夠清明地看到是什麼阻隔了你？是你的無明、你的妄想、你的執著分別，你能夠清明地看清它。所以，「牟尼」，在我看來，就是以清明之眼，照破無明阻隔，並自在擔當，發展前行。

所以如果從這些角度，我們來討論什麼是釋迦、什麼是牟尼、什

麼是能仁、什麼是清淨的時候，你會發現，「青青翠竹盡是法身，鬱鬱黃花無非般若」。從哪兒你都能打撈出佛法來，最後就是「滿目青山蒼翠，放眼人人是佛」。山河大地間一切人事物境裏、舉手投足處，無不在宣說法語甘露，那這不就是你的極樂世界現前嗎？所謂極樂世界裏的共命鳥[10]，一個鳥身兩個鳥頭，皆宣妙法，這不就是在告訴你「順逆皆方便」，一切平等不二的道理嗎？

真實的道次第

在藏地，曾經有一位著名的修行人，名叫華智仁波切，他有一本著作的名字叫《屠夫真言》。這就是在用書名告訴別人，連殺豬人說的話都能讓人開悟，只在於你肯不肯領受，還是你揣一個分別心，認為那是殺豬的說的，狗嘴裏怎麼能吐出象牙？我只聽我上師的，我的師父才是世間真理唯一的掌握者。這種看法就會讓自己落入「佛在面前不識」的封閉、狹窄和傲慢中，最後只會害了自己。在我們的文化裏有個最基本的學習認知，叫「三人行必有我師，擇其善者而從之，其不善者而改之」。學佛學不到三人行必有我師，那真是虧大發了！其實更應該是三人行皆是我師。

回過頭來說，包括我們在談《破相論》的時候，有些人會覺得：哦，這是非常高明的法，《金剛經》是非常高明的法，我們可能不適合學，我們要學紮實的道次第，我們要從紮實的出離心開始培養，然後培養菩提心，最後證悟無二慧、證悟空性。那我問你：離相破執是不是就是出離？是不是讓你時時刻刻從本起修？是不是最快最有效的出離？你一出離，念念清明任運，那是不是就是菩提？什麼是菩提？《大日

10　共命鳥：梵音「耆婆耆婆迦」。《雜寶藏經》云：雪山有鳥，名為共命。壹身二頭，識神各異，同共報命，故曰命命。

經》說：「如實知自心。」這是菩提啊！繼而發現入不二門，輪涅不二、垢淨不二、生佛不二……一切不二，這是不是就是無二慧啊？

所以我們這不是紮紮實實的道次第是什麼？這是從佛陀到祖師給我們真實不虛的最紮實的快車道。《楞嚴經》云：「理則頓悟，乘悟並消；事非頓除，因次第盡。」什麼次第？離相破執！離相破執就是出離，這就是《破相論》第一段裏說得明明白白：「猶如大樹，所有枝條及諸花果，皆悉依根。栽樹者，存根而始生子；伐樹者，去根而必死。」

因此，不從根上入手行嗎？所以叫萬千法門不離自心；唯觀心一法，總攝諸法，最為省要。什麼時候離開過道次第？這就是真正紮實的道次第。

佛來只辦一件事

這也就是為什麼我非常感念大家在第一個二十一天打卡裏，完成了一百二十萬字以上、五千多份、一千兩百多人參與的不可思議的智慧學習筆記，太了不起了！而且，真真實實地看到了每個人就在這麼短時間內，身心實在的改變和優化。

為什麼可以做到？是因為你本來就可以做到！我們的學習正是沿著從佛陀到真正的金剛祖師的脈絡看透了這一點，看透大家的心，一切都是心的起用，一心十法界。我真實地相信你是個生命的智者、生命的強者，你一定可以讓自己的生命越來越好，自轉法輪，智慧自在。所以我只撥你這個頻道，你的業識心就只拿這個部分與我相應，那你自然就會推轉自己的生命。我的這個手法其實並不是什麼特殊高明的手法，這在《法華經》裏用一句話就可以概括：「諸佛世尊唯以一大事因緣故，出現於世。欲令眾生開示悟入佛之知見。」換句話說，佛出世只講佛法，於是就能撥轉你一心十法界的佛頻道，你就能顯化成佛態，這是很自然的事。佛絕不會做第二件事，去關心你的房子、車

子、妻子、孩子、票子、身子。只不過因為你往往難以超越狹隘執著，所以有時用這些來為你下方便鉤子，引你上道罷了。「一切有為法，如夢幻泡影」，佛法怎麼可能真的關注你夢中吹泡泡的得失？所以一定要明白這一點！凡是加重你對這「六個子」的在意和加重其他任何執著的，無論什麼呈現，講的一定都不是佛法。

同樣的，菩薩出世講的一定是菩薩法，拿著佛經講的也是菩薩法。為什麼？什麼心就什麼界，能講出來的都是自己真實領略的理事風光，沒見過的怎麼真的講得出來呢？所以同一部佛經，羅漢的心就只能講成羅漢法，天人心就講成天人法，餓鬼心就講成餓鬼法，凡夫心就講成凡夫高下分別法，正常極了。還是那句話「佛以一音演說法，眾生隨類各得解。佛以一音演說法，眾生各各隨所解」。

如果我也像其他一些教學體系一樣，拿大家當弱者、當小孩、當笨蛋，那同樣的，大家也就只會用所謂的祈福、供養、跪拜、貪求和我相應。那我們不成了彼此愚弄，互相傷害了嗎。有人問我：「七非先生，那你到底講的是什麼法？」實話告訴你，我無法可講，不過都是隨緣相應的信口開河罷了，千萬不要信我說的每一個字。為什麼？佛尚且說自己四十九年無一法予人，「說法者，無法可說，是名說法」，並言道「汝莫信我，莫隨我欲，莫依我語，莫觀我相，莫隨沙門所有見解，莫於沙門而生恭敬。莫作是語，沙門喬達摩是我大師」。佛尚如此，何況我哉。

《維摩詰經》裏也說：「夫說法者，無說無示；其聽法者，無聞無得。」為什麼？都是本自具足的事，不過彼此隨緣激發、呈現出來罷了，哪有什麼外來增加的說示和聞得呢？認清這點，根本重要！

白衣說法很如法

還要和大家普及一個非常重要的知識，就是關於所謂「白衣說法」

的問題。因為總會有些人困惑於此，覺得傳揚佛法好像只能是由出家僧人來做。同時也因為有一些人覺得自己的弟子，開始真的接觸到「本自具足，能生萬法」的佛法，不再接受只做精神奴才，繼續去抱他們的大腿，這些人認為原本屬於自己的奶酪被動了。因此非常不滿，惡意散播所謂「白衣說法不如法」的荒謬言論，意圖繼續愚弄大眾匍匐於他們個人的腳下，而方便繼續行魚肉之實。對此，還是很有必要依經依教以正視聽的。

關於白衣說法的來歷出處，要看《迦丁比丘說當來變經》。大家可以在網上搜一下，我覺得有些人會難以接受這部經的內容，為什麼呢？大家自己看了就知道。這本經因為說透了一些所謂的出家僧人在世間會出現的種種問題。所以也有一個很奇特的現象，從古至今，幾乎沒有僧人傳講這部經。原因其實很簡單，這部經真講了，很多人就會容易對僧團退失信心，並不利於名相層面的佛教建設。可也正因為這部經說的既實在又客觀，也就被有慈悲心的明白人將其收錄進了《大藏經》系統，這就是給後人留了一扇了解客觀、不落迷信的門。

同時在《法苑珠林》裏，也提到了末法時代的五種亂象：第一，當來比丘從白衣說法。就是比丘跟著在家人學習佛法。第二，白衣居上座，比丘處下座。就是在家人更受認同尊敬，反而出家人地位下降。第三，比丘說法，不行聽受，白衣說法，受而不捨。就是比丘說的話，大眾聽不進耳了，反而是白衣說的話大家就愛聽，因為可能更貼近生活。第四，魔說為真，正法為偽。什麼是魔說？一切相說皆是魔說，著相而求的說法越來越多的意思；反而讓大家行真實平等、無念無住的正法變成了被攻擊的對象。第五，當來比丘畜養妻子。出家人持戒的少了，有妻有子的多了，與在家人無異。

所謂「末法時代白衣說法」的來歷就在《法苑珠林》這段話裏。但根本上的來歷是《迦丁比丘說當來變經》。所以要想討論法理，就當依經依教、如理如法地討論，不好簡單人云亦云和隨意扣帽子，不然只會讓人覺得心胸狹窄和見識淺薄。《迦丁比丘說當來變經》的根本用意，是在提醒和敲打比丘「當行精進以避免墮落下流」的問題，

是警惕警醒意。

從現象而言，比如第一點的「當來比丘從白衣說法」什麼時候就有了？佛陀在的時候就有了！《維摩詰經》裏，多少比丘聽維摩詰居士講法啊！其實很正常，本來就是「三人行皆是我師」的事。而且這些聽法比丘，就在維摩詰居士這裏證了阿耨多羅三藐三菩提，佛更是對此大加讚嘆！所以問題根本不在現象上。

第二點，白衣居上座，比丘居下座。這也沒毛病啊！因為講法者上法座，這是尊法而不是著人我相！都別說上座下座的問題了，《維摩詰經》的原文如是：「時，維摩詰即入三昧，令此比丘自識宿命，曾於五百佛所，植眾德本，迴向阿耨多羅三藐三菩提，即時豁然，還得本心。於是諸比丘稽首禮維摩詰足。時維摩詰因為說法，於阿耨多羅三藐三菩提，不復退轉。」

這是佛經裏描繪的狀況。這都不是白衣上座、比丘下座的問題了，而是比丘們因受了法益，而恭敬頂禮維摩詰的腳！這才是實實在在地扣住佛陀在《遺教經》中所說，同時在《大涅槃經》裏也提到的「依法不依人」。這個禮足的行為，維摩詰無礙，比丘們也無礙，為何？是因為就沒人住人我相、分別心！這才真是以心印心的相會，毫不摻雜世俗之見，多美好！

這裏我也真是想發自肺腑地提醒大家，無論僧俗，真的應當想想自己學佛修行，那麼真誠、那麼用心，以生命投入，目的只是為了讓自己著於俗見，繼續搞人我高下，落是非分別心嗎？別忘了自己本具的那顆宛若處子的清美初心啊！

第三點，比丘說法，不行聽受，白衣說法，受而不捨。維摩詰居士是最好的例子之一，藏傳佛教的創始人蓮花生大士也是例子。蓮花生大士是在家人，是示現上有五位妻子的在家人，而學習藏傳佛法的，無論出家、在家人，哪個不在蓮花生大士的足下頂禮膜拜？哪個不是聽聞信受？連六祖惠能大師也如是。六祖惠能大師於五祖弘忍大師處得衣缽時，同樣是在家居士！惠明追上六祖時說「我為法來，不為衣來」，作為出家人的惠明何其明白「法不在衣」。六祖惠能則為他做

開示，破其心頭無明，惠明覺悟而去。要從名相而言，此時的惠能不過是一位年僅二十四歲的在家居士罷了。誰若落世俗眼光，只認衣服不認法，難道不是耽誤了自己，也誹謗了佛法嗎？

第四點，魔說為真，正法為偽。這情況現在太普遍了。什麼是魔說？魔者，迷也；佛者，覺也；「一切相說，皆是魔說」。說有為法者，皆是謗佛。但凡跟你談有為有得，讓你最後落抓手、增貪好、自以為有所成就的全是！都失了《心經》所言「以無所得故，菩提薩埵」的本了，還用說其他？

第五點，當來比丘畜養妻子。這個我就不用說了，也不用我們來討論了。形象、衣服和心地，本來就沒什麼直接的關係。

因為大家將來都是要現龍象之姿、發獅子吼、成就眾生的人，所以必須要讓大家知道，有誰一路在為離相法、平等法、不二法托底？是佛陀的偉大智慧和歷代真正金剛祖師的教言在為我們托底！所以佛陀在《大寶積經》中如是言道：「在家菩薩，若在村落、城邑、郡縣人眾中住，隨所住處，為眾說法……若是菩薩隨所住處，不教眾生，令墮惡道，爾是菩薩則為諸佛之所訶責。」什麼意思呢？一個學佛發菩提心的在家人，如果不去隨緣為眾說法，諸佛都要呵斥你！你的水準如何、講的到不到位是另一件事，但你如果沒這個心，不敢、不願去做這個行為，開玩笑地說，佛都要罵死你！

另外，佛陀在《優婆塞經》（《居士戒經》）裏又是怎麼說的呢？「出家菩薩有二弟子，一者出家，二者在家；在家菩薩有一弟子。」出家修行人可以有兩種弟子，一種是出家人，一種是在家人；而在家居士則是一種弟子，就是在家人。這就是告訴你，出家人因現分別相之緣，所以他的接引對象，就是著於分別相而有分別心的兩類有緣人；而在家修行人現無分別相之緣，所以他的接引對象，就是不著於分別相而無分別心的有緣人。這就合上了《維摩詰經》裏，在維摩詰座下聽法的菩薩、羅漢、出家、在家四眾人等，這些人無論什麼形象、什麼身份，皆不住分別相。彼此以法相見、以心相會、以性相合，何其自在美好！那你是著相的，還是不著相的緣呢？自己定。

同樣佛在《優婆塞經》裏還說道：「善男子，出家之人，唯能具足，五波羅蜜，不能具足檀波羅蜜，在家之人，則能具足。何以故？一切時中，一切施故。」這是佛陀以真實平等之智，在給大家做背書、增底氣。換句話說，只能行出家而不能行在家，是不能滿六波羅蜜的，因為缺了第一個「檀波羅蜜」（布施波羅蜜）的根基。

順便講一下布施波羅蜜的三個層次，財布施、法布施、無畏布施，財布施的用意在「破除身見」，法布施的用意在「平等一切」，無畏布施的根本則是「入不二門」。換個角度的說法，這不正是三主要道[11]的根本：出離心、菩提心、不二慧！但能以不住相的視角看待佛法，你就會發現無論怎麼講，其本質都是一體貫之的。

再隨便舉一兩段經中的內容：「在家菩薩先自調伏，若不調伏，則不出家」。「在家菩薩能多度人，出家菩薩則不如是。何以故？若無在家，則無三乘出家之人」。「三乘出家修道、持戒、誦經、坐禪，皆由在家而為莊嚴」。看看這些經文內容，是多麼的給在家修行人提氣！度人，出家不如在家；修道、持戒、誦經、坐禪，在家方是真莊嚴！為何？因紅塵實乃真道場，能於此間不忘初心，不失清明，才是真功夫！所以你看，在文殊、觀音、地藏、普賢四大菩薩裏，現在家相的居然能占了四分之三。佛陀如此這般殷切鼓舞，我們更應具足自信，更好地「荷擔如來家業」。

達摩祖師在《血脈論》中說：「若見自心是佛，不在剃除鬚髮，白衣亦是佛；若不見性，剃除鬚髮，亦是外道。」這就是祖師意旨和佛陀意旨的無二無別。

再舉一個例子。中國寺院裏幾乎都供奉白衣觀音。白衣觀音是不是一個在家女子的呈現？當然是！那是不是包括方丈在內的寺院所有四眾人等，同樣在頂禮跪拜？當然是！為什麼？有些人說，這是禮敬慈悲，這沒錯，可觀世音菩薩三十三應化身，哪個不是表慈悲？為什

11　三主要道：指學佛的根本，有三種最勝要道法門，即出離心、菩提心、無二慧。

麼非得立一個在家白衣女子的形象讓大家禮拜？道理還是很簡單。在佛門四眾中，論身份高下，比丘（出家男眾）為大，比丘尼（出家女眾）次之，優婆塞（在家男眾）更次，優婆夷（在家女眾）最末。這原本也只是一種隨順世間緣的方便呈現，可事物的發展往往容易「法久成弊」，反而很多時候，在這方便裏生出了強化階級高下的下流。

　　而某個角度說，就在這樣一個階級森嚴的系統中，立一尊地位最為卑微的在家白衣女子的像，且以此喻為觀音大士之化身，讓所有人禮拜，不正是在提醒所有人當行平等法，並破除相執麼？白衣者，上合無染意；女子者，下合有為意；於有為中不失無染，這不正是觀世音菩薩「上合十方諸佛本妙覺心，與佛如來同一慈力；下合十方一切六道眾生，與諸眾生同一悲仰」返聞自性之慈悲法門嗎？

　　觀世音菩薩本就是「應以何身得度，即現何身而為說法」，現居士身、現長者身、現國王身、現妓女身、現龍王身等等，這樣的呈現，不也正是在告訴我們「隨緣平等」意嗎？這些身都在說法，出家身也不過其中之一。

　　還有一點，就是關於「法師」的概念。除了我在前面講到的，佛陀更在《法華經》中告訴我們，其實在座的每一位都是法師。為什麼？在經中，佛說法師有五種：受持法師、讀經法師、誦經法師、解說法師、書寫法師。所以誰說「法師」二字只是出家僧人的專屬稱謂了？

　　最後讓我們用《金剛經》的一段內容，把「白衣說法」的問題做個小結。《金剛經》云：「以要言之，是經有不可思議、不可稱量、無邊功德，如來為發大乘者說，為發最上乘者說。若有人能受持讀誦，廣為人說，如來悉知是人、悉見是人，皆得成就不可稱、無有邊、不可思議功德。如是人等，則為荷擔如來阿耨多羅三藐三菩提。」

　　於我個人，我這一生是不會收弟子的，我們彼此的關係叫共修。大家因為和我建立了聽授關係，約定俗成地尊我一聲「七非老師」，我沒辦法，也攔不住。但咱們得說清楚，大家有緣一起玩的是「三人行皆是我師」的真實平等自在法的遊戲。有志趣相投的小夥伴，願意一起玩，那我很歡迎。

堅持和固執的區別

我們談《破相論》，要破的首先是自己的是非分別取捨心，這背後就是習氣層面的貪嗔二性在起主導。比如有人說我不喜歡這件事，於是不做了，去做另一件事，自認為是破執。那叫替換，不叫破執。還是以貪嗔為驅動，貪就是喜歡，嗔就是不喜歡。這個習氣一點沒動搖。

有一位群友提了個問題：我們一直在談破執，如果所做的一切都是為了破執，那藝術家是最難破執的那個，因為要投入大量的情緒、精力在其中。工作也是如此啊，所謂「不瘋魔，不成活」。如果人人都破了執，哪裏還會有優秀的作品和大師誕生呢？任何事也都是如此，不認真堅持難以成功，學佛也是如此。可認真堅持了，不就是強化執著了麼，怎麼區別？

這個問題問得很好，《中庸》裏也有「誠之者，擇善而固執之者也」的名句。讓我們先來了解下堅持和固執的區別到底是什麼。在我看來，堅持恰是敢於破執最好的表現，既不失初心本懷，也不駐足任何原有的觀念，敢於不斷超越自我，繼而不斷發現優化的自我；而固執是迷失初心，固步自封於原有觀念，只想捍衛自我正確，而不敢否定自我、超越自我。這就是堅持和固執的區別。

真正了不起的藝術家，包括在科學探索等任何領域，能夠實現最大價值、最出成績的人，從來都是敢於懷疑、否定成績，進而超越自我的那個人。這不是破執是什麼？

藝術家最好的作品是怎麼來的？往往是在心裏名利裝的少、念頭清淨的時候，或者是在自己處在一種自如放鬆，對作品沒有過度預期的狀態下，靈感即現，妙筆生花。但難處也在於，一旦作品成形，獲得自我和大家的認同後，往往就很難再形成新的超越。所以這樣的藝術家，你會發現他後勁不足。那他該怎麼超越自己呢？開個玩笑，如果把自己最得意、執念最深的作品毀掉，這個藝術家可能就超越了，

因為不住念執了。

藝術創作如是，科學探索如是，一切工作生活皆如是。在我眼裏，科學最偉大的價值就是「沒有定論，永無止境」！科學的精神，是永遠在發展、進取、不斷推翻中不斷超越自身。其實這也正是學佛的精神，是離相破執的精神。離相破執本就是世間發展的科學精神和根本規律。

你從受精卵開始，就一直在離相破執，不然你根本長不大，你一直在超越推翻這一秒之前的自己，根據因緣重組更新更好的自己。苟日新，日日新。學道人必須要吃透這一層，你才會發現離相破執就是生命的發展本懷，唯此一路，別無他途。八萬四千門，門把手和進門動作都是一個：離相破執！

所以經云：離一切諸相，則名諸佛。離一切相，即一切法。「佛法」二字本就如此清明、簡單、美好、直接。它本來就沒有繞路的東西在，只是我們隨雜念習氣、恐懼焦慮，自己加了很多繫縛上去。心有千千結，路就有千千結，千千結的心和千千結的路相應，彼此之間百轉千回，無明無期。

醒人不受夢報，這是《圓覺經》裏說的明明白白的話。夢裏醒來了再說夢裏的事，那就只是夢裏的事，說出來只是個玩笑。醒來，從來只是一念間事。這個「醒來」指的不是從另外的夢裏醒來，不然還是個二法思維，分別對待。所謂「醒來」，是發現壓根醒夢一如，隨緣自在平常。

真正的佛法，就這麼直接有力、簡單清晰，這才是如來性丈夫法。佛的十種名號裏，其中之一叫「世間解」。你能隨世間因緣當下解惑去縛，超越無明，立地圓成自在，就是世間解。所以我們現在談佛法，談的是「實用佛法」，是不離當下，即緣即用，直下自在的。

明明法拉利，你非當三輪車去推，還告訴別人就得這麼推，這是自誤誤他。

不離身心的六道之解

回到《破相論》的內容學習裏，之前的課程我們學習了三個段落。

第一個段落：「志求佛道，當修何法最為省要？」「唯觀心一法，總攝諸法，最為省要」。須知「心外別求，終無是處」，看清根本，一切諸法唯心所生。

第二個段落：「云何觀心稱之為了？」「以覺為根，遂能顯現諸功德樹」。抓住根本，不迷即覺，淨心染體為我所用。

第三個段落：「求解脫者，能轉三毒為三聚淨戒，轉六賊為六波羅蜜，自然永離一切諸苦」。從根本出發，突破所有認知誤區。

從這裏開始，就談到了如何轉三毒為三聚淨戒，轉六賊為六波羅蜜的問題。如果前面說的那些你還不明白，那就繼續向後不斷拆分細化，直到你明白為止。

接下來：「問曰：六趣三界廣大無邊，若唯觀心，何由免無窮之苦？」

達摩祖師回答道：「三界業報，唯心所生；本若無心，於三界中，即出三界。」祖師金剛智金剛語，根本不跟你繞路，直指要害，在於「無心」！然後「其三界者，即三毒也；貪為欲界，嗔為色界，癡為無色界，故名三界。由此三毒，造業輕重，受報不同，分歸六處，故名六趣」。

什麼是欲界？欲界的本質是貪心。為什麼呢？「貪欲」二字就說明了問題，貪是想要，欲是發展需要。貪好是一種生命習氣的運動模式，這個模式一啟動，就呈現為後天欲求相。這其實不是一個高下對錯問題，這是一個身心真實認知、把握的維度層次問題。層次即是「界」，是一個因設定有限而呈現有限的範疇態。

什麼是色界？色界的本質是嗔心。為什麼呢？嗔是不要，其內涵是分別取捨，因分別而呈現，是名色界。比如光本無色，經過三稜鏡，就可以分成七彩色，這就是分別取捨的自然呈現。

什麼是無色界？無色界的本質，就是癡心。比如說三稜鏡之前的無色光，雖光無色，但已經具備了光的體，這就是已經成形了的能量態，因其成形，不可更改，故名癡。

問曰：云何輕重分之為六？答曰：眾生不了正因，迷心修善，未免三界，生三輕趣。云何三輕趣？所謂迷修十善，妄求快樂，未免貪界，生於天趣。迷持五戒，妄起愛憎，未免瞋界，生於人趣。迷執有為，信邪求福，未免癡界，生阿修羅趣。如是三類，名三輕趣。云何三重，所謂縱三毒心，唯造惡業，墮三重趣。若貪業重者，墮餓鬼趣；瞋業重者，墮地獄趣；癡業重者，墮畜生趣。如是三重，通前三輕，遂成六趣。故知一切苦業由自心生，但能攝心，離諸邪惡，三界六趣輪迴之苦，自然消滅離苦，即得解脫。

兩個段落連在一起，包含了兩個問答。達摩祖師其實就是把三界六道的原理說透徹了。我們在這兒再補充說明一點，大家要先知道的是千萬不要定義知識，固化答案。因為三界六趣的本，是自心所生，是自心染體無明所生，要先看透這一層。你的貪瞋癡心造作了三界，然後隨裏面的輕重呈現分成了六趣，所以不是必然、固定的格式化邏輯，是隨緣而隨時變化呈現的。

關於六道輪迴，我引用我的一個網文系列《小白佛學百問》裏的「什麼是六道輪迴」篇，來說明一下，大家或者更好理解什麼是六道輪迴。

佛法從來不會離開你的自心自性、自我自身談問題。所謂六道，其實就是對著眼耳鼻舌身意的六根去的。六根六塵六識的關係，就是六道輪迴。

眼睛對應阿修羅道。為什麼？眼見是非，易生分別。修羅道有強烈的是非標準、善惡取捨，只有我這條道是對的，別的路都是錯的，只認單邊，偏向一種標準。偏執了就稱為邪，所以這叫做信邪求福。

耳朵對應人道。《楞嚴經》云：閻浮提眾生耳根最利。耳朵只能聽、

只能受，被動地隨著外界聲音所轉。人生就是這樣，妄起愛憎，兇多吉少，苦多樂少，雖然形成自己的思維判斷，但隨業流轉，很難真實做主。

　　鼻子對應畜生道。我們看動物，尤其哺乳動物，走到哪兒都先拿鼻子去聞一聞，然後會循著味道過去。它隨動物習性，無記流轉，畜生愚癡就是如此。

　　舌頭對應餓鬼道。舌頭就為嚐東西，餓鬼就為口腹之欲，它只以欲食為樂養色身，不識法食而不通養性。它只養「著」性和貪求。所以不要說你是不是念佛，是不是坐禪，還是你放了多少生，持了多少咒，只看你當時的心性，是不是貪求功德，追個境界，求個福報，找個健康。不論你的相是什麼，但凡你動念是「求」；但凡讓你恐懼地獄、渴望天堂、增添執著、坐實夢幻泡影、加重求取分別的，這些都叫世俗心。你在這種世俗心的基礎之上，無論修持什麼樣的清規戒律、清淨梵行，那都叫餓鬼性。這個餓鬼性驅使你就感的是餓鬼報，根本跑不掉，你當下修的就是餓鬼法門。餓鬼裏也有比如慈心鬼王、福利鬼王、大愛敬鬼王等，也是有財、有力、有德，就像有些人，雖然有錢有權、有名有利，但他在這些點上貪好甚重，樂此不疲，這就還是餓鬼性。所以在生活中，只要行於貪好，那無論幹的是什麼，都是餓鬼性在起作用。

　　身對應地獄道。為什麼呢？身見全是實際的執著，感受由身而發，糾結無明，妄起愛憎。活在自己狹窄的妄想分別裏，以種種欲望滿足假有之身，不滿足就痛苦於十八層地獄的煎熬。所謂七層鐵圍山，就是你的眼、耳、鼻、舌、身、意、識，所謂七層業海，就是地、水、火、風、空、識、心，你就在其中構築虛妄，造作是非得失、美醜善惡、高下人我……從裏到外，綿綿密密。困於身見，這就是地獄道。所以《地藏經》云「自見其身，遍臥滿床」，地獄裏其實只有你自己，根本沒別人。

　　意對應天人道。意是妄想性，能自主生樂。任何外在的名相關係帶給你的是苦或是樂，在意識上可以自主完成轉化，轉苦為樂、轉惡

為善。

六根對應的六道，體現在你內在的自心自性到你的意識層次，到你的六根互動，再到外部世界的呈現，完整的是一合相。當你了解這個心念運作的邏輯，你就可以很清楚地知道自己當下的心處在哪個境地之上，不受是非分別取捨的控制，進而超越你的六識之賊。

一個緣的當下，你就可以完全轉出六道，超越六道。所以一個真實的修行人，他是非常清楚自己的落處、去處的，無關外在。

一切讓你離開自心自性、自我自身、著於外相的說法，無論是誰說的，都確實叫外行說法。

這樣說，大家是不是就更能結合自身，有所領會了呢？記住，「但有言說，均無實義」，這裏沒有標準答案。「眾生隨類各得解」，但能解縛，但能助你破除原有觀念執著，皆是佛法妙用。

一個清明的修行人，非常清楚地知道自己的落處、去處。就好像你是個口袋裏有一萬塊的人，你出門想找個飯館吃飯，你當然非常清楚會去什麼檔次的地方。你不見得會奔著一頓飯人均五千的地方去，但也可能去，你也不見得非得吃一二十塊的街邊攤，但也有可能。這就叫「一切盡在掌握」。

人生六道的循環模型

從名相而言，上三道的天道和修羅道，我們看不見；下三道的地獄和餓鬼道，我們也看不見。名相六道中，只有人和動物同處一個時空，可為彼此參照。而這兩類也恰是六道上下關係的連接點。

我曾經養過一隻貓，通過它，我就發現了人和動物在非動物性上的重要區別。動物其實是非常隨順因緣的。動物隨順天時地利、地水火風的規律而存，乃至動物的靈性可以發展到用木棍搭窩，用泥巴糊洞，用唾液做巢等等，但動物唯獨不會調動思想以改造物質。比如動

物不會從石頭裏提煉金屬，更加不會去研究物理、化學、生物、數學規律來讓火箭上天，讓生活實現無線通訊、細胞重組等。而這些遠超一般動物性的作為，其實也正是人區別於動物的覺性顯能。動物的無記、混沌，就叫「癡業重者墮畜生趣」。

同時動物也正因覺性顯能不足，只能隨順習性，所以也不會像人一樣會過度發展欲望，比如動物的發情，皆有定時。動物也不會考慮在吃飯的問題上煎炒煮炸、種種調味。而人的覺性顯能的部分，一旦被習氣驅策，就會往往放大成更重的貪欲表現，幹出很多甚至「禽獸不如」的事。比如對愛的占有欲，讓多少情感關係、親子關係都陷入痛苦。當我們的過度貪求表現比動物尚不如的時候，我們的餓鬼性就開始出現，繼而欲求不滿時，地獄苦就現前，人生充滿了因各種愛恨情仇所導致的是非鬥爭，小到家庭，大到國家。

我們的人生往往就是這樣的循環模型：在貪嗔二性的驅使下，我們失去了清明，然後認賊作父；覺性之能被習性牽引，自動發展為著於名相、住於感受、自然選擇趨樂避苦的更強習氣態，繼而為了得到快樂而攀緣抓取，繼而再次放大貪欲，並會因此很快將自己置於甚至「禽獸不如」的過度身心求取態下，形如餓鬼，欲壑難填；再進一步發展為鬥爭態，墮入地獄之苦。因受了苦，在某一刻開始反思自我，發現偏離了趨樂之道，於是開始改進自己的身心認知和行為模式，讓自己逐漸回歸到身心內外平衡發展的路上，這就是向善循環的開始。可人性往往就是如此，一旦發現改善有效，就又開始樹立如何才是正確的觀念標準，並讓大家都這麼做，「獨樂樂不如眾樂樂」。同時也會出現一個問題，就是一旦不合標準，就被認為是錯誤態，這種心行狀態被稱為修羅道。而一切標準裏，最好的標準，應該就是「兼愛天下，和而不同」，這種能統攝一切的大愛，滋味極其美好，因其不再住念於現象層面的分別對立，比如由七色光回到了無色光的狀態，一切變得更加自由，這就是天道的美好。但如前文所言，無色光雖然無色，但卻有光體，並因此具備明暗對存的先天本質分別。而把這裏作為自我認知的終點，便是從根本處更加確認了更為強大、近乎無所不能的

「我」。所以所謂的天人境界，也便因此而生出更深的執著在意和對苦樂關係更強的分別取捨心，反而成為墮落之因。這就生成了輪迴。

真正的自在，一定開始於「無心的清明」。記住祖師說的話：「但能攝心，離諸邪惡。三界六道輪迴之苦，自然消滅，即得解脫。」如何是攝心？收放自如，稱之為攝。用時了了分明，絲毫不爽；不用時波瀾不驚、毫無痕跡。

這就應了古來禪師的詩偈：恰恰用心時，恰恰無心用。無心恰恰用，常用恰恰無。

破相論 06：釋迦滅族心性解

【經文】

問曰：六趣三界廣大無邊，若唯觀心，何由免無窮之苦？

答曰：三界業報，唯心所生；本若無心，於三界中，即出三界。其三界者，即三毒也；貪為欲界，瞋為色界，癡為無色界，故名三界。由此三毒，造業輕重，受報不同，分歸六處，故名六趣。

問曰：云何輕重分之為六？

答曰：眾生不了正因，迷心修善，未免三界，生三輕趣。云何三輕趣？所謂迷修十善，妄求快樂，未免貪界，生於天趣。迷持五戒，妄起愛憎，未免瞋界，生於人趣。迷執有為，信邪求福，未免癡界，生阿修羅趣。如是三類，名三輕趣。云何三重？所謂縱三毒心，唯造惡業，墮三重趣。若貪業重者，墮餓鬼趣；瞋業重者，墮地獄趣；癡業重者，墮畜生趣。如是三重，通前三輕，遂成六趣。故知一切苦業由自心生，但能攝心，離諸邪惡，三界六趣輪迴之苦，自然消滅離苦，即得解脫。

【七非先生解】

釋迦族的滅亡

前五講《破相論》，大家回饋很好，有說「振聾發聵」的，有說「耳目一新」的，這些都不重要，重要的是在你的現實生活中，相較過往，你是否有了真的不同變化，是否更加自在有力。這才是實的。千萬不要把我說的內容又變成你精神裝飾的玩具，無非是其中看起來更好玩的那個，那就還是吹泡泡。

有個群友問：既然法無定法、業識無定，那為什麼所謂佛的「三

不能」[12] 裏有一個「不轉定業」？為什麼釋迦族的族人非常確定地被滅了族？為什麼目犍連尊者用神通力救五百釋迦族人，最後全部在缽中化成了血水？

這是很好的問題，我們講《破相論》，其實就是希望大家能不斷發現生成名相的生命性能規律。如果著於名相，就無法了解規律。我們先來了解一下這個公案故事。

當年波斯匿國的琉璃王，小時候受了迦毗羅衛國——佛陀的釋迦族的屈辱。當時兩個國家要結親，釋迦族不願意把自己的公主嫁給波斯匿王的血統，於是就聽從族中長者的建議，把一個叫摩訶男的長者與他的奴婢所生的女兒——茉莉，假裝成公主嫁給波斯匿王。波斯匿王和茉莉生的孩子就叫琉璃。琉璃去迦毗羅衛國學武藝，但是因為自己的出身來歷如是，所以被稱為奴隸的孩子，受到很多屈辱。他發誓要在自己繼承王位後消滅釋迦族。等到琉璃繼承了王位，國家也在他手裏發展強大後，琉璃王就真的帶兵征討迦毗羅衛國，要完成這個夙願。

有個說法是，當時佛陀在路邊的一棵枯樹下，擋住了琉璃王的去路。因為佛陀是修行人，所以就不算在族人的範疇內，也不介入國家和國家的爭端裏。琉璃王見佛陀擋在路邊勸阻他，就給佛陀面子，讓他勸了三次。琉璃王問佛陀：「為什麼不坐到遠方有樹蔭的樹下，而要坐在枯樹之下？」佛陀說：「親族之蔭更勝於蔭。」就是說我們互相是有血親關係的，這種親族之間的血親關係勝於其他的蔭護，用親情去勸說琉璃王。如是這般勸了三次，第四次琉璃王還是無法遏制自己的願望，就帶兵攻入了迦毗羅衛國。

攻入城後，琉璃王的姥爺摩訶男（因是他和婢女生下的茉莉扮成

12　三不能：唐代禪宗北宗僧元圭禪師之語。即：(一) 不能免定業，佛雖具足不執著於一切現象之智慧，然對招感善惡結果之定業亦無法改轉。(二) 不能度無緣，佛雖能了知諸眾生之性質，窮盡無限事，然亦無法化導無緣之眾生。(三) 不能盡生界，佛雖能救度世間一切眾生，但卻無法令眾生界盡。此三者是為三不能。

公主，嫁給波斯匿王生下的琉璃王）即向琉璃王告罪，請求琉璃王只殺自己，以為全族人代罪受過。但是琉璃王不肯，於是摩訶男就請琉璃王讓他潛水，等他出水時再開始殺戮，目的是盡量拖延，為釋迦族人多爭取逃亡的時間。琉璃王想一個人潛水能多久呢？就答應了摩訶男。摩訶男潛入水中之後，就把頭髮綁在石頭上自盡了。琉璃王並沒有因此受到觸動，依然下令屠城，釋迦族就此滅亡。

屠城之時，佛弟子中號稱「神通第一」的摩訶目犍連尊者，用他的神通力將五百個釋迦族人安放於缽，置於空中，希望能讓他們躲過這一劫。但屠城後一看，缽中五百人全部化為了血水。於是目犍連就問佛陀什麼原因，佛陀說神通不敵業力，並說了這件屠城事件的因果：在宿世久遠劫前有一個村落，村中有一個大池塘，池中有許許多多的魚，有一天村中的人決定要將池中的魚全部撈起吃掉。村民中有個小孩名叫「慈童」，本性慈悲並不吃肉，但是因為貪玩也拿著棒子敲了其中最大的魚王的頭三下。當時的大魚就是現在的琉璃王，所帶的大軍就是當時的魚群，當時的村人就是現在的釋迦族人，貪玩的孩子就是佛陀的前世。孩子雖然沒有吃魚，但是佛陀也因為曾敲了魚頭三下而遭受頭疼三天的果報。

由此，後來不少人就用這個故事來佐證《大寶積經》中的一段名言：「假使經百劫，所作業不亡，因緣會遇時，果報還自受。」並認定這個故事就是講定業不可改的佐證、由來。

罪業由心不由境

2005 年我做《超越輪迴》的時候，一開篇就是引用的這個故事，而且也是從名相上去講的。這也是我自己學習佛法漸進的過程。為什麼今天剛好就這個故事、這個提問來跟大家梳理《破相論》呢？我們學佛開始往往都是由逐相而入，這很正常，因為我們活在自己的四大、

五蘊、六識、七性裏，我們就活在自己的身心意識構造的世界裏，不由相入，也就沒有入手處。所以佛沒有反對樹立佛像，後來也有了無數以文字為名相承載的佛經，來闡述超越名相的義理。

學《破相論》之前，為了破一些群友對佛像的外求執迷，我讓他們把佛像從家裏送出去處理掉，小夥伴就覺得很是緊張恐懼。看看這一刻，因為觀念，一尊泥胎木雕就能把一個鮮活的生命困得死死的，多可怕！我讓你去捨，是讓你捨這個「執」，你怎麼都不肯，所以逼得沒辦法，讓你把像拿出去，這是為破你觀念的執著。其實又和泥胎木雕何干呢？工藝品罷了。有個相聲說的好：一尊像，在工廠叫工作，在商鋪叫貨，你請回家，才是你的神。這就是金石無情，我們因觀念差異對其賦予了不同價值承載，這不是典型的「彼之砒霜，吾之蜜糖」嗎？不還是個「牛飲水成乳，蛇飲水成毒」的平等性嗎。

濟公活佛說：「酒肉穿腸過，佛祖心中留；世人若學我，如同進魔道。」因為他心中無相有覺，酒肉穿腸只是個因緣法。世人著相迷覺，所以叫「世人若學我，如同進魔道」。他做給你看，破你的執，破你認為僧人必須是某種必然莊嚴相的執。但凡你貪這一念，一樣是活在世俗分別心裏，了無出期。後來的修行人如果有這樣一念：「噢，原來祖師可以如此，那我也這麼做。」但凡生這一念其實已經執了。這就叫「後人若學我，如同進魔道」。佛法是「無學處」，但有學必有求，有求即迷，即入魔道。

再換一個角度，我們不妨踏著祖師為我們鋪的墊腳石拾階而上，如何是「魔道」？即「酒肉穿腸過，佛祖心中留」，這還是割裂了覺迷為二，而非覺迷不二。酒肉尚且穿腸過，又留佛祖做什麼？「酒肉穿腸過，佛祖亦不留」，或許也是對徹底隨順覺性，深入「心佛眾生三無差別」的更好玩的一種可能。這不是否定祖師的意思，在我的價值觀裏，真正的古德先賢一定不會認為自己留給後人的，是唯一正確的標準答案，一定會希望大家能從自己的真實受用處，隨緣啟發智慧，形成超越的更大自在。這裏要注意的是，不可是空耍口頭禪，而是讓自己的生命成長，如同這個時代的發展一般，不斷地真實拾階而上。

我想這才是對古德先賢的真實不負和最好的薪火傳承吧，大家努力！

回到內容本身，當年帝洛巴尊者[13]留給那洛巴尊者[14]一個很重要的教言：「不是外境顯現困住了你，而是你對外境顯現的執著困住了你。」這個執著是不分相的。你執著念佛是對，不執著殺豬是錯，則念佛反而成了大罪之因，殺豬反而成了超度之因。有人會覺得念佛大罪還能理解，殺豬怎麼就無罪呢？這得看你有心著相住念還是無心隨順因緣。

一個人殺了一千條羊，他只是屠宰廠的一名工人，這一千條羊的命債，本來在這兒就要還掉，當年就是欠了命的，所以工人手起刀落，隨緣了業。流水線上的工人，看這些羊無非就是工作，一個工廠的工人，其實很難對工作起什麼瞋恨憤怒、反感在意。

如果大家還是不容易理解，我再打個比方，比如地震或海嘯，往往成千上萬的人喪命、無數生靈塗炭，你怎麼追究大地或大海的責任？是不是因為其本無性無情，無意傷害任何生命，只是一個自然運動的現象發生，於是我們就開始往我們自身上找原因，比如說因為我們違反了自然規律、破壞了大自然等，繼而果報還自受。你怎麼都不會把責任往無情物上甩，因其無心無情，所以無罪，這是本。

佛經裏說「有情無情，同圓種智」，也就是說無論有情、無情，其本質是一致的。用今天的科學語境打個比方，大家都是由次原子粒子所構建的原子——分子結構生成，在原子以內的粒子層面，一切原子以上的物質呈現，其基本屬性都是一致性的。所以對於無情物，佛法裏也有個專有說法，稱其為「塞心塞念」，這是相對有情物「有心有念」的特徵差異性表達。我們心中不以知覺性為主要能動承載的這部分功能，被稱為「想澄成國土」，外化就是「地水火風」四大。我們心中以知覺性為主要能動承載的這部分功能，被稱為「知覺乃眾

13　帝洛巴尊者：噶舉派白教第一代祖師。其教義及實修風範，不僅在當時印度佛教界中璀璨如光芒萬丈的寶鑽，影響力更透過空行授記的心子那洛巴、西藏噶舉之父馬爾巴、密勒日巴、岡波巴等，將整個法教無間相續口耳傳承迄今。

14　那洛巴尊者：藏傳佛教噶舉派開祖馬爾巴之師，密教之大成就者。

生」，外化就是「色受想行識」五蘊。

在生活中，一個人故意犯錯，叫「有意為之，罪加一等」。比如出門遛彎，我不留神身體碰到你了，馬上說：「唉喲，不好意思，剛沒注意碰到你了。」對方就容易回應：「沒事沒事。」是這樣吧？可如果是：「我就撞你了，怎麼著吧？今兒撞的就是你！」那兩人是不是得幹起來了？為什麼結果截然不同？因為前面的是無心之過，有過難究。

再給大家引用一個有名的公案說明一下這個問題，然後我們再回到釋迦族的故事裏。

一日，知雲和尚去參訪石頭禪師，二人談興很濃，說說笑笑不知不覺來到了江邊。恰遇一位船夫將沙灘上的渡船用力推向江裏，準備載客過江。

船下水後，沙灘上留下一片被壓死的螃蟹蝦螺。知雲看後不禁向石頭禪師問道：「請問大師，剛才船夫推船入江，壓死不少蝦螺，這是乘客之過，還是船夫之過？」

石頭禪師毫不猶豫地答道：「既非乘客之過，也非船夫之過！」

知雲不解，又問：「乘客、船夫都無罪過，那究竟是誰之過呢？」石頭禪師厲聲說道：「是你的罪過！」知雲聽後，莫名奇妙。

石頭禪師這才娓娓道來：「船夫為謀生計而載客，乘客為了過江而搭船，蝦蟹卻又為了藏身而被壓，這是誰之過？罪業由心造，心亡罪亦無，無心怎能造罪？而你卻無中生有，自造是非，這難道不是你的過錯嗎？」知雲聽後默然不語。

石頭禪師接著又說：「有和無本是佛法的一物兩面，有就是無，無就是有。說有說無都是片面之詞。」知雲言下大悟！

一間合法經營的屠宰場，種種因緣、隨緣了業的一處世間呈現，你非著在那兒說「你們造惡業」，那你當下就在造惡業！摸著良心說，你能看透背後是一種什麼樣的因果邏輯嗎？你看到的只是一個業相，

但是你扣了一個「造惡業」的帽子給人家，還把自己置於一個虛偽的道德制高點上自以為是。誰惡呀？你當下陷於是非分別，就是你造惡！

夢中人說夢中事，醒來都覺得很荒唐。請問醒人受夢報嗎？

不為念困，破除相執

只要落於名相馳求，確實就是定業不可轉。同時，你但凡不落於名相馳求，還是叫定業不可轉。為什麼？

是非分別即是「著」性起用，落於名相就把業著實了。所以遵循名相規律，即為定業不可轉。超越是非分別，即是「覺」性起用，遵循覺性規律，也叫定業不可轉。所以佛看透了這一層叫「眾生畢竟成佛」，這就是你的根本大業。

你的定業是什麼？「天行健，君子以自強不息」，無限發展之道即是！你的初心本願才不會被任何觀念和境界困住。什麼束縛你，你就會在什麼上解放自己。「哪裏有壓迫，哪裏就有反抗」。所以哪裏還有什麼定業能拴得住你？所以叫業識無定。

打個比方，小時候一個棒棒糖就能拴住你，現在得用法拉利拴你；再明白了，就得用私人飛機、登月火箭拴你。你一層一層不斷突破了原有的境界，一路奔向更大的生命發展，哪來的業識有定啊！所以也就明白，業識無定即是大定！

困死修行人的，是求解脫的心

什麼叫愚癡？祖師說「不捨智慧名愚癡」。什麼是愚癡？不捨智慧即是。但凡有個求好在，但凡有個執著不肯捨，就是大愚癡！離「如來隨順覺性」不只差了十萬八千里，壓根就如《楞嚴經》所言「猶如

煮沙，欲成佳看，縱經塵劫，終不能得」。

我們談破相不是讓你破壞外在的名相，是破你內心裏一切執相而求的觀念枷鎖。然後還得破了這一念要破相執的心，連這一念心都得破掉，徹底「隨順覺性」，這才叫破相。求解脫的人被什麼困？是被「求解脫」的心困的，求智慧的人被什麼困？不是被愚癡困，是被「求智慧」這一念心困，求好的人就被「求好」心困。

但凡著在什麼上，就死在什麼上。

性解釋迦族滅亡公案

回過頭說佛陀滅族的公案，光這一個故事我要是展開了，能單講兩個小時，就給你破其中所有相解的荒唐。

公案說在久遠劫前，一個村裏的人因為要吃魚，把這一個池塘的魚全部抓住給吃了。魚是不是生活在水裏？佛法裏有個比喻，你要想成就佛，需要先看清心，因為心是佛之用。從水和魚的角度看，你要想抓到魚，是不是得先看見水？所以所謂池塘撈魚，就是你的自性打撈。

魚在佛法裏，比喻「無住」，如魚在水，即是無住自在意。寺院裏面是不是經常敲木魚？昨天線下跟大家分享也提到這一點，我問大家為什麼敲木魚？大家說精進，為了好好修行不睡覺。我說：你說得真好，你這個木魚腦袋！這是玩笑話。上海長江口每年都有魚從入海口回遊產卵。魚在水裏有固定的家嗎？可能一些魚種有，整體而言魚分水域生存，但我們比喻使用，就用魚表無住。魚表無住，那木是什麼？為什麼不敲銅魚呢？木火土金水，在這些構成我們後天生活環境的五行裏，是不是只有「木」是有生發性、生長性？魚者無住也，木者生發也，是不是告訴你念念「應無所住而生其心」？應無所住，是不取；而生其心，是不捨。告訴你修行當是不取不捨，入不二門！

故事裏這一村的人去捕食。捕食者，外求心也。外為內現，所以

這個池塘和池塘的魚比喻的是什麼？心向外求，無住性（魚）即滅。村裏的那個小孩，名為「慈童」，他是不吃肉的，為什麼？童子心是什麼？童子心純美純真、是簡單的業識性。所以《道德經》說「常德不離，復歸於嬰兒」。成人能回歸嬰兒性，就是離開當下的觀念執，即不吃肉。肉者，即妄執也。這點後面我們會在接下來的學習裏專門談到。

童子名「慈」，就是「上合十方諸佛本妙覺心，同一慈力」。這個「慈」是本來具足的清明覺性的能量態，小孩雖然不染，但因其為童子態，故而無力。這就像我們在生活中，往往會把自己吃飽睡好積攢的力量，習慣性地用在自己日常最熟悉的習氣場景裏。比如生活中，可能一個小孩子看見一隻雞被宰殺，會難過掉淚，但媽媽做成了香噴噴的雞肉飯，小孩子很可能一樣會吃的美滋滋的。這就是同一股能量，在不同情境下都在隨當下的習氣慣性流轉。平等而平常。所以我也一直在說，「習氣」二字，難在「習」而不在「氣」。氣是無分別的生命能量態，氣隨習走，而「習」主要來自於觀念養成。所以佛法入手處，從佛陀到金剛祖師，都倡導「八正道裏，正見第一」，就是看透了一切改變必須從對觀念認知的糾正入手，才是正行。

慈童隨著他的業習，雖然不染那些著相而求的觀念，故而不吃也不殺，但是就會拿棒子打三下魚頭。為什麼是打三下？這叫身語意三門，皆隨業識流轉！

大家不要覺得我這麼講故事是沒來歷的，勿忘《法華經》云：「佛以種種方便、種種譬喻，欲令眾生，離其所執。」《楞嚴經》云：「諸有智者，要以譬喻，而得開悟。」《長阿含經》說：「諸有智者，以譬喻得解，今當為汝引喻解之。」歷史上的佛經大量使用各種譬喻故事，讓大家明白道理。今天很多人其實是很不可理喻的把譬喻當成了寫實，就成了比如有人會因為看了奧特曼的動畫片，沒明白講正義擔當和力量勇氣的道理，反而會在家供奉一尊奧特曼像來保平安一樣的荒唐。

大家知道，我們之前組織了印度遊學。在印度，我和瓦拉納西大學的歷史學教授有個交流，他也和大家提到印度人沒有文字歷史，都

是口述歷史。所以印度人特別敬重玄奘大師。因為印度很多的歷史遺跡，都有一條說明是「據《大唐西域記》記載這是什麼地方」。如果沒有玄奘大師這些歷史定位式的背書，印度人都很難確認這些遺跡和文物的來歷、用途等。西藏的《格薩爾王傳》道理一樣，誰都在講，誰都在說，最後就形成了一些傳說的共識。這些故事的本質共識就叫譬喻，就像我們用牛郎織女的故事譬喻愛情一樣。再比如盤古開天地、共工撞不周山，都叫譬喻傳奇，目的是和你講一個道理，而不是追究寫實。

佛經裏經常講故事發生的時間是「過去久遠劫前」或「無量劫前」，這種時間單位本來就是不可考的，那為什麼要說給你聽？記住經裏這句話，「佛以種種譬喻、種種方便，欲令眾生，離其所執」。目地就是為了和你打比方。你的習氣是習慣有名相參考的，那沒問題，那就和你講故事打比方，由譬喻門入，導歸心性道。

回到故事，為什麼這個孩子叫琉璃王？為什麼佛陀在枯樹之下？為什麼是親族之蔭更勝餘蔭？為什麼勸三次？為什麼目犍連所救的釋迦眷屬正好五百人？這些全是心性層次的譬喻。怎麼譬喻的呢？大家可以自己先參參，我們下期接著講。

這樣學佛，是不是很好玩？

破相論 07：放自性眾生的生

【經文】

問曰：如佛所説，我於三大阿僧祇劫，無量勤苦，方成佛道。云何今説，唯只觀心，制三毒，即名解脱？

答曰：佛所説言，無虛妄也。阿僧祇劫者，即三毒心也；胡言阿僧祇，漢名不可數。此三毒心，於中有恒沙惡念，於一一念中，皆為一劫；如是恒沙不可數也，故言三大阿僧祇。真如之性，既被三毒之所覆蓋，若不超彼三大恒沙毒惡之心，云何名為解脱？今若能轉貪嗔癡等三毒心，為三解脱，是則名為得度三大阿僧祇劫。末世眾生愚癡鈍根，不解如來三大阿僧祇秘密之説，遂言成佛塵劫未期，豈不疑誤行人退菩提道。

【七非先生解】

　　上一節課給大家布置了自己去參譬喻的作業。不少群友解的十分精彩，太難得、太好了！所以我們的佛法修學，根本上的倡導是：不為定義知識，只為啟發智慧。一定是大家彼此智慧的光光互攝，而不是簡單的單向輸出知識，這非常有意義。

　　這個時代的佛法修學，最好的方式就是用更加開放、信任、成就學人的方法來實現教學相長。所以任何畫地為牢的精神教條，都變得不再合時宜。在今天這樣一個信息全面無礙流通的時代背景下，如果佛法的教授，還用精神管控的方式，就只能說明教授者觀察緣起的真實水平堪憂，相應呈現的學習系統肯定也是簡單、粗薄且拙劣的。

　　所以非常感謝大家，用這麼多五光十色的智慧呈現加持著我，互相成就、加持是我們彼此間的關係特徵。

性解釋迦滅族公案

回到故事。為什麼是迦毗羅衛國？有小夥伴的作業裏解道：迦，印度語是善美的意思；羅，是網羅；衛，是防衛、捍衛。摩訶男者，摩訶，大也；男，是陽氣的生發。這些解讀都很好。但能促進心開，怎麼智解都可以。

《圓覺經》裏說：一切眾生從無始際，由有種種恩愛貪欲，故有輪迴。我們自己無量無邊的心思妄念，就構成了我們紛繁復雜的自性國土。我們誰也沒有離開過這個國土，只是在這國土裏，有時我們是屬於被習氣驅策、奴役的那個呈現，那就是婢女所代表的心性；有時我們又是具有擔當力量的那個呈現，那就是摩訶男所代表的心性。

我們今天生了 A 念，認為我就是這樣的人，這就是一個自性國土，比如就叫迦毗羅衛國；明天我們又生了 B 念，認為我就是那樣的一個人，那可能就叫摩揭陀國。這些心念交織糾纏，就構成了我們自己內心的生殺予奪，來來回回，無窮無盡。

結合這個部分，《破相論》後面恰恰說到：

問曰：如佛所說，我於三大阿僧祇劫，無量勤苦，方成佛道。云何今說，唯只觀心，制三毒，即名解脫？

答曰：佛所說言，無虛妄也。阿僧祇劫者，即三毒心也……今若能轉貪嗔癡等三毒心，為三解脫，是則名為得度三大阿僧祇劫。

從這裏就明明白白地告訴你，所謂三大阿僧祇劫就是你的三毒心，貪嗔癡心而已，度脫三毒心，即心消業亡，三大阿僧祇劫彈指無存。

回到故事裏，我們的各種心念彼此糾纏，就構成了我們的認知覺悟，就在這樣的雜染沈浮之中來回折騰，互生互殺，於是我們就構築了我們的阿僧祇劫輪迴，就成了這個故事的背景現實。

關於釋迦滅族這個故事裏的主角——琉璃王，有個群友找的資料非常好，說琉璃者，古時稱為五色石也，琉璃表清淨。那麼大家覺得是哪五色？不正是色、受、想、行、識嗎？所以琉璃王指的也就是我們沈溺於五蘊之中執幻為實，自以為能控制一切而只能取不能捨的這個單邊心性。琉璃王為什麼要滅釋迦族的族人呢？釋迦者，釋的字義是釋放、解開；迦的字義是隨緣邂逅，換句話說，釋迦者，就是隨緣能解的這個慧性。而琉璃王代表的是我們容易執幻為實的執取性，剛好和慧性對立，所以釋迦族自然就成了他要消滅的對象。

所以在這個譬喻維度上來看故事，所謂佛陀勸阻三次，就容易理解了，身語意三門的三次自我對話。我們日常生活做事，是不是經常會發生在各種取捨判斷裏的自我對話？當然會。這就是你的佛魔之爭。

為什麼佛陀坐在枯樹下？這就是告訴我們，所謂琉璃王譬喻的這個心念認知，是執幻為實的基礎，所以缺乏真實的根源力量，故為枯樹。「枯樹之蔭不如親蔭」，為什麼不如親蔭？因為「親」表血脈相連。覺為體性，為母；迷為相用，為子。失了本覺而自以為是，則如無根之木，失了生機。

《道德經》講「道生一，一生二，二生三，三生萬物」。佛法裏三法印、三聚淨戒、三毒、轉三毒為三解脫，也都是三門。為什麼呢？因為我們的自我認知構建，能識別的就是身語意三門和貪嗔癡三性。所以大家要有一個認識，在我們的日常生活裏，有些話自己覺得有必要說給別人聽，但最好不要說超三次，說三次就過度，做實了執著，不僅於事無益，而且執著成苦。喝酒也是如此，三巡盡興，適度為佳。所謂「三思而後行」，也正是讓你如鏡觀自心，是不是又掉進了貪嗔癡和身語意的偏執。

大家在生活裏，是不是也經常為自己一些在意的人事物而車軲轆話反復叨叨？凡是如此的，哪個結果是好的？為什麼反復叨叨的感覺不好？因為生出苦來了，苦蒂上怎麼可能結出甜瓜呢？你的佛陀（覺性）提醒了你自己三次，都勸不動你莫落執著，那你馬上就成那個琉璃王。

明白這個故事的落腳點了麼？

大家檢查一下我們的生活，是不是每每在我們的情緒要出狀況、關係要出煩惱、身心不安之前，一定總有人或某種呈現在不同的角度上，用身的方式、語的方式，包括用你自己意識的方式，提醒過你了！也有可能是在你走路的時候聽到別人說的某句話？或者是你刷手機時出現的一段文字？也有可能是你自己腦海中突然閃現的某種信號？可你總是懷著機會主義的思想，覺得不會是這樣。這就是你的佛陀三次勸你勸不動，於是你就變成了你的琉璃王。當這個琉璃王一旦成形，你就切斷了你和內心智慧的聯繫，這就是居於枯樹之下。在你一意孤行的過程中，其實你還有一念心在，還在繼續提醒你不要掉進情緒的陷阱，不要掉進貪婪的陷阱，不要掉進急功近利的陷阱等，這就是目犍連的譬喻。你一樣能捕獲到這種感覺。

琉璃王是你、佛陀是你、摩訶男是你、婢女是你、目犍連是你……其實這些心性的面向，全都是你自己。

關於目犍連，你看故事裏是怎麼說的？他打撈了五百個釋迦眷屬，在我們講《金剛經》第一分時提到過五百這個數。說這個數為虛，是因為它就是個比方；說這個數為實，是因為它比方得恰到好處。當時我們說的角度是以十善業道圓滿六道輪迴：地獄、餓鬼、畜生、人、阿修羅、天人加上四果羅漢，這十種境界層次，超越你的地水火風空，如此就是阿羅漢果。外在就是地水火風空，這是相；內在就是色受想行識，這是性。如此，十乘以十再乘以五，即圓滿度脫這五百世間性，得出世果。佛殿裏供奉五百羅漢，意亦在此。很多佛經裏都有度脫五百人成羅漢果的譬喻故事，意皆在此。這裏很有意思的地方在於，這個數字譬喻恰好就是五百，不多一個，不少一個，能不住這五百種心，即是羅漢現前。

目犍連尊者打撈五百釋迦眷屬安放於自己的缽中，並將缽置於空中，就是住了這五百種心。缽者，食器也，羅漢以法為食，這就是以攀緣心行攀緣法，強求於道。所以五百眷屬還是化成血水，這便是什麼心都讓你住不住。

琉璃王和目犍連，是並生的兩種心，此生故彼生，此有故彼有，所以偏執任何一方，都無法獲得圓滿的呈現。佛陀表正覺，所以他既不會強求琉璃王不行殺戮，也不會強求目犍連不行慈悲，所以終歸緣起緣滅一場空罷了。

如此讀解這個經典故事，雖也不見得是究竟義，但至少不離開自心自性，代入感就會比較好，會讓自己感受到多重心念的跌宕起伏，幻生幻滅。而這，便是譬喻啟示的價值！

其實能長時間流傳於歷史的經典故事，幾乎都依靠於其深厚的義理底蘊作為支撐。今天很多人講佛講經，譯說經義如美酒勾兌白開水，大多是把經文原字加了些前後贅語又說一遍，很多時候不僅基礎語文不過關，內涵層次更是感覺拉低了佛經裏佛菩薩們的智商水平，大眾往往是聽得云裏霧裏，不知所云，或如神話傳說般的不明覺厲，不但無法從中汲取真實有效的營養，還以為簡陋的空玄就是佛法的真諦，真是讓人一聲嘆息。

心靈大師的 AB 面

我們《生命大自在 1.0》的課程裏反復談三法印，即「諸行無常，諸法無我，涅槃寂滅」。告訴大家從名相回歸超越名相的般若能量，從般若能量回歸清淨涅槃的心性本體；依「名相－能量－心性」的層次，如何開啟大乘菩薩道之門。大乘菩薩道的門，只從超越名相人我執著，超越能量的法我執著，才能真實開啟。佛門有個說法，大乘修學分為法性宗和法相宗，無論從性從相皆可入門。這話沒毛病，重點是不要把「法相」理解成「名相」。

「法相」者，超越名相之生命能量態也，這個態在佛法裏被稱為「法我」，執著這個其實也很難真的返聞自性，入大乘門，但終歸比執著名相要強，故為漸修道。所謂法性宗，即是直下道。至於著名相

——一切的分別呈現和觀念概念的，那只能叫一無是處的下流道。

如何是應用層面的返聞自性？跟大家舉個例子。

據說美國有一間精神病院，裏面有一陣子特別的混亂，經常打架鬥毆，各種出事。醫生想盡辦法也沒有改善。後來有人就給院方出主意，說不如找個心靈大師，看心靈大師能不能幫上忙，能讓這個地方平和一點。

這位心靈大師有些道行，他跟院方說：我不用和病人接觸，你就在精神病院給我找間房子，我就住在那兒就行。院方遵從了他的意見，大師就在精神病院旁冥想、禪修。三年的時間，患者們的身心狀態整體越來越好。

心靈大師是怎麼做到的？這裏也有好幾種說法。有人說：是大師用心靈禪修，即冥想加祝福的語言，進行了所謂的量子糾纏式的干預，他放射了平靜的腦波和某幾句話的美好祝願，於是精神病院就平靜和諧了。這是否能實現？我們先假定其可實現。

這個故事的真假與否，其中是不是有誇大其詞的部分，我們不去追究。引用這個故事的目的，是在於我們要借此發生的思考。什麼思考呢？如下：

A. 世人好著相，著相就會認為是大師的平靜和祝禱帶來的力量。然後大家就認為平靜是個好東西，開始去修平靜、找平靜。所以就會白天工作疲憊感、壓力感大了，回家就要在蒲團上坐一坐，平靜下來，來恢復身心的平衡。這無關對錯，但這就叫對待法，究其本質，這和下了班去蹦迪釋壓、打麻將 K 歌有什麼區別，不都是個對待分別嗎？這也正是當今很多佛法修學系統裏的根本問題：都是對待法！或者叫對治法。

對待對治的基礎，一定是此好彼壞，此取彼捨，其結果難道不是強化了分別取捨心嗎？輪迴就是靠貪嗔二性驅動的，貪者，取也；嗔者，捨也。這種對待、對治就是在餵養輪迴之根，相當於給地主家打

工還給地主家交糧。無論什麼法門，現在普遍存在的根本邏輯偏差如是！如果你想長臥輪迴，那沒毛病，該這麼做。可如果你想超越輪迴，那不是癡人說夢是什麼？

B. 佛法怎麼玩？比方說家裏有二胎以上的人，養育第一個孩子的感受和第二個肯定不同。第一個孩子一幹什麼讓你提心吊膽的事，家長的心馬上就揪起來，往往過度緊張擔憂。到老二的時候，是不是因為有經驗了，孩子還是和老大小時候一樣調皮荒唐，但你就不會那麼過度緊張擔憂，按部就班處理就好，沒錯吧？工作中也是如此，菜鳥新人做事手忙腳亂、效率低下，隨著逐漸掌握了做事的原理，就會從容有效起來。這就還是見地決定一切。

我們現在把這位心靈大師從 A 狀態的對待法裏，升級到 B 狀態的佛法裏，當心靈大師和這些病人結緣，假設就跟看見自己孩子似的，那孩子無論有什麼行為表現，是不是大師也會和我們一樣，對境生心？當然會。所以各位，要點在這裏，大乘修行道是「佛法在世間，不離世間覺」的。這個世間的本質雖然並不只是感知情緒、喜樂這點事，但也不離這點事。在這點對境生心的事裏，修行人和凡夫的起點是一致的，這就叫「佛法在世間」。凡夫起了心，就住了心，心隨境轉，開始操切和對待；修行人起了心，就在這裏直接「心消業亡」！心一消，業就亡。業都亡了，業相還能在嗎？所以外在的情境就發生了實質的變化。其實很正常。這就叫「不離世間覺」。

大乘菩薩道不捨眾生的意義如是，就是和眾生打成一片，然後由各種眾生緣、眾生相看自己到底還會起什麼心，種子識中還有什麼能生掛礙的東西會現出來，一現就不住，一現就放生。這叫返聞聞自性，度自性眾生的開始。這是非常重要的修行竅訣。而不是幹什麼發射腦波去干擾外在眾生的強求攀緣事，那叫著相做奴隸，無效且沒頭的。

六祖大師在《壇經》裏說：「心中眾生，所謂邪迷心、誑妄心、不善心、嫉妒心、惡毒心，如是等心，盡是眾生。各須自性自度，是名真度。」當放了自性眾生的生，回歸平常無住，外在眾生的相就會自然的變化。簡單說，原本能困住你的事，觀念變了都不再是障礙，

何況真的歇心平常了，這種力量不可思議！

　　心靈大師如果是 A，那就叫外道，無論穿什麼衣服，捧什麼經書，念誦什麼儀軌，也是外道。心靈大師如果是 B，就叫大乘修行人。

我自己的真實經歷

　　再和大家舉一個發生在我自己身上的真實經歷：

　　2019 年春節期間，我舉辦了一場關於《維摩詰經》的線下學習活動，課程內容是從大年初一一早到初四晚間，初五大家離開。結果初四晚上課程結束以後，我自己突然發起了高燒，很嚴重，蓋著兩床被子還要渾身發冷地不停打哆嗦。當時課程在一個山谷裡的度假酒店舉行，又在年節裏，就醫也不方便，就只能喝點熱水扛著。到了初五一早，勉強起來陪學員們包個餃子聚個餐，等飯後送走大家，就徹底倒下了。助理開車把我送回北京的家中後，也就要趕回老家過年，而我的家人年前就已經先回了老家。家裏原本的計劃是等我這邊課程結束了再飛回去團圓。結果發燒這麼重，家人覺得再折騰也不合適，又擔心是病毒感冒，就建議我去醫院檢查一下。於是初五夜裏我就忍著渾身的疼痛和燒的昏頭巴腦的狀態，強撐著去了醫院。驗血的結果不是病毒感冒，什麼原因也不確定，醫生就給開了點常規退燒藥和感冒藥，回家吃了藥睡覺。第二天也就是初六，燒還是沒退，這一天基本就是在床上躺著，渾身疼痛也無力動彈，除了喝點水，也不想吃飯。

　　到了下午大約五點多不到六點的時候，我從床上撐著坐起來，想去個洗手間。就在這一刻，我坐在床邊，突然心中閃過一念，說是念最多也就只是個念，重點在於絕不是思考、思維，就是一念：這壓根就不是病，只是一個相，我的身體自身就沒有病，所謂發燒，只是一個隨緣現的相！平等於一切相的一個相！

　　就這麼很突然閃出的一念，不假思維，只是從心底流露出來。卻

又是很清晰的一念，清清明明，毫無阻礙而又如此明朗肯定。就在這一刻，我的身體從頭到腳彷彿如沐甘霖，周身輕快通暢，發燒的所有癥狀瞬間就消失了，連去洗手間的步伐都正常輕快起來。要知道，燒的那麼嚴重，所有的身體動作本是比平時慢了好幾倍的，就在這一刻，竟然全部恢復如初！

更有意思的是，這樣的輕快和舒暢感貫徹整個身心，實在是太舒服快樂了，我就開始放聲大笑，如沐春風般的開心歡笑。你能想像麼？正月春節的北京，萬物蕭條的時節，天色已暗的傍晚，一個發著高燒，原本行動遲緩、狀如老朽的病人突然煥發新生，不僅活蹦亂跳而且樂不可支加手舞足蹈。重點是這個開心喜悅，任意看到什麼、想到什麼、碰到什麼，都會放聲歡笑，樂不可支的狀態，居然延續了一天半！一直到初七的夜裏入睡前，依然是帶著滿心的喜悅入眠，直到初八的早晨才恢復正常。

另外還有個細節，初六當晚，無比歡快的我決定看電影，連《教父》如此沈悶的文藝片，隨意一個片段都能逗得我樂不可支，只有在笑聲太大的時候，才能感覺到太陽穴到眉心，隱隱的還有一點因燒了兩天的殘存的頭痛感，其餘一切發燒有關的癥狀，全部蕩然無存。

如果按宗教慣用的語序來看，這算一個境界。放在古代，可能還會被放大成一個所謂的「開悟」境界。如果這麼算的話，從 2000 年學佛至今，期間各種身心境界已不知凡幾。曾經自己也覺得種種神奇，今日回頭再看，不過都是自己的心性隨不同的緣境、不同的在意、不同的用心處所發生的平等反應。有心就呈現有心的反應，無心就呈現無心的反應。比如需要睡覺就是困倦的反應，聞著香味流口水是肚子餓了的反應，找洗手間是肚子不舒服的反應。一切相皆平等，不過是因緣呈現。因地之心本自具足，隨緣而現平等萬法相，確實沒有什麼高下勝劣的區別。這也才合上了《金剛經》中所說的「是法平等，無有高下，是名阿耨多羅三藐三菩提」。

學佛切莫求開悟。因為這心但有求，已經是在做奴隸給貪、嗔二性賣命了，所謂的「開悟」境界就算求到了，也不過是地主老爺（貪

嗔二性）扔給奴隸長工（自我習氣）的鴉片槍，用來撫慰精神、麻痹智慧罷了。

破相論 08：超越輪迴三板斧

【經文】

問曰：菩薩摩訶薩由持三聚淨戒，行六波羅蜜，方成佛道；今令學者唯只觀心，不修戒行，云何成佛？

答曰：三聚淨戒者，即制三毒心也。制三毒，成無量善聚。聚者，會也；無量善法普會於心，故名三聚淨戒。六波羅蜜者，即淨六根也。胡名波羅蜜，漢名達彼岸；以六根清淨，不染六塵，即是度煩惱河，至菩提岸，故名六波羅蜜。

問曰：如經所說，三聚淨戒者，誓斷一切惡，誓修一切善，誓度一切眾生。今者唯言制三毒心，豈不文義有乖也？

答曰：佛所說是真實語。菩薩摩訶薩，於過去因中修行時，為對三毒，發三誓願：誓斷一切惡，故常持戒，對於貪毒；誓修一切善，故常習定，對於嗔毒；誓度一切眾生，故常修慧，對於癡毒。由持如是戒、定、慧等三種淨法，故能超彼三毒成佛道也。諸惡消滅，名為斷。以能持三聚淨戒，則諸善具足，名之為修。以能斷惡修善，則萬行成就，自他俱利，普濟群生，故名解脫。則知所修戒行不離於心，若自心清淨，則一切佛土皆悉清淨。故經云：「心垢則眾生垢，心淨則眾生淨；欲得佛土，當淨其心，隨其心淨，則佛土淨也。」三聚淨戒自然成就。

【七非先生解】

學佛不要買櫝還珠

上一講我們明白了所謂「三毒心」和「三大阿僧祇劫」的關係。

依《金剛經》的邏輯，所謂三大阿僧祇劫，是名三大阿僧祇劫，而非三大阿僧祇劫。要看透這個本質，就是一念心。所以叫「於一念中皆為一劫」。無量如恒河沙般的人我念、取捨念、世俗念，就構成了如恒河般的阿僧祇劫，像永遠播不完的肥皂劇，沒完沒了的愛恨情仇。

問曰：菩薩摩訶薩由持三聚淨戒，行六波羅蜜，方成佛道；今令學者唯只觀心，不修戒行，云何成佛？

你看，這是不是和不少群友的問題是一樣的？有的群友把《破相論》分享給一些所謂的上師和道友，就同樣被問到「只觀心、不修戒，怎麼行，墮落了怎麼辦」。再跟大家強調一次，「破相」所指，是破對「相」的「執」，相本身無所破、無可破、無破無不破。「相」只是一種因緣呈現，但是當我們的心黏著在上面的時候，就會產生執著分別、愛憎取捨，問題出在這裏。這是從佛陀到金剛祖師的意旨所在。所以我們從來沒有反對過任何戒行軌儀、修學法門的呈現本身，我們只是在盡力的提醒大家，學佛不要買櫝還珠，錯認其母，誤將方便做究竟，最後白白耽誤了自己。

如何是斷惡修善度眾生

你看祖師是怎麼回答這個問題的：「三聚淨戒者，即制三毒心也。制三毒，成無量善聚。聚者，會也；無量善法普會於心，故名三聚淨戒。六波羅蜜者，即淨六根也。胡名波羅蜜，漢名達彼岸；以六根清淨，不染六塵，即是度煩惱河，至菩提岸，故名六波羅蜜。」祖師說的明明白白，所謂「三聚淨戒」就是制三毒心。三毒心者，貪嗔癡也。對貪嗔癡都釜底抽薪了，你還要擔心輪迴的任何問題嗎？

「問曰：如經所說，三聚淨戒者，誓斷一切惡、誓修一切善、誓

度一切眾生，今者唯言制三毒心，豈不文義有乖也？」問的很漂亮！既然說三聚淨戒是斷惡、修善、度眾生的，那現在又說它是制三毒心，怎麼感覺不一樣呢？其實說的是一回事，只是著相的斷惡、修善、度眾生，和制三毒心的斷惡、修善、度眾生，看起來很像，實際上是云泥之別。

祖師回答：「佛所說是真實語。菩薩摩訶薩，於過去因中修行時，為對三毒，發三誓願：誓斷一切惡，故常持戒，對於貪毒；誓修一切善，故常習定，對於瞋毒；誓度一切眾生，故常修慧，對於癡毒。」

關於什麼是惡，什麼是善，我們在前文第二、三講中有過簡單陳述，但凡落入分別取捨而生妄想執著，就是佛法層面的「惡」；但凡能把雜染無明轉歸為無染清明，就是佛法層面的「善」。人們常問如何是「佛教」，經裏用簡單的四句話做了概括，即「諸惡莫作，眾善奉行，自淨其意，是諸佛教（發四聲）」，教育的教。或者「是諸佛教（發平聲）」，教授的教。其實兩個發音都可以。符合這三條的，無論是什麼呈現，是否和一般意義上的宗教佛狀有關，其實都叫佛教（平聲），不符合這三條的，無論什麼呈現，都不是佛教（平聲）。

在我看來，「諸惡莫作，眾善奉行，自淨其意」這三句所指的就是三法印，即「諸行無常，諸法無我，涅槃寂滅」完整對應。能以無常觀破名相諸行之執，即諸惡莫作；能以無我觀破能量法相之執，即「眾善奉行」；能以平等不二心破涅槃清淨執，即「自淨其意」。有的大德也在「諸惡莫作，眾善奉行，自淨其意」這三句裏面拉出了所謂小乘、大乘、金剛乘的關係。在我看來，這三句一樣也是三主要道的「出離心、菩提心、無二慧」，其實一樣的，只是名詞不同。

其實三聚淨戒所談的「誓斷一切惡、誓修一切善、誓度一切眾生」，其義理也是和三法印、諸佛教（平聲）完整契合的。從這裏大家也就能再一次領會一切功夫都在「離相破執，返聞自性」上，而非外求。

錯位學佛之惡

「誓斷一切惡，故常持戒，對於貪毒」，指的就是打掉分別心，能行不取，不取即離貪。外緣無論如何呈現，你都能看清自己隨緣起了什麼分別心，打掉這個分別，心不染塵，這叫「持戒」，即「斷一切惡」。《佛說優婆塞經》裏稱這樣的狀態為聲聞乘的乘果。「聲」表一切外相呈現，聲聞、香嗅、色見、味嘗、觸感、法明，道理其實一樣，只是用一個「聲聞」做了概括代表，指的就是六根觸六塵，生六識而以清淨念不住六識的狀態。

從生活層面，這個「戒」的另一層意思就是「明理達時」。很多人所謂學佛，無論在家出家，錯位而行，自以為持戒清淨，其實貪好偏執，這樣的持戒無非自欺欺人。前兩天，有個群友說自己喜歡寺院的鐘鼓清靜，經常節假日去寺院做義工護持道場，同時在寺院也和另一位常去寺院的男居士感覺比較情投意合。她自己的問題在於，覺得自己如果去談戀愛就是加重貪愛之心，是罪業是造苦，可讓心裏放下這個男孩子又捨不得，於是陷入糾結迷惑。問到我這裏，我說你這還沒造什麼罪業呢，已經苦得不行了，病根其實在一個「貪」字。

她說我這不是就因為不想加重貪心麼，怎麼是貪了？我說你是貪了一個叫「裝成不貪的虛偽的更貪」。用俗語打個不恰當的比方，叫「既想當什麼，又想立什麼」。我說你又不是出家人，談戀愛不是很正常？愛情來了，想享受就真誠擁抱；愛情走了，彼此祝福美好不貪戀執著。這難道不是平常而成熟的自由？最好的出離，難道不是具備一顆能來去自由的平常心？

用出家人的方式對待自己的在家生活，不叫精進，叫錯位！今天很多人學佛的第一個問題，就是錯位修行。其實無論在家出家，這個問題都很普遍。不少在家人學了佛了，或和先生分房睡了，或做飯吃飯要求全家都得跟著吃素了，或家裏設個佛堂，開始向先生宣告，從此寧可信一個三千年前素未謀面的印度男人或遠方的某位法師、某仁

波切，也不信身邊的你了，這些難道不是徹頭徹尾的在製造家庭矛盾麼？那你怎麼不出家去？還待在家裏幹什麼？這樣的家庭怎麼可能和諧幸福？人都做不俐落了，哪怕是世俗的隨順心、利他心都被狗吃了一樣，那還談什麼成佛？

有些出家人操切紅塵過多也是一種錯位，還美其名曰「普度眾生」。請問你那麼操切紅塵，那出家做什麼？何不在家行菩薩道，和大家和光同塵，彼此幫扶不是更直接？

錯位的修學方式，其實不過是把自己更加虛偽、更加貪婪的占有欲和自私自利，換了一層叫佛法的糖紙包裝起來，徒有其表、愚人愚己罷了。早把《金剛經》裏說的「還至本處」丟到了九霄云外。

最難一顆平常心！

吃肉不屠城與比丘尼的戒體

明末的破山禪師曾有一個很有名的公案，後來被演繹成了多個版本，最有名的是訛傳成「張獻忠戲僧吃肉不屠城」的版本。原史料如下：

> 昔戊子年，曾寓李一陽營中，見殺業太甚，力為感化。李曰：「和尚吃肉，我即不殺人。」……山僧對李道：「要得和尚不吃肉，除是將軍不殺人。將軍不殺人，以德忠君父；和尚不吃肉，以戒報佛祖。老僧才吃數片肉，尚惹眾將軍生厭。眾將軍終日殺人，上天豈無厭耶？」李遂出示止之。（《破山禪師語錄》·卷二十）

當時破山禪師是受邀住在自己的一位軍中弟子李一陽總兵的軍營中。因當時戰亂及饑荒，百姓死傷甚多，於是破山禪師就在軍營裏和這位李總兵有一段教化因緣。自己主動示現吃了幾片肉，讓李總兵和一眾兵將不滿，來提示李總兵注意約束部下，萬不要有誤殺百姓的行

為。

在後來被演繹、訛傳的版本裏，就成了張獻忠調戲破山禪師，擺一桌子酒肉菜讓禪師吃，禪師肯吃，張獻忠就不屠城。於是禪師就毫不猶豫地喝酒吃肉起來，張獻忠也就兌現了不屠城的承諾。大家其實喜歡的是演繹了的版本，因為更具有戲劇色彩，殘暴荒謬的將軍 VS 大義凜然的禪師，多麼精彩。

故事不重要，重要的是我們引用這個故事，是讓大家思考一下，禪師破戒了嗎？

再講一個佛陀時代的故事。有一位比丘尼出門辦事，結果被一幫流氓強奸了。佛陀就問他的大比丘弟子們：「請問這位比丘尼破戒了麼？」包括目犍連、舍利弗等大比丘弟子們討論來討論去，基本都說：「雖然這個比丘尼受了傷害，我們也很同情，但是她確實失去了戒體。」

佛陀於是言道：「她在被侵害的時候，心絲毫未動，哪兒來的戒體受損呢？你們認為你們在意的那個清淨受到了外在的汙染就是失去了戒體，這是不成立的，是你們著相了。」

故事大意如是。落腳點在於佛陀是為了點化這些比丘弟子的著相分別，破比丘們那個尚有清淨相可守的執著。

能明白我引用這兩個故事的用意吧？不就是六祖大師說的「心地無非自性戒」麼？捨了這個本，還談什麼戒相？

羊吃草的法乳常流

「誓修一切善，故常習定，對於瞋毒」。之前我們說過，「善」字上面一個羊字頭，中間夾著草，下面一個口字底。打個比方，羊把草吃進嘴，轉化成奶，就是行「善」的過程。

修行從來都是通過身語意三門轉化貪瞋癡三性的事。所以「誓斷一切惡，故常持戒，對於貪毒」，就是對應的你的身門。「誓修一切善，

故常習定，對於嗔毒」，「善」字下面是個「口」，「嗔」字旁邊還是個「口」，對應的就是口業。當然這個口業，指的不只是一張嘴，而是起心動念。

當你能做到「斷一切惡」時，因不染外六塵，那是不是就會自然的守了一個清淨念？所以所謂的「修一切善」，就是要把身心的這個清淨態消融、轉化。羊吃的是你心裏面的清淨草（住於無染），所以吃的是草不是肉（外在有染）。於一切時一切處，都能真實平等無別，隨緣相應萬法，這就是不捨之道。斷一切惡，是不取；修一切善，是不捨。不然還要區分一個世間是汙濁的，出世是清淨的，這雖斷了名相的惡，但還不是修自在的善。

清淨心亦不住的層面，稱為「隨緣而覺」，佛法裏把這稱為「緣覺」。大家是不是聽說過聲聞乘、緣覺乘、菩薩乘？這是從起心動念的層面上面，一種完全的消弭無心。叫「故常習定」。

對應《六祖壇經》：「外離相為禪，內不亂是定。」什麼是外離相？「斷一切惡」的不取。「外離相為禪」，由此才入禪；「內不亂為定」，東西很多而不亂，才是真的條理分明，即「萬行門中不捨一法」，不是沒有東西。心中隨緣可相應萬念，但是萬念是隨緣而覺，隨緣相應，緣過即消的，不會固守任何一念，且念念平等，所以叫緣覺，覺而不迷。

羊把草吃到嘴裏，最後擠出的是奶，所以佛門譬喻為「法乳常流」。此是「緣覺乘」的開始。

在聲聞乘的角度，是不度眾生的，因為在他眼裏，外在眾生都是五欲六塵、貪嗔癡性的化身。聲聞乘遠離貪嗔癡，守住了自己不染塵的清明態。而緣覺乘是有眾生可度的，他度的也不是外在眾生，恰恰度脫的就是自己的這個隨緣清明態。因這態是隨緣生出的，所以不住這態，才是真緣覺，否則就是緣迷。

故云：愚人除境，智者除心。除境者，聲聞乘也，除心者，緣覺乘也。

打個不恰當的比方，一個有強迫症的人住酒店，總覺得房間不整齊不乾淨，於是一直隨身帶著掃帚抹布，住哪間酒店都不停地打掃。這就是聲聞乘。另一個同樣住酒店的人，原本也這麼做，後來看到了前者的辛苦，於是扔掉了掃帚抹布，當下就獲得了輕鬆自在。這就是緣覺乘。

無眾生可度

「誓度一切眾生，故常修慧，對於癡毒」，就是大乘菩薩道，也就是菩薩乘。這個其實反而最好理解。用《金剛經》的一段內容來說明：「發阿耨多羅三藐三菩提心者，當生如是心：我應滅度一切眾生，滅度一切眾生已，而無有一眾生實滅度者。何以故？須菩提，若菩薩有我相、人相、眾生相、壽者相，則非菩薩。」

換句話說，「度一切眾生」的本，在於無眾生可度。「癡」對應身口意的「意」門，這是我們造作是非的本源處，分別人我、執幻為實都從這裏開始。「癡」一般也叫無明，無明裏又區分為支分無明和根本無明。支分無明是指在不同層次的局部認知上的迷執分別態，而根本無明指的就是「覺迷兩邊心」或者被稱為「生佛兩邊心」，這是入不二門的根本障礙。

菩薩發心就是基於有迷有覺而對待成立的，而這「有迷有覺」本就是根本分別。所以「常修慧」指的就是徹底無心，入不取不捨之不二門！不住隨緣的覺，因覺自迷而顯。徹底隨順如來覺性，「心境兩不除」，徹底深入「心佛眾生，三無差別」的大自在境界！

在大乘菩薩道裏，有句很重要的話：「不捨智慧名愚癡」，能理解了麼？

我們的覺性一直都在，在不同的應用層次裏呈現為不同層次的覺性態。一心十法界，僅人格層面的覺性功能，就能讓我們成為萬物靈

長，自由於天地宇宙。那神格層面的覺性功能、羅漢格、菩薩格、佛格層面的覺性功能呢？這正是我們的自性廣袤博大之價值所在，值得我們窮盡一生去探尋。但手段就是首先敢於真實破格，從原有的觀念中破格出來，才有可能發現海闊天空的生命無盡藏。

破格須從離相破執開始。

佛法是實用主義的

前面講的這部分內容，可能對一些小夥伴感覺會有點深，但這就是你花了那麼長時間，用了那麼多心血投入想要發現的佛法堂奧所在。可能像我這麼講佛法的，大家平時很少聽到。社會上大多數的講授，大都在名相和思維的層次範疇裏。在我看來，知識層面的了解，不是不需要，但學習的根本落腳點還是在於「學以致用」！在我看來，不能結合自身領會受用，在生活裏也難以貫通實用的，不是佛法，只是佛學。

我和大家分享這些內容，自己是很開心的。我自己也是越講越興奮的。佛法給自己講都不興奮，只是給人講知識有什麼意思？我今天也和大家分享一個小秘密：我基本上講課前不備課的。大家不要覺得我這是對大家不負責任啊。不備課的意思是不備知識，備「心」。我一般給大家講課前，至少半天的時間，我自己什麼都不做。就是東晃晃、西晃晃，歇心。然後上課時，經文打開在面前，該怎麼講就怎麼講，其實也是一種從心裏的自然流淌。本來就是「說法者無法可說，是名說法」的事，本就是祖師的金剛語，我還能說出什麼花來？不過是和大家的一種隨緣相應、光光互攝罷了。所以大家也還要記得「聞法者無聞無得」，你能聽到的、有感受的，不從我這裏來，都是你自己的心神相應。

所以我們一起學習，一起玩耍共振，一起「行深般若波羅蜜多」，

甚深法界甚深緣起，甚細微而極細微，最後你的受用就叫「如人飲水，冷暖自知」。和你生命有關的一切呈現，也就會發生自然而有效的美好改變。

　　「心垢則眾生垢，心淨則眾生淨；欲得佛土當淨其心，隨其心淨則佛土淨也」。不是嗎？

破相論 09：彼岸途中降六賊

【經文】

問曰：如經所說，六波羅蜜者，亦名六度，所謂布施、持戒、忍辱、精進、禪定、智慧。今言六根清淨，名波羅蜜者，若為通會？又六度者，其義如何？

答曰：欲修六度，當淨六根，先降六賊。能捨眼賊，離諸色境，名為布施；能禁耳賊，於彼聲塵，不令縱逸，名為持戒；能伏鼻賊，等諸香臭，自在調柔，名為忍辱；能制口賊，不貪諸味，贊詠講說，名為精進；能降身賊，於諸觸欲，湛然不動，名為禪定；能調意賊，不順無明，常修覺慧，名為智慧。六度者，運也；六波羅蜜喻若船筏，能運眾生，達於彼岸，故名六度。

【七非先生解】

為什麼只有一人成佛

《金剛經》裏有個非常根本的立論：「離一切諸相，則名諸佛。」《楞嚴經》說：「離一切相，名一切法。」我們群友提問說：「都說要成佛，為什麼兩千六百年來只稱釋迦牟尼為佛陀？後來的許多得道修行人都成的是什麼？比如達摩大師、六祖大師，他們成的是什麼？」

可能很多人都有這樣的疑問，難道成佛的就只有釋迦牟尼一人麼？幾千年來，那麼多人前仆後繼，一個畢業的都沒有，那豈不是學得很絕望，也顯得這個教育系統非常失敗？其實不是這麼看的。

大家一定要學會透過名相看問題。這個問題其實非常簡單，佛經裏之所以稱呼釋迦牟尼為佛陀，是借用這樣一個名相來比喻我們的本覺。所有人的根本依止處就是同一個本覺，它指的不是人，和後面的人成沒成沒有關係。經云「一切世間真實善語、微妙好語皆出我法」，這個「我」指的不是人，這個「我」是你的清明自性。

　　佛經裏說過去有七佛[15]，釋迦牟尼佛是賢劫千佛中的第四尊佛，也是過去七佛的第七尊佛，為什麼是第七尊佛？不是第八尊、第九尊？這是告訴你超越地水火風空識性，你的本來清明覺性就現前。眼耳鼻舌身意識、地水火風空識性，處處皆是覺性妙用，所以是「七佛」。所謂「救人一命，勝造七級浮屠」也是這個意思。「心、佛、眾生，三無差別」，不使一念落入繫縛或成為困頓，即是轉迷妄成正覺，即是「救人一命」！

　　達摩祖師、六祖大師和其他一些真正的金剛祖師，在我眼裏其實都叫「與佛等同」。包括我們談所謂的下生佛——彌勒佛時，經中所言是五十六億七千萬年後方得下生。還是回到「譬喻」的角度，這個數字就是在提醒你應當超越五蘊（色受想行識）、六識（眼耳鼻舌身意）、七根（地水火風空識心），如此自然一念清明現前，即是彌勒下生。

　　「離一切諸相，則名諸佛」。佛法壓根沒打算在名相層面上做任何的是非討論，一切名相皆是譬喻方便。看不透這層就會落入「著相修行，皆是惡法，非菩提道」的窠臼裏困死自己，沒有出路。

15　過去七佛：即毗婆屍佛、屍棄佛、毗舍浮佛、拘留孫佛、拘那含牟尼佛、迦葉佛、釋迦牟尼佛。前三尊佛在莊嚴劫末出世，後四尊佛則在賢劫初出世。

五眼看世界

回到《破相論》的內容裏。祖師回答六度和六根的關係提問，作如是言：欲修六度，當淨六根，先降六賊。能捨眼賊，離諸色境，名為布施。

捨眼賊不是不要眼睛。眼睛是我們的正常生理器官，而且「與境何干」？如古語有云：「復仇者不折鎮干，雖有忮心者不怨飄瓦。」意思是說，報仇的人不會去折斷傷害過他的寶劍，慣於心懷怨恨的人，也不會去抱怨屋檐上偶然掉落下來砸到自己的瓦片。眼既然沒有問題，那只有賊是問題了。什麼是賊？「應觀法界性，一切唯心造」，眼賊就是心賊：著於色境，妄生分別，動心住念。

《金剛經》裏剛好談到了關於眼的問題：「須菩提，於意云何？如來有肉眼不？如是！世尊，如來有肉眼。須菩提，於意云何？如來有天眼不？如是！世尊，如來有天眼。須菩提，於意云何？如來有慧眼不？如是！世尊，如來有慧眼。須菩提，於意云何？如來有法眼不？如是！世尊，如來有法眼。須菩提。於意云何？如來有佛眼不？如是！世尊，如來有佛眼。」從這段內容，引用我發表在網絡上的一篇文章片段，以說明如何是除眼賊。如何除後面的五賊（耳鼻舌身意），也是同一邏輯。

X 先生的生活出了狀況，Y 女士的事業面臨終結。這樣的瓜，不妨讓我們用《金剛經》五眼的角度來吃一下：

1. 肉眼，看是非：很多人都用這眼來看待生活的一切。這一點問題都沒有，做對獎勵，錯了挨打，世間邏輯就靠是非對錯、善惡美醜而構建。有些大是大非，整明白做到位，對人生、社會就起了促進作用，且符合人性趨樂避苦、趨吉避兇、趨利避害的自然意願。可有時一些人也會把一種其實很是雞零狗碎的是非心態，變成自己的生活底色，算計比較，困於感受，把自己活成一種其實讓自己和別人都很不待見的無趣和痛苦，這一般也被稱為庸俗。以上，無論自我站位為何，都叫

肉眼視角。

2. 天眼，看因果：凡事有果必有因，「因地不真，其果迂曲」。前面種子沒種好，縱然開花，結果也不會好。房子地基沒打好，樓蓋得越高，垮下來殺傷力越大。這就是因果，是坑都要填，是雷早晚爆，不填不爆才不正常。老話說「善有善報，惡有惡報。不是不報，時候未到」，指的就是天眼視角。

3. 慧眼，看平衡：生命的能量需要平衡，比如日與夜、春與秋、得與失、生與死……老話說「水滿則溢，月滿則虧；自滿則敗，自矜則愚」、「風水輪流轉」等，就是平衡規律，慧眼視角。在這個層面上，還有一句老話叫「富不過三代」，很多人認為說的是三代的家風和道德變化，所導致財富流失，這是肉眼視角。其實這話就是說平衡，不然錢讓一家人三代以上、延續百年都賺走了，那別的人家還怎麼生存、怎麼發展？所以這是平衡法則決定的。再比如長生不死、青春永駐、永遠健康，這都是一樣可以被理解的美好訴求兼實際的扯淡荒唐，誰追求這個，誰就是個笑話。

4. 法眼，看發展：壞事也是好事，為什麼？因為「順逆皆方便」，因為能「以為鏡鑒」。正面的典型，能鼓舞人奮進；負面的教訓，則提醒人警惕。無論於出狀況者還是旁觀者，其實都可以作為鏡鑒，照見生活的更好發展，不是嗎？這次兩個人出的大問題，也提醒了很多家庭和從業者，包括當事人，要從更周正的角度去對待生活和工作，這難道不是好事，不是更好促進方方面面的發展？這就是法眼視角。

5 佛眼，看無事：為何？「一切有為法，如夢幻泡影，如露亦如電，應作如是觀」。人生如夢幻，蝸牛角上事，都是泡泡；小盒子裏什麼是非高下、成敗取捨都蕩然無存，壓根自在，徹底平等，啟不二門。

說上面這些，也不過是個隨順生活的方便角度，若深究這五眼的其他層次，則還有更多不同風光。這篇裏先不贅述。最難的是，你用什麼眼在看？有人說，我可不會用其他眼，只有肉眼的水平。這話，前半句合理，後半句不對。不會用是因為自己的生命目標還不清晰，到底要讓自己活成什麼樣的生命狀態，活成什麼樣的人？但你可不是

只有這點肉眼水平，別忘了「一心十法界」，您了（天津話「您老」的吞音讀法）也是「本自具足，能生萬法」的主兒。

既然本自具足，能生萬法，那是隨 X 先生、Y 女士的瓜生出自己生活的更多是非念、瑣碎心來消磨生命、彼此無聊，還是能站得高、看得遠地如鏡運用，照見自己的更好智慧發展？瓜是同樣一個，也都在自己嘴邊，可吃出的味道卻每個人各不相同，這就是「禪瓜一味，如鏡映心」。

什麼眼，就看成什麼瓜，想吃出什麼味道？是否有益身心健康？一句話：自己定！

這下大家明白如何是除眼賊了吧。如此五眼圓通，那你就是應了《金剛經》「若菩薩心不住法而行布施，如人有目，日光明照，見種種色」的光目女，就能做到在生活中扭轉乾坤。如果還是眼賊當家，那你就還是「若菩薩心住於法而行布施，如人入暗，即無所見」的睜眼瞎子，那做什麼只會是瞎子點燈——白費蠟。

疑情的金剛王寶劍

「能淨耳賊，於彼聲塵，不令縱逸，名為持戒。」

經文裏說「閻浮提眾生耳根最利」。其實眼耳鼻舌身意哪根都利，為什麼要側重說「耳根最利」呢？大家觀察一下自己，我們的六根器官裏，鼻子呼吸是和外部有交互的；嘴巴說話、進出食物是有交互的；身體跟人境發生接觸，產生行為是有交互的；連意識都是有交互的，可以造夢馳騁，可以駕馭五根、感知喜悲。相較之下，唯有耳朵只能被動聽聞，而不能交互信息。佛法智慧是洞見人性的各個層面的，所以就告訴你有一扇「耳根最利」的方便門，最難向外馳求，於是促進轉動內在智慧，也就是「生疑情」。就和剛出生不久的嬰兒或者很多

小動物一樣，眼睛還看不見東西，但是能循聲探尋，一會兒轉東，一會兒轉西，這就是「循聲向道」的開始，點燃生命疑情，用疑情推動生命的發展探究。其實這個意義非常深邃精彩！

為什麼佛門裏把疑情譬喻為「金剛王寶劍」？就因為但心中存疑，就不會駐足停留於任何境界，總能促進生命的繼續發展，永不駐足！這個疑情，換個名字，就叫生命發展的本願力！科學能不斷發展，就是因為總有人不斷懷疑已知。

懷疑才是對生命「本自具足，能生萬法」的根本自信！這才是真的「疑信不二」！大家能明白麼，這點太重要了！所以從某個角度說，能讓人心中生疑，其實就是種下了解脫的種子！

這也是為什麼我們倡導「不為定義知識，只為啟發智慧」的根本原因。

一旦簡單定義答案，斷了人心中的疑，其實就是斷了人的法身慧命！

佛陀敲鐘啟聞性

耳之所以成賊？就因為「於彼聲塵，往往縱逸」，我們日常往往一聽見點什麼東西，心馬上就開始躁動是非起來。不是有個詞叫「聞風言事」麼？還有「好事不出門，壞事傳千里」等，這些其實都在說明「縱逸」的問題。

「持戒」本就帶有「明理達時」之意，明理達時就是心神清明。從五行應用的對應層面，布施主木性，木主生發；持戒主火性，明理達時。從無分別中自然生發出生命成長的本願力，能隨緣應物，清明發展，這就是木生火。所以在說六度——布施、持戒、忍辱、精進、禪定、般若的順序裏，布施、持戒正是第一二的順序位置。六度的前五點，也對應著五行「木火土金水」的生發邏輯。

持戒主火性，但是它的能量通道恰又是從淨耳賊來。耳主腎，腎主水。這就是在徹底告訴我們什麼叫本質層面的「水火不二」。大乘佛法永遠不會偏離「不二之道」談問題，畢竟「不二之道，即是佛道」。

佛陀在《楞嚴經》裏，和阿難有一段對話，內容偏長我就不發原文了。大意就是佛陀用敲鐘來為阿難打比方。佛陀讓羅睺羅敲了一下鐘，問阿難聽到鐘聲了麼？阿難回答聽到了。等鐘聲消失後，佛陀又問阿難，現在聽到了麼？阿難說沒聽到。佛陀就反問阿難：「那你是怎麼知道沒聽到的？」這就是指出「聞性不滅」的用意。有聲音的能聽到和沒聲音的能知道，背後都是這個能知能覺的聞性，從未生滅動搖。

這便如同把我們的覺性譬喻為大海一樣，無論翻滾什麼浪花，是蒸而成氣或寒而化冰，水性未變。

除耳賊，其實就是讓我們回到「返聞聞自性，性成無上道」的「觀音」之道上來，能回來，就是真明理達時，就是真持戒（不走岔路）。

以戒為師行不取

在這裏順便把一個很重要的知識點和大家說說透，就是「以戒為師」的問題。《佛遺教經》中有這樣一段內容：「於我滅後，當尊重珍敬波羅提木叉，如闇遇明，貧人得寶，當知此則是汝等大師，若我住世無異此也。」「波羅提木叉」簡單翻譯，即指「戒律」。從這段內容，後人就總結成「佛滅度後，以戒為師」的要義。

這裏的重點在於如何理解「以戒為師」。很多人簡單地認為只是對戒相的堅持，如此就買櫝還珠了。戒定慧者，戒，不取也；定，不捨也；慧，不二也。大家想想，戒是不是不取意？一目了然。那定怎麼是不捨呢？不取之定是小定，不捨之定是大定，不是麼？能做到「萬行門中不捨一法，實際理地不染一塵」，難道不是真的定力麼？那麼

所謂佛門一切定之總稱的「楞嚴大定」，指的不就是能行不取不捨之道的不二之慧麼？多簡單的道理。

回到「以戒為師」，就是時時處處提醒大家當行不取之道。九法界的性都好取，是自動的功能態——地獄取爭鬥，餓鬼取貪婪，畜生取飯食，人生取發展，修羅取對錯，天人取仁愛，聲聞取解脫，緣覺取清淨，菩薩取智悲，這些取相不同，取性無別。所以能行「不取」，即是「以戒為師」，即是「若我住世無異此」，即是入佛道的開始。不然為什麼說以「不取於相，如如不動」為人演說金剛般若，其福能勝「三千大千世界七寶布施」呢。

「不取於相」就是「以戒為師」。

寺院天王殿都供布袋和尚的相，作為下生彌勒佛的代表，為什麼？大家想一想，人們到寺院去，是不是都是為了求好？僧人們求福報、求智慧、求開悟、求解脫、求莊嚴、求成佛；俗人們求健康、求平安、求子嗣、求婚姻、求各種生活如意。那寺院是不是反而成了最容易激發起大眾無量無邊之求取性的地方？這是好事，「先以欲勾牽，後令入佛智」，設慈悲方便以接引群蒙。而佛法的大慈悲也恰在這入門第一處的天王殿裏，立一尊坦胸露腹、不修邊幅、一身邋遢、肥頭大耳的布袋和尚相作為彌勒代表。這就是在提醒所有人當行不取，方佛性下生。這個造型不僅提醒僧人當不取易落之莊嚴相執，也讓大眾放下對佛門的過度迷信之執。本是如此精妙的慈悲用心，讓人回歸「不取」的「以戒為師」之佛道，若不識得，豈不可惜？

能行不取，即是天王！這和《道德經》的「夫唯不爭，故天下莫能與之爭」有異曲同工之妙。記住，進了天王殿，是你當成天下自在王！如此不負。

而布袋和尚的「大肚能容，容天下難容之事」，不也就是因為能行「平常不取」麼？「笑口常開，笑天下可笑之人」，不也就是能行

「平等不捨」麼？日常教人的「拿不起時放下」，或「放不下時擔起」，不也正是導人踏上不取不捨、平常平等之自在不二道麼？

這下明白了麼？不知破除五蘊之迷，而只談執取五戒之相，那不是捨了本而逐了末，買了櫝而還了珠是什麼？本來投入一百塊，明明可以換回一百塊的東西，結果只換回來一分錢的東西，不虧得慌麼？更不消說本應是「捨一得萬報」的價值回饋。

另外還有一個根本邏輯不要忘了，就是「佛說一切法，為度一切心。若無一切心，何用一切法」[16]。心生則法生，法生則戒生；心滅則法滅，法滅則戒無。所以《楞嚴經》云「攝心為戒，因戒生定，因定發慧，是則名為，三無漏學」。換句話說，不知以攝心為戒，其後的定慧二學則不能成立。空談戒相，妄云修定，皆為迷心失慧，竹籃打水。

如何是攝心？不離自性，當家做主！所以還是那句話，見地啊見地！「因地不真，其果迂曲」！

最可怕是合頭語

回到「能淨耳賊」，就知道不是不讓你聽，而是不要在功能的自然相應上，再加一個「聽到好壞」的分別。所謂好壞，是自性發展裏自然「趨樂避苦」的自動選擇，不要用後天觀念來干擾，不然往往會更增顛倒，更增是非，損人不利己。

尤其在生活中，學佛最怕落「合頭語」。這就是從耳根進入的啊！只聽合自己心意的，哄著你開心的好話如是，挑逗你是非的壞話也是如此。所以在十不善業裏，口業占了四門，即「兩舌、惡語、綺語、妄語」，分別對應的就是挑撥是非、更增分別、華而不實和自欺欺人，

---

16 出自宋印肅和尚偈頌，原文：若無一切心，何用一切法。佛說一切法，為除一切心。

這些話能起作用，往往就是因為其實合了你的觀念習氣！這和喜歡毒品就會被拽進鴉片館一樣，其實掉入了自己挖的迷坑陷阱而不自知，非常可悲！

《維摩詰經》說：「菩薩行於非道，是名通達佛道。」就是提醒修行人千萬不要掉入「合頭語」的陷阱！修行人最喜好求道，一旦落入「合頭語」（合心意）的陷阱，就會掉入如佛經所言的：喜好坐禪的被「坐禪魔」縛，喜好慈悲的被「慈悲魔」縛，求解脫的被「解脫魔」縛，求覺悟的被「覺悟魔」縛，多可怕，可怕在早已住心而迷不自知。

那該怎麼做？其實當你安於聞性，那一刻你的內在智慧就會自動隨緣相應，發生最恰當的關係處理，這就是「不取於相，如如不動」的現實應用。該回應什麼就是什麼，但都會是自然而然有益自他的。達摩祖師說「外息諸緣，內心無喘，心如牆壁，方可入道」。到這兒不過方可入道而已，其實距離真實入道和真實悟道還有很大差距，但已經能實現「不求自得」的自在了。

有人問那這是不是也需要有功夫、有修行啊？我告訴你，還是「歇心」二字！沒有別的，就是先把你當下那顆「久被塵勞關鎖」的觀念習氣驅策之心，歇下來！歇得越輕鬆，內心就越自動清明，智慧力就現前。你看我們群友打卡筆記，越歇心，從健康到家庭、從事業到財富、從工作到親子……呼呼呼地轉出自在。

無限精彩的法界

能伏鼻賊，等諸香臭，自在調柔，名為忍辱；能制口賊，不貪諸味，贊詠講說，名為精進。

為什麼把這兩個連著講？因為只從相上入的話，「鼻」通肺，肺主金，精進屬金性，金分萬物，正精進是善分別意，不是盲修瞎練意。

「口」通脾胃，主土性，主忍辱（安忍）。而祖師講「伏鼻賊」就「等諸香臭，自在調柔」，就是忍辱了，它不走金性走到土性了。反而「制口賊」，就「不貪諸味，贊詠講說」，就是精進了，反而不走土性走到金性上了。

為什麼會這樣？如果把佛法學成死法定法，就變成硬套死對，那反而走偏了。佛法是活法、圓法，自在法、離相法。「等諸香臭，自在調柔」，這個香臭不是外在的香臭，還是指「分別心」，所以用「等」字當頭。比如榴蓮的味道，在一些人那裏是臭不可聞，在另一些人那裏就成了香氣撲鼻。「不貪諸味」更是如此，因為還是口味隨人，湖南人吃飯無辣不歡，北方人吃飯無麵難飽，道理一樣。不用再多說。

其實在大乘菩薩道裏，六度談的色境、聲塵、香臭、諸味、觸欲等，都是道心內在無數的能所分別光影態。如果只談外在，叫六分別心或六世俗相，反而更準確，不需要用「波羅蜜」的說法了。

一個修行人，最難超越的其實不是對外境的執著。外六根和六塵的交互名相執著，其實是最容易甩脫的。難在隨著不斷深入自心自性，所發現的無量無邊的自在法（能量）執。這個法執境界裏才真是五光十色，不可思議。

打個比方，就好像很多人沈迷於電視節目，代入角色、以為生死、悲歡離合……你看出了這些不過是由電流和數據信號共同作用而成相的光影而已，於是不再在意劇情發展，開始用你發現的電流和數據如此具有創造力的功能，比如接上電腦開始網上沖浪或者炒股，或者進行其他任何具有創新性的價值拓展，無量無邊的可能性盡在你的掌握。你會不沈迷於此麼？

這就是譬喻「法界」，或者叫「法相」的精彩，而非「名相」的單點層次。再打個比方，饒是幾十億年的地球遊戲已經很是豐富多彩，但比起浩渺無垠的宇宙太空，其精彩程度，難道不是只能用「螢光之比皓月」來形容麼？更何況就算無垠的宇宙，也只不過是名相層次的呈現，如果你能真的超越名相了呢？可能那份生命的自在態，真的會是不可思議到不可思議！

用現代的詞彙來表達，或者可以稱為「超維」的世界，這也是科學家一直在不懈探尋的未來。

住在這個層次上的妄想執著，就是聲聞、緣覺、菩薩道的修行課題。佛經裏把這部分譬喻為「粗惑、細惑、細微惑、極細微惑」的層次差別。就如同當代物理領域裏的粒子拆分一樣，越細微越難拆分，需要的能量越大。大乘菩薩道的六波羅蜜態，其本質是心性智慧的生發呈現態。而這個智慧的本體，就叫無明態。大智慧即大愚癡，大愚癡即大無明。

對外在名相的執著，不過是支分無明的最外層，如同分子結構層；而妄想執著這四個層次的拆分，其實就像從分子拆解到原子，從原子拆解到質子，從質子拆解到次原子粒子的更細微層一樣；最後要破的根本無明，被譬喻為「無方微塵」。無方即無能，無能即不顯性，那怎麼破？這是大課題。佛經中窮盡論理、窮盡譬喻，其實也沒有給答案，但處處都在直指通向答案的路徑，也正是我們說的快車道：「揮舞疑情之金剛王寶劍、離相破執、歇心平等、入不二門」。

不給答案是對的！如果給了，人的法身慧命就死了。路要靠自己走出來！無量世界無邊佛，想成就什麼自在精彩，其實都可以隨自己變現，而不是成為一個樣子。如同天上沒有兩顆星星是一樣的，地上沒有任何兩片雪花是相同的，難道不是這樣麼？

能降身賊，於諸觸欲，湛然不動，名為禪定；能調意賊，不順無明，常修覺慧，名為智慧。

所謂「湛然不動」，說的不就是「聞性不滅」、「水性無礙」麼？能如此，動亦不動；不能如此，不動亦是妄動，不是麼？「調意賊，不順無明」就應該不用再多說了，不正應了前面的內容麼？這裏的重點在於「覺慧」和「智慧」的區別。經云「不捨智慧名愚癡」，捨了智慧才是覺慧。覺慧還有個名字，其實就叫「明覺」。

什麼是菩提心

六度者運也，六波羅蜜喻若船筏，能運眾生，達於彼岸，故名六度。

六度是能運眾生的。什麼眾生？《楞嚴經》云：「想澄成國土，知覺乃眾生。」超度你一切的分別取捨，超度你一切的心性無明，超度你一切的覺知智慧，才是能運眾生！

達於什麼彼岸？佛用四十九年行講法之方便，其實也是在打比方。眼耳鼻舌身意識，地水火風空識心，七乘七看一下，是不是四十九？這也是在用這個比方告訴我們「智轉無明」的道理，一直都是這些心識關係，迷的時候就叫眾生，覺的時候就叫佛。這就是此岸即彼岸的道理。

能發現彼岸就是此岸，不再無明就是光明，這叫真實領會「迷覺不二」。如此自性極樂剎土自現！

市面上有一個詞，叫「相似的世俗菩提心」，這個詞在我眼裏，比較奇葩。這意思不就是「不是菩提心」麼？小雷音寺裏的佛，長得和佛一樣，可不是真佛！不是麼？所以有些所謂上師大德，鼓勵大家修持這個「相似的世俗菩提心」，那不就叫鼓勵大家多多求取執著，強化分別取捨麼？那不成了實際在訓練更強大的「世俗分別心」了麼？

前面說過，因為在佛法的方便科判上，設了世俗諦和勝義諦的名相區分。所以菩提心也就對應的被稱為「世俗菩提心」和「勝義菩提心」。菩提心確實是大乘佛法的種子，根本重要。那到底什麼是菩提心？世俗、勝義這兩種菩提心又有什麼差別？我之前在網上發過一篇文章，引用如下：

1. 菩提心是什麼？

《大日經》有言：「云何菩提？謂：如實知自心。」《心經》有云：「以

無所得故，菩提薩埵。」祖師亦云：「菩提心者，無所得心也。」

菩提心是什麼心？簡單極了，「以無所得故，菩提薩埵」！如實知自心，自心無所得。你今但發無所得心，決定不得一法，即菩提心。

為何？因你本自具足，一切不過浮雲遮眼。如此，但撥雲見日，即可！哪有其他葛藤？你但發光，宇宙自明，如此自然無眾生可度而又盡度無量眾生。

如此再看看那些學人修持的所謂「菩提心」，雲山霧繞，難道不是「有念念成邪」，有為更造作的世俗貪求心麼？如此，不僅徒勞無益，更是南轅北轍了。多可惜！

從沒聽說鴨媽媽能生出兔寶寶，是故經云：若人住相布施，「如人入暗，即無所見」。

2. 菩提心怎麼用？

這個「無所得」的菩提心，在生活中怎麼才能用起來？

有句話說的好：人在佛前祈求的，都是佛希望人放下的。放下你的種種貪求雜念，放下你的種種在意得失，放下你的種種執幻為真……再看看是有多自在！夢裏賺了一百億和夢裏吃了一口屎，醒來都覺得很好笑和不當事，不是麼？

你本具足，莫被念縛。但清明如此，自心即菩提，當下即淨土！

3. 世俗菩提心和勝義菩提心有什麼區別？

《圓覺經》云：「覺自心現量，妄想不生……超自心現量，自覺聖智相現。」

所謂世俗菩提心，就是「覺自心現量」。簡單說，就是因為你完全能夠看清當下自心的能力到底幾斤幾兩，所以你就不會生妄想，有多大力氣幹多大活。清晰充分，絲毫不爽，不是麼？自心現量，構成自己的真實境地，這就是世間覺，亦名佛的福足，即福德力。

所謂勝義菩提心，就是「超自心現量」。簡單說，就是你因敢於相信「本自具足、能生萬法」，所以去行對自心原有範疇的突破發展。如此你就會發現新的更大的生命智慧、能力和美好呈現出來，這就是

出世覺，亦名佛的慧足，即功德力。

世俗菩提心即命，如「地勢坤，君子以厚德載物」，如陰如坤，萬物以自心現量為生養基礎。

勝義菩提心即性，如「天行健，君子以自強不息」，如陽如乾，生命以不斷自我突破、發展為成長。

性命不可分割，如佛之雙足不可或缺，方能大行於不二自在。這就是「二諦融通三昧印」。

再用一個科學語法來比喻，世俗菩提心，比如光速；勝義菩提心，比如超光速。如此我們的生命宇宙，才有了廣袤深邃的承載和無限發展的可能。

所以回過頭看，讓人修持所謂「相似的世俗菩提心」的，正應了六祖大師的那句話：「汝等須知自迷猶可。又謗佛經，不要謗經，罪障無數。若著相於外，而作法求真，或廣立道場，說有無之過患，如是之人，累劫不得見性。」

我們在世俗分別心的範疇裏，以為所行持的六度，全部都是「著相修行，皆是惡法，非菩提道」。能「覺自心現量，妄想不生」，才是「世間波羅蜜」。能玩透世間波羅蜜，你就已經是一個自在逍遙的世間聖人了。世間執著盡破，才是「出世波羅蜜」，即羅漢聖人也。出世法執盡破，才是「般若波羅蜜」，步入大乘菩薩道。從這裏才談如何是大乘道的「行般若波羅蜜」，即六度萬行。然後才能談到如何是「行深般若波羅蜜」，這才能「照見五蘊皆空，度一切苦厄」[17]。

所以《心經》談的是很紮實的大乘菩薩道的漸次道的問題。可還不是直下道，相去甚遠。方便也是必要的，「行深般若波羅蜜多」至少比「行般若波羅蜜多」強，「行般若波羅蜜多」至少比「出世波羅

17　語出《般若波羅蜜多心經》：觀自在菩薩，行深般若波羅蜜多時，照見五蘊皆空，度一切苦厄。

蜜」強，「出世波羅蜜」至少比「世間波羅蜜」強，這就叫做是法平等，相應為上。

頓悟與次第

《楞嚴經》說：「理則頓悟，乘悟並銷，事非頓除，因次第盡。」其實生活中一個人明白道理，從來都是豁然明白的。過程裏再怎麼絞盡腦汁，明白的那一刻，也是豁然明白的，這就是「頓悟」感。原來的差別想（乘），當下就不見了，這就是「乘悟並銷」。

對於「事非頓除，因次第盡」，有人又開始拿著這個「次第」做文章了，說你看佛都說了，要次第修行。這個「次第」的本意，其實就是一層層對妄想執著的離相破執，而不是讓你在原有分別觀念習氣的基礎上去強化得失執著！

這個道理簡單到如同你感覺到餓，知道是提醒該吃飯了，這就是頓悟！然後洗菜做飯、一口口把飯吃到飽，這就是次第盡！每一步都是對上一步的繼續發展、超越，而非固守加強，難道不是麼？

把理事關係說得再透徹些。所悟之理，其實是開悟心性理，自此徹底說己心理，不著文字；次第所盡事，其實是悟後起修，度自性眾生，隨緣消舊業事，而非悟前有為法事。換句話說，一個真活明白了的人，壓根不會對自己的任何前塵影事，還會有所掛礙或想要找補完善，因其確乎都是夢幻泡影，了無實義。如此，才是層層遞進的大自在、大逍遙之真實增上道。

從來所謂三乘，本是直下了斷事、一念心間事、「本自具足，能生萬法」事。但很多人難於真信，著於名相，所以就用種種方便一點點分解，到哪裏明白了，就不用再多說一句。前文也說到六祖在五祖處聽聞《金剛經》悟道，也是至第十分「應無所住而生其心」句而悟入。其實不是這句有什麼真的特別之處，畢竟是法平等，而是惠能前九分都沒明白，到這一句恰恰相應，於是開自性門！因此後面五祖也就不

用再多講一字了！明白了麼？

黃檗禪師在《傳心法要》中云：「修六度萬行，欲求成佛，即是次第。無始已來，無次第佛。」又云：「故學道人迷自本心，不認為佛。遂向外求覓，起功用行，依次第證，歷劫勤求，永不成道。」

接下來這段，同樣說明了如何是頓悟與次第的關係。

學道人若不直下無心，累劫修行終不成道，被三乘功行拘繫，不得解脫。然證此心有遲疾。有聞法一念便得無心者。有至十信十住十行十迴向乃得無心者。有至十地乃得無心者。長短得無心乃住，更無可修可證。實無所得，真實不虛。

一念而得，與十地而得者，功用恰齊，更無深淺。只是歷劫枉受辛勤耳。

造惡造善皆是著相，著相造惡枉受輪迴，著相造善枉受勞苦。總不如言下便自認取本法。

此法即心，心外無法，此心即法，法外無心。心自無心，亦無無心者。將心無心，心卻成有。默契而已，絕諸思議。故曰：「言語道斷，心行處滅。」

大家明白了麼？一切次第方便，只是相應的入道途徑差別，而不是真有次第法可修！佛陀說法四十九年，無一法予人，自己在燃燈佛前也未得一法，因「無有少法可得，是名阿耨多羅三藐三菩提」，那怎麼可能是真的讓你去「修持大法」或「成就大法」呢？

徹徹底底的心性道，徹徹底底的不二門，徹徹底底的平等平常、無求自在之道。真的是只有這一條路，縱變換千般模樣、萬般方便，也就這一條路、一件事。

歇心的層次

有人還是問怎麼做？還是這八個字：「狂心頓歇，歇即菩提」，必須歇。開始的「狂心」其實不是真狂，是沒見過世面的自以為是和得少為足，不過是「習氣分別觀念」。歇了這個習氣，逐漸習性層面的執著分別就現前了，再歇了這個，習識層面的就現前了；再歇了這個，心識層面的就現前；然後才開始契入心性、自性、覺性的自在深入之道。不斷依平常心歇、依平等見歇、最後依捨棄智慧歇，反而「智轉無明」，「等覺菩薩」境界現前，逐漸契入「妙覺菩薩」境界，然後開始踏進所謂「佛光普照」之門。

習氣、習性、習識、心識、心性、自性、覺性的見地認知深入，在《生命大自在 2.0》的部分才展得開，我們還是先紮實根本見地的基礎。萬丈高樓平地起，不好搭空中樓閣或冰上建塔的。

自己心中還懷著那麼多雞零狗碎的票子、房子、妻子、孩子、身子，再好玩的內容不過也淪為精神裝飾物罷了。沒什麼意思的。今日學佛人中，著入世俗分別心的就占了 99% 以上，剩下 1% 的鳳毛麟角裏，又有 99% 著在對「出世波羅蜜」的追求上。你會是那能行「般若波羅蜜」的萬裏挑一之人麼？

不少小夥伴都很想聽我講講我自己當年如何著相修行的事。我跟你們說，當年我著相學佛的那個猛烈、偏執勁頭，至今我都沒見到有幾個能超過的。那份對自己下狠手到「粉身碎骨」的癲狂，回頭看也算一筆經歷的財富吧。這些我其實在我的《生命大自在 2.0》的線下課裏講了一次，也都放在了我們正心讀書會的社群裏，大家可以去聽，權當做個負面參考的典型。

其實明知是彎路，能不走就別走了。佛陀更是這個態度。他走了三大阿僧祇劫（三毒心），最後告訴你其實不用那麼走，太苦！太累！太慢！太難！其實真的存在最快車道的。這就如同他走遍了全世界，畫出了最全面的地圖，足以幫助任何人從自己腳下直達想去的目的地，

並幫你設好了最佳導航，那你何必還要再重新走一遍所有的路，重新去畫一遍導航圖呢？

破相論 10：大力白牛的乳汁

【經文】

問曰：經云：「釋迦如來，為菩薩時，曾飲三斗六升乳糜，方成佛道。」先因飲乳，後證佛果，豈唯觀心得解脫也？

答曰：成佛如此，言無虛妄也；必因食乳，然使成佛。言食乳者，有二種，佛所食者，非是世間不淨之乳，乃是清淨法乳。三斗者，三聚淨戒；六升者，六波羅蜜。成佛道時，由食如是清淨法乳，方證佛果。若言如來食於世間和合不淨牛膻腥乳，豈不謗誤之甚！真如者，自是金剛不壞無漏法身，永離世間一切諸苦，豈需如是不淨之乳，以充饑渴！

【七非先生解】

擒賊先擒王

《破相論》從今年佛誕日開始，到現在用了三個半月，文字講了一半。這個過程裏，發現太多人回饋回來自己生活、生命的實實在在的變化，真的非常喜人，也很震撼！從這裏就知道，真正的佛法，從佛陀到真正的金剛祖師，確確實實是真實語、是金剛語。直下心地，直下我們所有問題的根源——妄想執著。只有妄想執著才是問題的根源。

「心生種種法生，心滅種種法滅」，所以妄想執著而生出的這顆妄心、賊心，就是我們回歸自性、回歸智慧、回歸真實的生命力量的唯一障礙。打蛇打七寸，擒賊先擒王，這是最有效的、降維打擊的手段，其結果也是最為顯著的。

非常樂見這三個半月來，有些人是身體健康得到了明顯的改善，比如原本生理期的時候疼得下不了床的，現在能在同樣的情況下輕鬆自如地坐飛機；還有很多身體裏各種疾病減輕或消失的案例，太多了；有些人的孩子本來從來不早起、不吃早飯、熬夜、不學習的，莫名其妙不僅開始認真學習，還願意早起吃早飯了；有些夫妻反目很久，彼此冷漠冷淡的，現在回歸初戀般的感覺，彼此之間找回了美好；還有一些人，事業幾年不得志，很快順遂了……這樣的情況非常多，多到我現在都覺得很是習慣平常。

為什麼會這樣？先聲明一點，這些絕對和我無關。我不僅不替你吃飯睡覺帶孩子過日子，我更加沒有教過人一句該怎麼夫妻相處、親子之道或者健康知識。我連和你講的課，都不認為是我輸出了什麼內容。別忘了「說法者無說無示，聞法者無聞無得」，我不過是借個所謂講課的相，結一個我們彼此互相啟發、互相照見自己生活、生命自在精彩的緣。相由心生，相由心滅，你的生活你做主，你自己的生命見地發生了變化，那你的生活一定會發生各種變化，其實很正常。

我也聽到過有人會常說的一句話：「雖然我的生活還是和以前一樣，但我的內心覺得發生了天翻地覆的改變。」這話可以理解，但也不盡於此。內心真天翻地覆的變化了，你放心吧，生活一定會發生真實的變化的。比如幼兒園的小朋友，男生女生再親密無間，也很難發生成年人間的愛情。可到了青春期以後，這種愛情感攔都攔不住。這就是真實的身心變化所導致的生活狀態的變化。再比如我不抽煙，樓下煙鋪在哪兒我都不知道，可一旦我開始抽煙了，相關的一切信息就都會不斷出現在我的生活中。不是麼？

無為無不為

我們知道了問題發生的根源就是妄想執著、賊心習氣，那但凡觀

心為幻，歇心清明，外相自然就會發生改變。很多人總希望「還是要給我一個辦法、一個手段，讓我改善生命」，其實這就是大家要的抓手。從佛陀到金剛祖師一直在給，就是我們說的快車道——離相破執，歇心平等，入不二門。再具體一點，就是從佛陀到金剛祖師一脈一直在說在行的，「一切賢聖，皆以無為法而有差別」。

「無為法」其實也是一法，說「無為法」也是一個方便。你生「無為念」的時候，其實也是個對待的方便，這也是前文說的「如來善友」之一。無為不是無所作為，而是不住事心，隨緣相應，無住生心，是名真無為。不著「無為念」，不著「無為相」，「無為無不為」。從這裏開始打開自性般若的門。《道德經》也談到了「道常無為而無不為」，也就是我們說的「不取不捨」。

生命的運轉之道

在世間應用層面，當你能「以無為法而有差別」時，即進入「平常心是道」的狀態。真實的平常心，自身並不存在「是道」或者「非道」的概念，這是一個非常重要的修行竅訣。

大家既然要抓手，我們乾脆把抓手說透。當你的後天用心自然平常、不再造作時，或者說當你後天的這顆業識心，越來越不去干預你自身在後天時間、空間、關係裏自然發生的天、地、人關係的動態平衡發展時，你的先天清淨具足的自性能量，就開始和後天的自動態平衡間，發生更加直接和有效的能質變現。

用伏羲卦和文王卦來打比方說明「以無為法而有差別」，就比較直觀。

伏羲卦比喻「無為法」。其八個卦象的對應關係，就是相對應的平衡態。比如乾天卦是「☰」在南，坤地卦就是「☷」在北；離火卦是「☲」在東，坎水卦就是「☵」在西；震雷卦是「☳」在東北，巽風卦就

是「☵」在西南；艮山卦是「☶」在西北，兌澤卦就是「☱」在東南。卦象間的相互關係全部是對應平衡的。

伏羲八卦（先天八卦）

這就好比把人生比喻為一輛尚未上路行駛的汽車時，一切功能都處於非運動的自平衡具足態，這種生命狀態的底色被稱為「清淨」，其呈現就被稱為「具足」。

這也就是六祖大師悟道時感慨的「何期自性，本自清淨；何期自性，本不生滅；何期自性，本自具足；何期自性，本無動搖；何期自性，能生萬法」所指的自性的能相態。不用圖形文字難以表達。故而伏羲卦所用圖形譬喻的這個生命本初之清淨具足態，也正因其已顯現為清淨具足態，故也就只能說成是自性的能相態。

性依相而顯能，所以能被描述的，只能是能相態。從這個被六祖大師方便描述的「自性」之門進入，才能真的打開「菩提自性」之門。所以在《六祖壇經》的開篇，大師開宗明義地就說道「菩提自性，本來清淨，但用此心，直了成佛」的根本所指。

由此，我們就知道，要想「直了成佛」，須用「菩提自性」，須從「自性」門入；而開「自性」門，則是「應無所住而生其心」；操作即「以無為法而有差別」；再落實具體，即「平常心是道」；而能行平常心，自然是基於不住一切念的真實平等見；而真實平等見的基礎，就是對「一切有為法，如夢幻泡影。如露亦如電，應作如是觀」的紮實踐行。

　　在此，也不得不感慨大乘經典及祖師金剛語，果然是一環扣一環的圓通無礙且字字珠璣，不可思議的清明透徹且精微縝密。

　　文王卦比喻「有差別」。當車啟動上路時，伏羲卦就演化成為文王卦，不僅八個卦位都發生了位移變化，而且此時的卦象也不再是對應、對稱的平衡關係。原本在南的「☰」乾天卦位移到了西北，對應的東南變成了原本在西南的「☴」巽風卦；原本在北的「☷」坤地卦位移到了西南，對應的東北變成了原本在西北的「☶」艮山卦；原本在東的「☲」位移到了正南，對應的正北變成了原本在正西的「☵」坎水卦；原本在東北的「☳」震雷卦位移到了正東，對應的正西變成了「☱」的兌澤卦。卦象間的對應關係幾乎都變得不再對稱平衡。

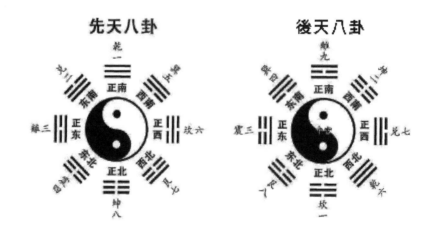

　　這其實就是在告訴我們，當人生這輛車開始啟動上路時，一切時空因緣自然呈現成為「動態平衡」的發展態中。換句話說，通過不斷

地自我更新激活，形成持續的變現發展！

生命真諦即「本自具足，能生萬法」。伏羲卦亦可代表「本自具足」，文王卦亦可代表「能生萬法」。我們的生命時時刻刻，其實都處於從清淨具足的自平衡中不斷綻放為動平衡態，不斷促進自我更新迭代發展，這才是從小我走向生命大雄的真實不虛之道。

落實到生活裏來理解什麼是動態平衡的發展之道，如餓了要吃、睏了要睡一般簡單。餓時，難吃也是美味，飽了美味也如嚼蠟；睏時，磚頭堆也是溫柔鄉，醒了摁著不讓起，席夢思也成了刑具。再比如小孩子好動、老年人偏靜，捧得越高、摔得越狠，四季變幻、晝夜更迭、每逢佳節倍思親、回家過年被媽嫌等等人生百態，無一不是生命動態平衡發展的自然呈現。

所以在這個層面上，就能徹底理解《楞嚴經》中所說的「聖性無不通，順逆皆方便」，和《維摩詰經》所說的「一切諸法是解脫相」了。換句話說，人生哪兒有什麼真的高潮低谷的差異、得失高下的必然？數學裏正弦曲線的最低點蘊含著向上的最大勢能，最高點蘊含著向下的最大勢能。《道德經》所說的「禍兮，福之所倚；福兮，禍之所伏」，說的不也正是平常平衡的發展之道麼？

能有一顆真實的平常心，笑看花開花落，自在寵辱不驚，多好！

心由何生

大家應該都有做噩夢的經歷吧？夢中那個噩境到了極致的時候，你就開始掙扎，腳一蹬、手一揮，掙扎著就醒過來了。是有這樣的經歷吧？其實這是一個太好的表法！

做噩夢的時候，你真想醒來，是不是就能醒來？這醒是有次第的麼？你要非從細胞運動的層面擡槓，那我們就不說了，那叫「事非頓除，因次第盡」的自然呈現。其實從醒夢關係上，沒有次第！所以從

這裏就明白，迷悟徹底就是一念間事，只在你是不是真的想要如此！

有群友問：「萬法由心造，那心由何生呢？」這是很好的問題。

《壇經》云：「成一切相即心，離一切相即佛。」換句話說，心只是一個功能呈現態，是你本自具足的鮮活覺性，顯現為功能態時，會自動形成的一個承載相。這個承載相不具實性。打個比方，如水分子，只是兩個氫原子和一個氧原子在發生相互作用力時，所呈現出的一種組合態，而這個組合態呈現出了所謂的「水性」和「水態」的特徵。但不要忘了，對水性、水態的認知識別，是基於我們後天六根的需求範疇所建立的，而作為氫氧原子的作用力關係本身，則不存在所謂的水性、水態。

這就是心無實性的道理。所以有些人比如感情受挫覺得傷心，受人背叛覺得痛心，得了好處覺得開心，惦記在意時時有心，彼此默契一笑會心等等，其實說的不都是基於後天觀念而生的感受態麼？其實哪有能被傷了的心，被開了的心呢？不是麼？

忍辱仙人與歌利王

這也就明白了《金剛經》中忍辱仙人的譬喻所指。經云：「須菩提，如我昔為歌利王割截身體。我於爾時，無我相、無人相、無眾生相、無壽者相，何以故？我於往昔節節支解時，若有我相人相眾生相壽者相，應生瞋恨。」《金剛經》的這段經文，對應的是《賢愚經》中的這段故事：

釋迦牟尼佛若干世之前，曾是一位在城外山林修行的行者，叫「忍辱仙人」。

一次，當時的國王歌利王率眾來此遊玩。一位宮女發現了忍辱仙人，見其仙風道骨，心生好感，上前搭訕，仙人於是應機為宮女說法。

國王見此情景，心生瞋恚。上前問仙人道：「你證得羅漢果位了嗎？」仙人答：「尚未。」國王又問：「你證得不還果位了嗎？」仙人答：「沒有。」國王說：「既然如此，那你就是放縱貪欲煩惱來挑逗女人了！」仙人答：「我雖然尚未斷除貪結，但此刻內心確實沒有貪著。」國王起了歹意，他殘忍地割掉了仙人的耳朵，仙人顏容不變。群臣見狀，紛紛上前勸阻國王，國王不但不聽，反而瞋心更熾。他繼續割掉了仙人的鼻子，削下仙人的手臂……直到節節肢解。但血泊之中的仙人，面目依舊相好圓滿，面色絲毫沒有變化。

這時，天降大雨又飛沙走石，國王大驚失色，狂心頓歇。他扔下了手中刀，匍匐到仙人血淋淋的身軀前請求懺悔和寬恕。仙人說：「我此時心中對你既沒有瞋恨也沒有貪求。」國王說：「怎麼知道你是真的心無瞋恨呢？」仙人於是作誓願說：「我如果確實沒有瞋恨，請即刻讓這身體復原如初。」說罷，身體即刻復原如初。

國王於是更覺慚愧，愈發懺悔先前所行，並皈依仙人。

《賢愚經》、《百喻經》等都是通過譬喻故事來講述佛法甚深義理的典型經典，如同西方的《伊索寓言》，都是譬喻故事，故事無關是否真實發生，重在為學人說明見地、道理。可惜今天有一些人把這些從經名都標註的如此清晰的「譬喻」經典，硬是講成了和學人身心毫無相關的怪力神奇，生生把佛法講成了神話評書，還是小學生語文水平的版本，很是可惜。

大家可以用前面所學的琉璃王滅釋迦族公案的方式，全然從心性道的層面，自行體會一下每個角色的譬喻所指。

而黃蘗禪師是如何看待這個故事的呢？在《黃蘗傳心法要》中，剛好有這樣一段問答：

問：如我昔為歌利王割截身體如何？

師云：仙人者即是汝心。歌利王好求也，不守王位，謂之貪利。如今學人，不積功累德，見者便擬學，與歌利王何別？如見色時，壞

卻仙人眼；聞聲時，壞卻仙人耳；乃至覺知時，亦復如是，喚作節節肢解。

云：只如仙人忍時，不合更有節節支解，不可一心忍，一心不忍也？

師云：你作無生見、忍辱解、無求解，總是傷損。

云：仙人被割時，還知痛否？又云：此中無受者，是誰受痛？

師云：你既不痛，出頭來覓個甚麼？

大家看到黃蘗禪師的維度了吧？是不是落腳點全然在學人的心性道上直接起用？仙人就是你的覺心，歌利王就是貪求性，心外馳求，就是墮落六識，即「節節肢解」。如同一個人用刀砍水，把水砍出種種浪漪，自己以為水被砍壞，不是荒唐麼？然後又有一個人，也覺得水被砍壞了，開始種種修復（無生見、忍辱見、無求解），這不多餘麼？這些和水性有什麼相干？

所以祖師說：「你既不痛，出頭來覓個什麼？」這話就合上了《心經》所言「不生不滅、不垢不淨、不增不減」意。再換個比方，比如你看電視節目，裏面愛恨情仇、死去活來、宇宙爆炸、明星八卦、娛樂體育，甚至你還會因為其中的內容，引起和別人的觀點爭執，請問在電流和數據流那裏，可有這些差別？

所以哪兒有心可住、有心可守？隨緣生、隨緣用、隨緣滅，和看電視換節目一樣簡單方便，一心十法界，其實都是頻道和節目，隨自己所需自在而無礙。這便是「善用其心」的開始，也是觀世音菩薩「應以何身得度，即現何身而為說法」的真實般若力，而這力就在你自己身上，隨處皆可發生。

天上天下，唯我獨尊

佛出世時周行七步，步步蓮花，右手指天左手指地，言道「天上天下，唯我獨尊」。現在大家就能明白了，這其實就是我們無染自性現前的譬喻。現嬰兒相，即覺元初心意。周行七步，即行於地水火風空識心意；步步蓮花，即所行皆能轉識成智，淨而不染，染而不著意；右手指天，即攝用歸體意；左手指地，即從體起用意；一身所現，即一體不二意。

所言「天上天下，唯我獨尊」可真厲害，我們一般會說，人生當遵循天地宇宙的自然法則，或「天道不可違」。可到了一佛乘這裏，說的可不是「天上天下，天道獨尊」，也不是「地道獨尊」或「人道獨尊」，而是徹底的「唯我獨尊」！

天上者，出世間也；天下者，世間也。我者，本自具足、能生萬法之自性覺也。此本覺之性，能於俗背道，於聖合道，於心御道，還能於無心而顯道，於無性而隨緣生道。多厲害！

回到生活的比喻裏，電流和數據已經能顯化萬物了，可別忘了，電流和數據的本具能量，雖然是天地中普遍存在的，但不依人的覺性智能，則無法被開發顯化出來，「無中生有」的無，是能量的未顯之相，並非真的沒有。這個本具之能、能顯之智和被顯之有，都不過是一體本來能量在不同階段和面向的不同呈現，這個一體之性能相，就叫獨尊之「我」！

「獨尊」，其實就是不二意。不然若有兩個，還怎麼談「獨」呢？所以從這裏，也要清楚明白地知道佛法是徹徹底底的不二道！

而性能相的三個層次，在佛法的傳統語序裏，則被稱為清淨法身佛（性）、圓滿報身佛（能）和千百億化身佛（相），也被稱為體、相、用。這三個層次本身，又可以在不同的層次、階段和面向上，區分為性的性能相，能的性能相，相的性能相……無窮無盡，所以叫「無盡藏」。

升維認知，降維打擊

《楞伽經》裏有「世間波羅蜜」、「出世波羅蜜」和「般若波羅蜜」的三種方便差別，也就是世間禪、出世禪和真實禪的三種差別，同樣分別對應人天乘、聲聞緣覺乘和菩薩乘的佛法。現在很多人還在玩以六根為我的粗大妄想層次上，不亦樂乎又死去活來，連「世間波羅蜜」都轉不動，那還談什麼解脫自在？

從這裏回頭再看看大家的作業裏，一會兒是我跟這個人關係好不好了，一會兒是我跟那個人又反復折騰了……這些無關對錯，但確實太瑣碎。有些人因為聽了《破相論》，能在這些粗大的後天妄求心上稍稍平和了一點點，身心生活就發生了那麼多的大改變，那你要再繼續深入無盡藏呢？

再打個比方，就好像你用筆記型電腦連上了一個大網站，比如某購物網站。你在上面交易、交流、什麼都可以。有一天，你忽然覺得網頁上有一處圖案的規格不合心意，想要去調整舒服，但因為框線的局限性，怎麼改也很難適應匹配，所以你又開始調整頁面的其他內容布局，不斷調來調去，越調越多，然後越調越亂。很有可能吧？

如果你拋開網頁呈現端這一層次，深入到它的編程底層，是不是在這個位置，代碼一動，前端呈現馬上就跟著變化了？如果這層代碼修改還只是淺層分級代碼，你再繼續往它的源代碼上去找，一層層找下去，是不是凡是上一個層次的問題，都可以在更深入的下一層輕易解決？這就是回到了我們之前講的「降維打擊」。

面對生活中任何問題的發生和解決，其實都是如下規律：

升維認知，面對什麼問題都會如履平地，自他雙贏。
平維認知，面對什麼問題都會困難重重，自他辛勞。
降維認知，面對什麼問題都會徒勞無功，自他雙失。

「天上天下，唯我獨尊」的所指，就是源代碼邏輯。那源代碼的創造者又是誰呢？真正的大乘佛法從這裏開始出發。

都是方便戲論

問曰：「經云：釋迦如來，為菩薩時，曾飲三斗六升乳糜，方成佛道。」先因飲乳，後證佛果，豈唯觀心得解脫也？

《破相論》的偉大慈悲，如同佛經一樣，弟子示現一層層問，祖師示現一層層答。就在這無數的問答中，不斷破你所有關於名相、思維、次第見的執著，其實把大家所有的困惑和具足的覺悟，都召喚出來了。如此，則啟發你的自轉法輪，自得解脫。所以各位，要「深入經藏」的！

當年佛陀作為菩薩的時候，曾經吃了三斗六升的乳糜，方成佛道。牧羊女供養的乳糜，有說羊乳，有說牛乳，各有各的說法。說到底，小乘說羊乳，大乘說牛乳，各有經典且各隨所解，這其實就是認知格局的見地差別，很正常。勿忘一切言教都是「戲論」。所謂「戲論」，就是遊戲裏的做不得真的話，簡單說「逗你玩」，不過都是「黃葉止兒啼，空拳誑小兒」的善巧權宜罷了。也就是我們的倡導「不為定義知識，只為啟發智慧」。

答曰：成佛如此，言無虛妄也；必因食乳，然始成佛。言食乳者，有二種，佛所食者，非是世間不淨之乳，乃是清淨法乳也。三斗者，三聚淨戒；六升者，六波羅蜜。成佛道時，由食如是清淨法乳，方證佛果。若言如來食於世間和合不淨牛膻腥乳，豈不謗誤之甚！

這不就是告訴你，還是個打比方麼，與《法華經》「三世如來出

世，皆以無量方便、種種因緣、譬喻言辭，而為眾生演說諸法。是法皆為一佛乘故」完全吻合。「一佛乘」換個說法，就是我們開篇說的「人生只有一件事」和「不二門」，誰和你真的玩差別，玩次第？千萬別把方便做究竟，會坑死自己的。

佛法裏的動物喻

《楞嚴經》中講到：「若末世人願立道場，先取雪山大力白牛，食其山中肥膩香草。此牛唯飲雪山清水，其糞微細，可取其糞，和合旃檀，以泥其地。若非雪山，其牛臭穢，不堪塗地。」

《法華經》裏更用羊車、鹿車、牛車來比喻了離苦得樂之三乘教法。三車之外，再設一臺大白牛車，譬喻三乘歸一之一佛乘。

羊的特點是什麼？為什麼用羊來做比喻？前文說過，羊吃草入口轉而為乳，即為「轉識成智」之「善」。肉比喻我們的著相塵勞、無明妄動。那草是什麼？你看悉達多太子成佛的時候以吉祥草為墊，草其實也是你無數的妄念，心地長草嘛。只是相對肉而言少了妄動性，清靜念一樣是有為雜念。

佛經裏還有個比喻「羚羊掛角」。有一種羊，它睡覺的時候，把角往樹枝上一掛，腳不沾地，蹄不沾塵。實際上這是打了個「離欲離塵」的比喻，「聲聞乘」的特徵。以羊車為喻而不會用豬車，是很精微的講究。

豬在佛教裏比喻無明。眾生平等，但它就是打一個比方。所以，從這兒你也才知道有些其他宗教不吃豬肉的義理。豬表無明愚癡，為什麼呢？因為豬好壞不分，垢淨不分，只看眼前，難以擡頭，更難以回頭。豬是回不了頭的，頭轉不動，它必須是整個身子轉才可以。然後好吃懶做等等，所以就用這個狀態比喻無明。

但大家千萬要理解什麼是佛法的根本不二。在六道輪迴圖裏，豬

無論體現的是支分無明還是根本無明，無明背後的本體，恰恰也就是光明。

所以從這裏再回頭看一下豬的特性？垢淨不分、好壞無別，什麼食物它都能吃進去，這是壞事嗎？也不見得是必然的壞事。而且它只看眼前，是不是就是活在當下？好吃懶做是不是就是回歸真實？從某個角度說，誰不希望是「不勞而獲」的呢？

和大家說這個，就是提醒大家莫入分別習氣看問題，追死答案，定義是非。光明和無明本不二，當你處於分別混沌態時，豬就表無明。當你處於不二清明態時，豬就表光明。在藏傳佛法裏也有一尊佛母的像，就是豬頭人身，名為豬面佛母。你要是以為真的是在修一個動物性，那可就南轅北轍了。這就是告訴我們光明和無明不二，在打比方。

記住，「但有言說，均無實義」，都是打個比方、說個方便，而不是讓你執著為實，最後自己又畫地為牢。

那麼鹿呢？大多寺院建築的頂上，經常有雙鹿轉法輪的雕塑。我之前帶群友去印度遊學，也到了鹿野苑，也就是所謂佛陀初轉法輪的地方。

鹿也是食草，然後也轉化成奶，鹿茸陽氣很足，對吧？鹿這個動物呢，相對於羊，更能獨自生活。同時有一種說法是鹿的習性是今晚在這棵樹下休息，明天在另一棵樹下休息，它的習性不會在一個地方連續久住，是相對不住的。佛門裏也有「浮屠不三宿桑下，恐日久生情」的說法，就是說僧人修行不貪戀固定因緣，以免生出執著的意思。至於為什麼是「三」，大家應該都已經明白了。

民間有個說法，叫「十鹿九回頭」。我們來理解所謂鹿回頭。其實就是借這個相來比喻一個修行人能常返聞心性，不迷歸家之路。所以佛陀初轉法輪地，叫鹿野苑。用鹿表轉法輪，因法自心生，法宣自性之道。這就是「緣覺乘」的譬喻。

從這裏你也才知道，為什麼在一些經典裏提到所謂心外求法的外道修學，一樣能證得二果羅漢，也就是坐上了羊車。無論是否修學佛法，使心用意還可以做到這點，也就是不染外塵。但只有上了鹿車，

才算開始踏上自性法輪之道。

那牛車呢？相較於羊、鹿，牛很重要的品質不同在於牛能負重，是幹活的、耕田的。大乘菩薩道就是如此，「欲成諸佛龍象，先做眾生馬牛」，能於一切時處、一切念上，自在擔當，平等善用，才是真自在。這就是為什麼大乘菩薩道裏面常用牛首作裝飾，或者用牛來比喻。同樣是藏傳佛法裏的大威德金剛，也就是所謂文殊菩薩的忿怒相，就是以牛首為面。而禪宗裏的十牛圖，從一開始尋牛、見牛、牧牛，一路牽著，然後騎牛，到最後人牛兩忘，渾然自在，都在用牧牛來譬喻「菩薩乘」。

為什麼三車之外，還要加個大白牛車？基於牛發展為白和大。這個「白」就是「滅度無量無數無邊眾生，滅度一切眾生已，而無有一眾生實滅度者」的清明不染。「大」就是告訴你徹底的無限，完全的不二，持續的發展！大白牛車譬喻「一佛乘」。

雪山上的不二道場

什麼是雪山？山者，所見高遠又巍然安穩，是心性之不動地也；雪者，不染一塵也。「大力白牛食山中肥膩香草，唯飲雪山清水」。滋養這頭大白牛的是什麼？「雪山清水」，就是你的自性般若智；「山中肥膩香草」，就是包括戒定慧、三聚淨戒等在內的一切有為方便，所以名肥膩香草。它的味道是美好的，也是富有養分的，但是產生的結果叫「其糞微細」，這個「糞」就是「善分別心」。

「善分別心」就是我們前文所說「如來善友」。然後呢「取其糞和合旃檀」。糞是最臟的排泄物，檀木是拿來雕佛的，「檀」在四大名香裏表平等性，所以「取糞合檀」表「垢淨平等」。「以泥其地」。你必須以「平等不二」之見地，方立「道場」。很多人花了很多錢供養建設的，其實只能叫世俗建築物，和「道場」其實沒什麼關係。

六祖大師在《壇經》談到：「若著相於外，而作法求真，或廣立道場，說有無之過患，如是之人，累劫不得見性。」當年他在的時候，就已經是很多所謂「道場」都舉著弘揚佛法的旗「說有無過患」，其實弘揚的是「分別取捨」之道，教大家實際做了貪嗔二性的奴隸。佛也在《道行般若經》中痛斥了「為種種說生死勤苦，言菩薩道不可得，是故菩薩惡師」。

菩薩惡師與找水的鹿

但凡跟你說娑婆輪迴是苦，出離輪迴是樂，讓你強化相執、強化分別的，全都叫「菩薩惡師」；但凡告訴你魔可恨、佛可敬的，全都叫「菩薩惡師」；教你必須降妖除魔，讓你必須有所證得的，全都叫菩薩惡師。這和任何人的名聲、地位、所謂傳承、標籤等等，沒有一點關係。這裏要注意一點，說不是菩薩善師，不代表不是羅漢良師或者世間善師，這些可能都很匹配，但確實不是大乘菩薩道的善師，無論是不是披著大乘或金剛乘（一佛乘）的外衣。

《華嚴經》云：「先以欲勾牽，後令入佛智。」說成佛、說得道、說解脫、說開悟……其實都是下「欲鉤」，因大眾習慣得失之欲心，故設方便。《金剛經》裏佛說：「知我說法，如筏喻者。法尚應捨，何況非法。」《楞伽經》中說：「諸修多羅，悉隨眾生希望心故，為分別說顯示其義，而非真實在於言說。如鹿渴想，誑惑群鹿，鹿於彼相計著水性，而彼水無。如是一切修多羅所說諸法，為令愚夫發歡喜故，非實聖智在於言說。是故當依於義，莫著言說。」

因你有此岸彼岸之別，所以說有船；因你求止渴，所以給你說前方有水，讓你奔跑。這和「望梅止渴」的道理是一樣的。勿忘「法尚應捨」，勿忘「而彼水無」。所以從這些言教就明白，凡教你有佛可成、有眾生可度、有魔可除的，都是導人執迷不悟，永處輪迴的世間法，

無論什麼呈現。

要能理解祖師嚴厲指出「著相修行，皆是惡法，非菩提道」，這顆慈悲心是如此的真切痛惜！

六祖大師同樣堅決不把衣缽傳下去，就因「法不在衣」，希望大家破除對名相的執著，如此自然「一花開五葉，結果自然成」。什麼是「一花開五葉」？菩提自性的「一花」，轉五蘊為五智即「五葉」。性相不二，樹根健康有力，外在自然枝繁葉茂。

精進心的真義

「三斗者，三聚淨戒；六升者，六波羅蜜。」這些前文都做了很詳致的講解，不再贅述。

成佛道時，由食如是清淨法乳，方證佛果。若言如來食於世間和合不淨牛膻腥乳，豈不謗誤之甚乎！真如者，自是金剛不壞無漏法身，永離世間一切諸苦，豈需如是不淨之乳，以充饑渴！

有群友問：七非先生你現在日常還做什麼功課？我告訴他說：雖然我不是什麼合格的修行人，但如果是一個合格的修行人，確實是「二六時中，恒時精進」。但如何是「正精進」？《法句經》有云：「若起精進心，是妄非精進。若能心不妄，精進無有涯。」

但凡著相做功課，那叫名相裏的折騰，不過是「貪求」的另一種表現罷了。心但平常不貪，回歸清淨平等時，心中般若自然就轉，這就叫「法輪自轉」，是真實不虛的。你後天動平衡自然相應先天具足清明，可還了得？現在大家嚐到一點點「歇心」的世間甜頭，後天的這個動平衡稍微舒服了一點，身心生活變化都這麼大，你真敢深入下去呢？

《法句經》中還有一句：「諸佛從本來，常處於三毒。長養於白法，而成於世尊。」這句話就剛好呼應了「食如是清淨法乳」這句。

世出世本平等不二，無非橫看成嶺側成峰；電流通在電視上就出圖像，通在電磁爐上就燒開水；牛飲水成乳，蛇飲水成毒。能於萬行門中不捨一法，能於實際理地不染一塵，就是不取不捨的白法之道，如此，你便成世尊。

如果你非要問我要一個功課，如下：

心平何勞持戒，行直何用修禪。
恩則孝養父母，義則上下相憐。
讓則尊卑和睦，忍則眾惡無喧。
若能鑽木出火，淤泥定生紅蓮。
苦口的是良藥，逆耳必是忠言。
改過必生智慧，護短心內非賢。
日用常行饒益，成道非由施錢。
菩提只向心覓，何勞向外求玄。
聽說依此修行，西方只在目前。
——《六祖壇經‧無相頌》

破相論 11：妄想執著的次第

【經文】

如經所說，其牛不在高原，不在下濕，不食穀麥糠麩，不與犢牛同群，其牛身作紫磨金色。言此牛者，毗盧舍那佛也。以大慈悲，憐愍一切，故於清淨法體中，出如是三聚淨戒六波羅蜜微妙法乳，養育一切求解脫者。如是真淨之牛，清淨之乳，非但如來飲之成道，一切眾生若能飲者，皆得阿耨多羅三藐三菩提。

【七非先生解】

清淨法身之牛

　　《破相論》裏用「其牛不在高原，不在下濕，不食穀麥糠麩，不與犢牛同群，其牛身作紫磨金色」，描繪此自性法牛，《楞嚴經》中則如是言道：「若非雪山，其牛臭穢，不堪塗地。」兩種表達殊途同歸，指的都是此法牛之性，與世俗見無關。

　　「不在高原」是不捨意；「不在下濕」是不取意；「不食穀麥糠麩」是不以世間法餵養世俗性意；「犢牛」者，母牛也，即有為染心，「不與同群」就是不染有為意；「紫磨金」是古時黃金中最上之品，用以譬喻此法性之牛，顯相亦是最上乘法意，即大乘菩薩道。這隻牛的性是「大力白」，相是「紫磨金色」，從這裏我們就徹底知道，佛法全是打譬喻。

　　「毗盧舍那佛」即法身佛，其名稱有三個意義：1. 除暗遍明：如來智慧之光照遍一切處，作大照明，無有內外、晝夜之別；2. 眾務成辦：能平等開發無量眾生之善根；3. 光無生滅：本自具足、本不生滅、

本來圓滿。

「除暗遍明」即不取意，高高山頂立；「眾務成辦」即不捨意，深深海底行；「光無生滅」即不二意，大開自在門。此牛即譬喻清淨法身。

如何是「以大慈悲」出「清淨之乳」以「養育一切求解脫者」呢？

自生清淨法乳

在《大般涅槃經》裏，有一個牛乳五味的譬喻：

譬如從牛出乳，從乳出酪，從酪出生酥，從生酥出熟酥，從熟酥出醍醐。醍醐最上，若有服者眾病皆除，所有諸藥悉入其中。善男子，佛亦如是，從佛出生十二部經，從十二部經出修多羅，從修多羅出方等經，從方等經出般若波羅蜜，從般若波羅蜜出大涅槃，猶如醍醐，言醍醐者，喻於佛性，佛性者即是如來。

最初牛擠出的是生乳，於普通人就叫血乳混雜（比喻時迷時覺的凡夫認知態），對修道人就是白色的初乳（聲聞乘）。從這個乳中萃取，先出來的叫乳酪（緣覺乘），從乳酪裏萃取出酥油（菩薩乘），酥油裏，又分了生酥（十地）和熟酥（等妙二覺），最後從熟酥裏萃取出來的就叫醍醐（佛乘）。

其實這五味無論什麼滋味，都是從牛身上流出來的，這就是「本自具足，能生萬法」。所以關鍵點在於，你想萃取哪一味？

上合下合的大慈悲心

談到慈悲，在《楞嚴經》中講「觀世音菩薩耳根圓通」時，有一個清晰的指向：一者，上合十方諸佛本妙覺心，與佛如來同一慈力；二者，下合十方一切六道眾生，與諸眾生同一悲仰。如是慈悲。

「上合諸佛」才生慈力。慈是無緣之慈，即本自具足之法界體性智，現出來就是「般若波羅蜜」，即不取之淨。「下合眾生」才生悲心。悲是同體之悲，即能生萬法之自他不二心，現出來就是「六度萬行」，即不捨之染。所以行真實慈悲者，即行不取不捨、淨染圓通之道也。

如何是同體？說穿了，就是同一個感受、同一個體會、同一種滋味。生活中什麼味道是相同的？準確地說，就是糞便之味。無論你吃進嘴的是什麼味道差別，排出來的都是一個味道，這個味道其實也就是「貪嗔之性」的味道，即輪迴味道。

為什麼是「悲仰」？打個不恰當的比方，如果你掉進大海裏，不仰頭麼？更何況還是糞尿味的大海。在貪嗔業海裏漂浮沈淪的人，哪個不仰頭求出生天呢？

大乘菩薩道的行者，能入無心平等隨順門，真和眾生打成一片，或現榜樣以為激勵，或現不堪以警效尤，生殺予奪皆是方便，低眉怒目不失智慧。應以何身得度，即現何身，而為說法。真實陪伴成長，無懼代過擔當，合眾生之光，同眾生之塵，予眾生以自尊、自信之希望，而托起眾生行出自立、自強之自在之道。這就是行「同一悲仰」的偉大之處。

同時要理解，悲也是悲苦之悲，非心之悲。很多人誤會大乘菩薩道的慈悲僅是一種感受上的情緒舒適，而失去了智慧擔當的進取發展。那你其實真想要的，不過是一桿「合頭語」鴉片槍。

經云「大菩薩皆行魔業」，為什麼？菩薩不行魔業，你根本不生悲苦感。不生苦你就不求出苦！那還怎麼激發你的疑情和內在般若之力？怎麼推動你的發展進步？

人從來只有在自己的困頓點，在自己的難為之處，才會真正地碰到自己的觀念和力量邊界。也只有在這些地方的突破，才能實現真正的靈魂肌肉的增長。這就如在健身房裏鍛煉身體，在不斷地撕裂和無力的掙扎中，實現了真實的成長和超越，道理一模一樣。

能逼到你的都是菩薩

　　《維摩詰經》有云：

> 仁者！十方無量阿僧祇世界中作魔王者，多是住不可思議解脫菩薩，以方便力故，教化眾生，現作魔王。
>
> 又迦葉，十方無量菩薩，或有人從乞手足耳鼻、頭目髓腦、血肉皮骨、聚落城邑、妻子奴婢、象馬車乘、金銀瑠璃、硨磲瑪瑙、珊瑚琥珀、真珠珂貝、衣服飲食，如此乞者，多是住不可思議解脫菩薩，以方便力而往試之，令其堅固。
>
> 所以者何？住不可思議解脫菩薩，有威德力，故行逼迫，示諸眾生，如是難事，凡夫下劣，無有力勢，不能如是逼迫菩薩。譬如龍象蹴踏，非驢所堪。是名住不可思議解脫菩薩智慧方便之門。

　　大家看明白了吧？能逼迫到你，讓你困頓痛苦的，都是「不可思議解脫菩薩」，這就是「一切諸法是解脫相」的真實。一切善惡境界來到你面前，都是為了鍛煉你的力量，看你心力夠不夠，能量夠不夠，智慧夠不夠，不失初心的清明夠不夠？你在健身房裏面和器械會較真麼？如果不會，就不要再諉過外在。你會和汗水較真麼？如果不會，就不要再介意淚水。你會和突破力量時的嘶喊去較真麼？如果不會，就不要再介意任何別人對你的評說。也包括不要再真的介懷自己的各種是非對錯，這些其實都是過程裏的正常呈現罷了。但能真實拾階而

上，就是不負一切因緣。

所以佛法是不落世俗、是非、善惡的，佛法玩的是大慈大悲大雄力，而佛經就是關於生命性能力量的說明書。依慈力、用悲心，眾生就踩著菩薩的肩膀直奔佛乘，這就是大乘菩薩道的真實慈悲之道。

這裏再跟各位說透一層，即到了觀音菩薩「上合下合」如此高明的圓通境界，其實還不算全然做主。因為觀音之力尚須借上合諸佛、下合眾生才能顯化。所以我們再說一個大方便，我們當悲仰於觀音菩薩，「依」於慈悲，實現自性發展的成佛之道，但絕不能「止」於慈悲。這才是能行「大慈悲」。大者，無限發展、超越意也。

菩薩之性，是我們的自性家珍之一，也是最美好的路橋，可引導我們從眾生性發現佛性。但路橋畢竟不是終極目的地，我們能踏著菩薩之橋實現生命大自在，才是「以大慈悲，憐愍一切」，才能出「清淨之乳」，繼而「養育一切求解脫者」。這也才是對菩薩的真實不負。

知覺乃眾生

什麼叫「養育一切求解脫者」？在日常生活中，但你起心動念就是想求好，所以一切想求安樂、求自在、求發展的念，就叫「一切求解脫者」。換句話說，「一切眾生」就是你的「一切心念」，「知覺乃眾生」。這裏的精微之處在於，能「知」覺的才是眾生性，而同樣為覺性妙顯，但「知」性不現前的那部分心性，就不稱為眾生性，比如前文所說「塞心塞念」的四大之性、土木金石之性。這些念相雖然也是「有情無情，同圓種智」，並被稱為「無情眾生」，但究其實，這個「情」指的其實就是能「知」之性，因無知，故無情。也是一種平常平等的邏輯呈現。

你的每一個念頭，如同自己生的每一個孩子，其實都是平等且鮮活的，因我們的後天習氣慣於「取捨」，就會挑別了其中有些念，認

為是「好的」；有些念，認為是「不好」的。如此則自己加上了困頓繫縛的觀念和感受枷鎖。

哪兒有喜歡被捆綁致死的孩子？哪個孩子又會不希望自己幸福長大？其實也不會有為了搯死孩子而把孩子生出來的父母啊！所以從「父母」到「孩子」，每一念心其實都是希望能趨樂避苦的「求解脫者」。

以「不二之性牛」的「清淨之乳」餵養「求解脫者」，即念念平等無住，解脫自現。如來、眾生皆靠飲此乳而成道。

方便說與方便用

有群友提問說看到有一位大德說了兩句話，第一句是「所有的佛教術語都有其嚴格的定義」，第二句是「對無常有堅定不移的認識，認為每一個事物都是無常，絕對是無常，沒有一個例外，有這樣堅定不移的信念，叫做見解」。就此想問問我的看法。

對第一句，其違反了「佛以一音演說法，眾生隨類各得解」和「眾生各各隨所解」的基本經教宗旨，所以難以成立。同時大德的這句話，其實反而說明了「各得其解，各隨所解」的真實不虛。

對第二句，「苦、空、無常、無我」被稱為小乘觀點，與其對應的大乘觀點中，則有「常、樂、我、淨」的視角。大德這麼說其實也沒問題，本是「橫看成嶺側成峰」的事，如果習慣了只站一邊，那也就只能看到一邊的風景，並認為這就是終極也很正常。所以完全能理解。

同時，如果失了「但有言說，均無實義」的本，失了「以種種方便，欲令眾生離其所執」的本，那不管是誰，什麼身份和名頭，說的也不會是大乘佛法的觀點。

換一個角度，也要感謝大德這麼說，不然你的疑情是怎麼被激發出來的？從這裏就徹底明白，還是那句話「緣境無好醜，好醜在自心」。

大德都為了能讓你拾階而上，甘願藏德露疵，這是對你多大的成就力！要生真感恩的。這份感恩，不是簡單對人我呈現，而是認識到你足以通過一切緣境呈現，而發現了隨處可在的平等自由和發展進步。

有人問，這是不是也是大德的方便說呢？這點說的很好，其實無論怎麼說，都不過是方便說，本來就是「均無實義」。所以重點是回到自身上來，重在觀察自己會不會因有些說法而容易「輕信」，讓自己心中落下標準答案和認知定義。從講《破相論》開始，不就說了「十種不輕信」麼。所以是不是方便說，在於你是不是有能力方便用，這就是「轉識成智」的開始，這才根本重要！

再重申一點，對我說的話，都不要輕易相信一個字。既然「均無實義」，所以我都不會信我自己說的每一個字，那你信來做什麼？「說法者無法可說，是名說法」。

南陽慧忠禪師有名句：「說法有所得，斯則野干鳴。說法無所得，是名師子吼。」意思就是說，如果說法者讓聽法者心中落了概念，認為有所收穫，那這樣的說法就和野狗叫差不多一個水平。說法之人隨緣方便說法，讓聽法者了無所得，這其實就是激發了聽法者的疑情，這才是獅子吼。

所以在我看來，大德那兩句話讓學員很懷疑自己和對方的智商，其實就是真獅子吼，真大菩薩所行也。記住，疑情就是解脫的種子，煩惱就是菩提的種子。人無懷疑不進取，人無煩惱不出苦。大菩薩都是能逼到你的人，我是真不行，沒這真慈悲，只能隨緣胡說。真心話，相比之下，這份擔當差人太遠。

再換個視角，那我這算不算對方便說的方便用呢？

外道與邪師說法

有群友又問，說看到另一位大德有一個觀點表達，「佛陀不但否

定外境的存在，同時反過來否定自我的存在」。我們群裏有個風氣真的很好，也是我制定的群規之一，就是討論觀點不提姓名，因為一提姓名，就容易落人我是非心，就容易好像變成了對人不對法，其實我們討論的基本出發點從來都是「依法不依人」，不提名字，避免誤會。

回到觀點，我只提醒群友一個點即可，佛陀剛降生時說「天上天下，唯我獨尊」，那這是否定還是肯定呢？如果是否定，何不用「無我無尊」？其餘角度前面已經說了，就不再重複。重在任何討論，在我這裏其實確實要不到答案的，我只做一件事，就是「不為定義知識，只為啟發智慧」。

記住一點，你自己心中的一切定法、死法、偏見，都不是大乘佛法，因「法無定法」。你但懷有任何定義定見，在佛法裏都被稱為外道見地。這個「外道」不是批評意，而是指門外漢，尚未入門。這和什麼衣服髮型、建築風格、儀軌律式、時間長短、名聲地位……一點關係都沒有。比如看電視，非要比較體育和綜藝節目哪個更好看，不僅毫無意義，而且電源一拔，一切蕩然無存。

有人又說，怪不得《楞嚴經》說：「末法時期，邪師說法，如恒河沙。」外道果然太多了。你看，又落是非心往外求了吧？千百年了，確實從古至今很多人就逮住這句話，沒完沒了的搞人我是非裏的黨同伐異。其實你自己想想，所謂「如恒河沙般的邪師」，難道指的不就是你自己那無量無邊的邪知偏見麼？天天用各種失了中道、離了平等的取捨是非心指揮自己的生活，不斷加固貪嗔二性之鐵圍山，還想出輪迴苦，你覺得可能麼？

業海裏的救生圈

說這些的意思是希望大家知道，我們有時候太容易墮於簡單粗糙的說法和自我是非感。因為迷信最簡單，抱大腿最簡單，有個固定答

案，自己不用思考，多省事。我們倡導的本就是「不求自得」、「不勞而獲」的修行之道，其實確實是鼓勵大家「放下思考」的。重點在於，我們鼓勵大家放下的思考，是你原有觀念習氣邊界內的思考模式。能放下這個，內在的清明般若自現。這個放下的另一個名字，就叫「歇心」。

歇心是不再繼續原有的貪好模式的。心懷貪求，那就是餓鬼性當家做主。你生而為人，卻讓餓鬼性做主，那無論修什麼、行什麼，做什麼「善事功德」，不墮落三惡道都是沒有天理的。什麼性就什麼相！

什麼是迷信？凡是認為單邊正確、固執自我的，都是迷信。迷信的背後，一定是餓鬼性、貪求心的驅動器，而一旦貪不到、求不得的苦現前，馬上就開始生瞋恚，於是地獄性就現前。所以只要迷信，就是墮落，沒商量。任你供多少香蕉蘋果，誦多少經書咒語，行多少大懺禮拜，都沒用。困苦於求，人間自在福報尚不得，更何況天人逍遙。至於解脫道，就徹底和你無關了。「天地不仁，以萬物為芻狗」就是這個意思，在一切自然規律、邏輯面前，什麼人情世故和商量解釋都沒用。無論你是王侯將相、大師明星，還是覺得自己是諸神之子、萬靈護佑，但你不穿救生衣跳進大海，不淹死是沒天理的。所以從佛陀到金剛祖師的真實慈悲，就是反復提醒你「不要著相而求」，這就是最基本的救生圈。

我是不是傻

再舉一個我把方便說做方便用的案例，這樣方便大家多個參考。

我也看到網上的一段話，不知是誰說的，內容如下：「我們其實知道法界勝義的層面是平等不二的，是如夢幻泡影的，但是到了現實人生的時候，畢竟我們現實還處在夢幻泡影之中，所以說於夢幻之中，我們要去勤修如夢如幻的功德，然後積累如夢如幻的資糧，最後成就

如夢如幻的佛果。」大家聽了是不是感覺有些道理？我開始看到，覺得這話說得也挺讓人覺得腳踏實地的，但就在這個當下，我就又回頭看了下自己的心，是不是又簡單落入「輕信」之中。

這一看，反而簡單了，只要心懷真平等，就不會容易落入任何「合頭語」，於是我就一下看出了這句話對我的啟示：既然我都知道處於夢幻泡影了，那我還要在夢裏積累夢幻資糧，修夢幻功德，成夢幻佛果，我是不是傻？換句話說，我要不知道如夢幻泡影，搞些執幻為實的盲修瞎練，還情有可原。我都知道了如夢幻泡影，居然還要我去修夢幻泡影，那我不是傻了就是瘋了，不然沒天理的，不是麼？

這就是我的善用，所以我一下就很真實感謝示現說這種「糊塗話」的大德，通過藏德露疵，讓我如鏡觀心，檢視了一下自己是否失去了正常的理智和無求之平常。其結果還是聊以自慰的。

叫不醒的裝睡者

如何積攢福慧二種資糧？結合我們之前談的「福足」、「慧足」，其實就很容易理解了，完全不用再贅述。

有人說他的佛學老師說因為他還處於凡夫位，所以應該更加精勤的去供燈、供水、頂禮、懺悔、供僧，然後恭敬、承侍上師三寶。我覺得你老師說的真對，你還真適合這些，因為你都把自己當那個失了理智的傻子，叫不醒的裝睡者，否定自信的無能之輩，那你老師拿這些讓你「夢裏造夢兩場空」，我覺得就是行大慈悲！

《孟子》說：「夫人必自侮，然後人侮之；家必自毀，而後人毀之；國必自伐，而後人伐之。太甲曰：天作孽，猶可違；自作孽，不可活。」甘於自作孽，甘為他人做奴婢，那誰管得了這種自相應呢？

「度一切苦厄」就是「度妄想執著」

如來飲之成道，一切眾生若能飲者，皆得如是。

你的每一個妄念心思，其實都是你的清淨真如的一種功能態呈現。如同無論是什麼電視劇情，都是電流和數據的交互現象。你依慣有分別習氣，對感受產生取捨喜惡時，這種功能態就被稱為「執迷」的屬性。但你不著，這種功能態就自動回歸於「明覺」的成相能量屬性。

這就是「心佛眾生，三無差別」之意。心呈現執迷態，就是眾生；心回歸明覺態，就是佛。這就是為什麼佛在菩提樹下悟道，說的第一句話就是：「奇哉！奇哉！此諸眾生云何具有如來智慧，愚癡迷惑，不知不見。」只是「妄想執著」的成相區別而已啊！所以想換個呈現為「如來智慧德相」的樣子，那不就和電視機換個頻道一樣簡單麼？但這得首先不再想看原來的節目呀，這不就是「離相破執」嗎？你還用原來的劇情模式，饒你怎麼折騰，不都沒出這個戲碼麼？那不就一直還是「如人入暗，即無所見」麼？

《心經》開篇說：「觀自在菩薩，行深般若波羅蜜多時，照見五蘊皆空，度一切苦厄。」妄想即苦，執著是厄。厄的語文屬性，就是指困頓之意。

人生誰也繞不開的生、老、病、死是苦厄之相。苦厄之性，即妄是生苦、想是老苦、執是病苦、著是死苦。

《楞嚴經》云：「迷妄有虛空，依空立世界。想澄成國土，知覺乃眾生。」本自具足之覺性，現迷態而顯能量性，能量性依自生妄動性而顯能量相，能量相則繼續顯化為虛空萬法，一切色空世界、無量眾生由此建立，交互發展。

生命之本體清淨，依自「生」之「妄」動而顯發性能態，構築後天一切顯化之基，故妄即生苦。當種子識開始成型，一切則變得不可逆轉。「想」是心識的自然發展態，有發展則有方向、有力量、有質量、有初始有結果、有過去有未來。如科學家所言，從任何物質運動

的過程態，即可推斷出其初始態和結果態，此過程被稱為「老」，指必然結果的不可逆轉，也就是我們前文所說「佛不轉定業」意。唐代劉謐在《三教平心論》中說「欲知前世因，今生受者是。欲知後世果，今生作者是」，即同此理。生活裏也有個老話叫「三歲看老」。

回到生活裏，當我們從產生一個念頭開始，就已經是「生」了，然後我們自動發展，這個念頭完善成熟的過程就是「老」，繼而開始分別取捨，生出偏好之「執」，這就是「病」的開始。所以《維摩詰經》云：「何為病本，謂有攀緣。」攀緣心就是一切身心病苦之本。越攀緣則越求好，最後就生出「著」，也就是徹底的困頓。這應了那句老話：「著在什麼上，就『死』在什麼上」。

比如你在家想做蛋糕，當你把雞蛋、牛奶、麵粉、糖徹底攪拌在一起，並連盆放進烤箱開了火，無論你烤的好不好，是否生熟可口，蛋糕的結果已經是不可更改的了。

所以「度一切苦厄」就是「度妄想執著」。

換個角度。一心十法界，此心即業識心，因本自具足，故能生萬法。所以妄想就是業（比如電流），執著就是識（比如數據）。「想澄成國土」，國土就是妄想（地水火風空）；「知覺乃眾生」，執著就是眾生（眼耳鼻舌身）。以「意」根鏈接妄想性和執著心，生出「色受想行識」之五蘊。

疑情與煩惱的寶貴

再次和大家重申一遍，我這麼講法的目的，是「不為定義知識，只為啟發智慧」！我可沒打算和任何人爭論對錯高下，一根頭髮絲的興趣都沒有。六祖大師說：「若言下相應，即共論佛義。若實不相應，合掌令歡喜。」非要爭執，你是對的、我是錯的就好。

如果我的內容對你能有所啟發，或能促進你生疑情，那無論你怎

麼看待我，無論是認同或否定，是想和我交朋友，還是想一板磚拍死我，我都會同樣為你高興和隨喜讚嘆，真的。原因很簡單，因為我觸碰到了你原有的觀念邊界，攪動了你原本的視角思維，那這就橫豎太值得了！相應是觸碰攪動，不相應還是觸碰攪動，這就是相應不相應的不二。

疑情就是解脫的種子，煩惱就是菩提的種子。不生懷疑，世界怎麼發展起來的？你自己的生命也是如此，不斷在懷疑過去的正確，並用對未來的期待來否定對當下的滿足，不要說別的，若非如此，你的肉身都無法從母腹之中的一枚受精卵，成長為今天的獨立身心自由。沒有煩惱，你壓根看不到能發現煩惱的那個「本具之覺」。離了煩惱，就不會有菩提。真正明白的大乘行者，沒人除煩惱，那叫多餘！「不除妄想不求真，不住生死不涅槃」，這是什麼生命境界？一切徹底平等不二的無礙自在，多自由，多有趣！

《維摩詰經》云：「以要言之，六十二見及一切煩惱，皆是佛種。……一切煩惱為如來種。譬如不下巨海，不能得無價寶珠；如是不入煩惱大海，則不能得一切智寶。」這就是真明白人說的話。

要是學了半天佛，沒學出個疑情、煩惱，才叫白學。要是學成個喜好合頭語的吸精神鴉片者，終日裏以固步自封態而得少為足，那就成了徹底的自我辜負。

妄想執著的維度

妄想執著有無量無邊的層次和角度。

你住於世間妄想執著，就有世間波羅蜜法，啟你離相破執，更上層樓；你住於出世間妄想執著，就有出世波羅蜜法，啟你離相破執，更上層樓；你住於般若妄想執著，就有般若波羅蜜法，啟你離相破執，更上層樓。是故《金剛經》云：離一切諸相，則名諸佛。

某個角度說，住於世間妄想，就是天、修羅、人道的上三道態，如同很多偉大而有力量的人，他們的關注點和自我價值點，在於一切有關生命的發展上。住於世間執著，就是地獄餓鬼畜生的下三道態，如同很多自甘庸俗而缺乏力量的人，他們的關注點和自我價值點，在於一切有關生命的在意上。

從六道眾生的共性上，其實不過就是住於「著」性，連「執」性都沒到。因全是黏縛於習氣，在意於「名相」的隨業流轉態。甘為習氣之奴而毫不自主且不自知，所以著性是世間性。

能抓得住才叫「執」，不是麼？《左傳》云：「諸侯盟，誰執牛耳？」說的就是誰有力量誰當大哥。「執」是有力量的生命態，聲聞有力量不取世間名相而執清淨，始可名「德」，所以執性是聲聞性。

心上成相為想，隨緣就現覺相，依覺心而生「智慧」就能成就、發展生命自在，所以想性是緣覺性。

妄性是菩薩性。用一個詞來比喻，菩薩道的本質就是個「無事生非」的大妄心。但這個「無事生非」不是褒貶義，而是指功能態。佛之一字，比喻我們的具足本覺之性能，但這個覺性自己本身不顯能相，需要通過這種「無事生非」的「自生妄動態」來顯出性能，繼而成相。換句話說，你家再有錢，結果藏著誰也不知道，那餓死你都不冤。比如自然界中蘊含的本具能量，得通過四種基本力[18]的方式呈現出來，或者說的再簡單一點，一節五號電池裏的能量，得通過接通兩極才能釋放出來，你是用來做飯還是照明，隨自己。

這個「接通兩級」，就是菩薩道的「生佛兩邊心」。所以佛（本具覺能）的能量，要通過菩薩相來釋放，這也就是為什麼大乘佛法被稱為「菩薩道」，這種釋放態，就被比喻為「如來種智」，從這裏開始變現一切。所以佛法裏也有譬喻說，八地菩薩以上就具備了創造世界的神通能力。這個八地神通的譬喻本質，就是「八識田」全維度的「轉

---

18 四種基本力：自然界的四種基本力，分別是強核力、弱核力、電磁力以及引力。

識成智」。如此，則足以把本具覺能全然無礙的變現出來。

所以「此諸眾生云何具有如來智慧，愚癡迷惑，不知不見」。你現在把如來智、慧、德、相四個詞拆開，看看是不是剛好對應的就是妄、想、執、著四性？你的眾生性和佛性之間，是不是剛好隔著六道心、聲聞心、緣覺心和菩薩心？

妄、想、執、著的層次，在「色、受、想、行、識」五蘊邏輯裏一樣成立。大家可以自己參悟一下，實現自己的轉「識」成「智」。

所以不依一佛乘的見地、心性道的視角，怎麼能看清這條路的真實，怎麼降維打擊，以最快實現「一念頓超如來地」呢？各位，還是首在見地啊！

鴨媽媽生不出兔寶寶

客觀地說，越往細處的真實領會，只靠網課和文字就不容易完成了，也還是需要通過線下課的剝絲抽繭，才能一層層掀開自性家珍的面紗，但無論為何，見地第一。不然南轅北轍就麻煩了。

我們說沒有給大家抓手，無為、歇心、平等、平常……這些其實就是給大家的抓手，只是大家要記住，不要又把這些方便變成固定答案或究竟見。《圓覺經》云：「譬如鑽火，兩木相因，火出木盡，灰飛煙滅。以幻修幻，亦復如是，諸幻雖盡，不入斷滅。」換句話說，這也正是「知我說法，如筏喻者，法尚應捨，何況非法」的同義語。開車是為了行路更方便快捷，不能變成沒了車就行不了路。同樣，到了目的地如果還不下車，那也是傻子。

「天上天下，唯我獨尊」，佛法的可貴，就是讓人們能從自我出發，攝用歸體，發現本自具足之美好，然後還能從自性出發，從體起用，發現能生萬法之力量。

大家真的也該換換那些著相死法、迷信抱大腿和吸精神鴉片的玩

法了，相比無限豐富的自性家珍道，那些真的比小孩過家家都不如。如果就不換，那也確實是自己相應，我最大的祝福就是盡早一點窮途末路、山窮水盡，因為人有時就是如此，不撞破南牆不肯回頭的。智慧的人一葉初落便知天下皆秋，愚昧的人葉子掉光了也不肯穿秋褲。重點是有大智慧的人，經歷春天就知道有秋天，經歷夏天就知道有冬天，不用看葉子掉，不用看天氣變。這就是認知生命的見地、層次、程度的差距。

　　祖師也說「法無頓漸，見有遲疾」。佛更是反復強調「八正道裏，正見第一」。我們不停地和大家梳理見地，也是這個意思。見道、修道和果道，本就是徹徹底底的不二之道。種子裏蘊含著生命成長的全部基因，是故「因地不真，其果迂曲」。龍只能是龍它媽生的，鳳只能是鳳它媽生的，而鴨媽媽是生不出兔寶寶的。

破相論 12：回歸自性的真容

【經文】

問曰：經中所說，佛令眾生修造伽藍，鑄寫形像，燒香散花燃燈，晝夜六時繞塔行道，持齋禮拜，種種功德皆成佛道。若唯觀心，總攝諸行，說如是事，應虛空也。

答曰：佛所說經，有無量方便，以一切眾生鈍根狹劣，不悟甚深之義，所以假有為喻無為。若復不修內行，唯只外求，希望獲福，無有是處。言伽藍者，西國梵語，此土翻為清淨地也。若永除三毒，常淨六根，身心湛然，內外清淨，是名修伽藍。

鑄寫形像者，即是一切眾生求佛道也，所為修諸覺行，彷像如來真容妙相，豈遣鑄寫金銅之所作也？是故求解脫者，以身為爐，以法為火，以智慧為巧匠，三聚淨戒、六波羅蜜以為模樣，鎔煉身中真如佛性，遍入一切戒律模中，如教奉行，一無漏缺，自然成就真容之像。所謂究竟常住微妙色身，非是有為敗壞之法。若人求道，不解如是鑄寫真容，憑何輒言功德？

【七非先生解】

今天我們換一個講法，就用一件不可思議之事，來契入領會本期的內容。

常行普敬的難點

前一陣我們組織了埃及遊學，我想參與其中的不少小夥伴們，應

該對「常行普敬」[19]這四個字有了更深的體會。在《壇經》中，六祖大師談到如何是功德行時，其中非常重要的入手處就是常行普敬。

有人說我覺得自己心性挺好的，不僅喜聞佛法，而且恭敬尊重高僧大德，對別人忍讓求全、不爭不貪，而且天天拜大懺來折服自己的傲慢，但為什麼日常生活中還是有人際問題，處處不如意？原因很簡單，因為你的常行普敬是假的，你做的不過都是你認為該做的事，認同的都是你本就認同的人。這是隨順習氣、感受的合頭語方式，自欺罷了。

什麼是真正的常行普敬？能在讓你覺得不悅、意見不合的人上，能在讓你看不慣、不認同的事上，一樣發自內心、真實無偽的不失平常、心懷誠敬，這是常行普敬。

說的通俗一點，你能對你接受、喜歡的人事物去謙卑、去表達認可、去頂禮膜拜，那沒有任何的價值，誰都會做，連小貓小狗都能做到。這裏不會有哪怕如一根頭髮絲般的修行質量。你能對不認同的人事物不失平常，內心不諂曲、不虛偽，有一說一、平等真直，這才是常行普敬。

有位小夥伴和我說他奉行「日行一善」，自己不僅在生活裏躬行簡約，常年吃素，且經常助人為樂，比如用手幫鄰居家清理堵塞的馬桶，或者自己花錢買素食送給流浪漢等等，對上謙卑，對下親和，覺得自己很能「常行普敬」。我說你這些事做的都挺好，那如果是鄰居請你吃火鍋，裏面有葷有素，你能跟著正常吃麼？或者也能給流浪漢

---

19 《六祖壇經・疑問品》：師又曰：見性是功，平等是德。念念無滯，常見本性真實妙用，名為功德。內心謙下是功，外行於禮是德；自性建立萬法是功，心體離念是德；不離自性是功，應用無染是德。若覓功德法身，但依此作，是真功德。若修功德之人，心即不輕，常行普敬。心常輕人，吾我不斷，即自無功；自性虛妄不實，即自無德；為吾我自大，常輕一切故。善知識，念念無間是功，心行平直是德；自修性是功，自修身是德。善知識，功德須自性內見，不是布施供養之所求也。

偶爾買個雞腿換換口味麼？他說那可不行，那我就不去吃了，或者實在逼不得已我就陪著點肉邊菜。給流浪漢買雞腿就算了，那是造業，我讓他多吃口素，也是結緣素食和佛法。

我說你看，你這明明只是在做合自己心意的事，和善有什麼真的相關？更加談不到常行普敬，不過常行悅己。他問為什麼？我說你在意的只是自己的觀念和感受，而不是在意對方的需求，鄰居表示溫暖，你最好的回饋是「逼不得已」，你這得是心裏懷了多少對鄰居的彆扭，還裝成委曲求全？流浪漢吃口雞腿，你都能覺得那是犯罪，你心裏哪兒有對別人需求的平等認同？這些都沒有，你和我談「普敬」？不是自私的虛偽是什麼？

還有一次，偶然看到一個採訪，一位節目主持人採訪一位佛門大德，主持人問：「你的佛法講的這麼超凡脫俗，請問你在生活中還有什麼習氣麼？」大德回答：「我確實還有一個很不好的習氣，就是愛睡懶覺。」主持人聽了不禁莞爾，很多大德的弟子觀眾也紛紛評論：「大德就是大德，如此真實平常，更加讓我們敬重萬分。」節目內容大意如此，總之就是大德說什麼，從主持人到弟子都覺得如饗佳肴。

從我來看，我也覺得大德的回應特別了不起，重在一句話就試出了大眾的分別蒙昧。

財色名食睡，五欲本平等，如果大德回答的是「我其實還有一個很不好的習氣，就是喜歡女人」，或者「喜歡搞錢」，或者「喜歡吃海鮮」，「喜歡吸大麻」呢？請問從主持人到弟子聽眾的心裏，還會是如前的喜悅讚嘆麼？

我估計應該很難！從這裏大家看到了麼？最難一個「普」字，方是真平等心、真平常見。對自己的合頭語習氣要多加小心，我們實在太容易落入其中而迷智慧、失智商。

妙蓮居士的故事

　　埃及遊學讓大家領略了什麼是「常行普敬」，那大連的生死案例，則是特別完美地詮釋了《破相論》這段內容：永除三毒，常淨六根，身心湛然，內外清淨，是名修伽藍。鑄寫形像者，即是一切眾生求佛道也，所為修諸覺行，彷像如來真容妙相……是故求解脫者，以身為爐，以法為火，以智慧為巧匠，三聚淨戒、六波羅蜜以為模樣，鎔煉身中真如佛性，遍入一切戒律模中，如教奉行，一無漏缺，自然成就真容之像。

　　妙蓮居士是我開第一次《生命大自在》線下課時，就來參加的一位小夥伴，她也恰好是和我同一班飛機從北京飛往福州。因為她之前說她從沒有一個人出過遠門，這是生平第一次，所以想和我一起走。等於說她從一開始就跟我走進了《生命大自在》的課程。然後八月初在北京完成了復訓課，這次大連的課程，剛好是我們希望的一次主訓加兩次復訓的學習內容的全部完成。同時這次妙蓮居士在大連的時候，說她自己的人生除了一個問題還沒有解決，其他已經非常圓滿且了無掛礙。這個問題，就是想了知生死的問題。這點同時參加大連線下課的很多小夥伴，也都很清楚。

　　這也是一個念執，但她只剩了這一個念執。在大連第一天上課時，她就提出這個問題。在接下來的兩天裏，通過課上的學習和課下的交流，到第三天上午的課程學習開始前，我問有誰想上來分享幾句這兩天的收穫，她就一直在舉手。前面兩位小夥伴發言完後，她第三個上臺發言。這段發言的視頻很多人也看到了，現場更不用說，表達的非常好，非常清晰！而且充滿了歡喜！

　　她通過前兩天的學習，終於把自己對於恐懼生死的這個執念全然放下的時候，在非常快樂、自如的狀態下，說了非常清晰完整的體會，最後一句說到「我這次是參加了一次學習、兩次復訓」，突然人就倒在了地上，離開了我們。

從醫學上，妙蓮是突發心梗。當她倒下時，我和現場的小夥伴們做了急救，叫了救護車，也包括聯繫 110 等等。但因緣法如是，她就是這樣突然離開了我們。當時的現場，所有人都沒有任何的慌亂，而是在一種有序的從容中，彼此傳遞著愛心的溫暖。這次和她一起同行來參課的小夥伴，也和她的家人迅速通了電話。到中午，按家人的意願，我們把妙蓮居士的遺體用救護車直接送回河北老家，下午我組織大家回到課堂。當時我問大家：你們想聽我在這個突發事件裏的體會感受嗎？大家說願意聽。因為處理整個事件的過程中，我體會到一種非常平靜而奇妙的力量。

有的小夥伴覺得讓所有人都知道這件事的發生，會不會反而引起大家的其他想法？我說實事求是就是最真實的不住相、不住念，就是對《破相論》學習的真實踐行。修道人不落世俗諂曲，回歸真切實在，當是最好的道行。

恰好《破相論》的學習也到了這一段內容，我也覺得很有現實相應之處。與其通篇論理，不如就用這樣一個現實、鮮活的案例，結合學習，或許大家的體會又不同。所以就用這件事跟大家講「修造伽藍」、「鑄寫形像」的不可思議，其實反而恰當。

就我個人而言，無論是我自己當年初學佛、發心為佛教捨身做事時，經歷的幾次瀕死急救，或是家裏人的離世，還是從我參與一線的汶川地震救災、雅安地震救災、尼泊爾地震救災等的親身經歷，這一路直面生死的場面見的其實不算少了。生死之相本身不會對我構成太大的觸動、影響，但為什麼說這次妙蓮居士的離開，會帶給我一種很強的震撼感？後來在和她的先生老陳、女兒小陳的交流中，我也提到，一個人離世走得能像妙蓮居士這般不可思議的，我說我都不知道得是什麼生命質量的人，才會示現如此奇特的因緣。

大家也都可以認真地想一想，有誰能有把握在自己要走的時候：1. 恰好處於讓自己最歡欣、最自在的環境裏；2. 和自己最喜歡、最信任的人們在一起；3. 正在做的剛好是自己最喜歡、最快樂的事；4. 離開的那一刻，正處於最喜樂、最解放、最舒展的身心狀態；5. 走時沒

有痛苦和糾纏，如電腦關機一般迅速了結；6. 走時的氛圍，在場所有人的狀態呈現，是統一的溫暖體貼態；7. 親人恰不在身旁，難以形成習氣執著上的可能干擾；8. 這是我今天上課前從家人處剛剛得知的，火化燒出了很多金色、銀色的舍利花。

我後來去妙蓮居士家裏弔唁的時候，第一次見到她的先生老陳，老陳和小陳也都是虔誠的學佛居士，我們彼此交流的很好，除了交流了上面的前七點以外，我當時還想說一句話，就是第八點：咱們等人火化完了再看，還會有不同呈現。但當時想了想，把這句話嚥了回來，原因是我當時想，還是不要再強化執著在意。因為就是前七點，這世間又有幾人在離世時能圓滿若此呢？結果我今天上課前，小陳給我發來信息，告訴我妙蓮居士火化後，燒出很多金色和銀色的舍利花。

以上這八點中，最後一點哪怕是以結果論的，我們可以先排除在外，而前七點的條件同時具足，在我看來真的稱得上是世間最吉祥圓滿的離開態了。如果有人覺得不是，那我是真的不知道什麼才算是了。各位仔細體會下是不是這樣。

在當時線下課結束時，也就是妙蓮居士離開後的第二天上午，現場的學員因為除了學習課程內容，更是親歷了這樣的現場事件後，所作的結營分享也都是極為震撼的。我當時和大家說：我真的覺得，如果你們大家不介意的話，我特別想把你們的結營分享讓更多人看到。因為大家的分享裏，每一個人所呈現出的那份從內心深處自轉般若，如放著光般的美好力量感，實在是太震撼人！

我們學《破相論》也好，我做《生命大自在》的課程也好，核心價值觀就是「破除迷信，解放思想，實事求是，得大自在」。這句話也是我在各地見面會所樹立的現場標語之一。另一句就是大家已經很熟悉的「不為定義知識，只為啟發智慧」。所以我們的學員和群友小夥伴裏，沒有人會去用一種比較傳統宗教的方式來簡單地順從、膜拜我，這在我們的群友學員裏是不可能出現的情況。大家彼此間都是真切實在、平等平常的以心印心，以心啟心。事情是公開發生於大家面前的，所以是什麼就是什麼，沒有注水，也不需任何含糊。

在妙蓮居士家中，老陳告訴我妙蓮居士今年以來最快樂的事，就是一直在聽我的課，解了很多迷信的執，卸了很多精神的負擔。我現在回想起來，福州恰是我的第一次線下課，從一班飛機開始，就是我帶著她走進了課堂，然後三次學習圓滿完成後，她放下了最後一執，在我的懷裏如此具足殊勝的離開。所以老陳也說，這是滿了她的心願。我很感念妙蓮。

同時，無論是從我自己的日常習慣，還是因為我們正好講的是《破相論》的角度，於我個人，向來都不是很愛去和人說一種內容，就是自己在多年學佛中的身心受用事，以避免增加大家的著相之執。但在妙蓮居士這件事上，當時為了讓她的家人心安，也讓大家心安，所以我在當天下午的課上，和後來在妙蓮家裏，我都告知了大家我當時的身心感受，都是實事求是的陳述。因為只有實事求是，才能真的讓人心安。

既然已經說過，在這裏我也可以和大家再詳述一遍：

在妙蓮居士倒下的那一刻，我雖然人去救助，但心底是無念的，是真的無念的一種狀態。無念，其實就是我並不知道自己真的會去做什麼，一切只是隨緣盡份在做。這不是慌亂態，在現場的小夥伴都知道，我很鎮定。回過頭看，其實就是一種似乎已知「不需要你再多做什麼」的內在態。可畢竟這是在活動現場的一個突發情況，大家總要隨緣盡份做些什麼，那就該怎麼做就怎麼做就好，既不慌亂也不緊張，頭腦清晰，做法明確。但就是內心無念，或者叫無求態，重點是這個無求，不屬於意識，就是似乎已知的一種態，很難用語言說明。

接下來，當大家一起參與救助的時候，我站了起來，突然生起一個瞬間的體感，就是從心底非常的難受和不舒適，整個頭部從頭皮到眼睛，一陣發麻感，麻到我都站不住，所以有人會看見我忽然坐在講臺邊上，就因為那一刻麻的我連站都站不住。當我坐下來，這個難受勁很快過去了。奇妙之處在於，當這個麻勁過去，頃刻之間，頭頂忽然又是一片溫暖感，暖得非常舒服，不燙不重，恰到好處的一種被溫

暖包圍感，一種難以言說的舒服。

我當下自己就覺得，其實這一刻，妙蓮居士已經走了，起先的那種難受，其實就是這個人四大分離時的一種自然拉扯，而之後如此舒服的暖感，在我看來，就是人已經走了。這個走，如果按照佛經裏的對應說法，確實是非常非常好的示現，那是非常清晰、明顯的一股巨大暖感，就在頭頂。

大約幾分鐘，暖感結束了，我的頭頂忽然一片清涼！這一片清涼又化為三股貫徹身心，非常的舒服！這種舒服只有在相對深度的禪定境界裏才會偶爾出現，真是無與倫比的感受！所以那刻在我看來，如果用傳統佛教的說法，妙蓮居士不僅是已經走了，而且走得極好！

以上就是我在那個當下的真實身心感受，這些可能也並不意味著什麼，大家不要過於較真。但這就是在那個當下，我自己身心體驗的真實，一根頭髮絲的虛假都沒有。

逢兇化吉的無為法

回顧整件事，我自己認為多少也算驗證了一點在世間層面「無為轉有為」的不可思議，和「境隨心轉」的真實不虛。

我們這次在大連，原本是和一間道觀談定了在裏面開課的合作。臨上課前三天，道觀突然通知需要換場地。當時只覺得可能道觀是有什麼規定上的原因，也沒有多想，就換成了酒店。後來才知道，妙蓮居士走的那個下午，有兩位道長到我們上課的酒店來了解情況。再後來又知道，據說是因為道長們能掐會算，算到此次開課會出「大事」，覺得還是不要放在道觀了，免受牽連。

從事上說，這種臨時的調整其實算是一種不順利；現場又出現了生死大事，如果純然從世俗而言，這可能會導致很大的混亂和不美好，

無論是從妙蓮居士的家人，還是從每一位參與者心中也會生出很多糾結、沈重，並把情況演變成各種複雜的可能。結果我們實際的呈現，是所有人都心生暖意，不僅受到了巨大的震撼與啟發，而且直接受用到了自己的身心成長。

《壇經》有云：般若三昧，即是無念。何名無念，若見一切法，心不染著，是為無念。用即遍一切處，亦不著一切處，但淨本心，使六識，出六門，於六塵中，無染無雜，來去自由，通用無滯，即是般若三昧，自在解脫，名無念行。……善知識，悟無念法者，萬法皆通。悟無念法者，見諸佛境界。悟無念法者，至佛地位。

「無念行」就這麼不可思議！我不敢說自己是徹底的無念行，但我確實是真的什麼都沒做。出了這樣的事，在場的所有人其實都在看我的反應和處理，非要說做，我可能只做了一件事，就是發自內心地相信每個人都具足本有的清明美好，毫無動搖，然後不過隨緣盡份，該怎麼做就怎麼做。

從妙蓮居士前述的八點呈現，到現場每位小夥伴的溫暖呈現，到妙蓮家人不僅明理達時，而且給予我親人一般的親切和信任的呈現，還有我們大家一起為妙蓮的發心，甚至後來負責會務的小夥伴們告訴我，連事發的酒店都很贊佩我們的呈現，居然連場地費都減免了一大筆，要知道酒店本是一點責任關係都沒有的。

還有什麼樣的力量，比隨順覺性，無念平常更強大和美好的呢？一件原本道長眼中的「兇事」，我們沒有辦法改變事情名相層面的發生，但卻完全可以改變事情的結果走向。這難道不是最好的「逢兇化吉」麼？

石頭與酥油

佛陀在經典中也曾有個故事：有一個人來找佛陀，希望佛陀幫他超度去逝的家人。佛陀就讓這個人拿兩個罐子放到水裏，一個裝滿酥油，一個裝滿石頭。這個人很高興，認為佛陀是要做法事了，於是就按佛陀說的照辦。辦好之後，佛陀讓這個人走進水中，用棍子敲破這兩個罐子，然後問：「看到了什麼？」這個人答：「酥油浮到水面，石頭沈在水底。」。於是佛陀告訴他說：「我連讓酥油沈下水底，讓石頭浮上水面的能力都沒有。」每個人其實就是如此隨自己的業識而起現行。是酥油的業識態，就自然浮上水面，是石頭的業識態，就自然沈入水底。

有人說我也聽過這個佛陀超度故事的另一種說法，講法的大德告訴我，所以大家更要好好學佛，因為佛法就是可以讓石頭不沈入水底的船，也是可以把酥油帶入水底的大鐵錨。對於這個說法，我覺得也挺好。正如《維摩詰經》所言：「佛為增上慢人，說離淫怒癡，為解脫耳；若無增上慢者，佛說淫怒癡性，即是解脫。」在《法句經》中亦云：「說諸精進業，為增上慢說。無增上慢者，無善無精進。」

這是什麼意思？還是個「但有言說，均無實義」的方便義。佛法沒有標準答案，法無定法，是名佛法。對真有自信、真有力量的人，就說真正的自信反而就是敢信、能信他人，真正的力量反而就是平等自他。對真沒自信、真沒力量的人，就先說怎樣求取的方便法，可本質是為了培養自信和力量，而不是一路死抓著方便法成鴉片槍。

說佛法是讓石頭不沈入水的船，沒毛病，前提是你不讓石頭沈水，肯定是為了能運到目的地。請問到了目的地，石頭卸不卸下船？卸了，石頭還是能沈水的石頭，一點沒長進。不卸，船就成了石頭永遠的監牢，求出無期，這就叫被「法縛」！其實兩頭不對付。現在大家明白為什麼佛在《金剛經》裏強調「知我說法，如筏喻者，法尚應捨，何況非法」的深意了吧。不明白這個，就叫徹底白幹，多嚇人！

錨沈酥油的道理一樣，就不贅述了。

又有人問，那您說的不是也沒改變石頭和酥油的屬性麼？第一，再強調一遍，我和大家說的內容裏，沒有我的法。佛都說「若人言如來有所說法，即為謗佛，不能解我所說故」，又說「說法者，無法可說，是名說法」。那我能說出什麼法來？第二，大家有時間要更深地去理解什麼是「隨順覺性」意，這個實在太厲害，但凡你能不再繼續習慣於原有的習氣觀念，被綁架著做沒見過世面的奴隸，你的覺性之光就會綻放不可意思的美好。

今天的科學，可以讓宇宙飛船上天，可以用數據承載通訊，可以把煤炭加工成鑽石，可以用基因工程改寫生物基本特徵態……這些無量無邊的呈現，都證明了作為萬物靈長的人類，其實一直自動走在「隨順覺性」和「善用其心」、「能生萬法」的路上。這便是每個人本自具足的「覺有情」性，也就是先天的大乘菩薩道種智的自動功能態。這種本具性和你是不是有宗教信仰無關，包括佛陀在內的所有過去智者們的種種呈現，其目的都是為了能不斷激活你這份本有的「覺有情」性，以實現不斷自主書寫屬於你自己的無限未來。

今天的人們，對自心萬物的駕馭力雖然還很薄弱，但相較三千年前的古時，你還真覺得如何讓石頭不沈底，如何讓酥油沈水，會是困住你的問題麼？你還會被任何一種觀念說法輕易繫縛麼？如果還是如此，那最好先別著急學什麼佛法高義，而是先學會怎麼能不被電信詐騙。如果你生活中不是如此，那確實沒道理還被那些原本只是個方便說，甚至不過是些以盲導盲的管中之見輕易綁架了靈魂。

隨石性而能行任運自在，比如填海造樓；隨酥油性而能任運自在，比如萃取精油，無量無邊的可能，隨無量無邊的因緣，大家自行填空。和諸位再分享一個大秘密，如此深入自性不可思議之能量，《華嚴經·普門品》中所描繪的自性觀音力就是實在的，是一種完全會隨緣自在的功德力，簡單總結這個功德力的價值，就是逢山有路，遇水現橋。

假使興害意，推落大火坑。念彼觀音力，火坑變成池。
或漂流巨海，龍魚諸鬼難。念彼觀音力，波浪不能沒。
或在須彌峰，為人所推墮。念彼觀音力，如日虛空住。
或被惡人逐，墮落金剛山。念彼觀音力，不能損一毛。
或值怨賊繞，各執刀加害。念彼觀音力，咸即起慈心。
或遭王難苦，臨刑欲壽終。念彼觀音力，刀尋段段壞。
或囚禁枷鎖，手足被杻械。念彼觀音力，釋然得解脫。
咒詛諸毒藥，所欲害身者。念彼觀音力，還著於本人。
或遇惡羅剎，毒龍諸鬼等。念彼觀音力，時悉不敢害。
若惡獸圍繞，利牙爪可怖。念彼觀音力，疾走無邊方。

佛陀的譬喻故事破除的是希望超度親人者的攀緣強求心，而這心才是一切病本，一切苦源。祈禱觀世音，是讓你學會返聞聞自性，自現功德力，而不是外求一個白衣古裝或者四臂古裝女人，原本那些造型自己也說就是譬喻義，那外求形象又有什麼用呢？

《維摩詰經》云：「若有得有證，於佛法中為增上慢者。」又云：「菩提者，不可以身得，不可以心得。」這說的何其清楚明白！還不肯歇心平常，隨順覺性麼？還要繼續盲修瞎練，甘為貪嗔奴麼？

舍利子的奧秘

在我眼裏，妙蓮居士的示現，就是「以身為爐，以法為火，以智慧為巧匠，三聚淨戒六波羅蜜以為模樣，熔煉身中真如佛性……自然成就真容之相」，就是「修造伽藍、鑄寫形像」。說句實話，這次妙蓮居士的八點示現，於我也是開了眼。回顧古典，有些大德臨終示現預知時至，是為了給後人一個增長信心的方便，可更多所謂的預知時至和臨終呈現，就是各種求取折騰事，或求極樂，或求解脫，或求莊嚴，

破相論 12：回歸自性的真容　　　209

或求死後的各種安排合心……這難道不都是掉進了「有求皆苦」的陷阱而坑殺自他了麼？就算有些人慣用分別心比對，客觀地說，能呈現為妙蓮居士般具足的，也絕對堪稱稀有難得！

有人說，那不是還燒出很多舍利麼？這不都是功德相麼？說的很好。既然是相，那就先別忘了「凡所有相，皆是虛妄」的本。予人信心的方便法，可以有種種呈現。舍利因富有神秘感而容易讓人著迷，可推動現實發展進步的科學呢？我們是不是就因熟視無睹反而失去了應有的平等觀？今天人們通過科學探索，不斷發現的生命奧秘是如此的炫目光彩，這不就是在開啟生命的無盡藏麼？佛法和科學原本不二，偏見迷執才是問題。

妙蓮居士也燒出了金銀舍利花。舍利者，捨去利益也。舍利子者，能捨下自我在意、名相名利得失的，即是法王子的開始。不用非覺得「舍利子」就是「舍利弗」[20]，只當舍利弗去理解也沒什麼問題，可在我看來，就和你的人生難以發生什麼有價值的關聯。萬法唯心，能各得其解、善用一切，以成就你自己的自性大雄，不是更實在、更美好麼？

人身上燒出來的，被稱為肉身舍利，這不就是超越六根名相意麼？佛經被稱為法身舍利，不就是提醒我們，當深入自性萬法而不住一法，實現法界自由意麼？佛陀之舍利被稱為金剛舍利，金剛者，能摧毀一切而不為一切所摧毀，不就是不取不捨、不生不滅、不增不減之法界體性意麼？這些你所本具的生命之偉大自由，以三三兩兩之碎石狀譬喻而呈現於你的身心視域，不就是告訴我們每一個人的生命，都具備「芥子納須彌」的無盡藏意麼？

感謝妙蓮居士的示現，給我們上了《破相論》的第十二課。當有一天我們都能不再去恐懼無常時，那一刻我們定能夠收穫「究竟常住微妙色身」的生命自由。

20　舍利弗：佛陀十大弟子之一，以智慧第一著稱。

破相論 13：沈檀龍麝的香氣

【經文】

燒香者，亦非世間有相之香，乃是無為正法之香也，熏諸臭穢無明惡業，悉令消滅。其正法香者，有其五種：一者戒香，所謂能斷諸惡，能修諸善。二者定香，所謂深信大乘，心無退轉。三者慧香，所謂常於身心，內自觀察。四者解脫香，所謂能斷一切無明結縛。五者解脫知見香，所謂觀照常明，通達無礙。如是五種香，名為最上之香，世間無比。佛在世日，令諸弟子以智慧火，燒如是無價珍香，供養十方諸佛。今時眾生不解如來真實之義，唯將外火燒世間沈檀熏陸質礙之香，希望福報，云何可得？

【七非先生解】

　　最近新群友不少，我發現新人普遍存在著格局和視域的問題。如果自己的實際關注點，還是習慣性地放在自己生活裏那一畝三分地的雞零狗碎上，很難實現真實有效的降維打擊和不求自得。不過這也是一個很正常的過程，我們正心讀書會的倡導就是「不斷發現，不斷自由」，我想大家通過學習、浸潤，不斷發現生命的更大維度、更多可能性和更廣闊的身心格局時，很多現實中原本覺得困頓的人、事、物，就都會發生很大的變化。

但得本，不愁末

　　可喜的是，通過一段時間學習，我也看到有不少對自己比較認真負責的群友，開始明白什麼是打蛇打七寸，擒賊先擒王，知道把視角

從局部、枝節擴大到整體、根本，不再走原有觀念、習氣的泥途小徑，生活變得越來越自在精彩！為你們點贊！

換句話說，我們哪怕用一個非常現實和功利的角度來看，最好的價值路徑，也是「但得本，不愁末」。抓住問題根本，形成不斷破格，自然就會「依報隨著正報轉」，簡單說，就是心變了，事就變了。

莫做大菸鬼

大家從在自己的生活中接觸到佛法開始，其實就已經聽聞到了「自性三寶」、「本自具足、能生萬法」、「萬法唯心造」等言教。但當我們碰到生活中的實際種種時，往往還是缺乏自信，困頓無力。這是根本要命的問題。碰到有關房子、車子、妻子、孩子、票子、身子的任何一個自己的在意點，馬上手足無措，恐懼上頭，喪失自心清明智慧，如喪家之犬。隨著這種虛弱無力的不自信，繼而就會很容易墮入迷信偏執的貪著地獄，更加惡性循環，如舊時照片裏那種沈溺於鴉片館，骨瘦如柴，形如廢物的大菸鬼。

結合上面要學習的經文內容，我舉一個案例，這樣一邊理入、一邊例入，激發下「真實的自信力」。

龐蘊一家的自在

在中唐時期，有一位非常有名的佛門居士，姓龐名蘊。跟大家坦言相告，我做《從當下出發》的時候，當時對龐蘊居士的事跡了解不夠，否則第六集《覺悟之路（上）》的片頭故事，我就不會選用袁了凡的案例了。

龐蘊，字道玄，衡陽郡人。衡陽郡也就是今天的湖南省衡陽市。

其夫妻兒女一家四口，皆是道行之人，其實這也恰好暗合了所謂的「兩儀生四象」，男女兩儀，四口即四象——太陰、太陽、少陰、少陽。非常有意思。

一般大家所知道的佛門大德中出家者居多。客觀地說，其言行其實很不容易對生活在紅塵中的在家學佛小夥伴形成有效參考。何況一些學佛人又慣於逐求名相，往往把出家大德示現的言行參考，變成簡陋的邯鄲學步，讓自己的生活愈發「錯位而行」——在家失去在家的平常自在，出家失去出家的清靜無為，互相攀緣，結果往往更加浮躁錯亂、增上貪瞋。這都是沒有做到「還至本處」[21]。本處尚錯位，還談什麼深入根本呢？

在家人的典範，在佛經中最為典型的是大德維摩詰。龐蘊居士一家則可作為生活中的參考，一樣是在紅塵裏過日子，且一家四口；柴米油鹽、雞零狗碎的事肯定少不了，這和我們的現實生活比較接近。

龐居士有一個描繪他們一家生活的偈子：「有男不肯婚，有女不肯嫁。父子自團圞，共說無生話。」他自己的兩個孩子，男也未娶，女也未嫁。所謂「團圞」，「圞」就是「團圓」的意思。大家在一塊幹什麼呢？「共說無生話」，這是人家家裏幹的事。換句話說，人家有緣成為一家人，大家彼此都互相協同成就，都往前走，而不是像我們一樣整天說：你學習好不好啊？早晨為什麼不吃早飯啊？你又出去喝酒了，玩手機不睡覺等等。人家根本不用這樣的價值觀來對待生活，人家一家人在一起玩的遊戲叫「共說無生話」。

什麼是「無生話」？簡單說，就是隨緣無心相應的自生覺智言行。淨土發願偈有云「花開見佛悟無生，不退菩薩為伴侶」亦是此意。無生者，不自生也，即隨緣生心而無攀緣。無攀緣即不求好，好因壞顯，不求好就自然也沒了壞，平等不二之極樂自現。

---

21 語出《金剛經·法會因由分》：如是我聞，一時，佛在舍衛國祇樹給孤獨園，與大比丘眾千二百五十人俱。爾時，世尊食時，著衣持缽，入舍衛大城乞食。於其城中，次第乞已，還至本處。飯食訖，收衣缽，洗足已，敷座而坐。

龐蘊居士一家四口有個很著名的公案。有一天龐居士沒事幹，突然之間就說了一句話，也是感慨修行不易：「難！難！十石（ㄉㄢˋ）油麻樹上攤。」這兩個「難」字，其實也是合了二次顛倒，也就是老子所說的「玄之又玄，眾妙之門」的兩個玄——從世俗業識心回轉識神（識心），從識神再回轉元神（覺元），由此開無盡藏之門。這部分我們在前文其實有所提及，詳細則需要在《生命大自在2.0》的線下課裏，才有時間一點點展開。

「難！難！十石油麻樹上攤」。你把這個油麻怎麼攤到樹上去？攤上去就滑下來，根本做不到。這也是我們今天在座的很多人，非常客觀的一種面對自己生命成長的感慨：太難了！

大家往往習慣性地覺得能真的放下執著，實在太難了！一碰到在意境界就掉鏈子，一碰上有關自己那「六子」的不合心意，就知行分離，感覺跟白學了似的。更不用說去觸碰兩次顛倒的生命玄妙之門了。是故龐蘊居士也就發出這樣一個感慨，很真實。

龐蘊居士如是感慨後，他的夫人就接了這樣一句話：「易！易！百草頭上祖師意。」放在我們現在彼此實在的生活裏，大家設身處地感受一下，自己身邊人發一句感慨，尤其是先生的角色突然感慨一句「難」，我們會怎麼接？

我覺得很有可能的一種情況就是，都不要說先生靜坐參悟人生發發感慨，可能哪怕是下班回家後抱怨了幾句工作，或者給你甩了個臉色，你都要大幹人家一番，比如，你累你難，誰不累不難？！憑什麼就你怎樣，回來晚了咋地？有什麼了不起的等等，互相要賬、互相埋怨、互相責怪。把自己的生活越過越糟，過成怨氣和不滿。這就如同自己不斷往身上綁鉛塊，然後跳入大海，好好的日子過成了地獄一樣的生活。

也有不幹架的，其中很多也是心中窩下一堆自生委屈，或者早成了彼此麻木的冷暴力。也有做的很好的，能行體貼溫暖，但也沒有做到幫先生卸擔子，無非撫慰而已，但那已經是如天使般的存在了。你再看看龐夫人的無心智慧中說出的無生話，隨手就能助夫解縛，令其

心開智解。

心地常生無明草，即百草頭。能順著心裏的執著看見自己的妄想，然後徹底放生，一念不住，這就是她認為的祖師意。如此，就已經沒了油麻上樹的攀緣之難。

這夫妻倆都說完了以後，他們的女兒靈照姑娘又接了一句，更有意思：「也不難，也不易，饑來吃飯睏來睡。」一個吃一個睡，是生活裏最基本的日常，莊子亦有云「道在屎溺間」。為什麼？人在吃喝拉撒睡的問題上，任誰也沒繞開過，連佛陀也一樣托缽乞食，結營安眠。在修行人，這就叫緣相規律，對於非修行人，這就是習性法則。從這裏，回到無偽的平常心，因緣法如是，因緣相如是。無心相應於當下，平常隨順於自在。

據說還有一個人也做了表達，但因為無言，所以有些公案裏就沒有收錄進去。誰呢？就是龐居士的兒子。沒說話就叫做「默然」。難則多餘說，易則不必說，不難不易則無須說，所以乾脆「默然」。看看人家這一家四口是什麼水平？

如果用羊車、鹿車、牛車和大白牛車的關係來對照，難者即羊車，聲聞乘；易者即鹿車，緣覺乘；不難不易者即牛車，菩薩乘；默然者即大白牛車，一佛乘。

日中一食的性解

到了龐蘊居士將要圓寂的時候，他跟女兒說：「你出去看一看日頭的早晚，如果是日中時，就告訴我。」看，他還要擇時，說明有心。然後女兒出去看後，回來就告訴他：「日已中，但有日蝕。」龐蘊居士一聽，覺得好像有點不完美，就出戶觀察。結果姑娘當下登上她父親的座位，合掌坐亡。居士回，見女兒已先自己而去，便笑著說：「我女機鋒快捷。」然後自己推遲七日圓寂。

這個故事什麼意思？首先，如何是日中？佛門中也有「日中一食，過午不食」的規範。很多人也因此把吃飯搞得像完成任務，都在用事心，辦事情，這就和道行沒什麼關係了，「食存五觀」也就容易淪為空談，反而無益身心。

當我們能把握住學佛諸事皆依生活法相而方便譬喻，以引導大眾認知生命法性的根本方向，就會逐漸隨事緣而不斷發現屬於自己的「法界體性智」。

古時人以日晷觀測時間，早上日出時，針影向西；下午日落時，針影向東；惟在午時正刻，針影疊加。佛門裏有譬喻說法：天人日出進食，佛與人道日中而食，畜生日落進食，餓鬼地獄眾生夜晚進食。把這兩點聯繫一下看待，其實所謂六道進食的問題就很清晰了。

日出之時，心光真照下自然普明一切，以光明用而顯光明體，攝受天下，大利十方，故名天人性進食，但因真妄有別，故針影為二。日落之時，光明趨暗，心體漸入昏昧習氣，即畜生所代表的愚癡性進食，也因真妄有別，故針影為二。夜晚時餓鬼地獄進食，更不用說，以無明為食，貪婪爭鬥之性盡顯。

唯日中時，針影一如，真妄不二，如此譬喻「心佛眾生，三無差別」，故以「日中一食，過午不食」為喻，而勸引大眾不離中道，入不二門，啟不二智，成不二自在。

人人都知道靈照姑娘這句有名的「饑來吃飯睏來睡」，這不就是隨順緣起之意麼。現在很多道場因不明就裏，著相而求，變成了刻板教條的攀緣強求，不餓就吃或餓了沒得吃，不睏強睡或未醒而強起，如此不僅難以為大眾呈現身康體健、心靈自在的好榜樣，反而把自己搞得一身疾病且心靈緊張，不免落入買櫝還珠之可惜。還有諸多更加不明就裏，更加著相攀緣模仿的在家學佛人，愈發錯位而行，把自己生活搞得一團擰巴，讓普羅大眾認為佛法就是愚蠢的迷信，從而失去對佛法圓通無礙智慧的了解興趣和真實信心。

回到故事裏。龐蘊居士攀緣此不二之念，結果雖然日中卻有日蝕，這個日蝕指的就是龐蘊居士的攀緣心。靈照姑娘示現隨緣入寂，就是

敲了老爹一棒子，當回歸平等平常。於是龐蘊居士就會得機鋒，再以七日（地水火風空識心）深入平常，方才示寂。

再換個角度，龐蘊居士示現再過七日方入寂滅，是為提醒後人，是大慈悲。從我們拾階而上的層面上，靈照縱機鋒示現，龐居士若真能自性做主，女兒機鋒又與己何干呢？應了機鋒，也是一種被機鋒轉，還算不得真自在。

梅子熟了

順便舉個大梅法常禪師的公案，大家或者就更有感受：

法常和尚是馬祖道一禪師的弟子。因初參馬祖道一時問：「什麼是佛？」馬祖大師回答：「即心即佛。」法常當即有悟。後到餘姚南七十里的大梅山作住持。

馬祖大師聽說法常住山後，一日派一名弟子去問法常：「你住此山，究竟於馬祖大師處悟得什麼？」法常回道：「馬祖大師教我即心即佛。」弟子接著說：「馬祖大師近來佛法有變，又說『非心非佛』。」法常回道：「這老漢經常迷惑人，沒完沒了，不知要到何日。任他非心非佛，我只管即心即佛。」弟子回到寺院，將此問答回稟了馬祖大師，禪師讚許地對眾弟子道：「大眾，梅子熟也！」法常和尚後被稱為大梅禪師。

大家明白了吧？無論是「即心即佛」還是「非心非佛」，重在能收穫徹底做主、真實有力之自性家珍。

以上這些討論的角度，不為定義知識，更是無關是非，只為啟發大家的智慧家珍，大家別落對錯高下的窠臼哦。

龐蘊居士圓寂前，他所在地方的州牧來看他，龐蘊居士就留下了「但願空諸所有，慎勿實諸所無」的教言。

佛門普遍被稱為「空門」，空不是沒有東西的意思，而是無自性、

不落執著的意思。有人問，這和六祖大師所言「修行人第一莫著空」是不是相悖？其實不矛盾的。六祖之言，落點在「著」，落著即成有。「但願空諸所有」其實和《金剛經》說的「離一切諸相，則名諸佛」是相應的，也和「不取於相」的「以戒為師」完全契合。

龐居士留下遺言後，州牧就遣人趕緊告訴龐夫人。然後夫人就言道：「愚癡女，無智漢，不報而去。」然後夫人就去知會兒子。兒子正在鋤地，聽聞這個消息，鋤頭拄地應了一聲：「哦。」站立而亡。就留了龐夫人一人，夫人感慨了一句：「這孩子，太快了。」不久遍訪鄉鄰，告別歸隱，從此夫人也不知所終。

你們看看這一家子，一個比一個無羈自在。當然故事裏的細節，若純然以俗眼觀之，有些人也未必適應。可想要踏上真實的自在解脫之道，不就得需要你首先能擺脫開俗心、俗眼的視角狀態麼？

分別是識，依識則染

燒香者，亦非世間有相之香，乃是無為正法之香也，熏諸臭穢無明惡業，悉令消滅。

這句的譬喻所指，不用多加解釋，講了這麼多期，都是這個方向。

其正法香者，有其五種：一者戒香，所謂能斷諸惡，能修諸善；二者定香，所謂深信大乘，心無退轉。

戒、惡、善、定、大乘是什麼，這些都在前文有詳細講解，不再贅述。

怎樣才能做到「心無退轉」？達摩大師在《悟性論》中言道：「經云：平等法者，凡夫不能入，聖人不能行。平等法者，唯有大菩薩與諸佛如來行也！」行平等法，即無從退轉，因為徹底平等。

為什麼平等法這麼難？凡夫有是非高下心，聖人有凡聖兩邊心，但有分別，即成死局。

用樹木打個比方。我們從樹木取材變成板材，繼而板材被加工成家具，每臺家具的樣貌都不相同。通過家具，我們可以認定木材的樹種，但從已經定型的家具，我們就無法再恢復成原本的大樹。這就是住於識心分別後，是無論如何也無法回歸心性的周遍智。

有群友說聽到一個說法：「什麼叫依了義經不依不了義經？大家記住，了義經只有一本《無量壽經》，其餘都是不了義經。」這樣的一句話，是不是就把分別全拉出來了？依高下分別，在人的心中相當於已經把你原生具足的那棵大樹，劈成了一種定型的木板，這種板子只能幹一件事，幹不了第二件了，於是你的法身慧命就廢了！你原本鮮活，可以枝繁葉茂、變化無限，花果枝葉根皆可隨緣妙用的具足性，一下就依分別而定型，成為後天死局。

還有很多類似的說法，不勝枚舉。你就記住一點，但凡強化你的分別執著的，無論什麼呈現，什麼說法，披著什麼外衣，舉著什麼經書，也不過都是準備將你困死一生的鐵圍監牢。

你在不在

三者慧香，所謂常於身心，內自觀察。

你看龐蘊居士一家觀察的有多好。再舉一個他女兒的公案。

有一天，丹霞禪師來訪，龐居士的女兒靈照姑娘正在洗菜，丹霞禪師問靈照：「龐居士在嗎？」靈照放下菜籃，叉手而立。然後，丹霞再問：「居士在嗎？」靈照提籃便行。丹霞遂回。就這麼個公案。

丹霞問靈照：「龐居士在嗎？」放下菜籃，叉手而立。那不就是說「你問哪個龐居士」？靈照也姓龐，對不對？所以問者是誰？你又

問誰？然後丹霞再問：「居士在嗎？」靈照提籃便走。能站能行，你說在不在？在不在由心！機鋒來去，無所從來亦無所去。所以姑娘名「靈照」，靈光迴異啊，普照十方，心心做主，念念清明。真屬害！

這裏順便插入一個丹霞禪師的公案。學到這裏再看公案，大家應該更能洞見其義了。據《五燈會元》記載：

唐元和中，丹霞天然至洛京龍門香山，與伏牛和尚為友。後於慧林寺遇天大寒，取木佛燒火取暖，院主呵曰：「何得燒我木佛？」師以杖子撥灰曰：「吾燒取舍利。」主曰：「木佛何有舍利？」師曰：「既無舍利，更取兩尊燒。」主自後眉鬚墮落。

現在大家再看這個公案，是不是覺得就很清楚明白了？天冷，丹霞禪師取木佛燒火，院主不幹了。當時很多寺院都是僧俗共建，今天也有不少，就是在家人捐資蓋了寺院，請出家人來主持弘法。丹霞禪師就點撥院主，說燒佛是取舍利。院主覺得丹霞犯傻，木佛哪兒來的舍利？丹霞禪師這就是在破院主的相執，於是讓再搬兩尊來燒。其結果就是院主「眉鬚墮落」，這其實是譬喻雜念沒有了。佛門不是把鬚髮稱為「煩惱絲」麼？所以譬喻著相之雜念脫落了的意思。

四者解脫香，所謂能斷一切無明結縛。五者解脫知見香，所謂觀照常明，通達無礙。

所謂五種香，對應的是成所作智、妙觀察智、平等性智、大圓鏡智和法界體性智。大家可以自己對照參悟一下，不用什麼都我來說，我說的太多，其實也會成為對大家自轉般若的一種妨礙。

香為佛使，以喻心性

如是五種香，名為最上之香，世間無比。佛在世日，令諸弟子以

智慧火，燒如是無價珍香，供養十方諸佛。今時眾生不解如來真實之義，唯將外火燒世間沈檀熏陸質礙之香，希望福報，云何得？

「沈檀熏陸質礙之香」，一般指所謂四大名香：沈香、檀香、龍涎香、麝香。「陸」其實通的是麋鹿的鹿。這四種香其實也對應我們的八識田。

比如麝香，大家如果了解一點中醫的就知道，功效是活血化瘀，同時也容易激發男女欲望。所以它跟我們的前五識——眼、耳、鼻、舌、身識契合，如能離相返性，就合上了轉五識為「成所作智」。

「熏」其實指的是龍涎香。龍涎香對應我們的第六意識，轉過來就合上「妙觀察智」。龍涎香現在有說是抹香鯨的結石，當然後來也有人把它跟植物龍腦做關聯，這些都各自相應就好。從心性道而言，我們的意識往往忽生忽滅，如「神龍見首不見尾」。生活中大家有沒有這樣的時候，比如想著某種食物的味道，比如酸梅，你的舌下就開始生津了？再比如很想見到一個人，還沒見到就會想像很多情境，有時還會想到自己心跳加速、面紅耳赤等等。用這些打比方，就說明人是活在對意樂的追求裏，心意感受決定行動，「心滿意足」這個成語最能說明問題。所謂「意樂」則被譬喻為「龍涎」，所以用龍涎香來譬喻第六意識。

檀香譬喻我們的第七識，也就是所謂的「末那識」，是我們心起分別的這一識，類似於一束光線通過稜鏡，從而折射出七色光的這個稜鏡，繼而七色光被第六識捕獲，開始構築後天萬有。那檀香的特質是什麼？「旃檀佛」[22] 是佛法中的一種譬喻形象，檀香木的特徵是內外材質一致，即譬喻內外一如，依平等法行方見佛道意，且檀木不招蟲蛀，即不被雜染意，轉識成智即「平等性智」。是故檀香在佛門中的場

22　旃檀佛：據佛經記載，旃檀佛是佛在世時期製作的第一尊佛像。佛成道以後，思報母恩，應帝釋天之請，升上忉利天為母說法，數月未還。人間的國王優填王思念佛陀，乃請目犍連主持，請工匠用牛頭旃檀木雕刻了佛陀像。

景應用是非常的普遍的。

　　沈香呢？沈香的結香，皆來自或雷擊、或蟲蛀、或菌蝕的傷疤處，這便是譬喻「轉煩惱為菩提」意。如是，則沈香譬喻第八識，也被稱為「阿賴耶識」，也叫無分別之種子識，即你無量無邊業識煩惱的本質，正是你無量無邊的如來藏光明。你能以煩惱為鏡如是觀自心圓滿無漏，即為轉識成智入「大圓鏡智」。

　　再打個比方，比如水性之相，即是水相；水相之性，也正是水性，不會是金性，不會是火性，不會是土性。這本來就是如實呈現，沒有什麼不簡單不直接的。這就是「智識不二」之理。用即識，不用即智。

　　這裏也要注意一點，我們前文談到菩提心的時候，引用了《大日經》的內容：「云何謂菩提，如實知自心。」很多人就把這個「實」理解成了「真」，所以就認為既然佛說了「一切法皆是佛法」，「一切相皆是實相」，所以當然是篤定世俗因果，必須按部就班了。世俗因果和按部就班沒有錯，但這個規律只能在世俗分別態下成立，不是全然絕對的成立。比如分子運動的規律就和原子態不一樣了，原子運動的規律就和玻色子不一樣了。一年級的正確，到了二年級可能就是錯誤，二年級的正確，到了三年級可能就是錯誤，哪有死法定見？

　　「一切法皆是佛法」就是指智識關係，用時即識，不用即智；用即迷態，不用即覺。「一切相皆是實相」也是指智識關係，即實事求是的現象之道。但要知道，實相本無實，是因緣和合之顯相。但世人往往執幻為實，以為真相，這就把自己坑了。如同一部電視劇的劇情，本來就是編劇的產物，裏面什麼生死愛恨本都不必當真，結果有人把劇情當了真，開始跟著死去活來，那不是愚癡麼？

　　什麼是真相？真相無相，不過因緣而顯性相，故無真相。大家自己觀察一下生活，這世間的任何事物邏輯裏，無論好壞對錯，還是成敗得失，一切呈現存在絕對真相、絕對真理麼？這點大家可充分自行腦補案例。

　　回到燒香的譬喻，當你明白皆是心性譬喻時，你還會在意燒什麼香，用什麼料麼？不明白的時候叫著相而求，燒多少也沒有用，這就

是「質礙之香，希望福報，云何可得」。

　　所以，在座的不少人也在家裏供香燒香，這些都沒關係的，一種生活情趣麼，不要賦予過度期許就好。佛經有云「香為佛使」，說的還是依我們的動物習性之能，而激發返聞自性之覺的意思。

　　就好像很多人在家裏面也會擺一些風水物品一樣的，這些都沒關係，都是一種隨順方便的譬喻提醒。如同聯姻用紅，譬喻有結合而生發；扶喪用白，譬喻無掛礙而不染。過年吃餃子、放爆竹，生孩子包個紅棗花生桂圓栗子的紅包，來譬喻早生貴子。這些道理都一樣，不都是討個彩頭麼？所以一定要知道，你的命運是不可能被放塊石頭、或者戴個物件就能更改的。如果你的命運能被一塊石頭、一個掛飾，乃至供一尊像、掛一副畫隨意更改，那基本上你的命運價值，也就連這些物件的價值都不如了。

　　大家日常遇到的很多生活問題，其實在我的《弟子不靠譜》、《覺悟者的愛情》、《成長的巨嬰》和《答疑解惑》這些網課裏都有很詳致的解答，有時間多聽多看，諸困自消。

破相論 14：四依始開功德花

【經文】

散花者，義亦如是；所謂常說正法，諸功德花，饒益有情，散沾一切；於真如性，普施莊嚴。此功德花，佛所贊嘆，究竟常住，無凋落期。若復有人散如是花，獲福無量。若言如來令眾生，剪截繒彩，傷損草木，以為散花，無有是處。所以者何？持淨戒者，於諸天地森羅萬象，不令觸犯；誤犯者，猶獲大罪，況復今者故毀淨戒，傷萬物求於福報，欲益返損，豈有是乎？

【七非先生解】

　　距離上一次課，應該有五十多天了吧。這期間我自己止靜了四十九天。出關以後有些群友私下問我：閉關有什麼覺悟感受、境界體驗？這些就不分享了。不分享是因為有些內容是每個人冷暖自知的事，沒有固定答案，也沒有固定呈現。有些認識見地的部分，可以和大家逐漸有所分享。

智能手機和大哥大

　　這次我是在一座國內非常有名的叢林道場裏止靜、閉關。事實上除了學佛早期，我也有些年頭沒有這麼長時間、近距離地深入純宗教態，所以也是由此產生了一些很切實的思考。

　　道場裏止靜共修的人不少，禪修期間原則上是不允許互相交流的，但現在道場為開方便門，有些規矩也就沒那麼嚴格。同修們一起喝水時，有人就說：哎呀，我們現在的佛法不正宗，正宗的是南傳佛教，

那是原始的，只有原始佛教才是正統佛教等等。有些人聽著不悅耳，就開始爭論起來：大乘佛教是不是佛說呀？原始佛教是不是正統啊？中國佛教本土化是不是問題啊？爭來爭去，我就在旁邊聽著，也不說話。後來有個人就問了我一句：師兄，你怎麼看？人不問我不說，不攀緣的。既然問了，我就只說了一句話，大家就一下子呆住了。

我說：爭這些在我眼裏一點都不重要。我只舉一個例子，今天大家用的手機已經發展到高度智能化了，誰還會去用大哥大？

手提電話的發展，都契合一代更比一代強的邏輯，你現在爭哪個佛教什麼時期最正宗、最好？那我得先問清楚你的目的是什麼？更簡單地說，你整天和人炫耀自己祖宗多牛逼，或者整天琢磨隔壁王大爺家和孫大爺家誰更有錢，結果自己只是個要飯的，那這樣的炫耀和琢磨有什麼實際意義麼？

後來好幾個居士包括出家人，就不斷到我房間來找我交流。有個出家七年的僧人，和我聊了一個多小時，問我什麼時候再來寺院，他說和我交流完，之前聽的那些說法，真就沒法聽了，全在斷人慧命。我說你要這麼看，咱們就白交流了。什麼都該聽，多方參考，兼聽則明，偏聽則暗。重在最後要能生成屬於自己的生命見地，真能承佛義旨，續佛慧命，而不是整天追究名相高下，找自己的感受境界，論不實受用，那有什麼意思，太坐井觀天了。

就像一句俗話：世界都沒見過，還談什麼世界觀。宗教的呈現態，不過是你的自性無邊世界中呈現很小的一個邊角態，「是法平等，無有高下，是名阿耨多羅三藐三菩提」，你要能通過一切如鏡緣相，照見自心無量般若，才是好玩的開始。

我說我可沒興趣掉在只有佛教呈現才是高級，其他非佛教呈現就是低級的這種井底之蛙態裏。對我而言，這種狹窄的生命認知，是個辜負自己的荒唐笑話。

佛法是徹徹底底的緣起法，一時法。所以在佛經開篇都談「如是我聞，一時，佛在……」，就在當下，就是當下！隨一時緣起而相應呈現自在任運，隨緣返聞，不迷即覺！

佛法是一時緣起法

莎士比亞說「一千個人眼中有一千個哈姆雷特」，這就是「各得其解」之意。可同時也別忘了，就是同一個人眼中的哈姆雷特，昨天看和今天看可能也大不相同，不是麼？這就是為什麼不少人會說一本書，十年前看和現在看感覺不一樣，一部電影小時候看和現在看感受不一樣。哪怕是同一種兒時遊戲，同一處風光景致，時間變了，感受就不同。

這些就是「一時緣起」之意，也才真正契合了「是法平等，無有高下」的本。所以我們今天再看古典傳承的佛經，包括看祖師金剛言教時要明白，這是要基於緣起而行依法不依人，繼而依義不依語，才能實現轉識成智。

用文殊菩薩舉個例子，什麼是文殊？是一個手持般若經書，揮舞寶劍的銅胎？人那是打比方。比方什麼？以自心般若揮舞疑情之金剛王寶劍慧斬無明，對麼？劍者，見也。佛言「八正道裏，正見第一」，見地不紮實深入，怎麼行？

我再另闢蹊徑，用一篇我之前的文章片段，給大家說說什麼是文殊，這樣我們就可以深入了解如何是佛遺教之「四依」[23]。

如何是文殊之智？

一、為自他出迷疇。文者，不捨；殊者，不取。能行不取不捨之道，現自文殊。

---

23 四依：有行、法兩種解說。行四依，即糞掃衣、常乞食、樹下坐、陳棄（腐爛）藥。此四種法，是入道之緣，是上根利器之所依止，故名行四依。法四依，即依法不依人、依了義經不依不了義經、依義不依語、依智不依識。

二、為自他平等禱。文者，成一切相，即心。殊者，離一切相，即佛。心佛不二，取捨平等，行如是法，名真文殊。

三、為普皆自在禱。文者，佛法在世間。篤行即成福。殊者，不離世間覺。無心則慧生。如是，福慧俱臻，任運自由，以功德力入不二門，即成文殊。

四、為本來清淨禱。文者，離經一字，即為魔說，深入經藏，智慧如海。殊者，依文解義，三世佛冤，義在言外，無智無得。色空不二，生滅不二，垢淨不二，迷悟不二，生佛不二，徹底不二。如此，入究竟覺，攝受文殊。

以第一段為例，「文」是世間呈現，如是為文。文以載道，文以表達，文以成相，所以用「文」字代表了不捨一切名相，無處不文。如何是殊？「殊」是出世不住，字義裏就包含了隔離、特別、不同、決絕、超越。所以既不捨一切名相，又不住一切名相，不落一切名相。所以叫「文者不捨，殊者不取」。能行不取不捨之道，自性文殊即現。這就是你獲得文殊之智這把鑰匙的方式——心不取捨。無論你如何行祈禱，意旨唯此，別無他途，是為正諦。

千百年前，人們世面畢竟見得少，所以佛陀和金剛祖師慈悲，就用當時人們耳熟能詳的人、事、物、境來打比方，以相喻性，這就是「一時緣起」之相應呈現，用意都是「義在言之外」。你可別忘了時代在發展，而且是在高速發展，當今人們對宏觀宇宙的認知、對微觀粒子的認知、連通全世界信息的能力、資源開發應用的變現能力……雖然面向未來還很淺薄，但回觀歷史已經到了前所未有的高度。而這些也正是我們真實不虛的自心現量境界呈現。不基於這些應時應景的「一時緣起」，你又怎麼能發現自性具足偉大的家珍？

泥古過去、教條當下、坐井觀天、固步自封，還以為只用幾杯水、幾朵花、幾尊古裝銅像和嘟嘟幾篇古文，迷執文字相而不通譬喻意，執相而求。這種所謂修學狀態，說好聽了叫猴子撈月，說難聽了叫幼稚荒唐，如此這般，怎能明心見性？

達摩祖師說「不著文字名解脫、不染六塵名護法」。你知道奧特曼是勇氣與正義的化身，知道貓和老鼠是擬人化表達，知道用各種打比方來讓孩子明白生活的道理，那你怎麼就跟佛法的諸多相喻比方較上了真？關鍵在於明明佛經裏自己都說的明明白白，是在用什麼譬喻什麼，寺院裏立的每一尊像，也都告訴你這是個比方，人家沒欺誑你，那是誰在欺誑你？還是你用自己的迷執貪求，蒙蔽了自己的智慧法眼？居然不斷地對一個比方求啊求、拜啊拜，這種智商不上當、不受騙，才真是沒天理了。

性成萬物，心現大千。萬物大千已經如此如實地呈現出自性智能之不可思議，大家也正在享用科學進步帶來的一切發展，那怎麼還會在自己的法身慧命上墮落迷信、分裂身心呢？真的沒道理。

轉娑婆成極樂

說這些，沒有任何否定生活方式之意，每人都有自己的活法，怎麼活著開心就怎麼來。但要明白，佛法之真實覺悟道，是「一時緣起」的，是「一體不二」的，是「佛法在世間，不離世間覺」的，是真的能在、就在生活的任何呈現裏，直接起用而「轉娑婆成極樂」的！絕不是割裂身心、幻想臆求、迷失了智商和常識的餓鬼性！

很多人學佛，越學心胸越狹窄，思想越來越禁錮，品格更加偏執傲慢，觀念捍衛越來越嚴重，不僅生命沒有得到自在發展，反而陷入更深的自我迷失和對世界的格格不入，這斷然不是覺悟道應有的呈現。「轉煩惱成快樂」是學佛應該實現的最基本的價值，現在能稍稍做到一點這般的，都已經讓人覺得稀有難得。

大家還是要再見見世面的，相比「轉娑婆成極樂」的大自在力，「轉煩惱成快樂」不過如太陽系裏的一粒微塵價值。

什麼是「轉娑婆成極樂」？是實現你完整生命狀態「性、能、力、

質、量」的全部真實升級、轉化。其實靠每個人的自生發展本願所構成的社會整體發展，正走在這條偉大的覺悟之路上，一刻也沒有停歇。「天行健，君子以自強不息，地勢坤，君子以厚德載物」，是貫徹在生命每個當下的真實不虛。

這部分在《破相論》的學習裏難以展開，在《八大菩薩傳》和《生命大自在 2.0》裏有相關論述。回到《破相論》的學習裏。大家先掃除迷信，紮實見地。見地不紮實，還在著相而求，還在慣於在生活中追情緒感受的骨頭跑，一切都是空談。

信大師和活自己

從進入《破相論》第十一講開始，經論內容就在大段大段破大家迷信於名相呈現的相執——散花、供燈、浴佛、行道等等。我們學到這裏，舉一反三的能力也要再加強一下，一定要看透的是：這都是達摩祖師當年沒辦法，只能拿大家在意的散花、供燈、禮佛這點事和大家打比方。這就像當小孩子還沒見過宇宙飛船，就只能拿院子裏的小鳥飛打比方一樣，希望的是能明白宇宙飛船的道理，而不是僅僅理解小鳥那點扇乎翅膀的撲騰。

「依法不依人」和「依義不依語」，大家應該通過前面的講述，建立了一定的理解。其實這兩句同樣貫穿「聲聞」、「緣覺」二乘的義理，對此我就不展開了，希望大家結合前面的學習，能自己透過去，成自性般若家珍！

很多大師的言教，無論內容為何，最後的導向其實總結成三個字，就是「信大師」。我沒興趣讓大家最後只是認同我、信任我，佛尚做是言：「汝莫信我，莫隨我欲，莫依我語，莫觀我相，莫隨沙門所有見解，莫於沙門而生恭敬。莫作是語，沙門喬達摩是我大師。」（《大寶積經・卷五十七》）那我讓大家信我做什麼？我唯一的期待就是大

家能真的敢於相信「本自具足、能生萬法」，不斷活出自己的精彩。「信大師」和「活自己」，我堅定於倡導後者。

自性功德之花

「依義不依語」之後是「依智不依識」和「依了義不依不了義」。前面說了，用即是識，不用即智。「依智不依識」對應「菩薩乘」，「依了義不依不了義」對應「一佛乘」。三乘皆是方便鉤，三乘終究歸一乘，為什麼？還是結合前面的學習，大家自行領會。

祖師通過散花這件事的舉例，指出了自性功德之花如何綻放，為何「諸佛贊嘆、獲福無量」且「凋落無期」。什麼是功德？這就要回到《壇經》：「見性是功，平等是德。念念無滯，常見本性，真實妙用，名為功德。內心謙下是功，外行於禮是德。自性建立萬法是功，心體離念是德。不離自性是功，應用無染是德。若覓功德法身，但依此作，是真功德。」六祖大師這段話說的清楚明白，大家也就更能理解為什麼前文講「梁武帝了無功德」的案例所指。但也怕大家還是把「自性建立萬法」、「心體離念」簡單理解成思維裏的文字。

如何是自性建立萬法？能徹底超越名相，也就是超越物質，回歸精神；超越精神，回歸能量；超越能量，回歸心識；超越心識，回歸心性，如此自性功德之花綻放。佛法雖然倡導「不住相」，但心有性就有能，有能就有法，有法就有法相，然後名相、事相⋯⋯自在的生命之相也是自然如實呈現的。但只要你還守著原有觀念，落於習氣，俗心俗見，就永遠會不得、見不到、不受用這功德之花。你也不會真的知道佛陀、金剛祖師們到底在說什麼。

所以我現在再看《破相論》，真是覺得祖師慈悲，通篇全是不得已的廢話。我現在說的這些其實也是廢話，雖然不離語言文字，但也確實不是這些語言文字所指。就像一個蘋果，蘋果皮、蘋果肉、蘋果

核雖然都是蘋果，但蘋果皮畢竟不是果肉，果肉也不是果核，滋味和營養、價值完全不同。甚深法界，甚深緣起。大乘佛法的好玩之處、風光所在，是真好玩、真熱鬧的，但和生活裏的那點人我是非、愛恨得失一毛錢關係都沒有。

自性眾生的宇宙

　　我在閉關中曾有一個體會，也寫成文字發在群裏，和大家分享過，附錄於下。

　　大家要從根本上知道，眾生真的很偉大，徹底偉大，因為眾生是徹底替菩薩扛病的人。

　　為什麼呢？因為發心行菩薩道的人，初發心都是要利樂眾生。但有這一念發心在，自己做的所有事就自然求好、向好、付出好。這個過程，自然就是一個成長的過程，成長如雨後春筍，如繭蛹破殼。這個過程，也自然會是一個迷於分別取捨而難以自知的過程，因為眼光都在好上，而容易忘了離相破執。在這個過程中，首先暴露的一定是發心菩薩自己的習氣執著，如同拔出蘿蔔帶出泥，這泥裏是滿滿的細菌和病毒。

　　這些習氣執著的病毒，總要有個消化的出口，那就自然全是眾生在替發心菩薩扛著、化著，陪著菩薩一步步走向成就。

　　這就是《華嚴經》中云：「譬如曠野沙磧之中，有大樹王，若根得水，枝葉華果，悉皆繁茂。生死曠野菩提樹王，亦復如是。一切眾生而為樹根，諸佛菩薩而為華果。以大悲水饒益眾生，則能成就諸佛菩薩智慧華果。何以故？若諸菩薩以大悲水饒益眾生，則能成就阿耨多羅三藐三菩提故。是故菩提屬於眾生。若無眾生，一切菩薩，終不能成無上正覺。」

大家做任何事，都當如是觀察——誰人不求好，誰人不向上？都是眾生，也都在各自的生活裏努力行自利利他之道。

故而真行者，當徹徹底底地隨順因緣，以觀心破執，而不是定義是非，落入習氣標準，否則無論你做了什麼，做了多少，都還只是輪迴遊戲，無非披上了佛法的外衣，多了一層華麗的糖紙，早已違背了自己的初心。

念念不失這個認知，根本重要。不然越學佛越覺得自己智慧勝人、與眾不同，再敢有點小神通、小功能，那得狂成什麼樣子？須知「我慢高山，法水難入」，這可是真的。高山上其實也有水，可這水是冰雪，你可受得了？

要能就著別人現前的緣，隨手優化自己，管他什麼順緣逆緣、合不合意、對錯是非、取捨分別，哪有這些？這些雜念哪個生帶得來、死帶得去？

徹徹底底都是讓你借以觀心，予你加持，且伴你成長的增上緣。你想吃糖，這就是大蜜缸，現成即是！哪還用作意外求？不然不就成了棄家珍如敝屣，端著金飯碗要飯了麼？

往往很多人會不得，掉到習氣裏。其實他一掉進去，就是在給你培福，看你有沒有力量把自他都轉出來。能轉出來，就是菩提！怎麼轉？依平常心，生大感恩，看清自己當下的動念執著，一體放生，自然自在！

就從這裏入，徹底沒是非。道莫行迷，我們共勉，亦各自省之。

這段內容發到群裏後，有群友說：哎呀，七非先生這段話，怎麼這麼像密勒日巴尊者說的另一段話：「未開悟前，我以為我在度眾生。開悟以後，才發現是眾生在度我。每次行善，我以為我是在幫助別人，直到後來，我發現是別人在幫助我。」

第一，這句話也未必就是密勒日巴尊者說的，後人本就好托名表達；第二，就算是，我和密勒日巴尊者本就不具可比性，更是個了無悟境之人。我就是個非好兒子、非好兄弟、非好丈夫、非好父親、非

好老板、非好導師、非好人的「七非」之人。但無論什麼身份、什麼人，究其實還是那句「心佛眾生，三無差別」。大道至簡，既然誰都本自具足，那就真實平等平常。所以龍樹菩薩在《大智度論》中也言道：「佛法有五種人說：佛自口說、佛弟子說、仙人說、天人說、化人說。」這就是告訴你，真的是什麼人說都可以。

　　既然什麼人說都可以，那必然任誰也都能行的出來。我個人形式學佛至今二十餘載，常常灰頭土臉，各種丟人現眼，不斷死去活來，天堂地獄穿梭，身心時明時昧，內外破格不知凡幾，所謂初心，所謂實行，所謂欲望，所謂願力……無窮交織，無限折騰。如此這般，回頭才和各位分享不失初心、紮實見地的根本重要！

　　佛法是通往發現生命實相，實現徹底生命自由的道路，是無量生命能量無邊自在起用的大科學。佛法不是簡單的宗教，它是我們本有的生命智慧，它本就構建了我們生命、生活的每一個端點。佛法的應世緣起，就是希望我們能通過每一個生命端點的因緣觸碰，無礙地掌握「攝用歸體」的自如，任運地變現「從體起用」的精彩。

　　盲人摸象是佛經中的一個重要譬喻。大象就在這裏，不會摸的，以為尾巴是大象，鼻子是大象、象腿是大象……這些都不能說是錯，但確實片面。更不用說有些只摸到一塊大象的皮垢，或者一根大象的鼻毛以為究竟的。能摸遍大象全身的，再睜眼看，其實又發現不一樣。即便是看清大象了，那騎上去了麼？還是不一樣。

　　自性宇宙就是這麼博大美好而不可思議，這個探索自性宇宙的遊戲過程，也確實是風光無限，各種驚喜。大家莫畫地為牢，莫得少為足，一起玩起來吧。

破相論 15：性解難陀女供燈

【經文】

又長明燈者：即正覺心也，以覺明了，喻之為燈；是故一切求解脫者，以身為燈臺，心為燈炷，增諸戒行，以為添油；智慧明達，喻如燈火。當燃如是真正覺燈，照破一切無明癡暗，能以此法，轉相開示，即是一燈燃百千燈，以燈續燃，燃燈無盡，故號長明。過去有佛，名曰燃燈，義亦如是。愚癡眾生，不會如來方便之說，專行虛妄，執著有為，遂燃世間蘇油之燈，以照空室，乃稱依教，豈不謬乎！所以者何？佛放眉間一毫相光，上能照萬八千世界，豈假如是蘇油之燈，以為利益。審察斯理，應不然乎！

【七非先生解】

有群友說感覺聽《破相論》像追美劇，謝謝啊！這說明大家和祖師的心意是相符合的。我的話是不足信也不足論的，不過是微不足道的胡說八道罷了。重點是通過我們一起學習祖師言教的這個過程，彼此激發「本自具足，能生萬法」的信心，這個才是意義所在！為大家點贊！

小玉和檀郎

這一課講「長明燈」。祖師為什麼一個一個案例的打比方做梳理呢？無非是從不同角度不停地提醒我們。古時有首詩，其中兩句很有名：「頻呼小玉原無事，只要檀郎認得聲。」以前有一個小姐和自己

的情郎約會，為了讓情郎知道自己的心意，不停地呼喚自己的丫鬟小玉，所以叫「頻呼小玉原無事」；但是「只要檀郎認得聲」，好讓自己的心上人和自己心裏默契，達成共識，大約是這個意思吧。

佛經三藏十二部林林總總這麼多的內容，都是方便譬喻和種種善巧，都是為了讓我們能認得自己的「檀郎」，而非真有那麼多法說給你聽，找那麼多事讓我們做。A 角度提醒你沒明白，那就從 B 角度說；B 角度沒明白，從 C 角度說；C 角度沒明白，從 C 的平方角度說；C 的平方角度不明白，從 C 的立方角度說；C 的立方角度不明白，那就從 C 的微積分角度說……總而言之，無量無邊共指一個義趣，就是希望我們能看清妄想執著的本質，而非迷執其中作繭自縛。

妄想執著其實並不是壞東西，它就像一棵大樹上的根、幹、枝、葉，本都是功能態。沒有這些功能，大樹的能量也不會得到有效、有用的呈現。但你只執迷於葉、枝、幹、根的任何一端，那這個端點就一定有生有滅，被一切因緣條件所左右，而不能真實自主。

佛經用了這麼多的方便譬喻，歷代祖師大德也用了各種各樣言傳身教的善巧手段，其實指向的還是這一個義趣，就是希望你能不迷執於妄想執著，發現清明本來，成就智慧德相。這樣你就開始真正成為了生命主宰。

你不會佛意的時候，佛經裏的都叫佛說，「離經一字，即為魔說」，片刻不能離；你若能真會佛意，那佛經裏全是廢言，甚至成了句句謗佛，即「依文解義，三世佛冤」。如同駕車，不通性能時，一切必須依賴說明書指南。當你明白性能時，說明書就成了廢紙一張，一切功能的使用你都可以因地制宜，善巧靈活。

我講了很多網課，《破相論》也好，《金剛經》也好，談《弟子不靠譜》、《八大菩薩傳》、《破迷顯真的實用五加行》等，都是力圖通過大家相應的不同切入點，直指心性道的根本。社會上相關的學習內容也有很多，我也很鼓勵大家多去了解，廣聞博學，增長見識。有小夥伴說：「先生，你和很多老師有一個最大的不同，就是你很鼓勵我們去廣聞博識，而不是希望我們只認同你的言教作為正確答案。」

是這樣的！讀萬卷書，行萬里路，世界那麼大，當然應該去看看。每一個人的智性本自具足，幹什麼非要只認同我的一家之言作為真理？當然應該廣泛涉獵，比較參考，最後的目的不是為了區別高下，而是為了能有效形成屬於自己的智慧啟發，最終成就你的自性極樂剎土。這就是「無量世界無邊佛」之意。

學佛絕不能學成俄羅斯套娃，那會成為失了法身慧命，靈魂真實死亡的行屍走肉。

所謂佛法者，即非佛法

佛法歷經了三千年傳承，中國大乘佛法兩千年的本土化呈現，時至今日，當社會的生產力模型、組織結構、制度結構隨時代更迭發展，發生了天翻地覆的變化的時候，包括面對廣泛大眾的普遍文化水平、知識結構、對世界的認知遠超古人何只千百倍的時候，到底該用一種什麼樣更加契理契機的方式，讓大家更容易相應和領會佛法的真實要義，這其實是一個關於「時代因緣和時代語序」的龐大課題，尤其是如何建立「自語序」的務實課題。

佛法是徹底相信每一個人都「本自具足、能生萬法」的，是徹底基於「是法平等，無有高下，是名阿耨多羅三藐三菩提」而構建的，也是徹底基於「法無定法」而徹底「平等隨順」的。如同電流，通到哪裏做什麼用，是升溫做飯還是降溫制冷，是啟動玩具還是發射導彈，於電流是隨緣相應的功能態差異，於電流本身，並無因成相不同而有任何自生區別。電流無非正負極關係，前文我們也有譬喻如是淨染之心，那「見自心起用，有二種差別……一者淨心，二者染心」的「自心」呢？心是性之能相，那自性風光為何呢？自性是覺之能相，那覺性風光為何呢？這些都需要大家能用科學的精神，來面對佛法真實領悟。

什麼是科學的精神？在我看來，首先就是「不取於相」！科學的精神，從不肯定任何絕對定義和究竟答案，從來勇於「生疑情」而不斷探索未知。這個疑情在科學語境裏，就叫「假設」。社會的不斷進步發展，就是敢於不斷基於「假設」而不斷挑戰創新。這和佛法的意趣所指無二無別。佛法慈悲，怕人著於認同而得少為足，固步自封，失去前進的動力，所以在《金剛經》裏也留下根本重要的一句話，即「所謂佛法者，即非佛法」。

　　佛者覺也，人一旦認為自己明白了，其實就是住了念而失了覺！所以祖師有云「迷人迷於悟，悟人悟於迷」，又云「不捨智慧名愚癡」。簡單說，凡認為自己明白的，其實都是糊塗的，凡認為自己有所「開悟」的，其實都是掉進更深的自我迷局而不自知的。要不說「七重鐵圍山，七重香水海」[24]。層層疊疊的自我迷局，不依「疑情」之金剛王寶劍，慧斬得少為足，而常行無住，不懈進取，其結果必然是又成作繭自縛的困頓。

　　「所謂佛法者，即非佛法」，這和一切名相呈現無關，重在但凡是你認為有所修、有所成、有所得的，肯定在那裏住了念而失了覺！《心經》有言：「以無所得故，菩提薩埵」。

　　有人問什麼是「鐵圍」和「香水」？鐵者，執念之堅固性；圍者，包裹之嚴密性；香者，貪好念；水者，欲求心。性相一如的道理不用再多說。學到這裏，大家應該很容易自己領會的。

24　在佛教教義中，一個世界的構成，是以須彌山為中心的九山、八海、四洲，再加上日月，就構成了一個世界。須彌山下四周有七重海七重山圍繞。七重山外是大鹹海，海外有鐵圍山。鹹海四周分布著四大洲，依次為東勝神洲，南贍部洲，西牛賀洲，北俱盧洲。此四大洲又稱四天下，其間有一個太陽，一個月亮，晝夜不停地轉動，照亮此四天下。此外，佛教還有「大千世界」，或「三千大千世界」之說。即合一千個這樣以須彌山為中心的一個世界，就稱為一小千世界；合一千個小千世界即為一中千世界；合一千個中千世界就稱為大千世界。因為一大千世界包含了大、中、小三種千世界，所以又稱為三千大千世界。如此構成的一個三千大千世界，是一個佛陀教化的國土。

愛因斯坦和神學

有句很有名的話，據說是愛因斯坦說的，雖然後來被闢謠，但還是很多迷執宗教的人喜歡聞風言事的繼續引用，甚至一些所謂的宗教家也明知故犯的繼續引用，即「科學的盡頭是神學（宗教）」。還有些人把另一位科學家的一句自我感慨，也引用為定義以滿足自我驕傲感，即「當科學家千辛萬苦爬到山頂時，佛學大師已經在此等候多時了」。

愛因斯坦的這句，闢謠的內容如下：「你所讀到的關於我篤信宗教的說法當然是一個謊言，一個被有系統地重複著的謊言。我不相信人格化的上帝，我也從來不否認而是清楚地表達了這一點。如果在我的內心有什麼能被稱之為宗教的話，那就是對我們的科學所能夠揭示的、這個世界結構的沒有止境的敬仰。」同時他還說道：「今天在宗教與科學範疇之間所存在的衝突的主要原因，是人格化上帝的概念。」

我們引用於此，其意無關任何宗教討論，希望大家能夠明白我們的側重點，在於讓大家理解我們在開篇所講的「十種不輕信」的重要性！一千個人眼中確實有一千個哈姆雷特，但這個哈姆雷特最好別是一個營養不足（偏聽）、發育不全（盲從）的畸形兒，反而影響了你的正常審美。

最重要的，希望大家能真的回歸「是法平等」的無偽平常心！當我們能超越名相來看待科學與宗教，不過都是人類發展自己生命的不同角度時，難道不是同樣可以發出「神學（宗教）的盡頭是科學」，或「當佛學大師千辛萬苦爬到山頂時，科學家已經在此等候多時了」的感慨麼？

「法無定法」！有人又說了，我不這麼認為，我就認為古人智慧遠超於當今，今人浮躁墮落下流⋯⋯我沒有興趣和你討論對錯是非，你但能自得其樂就好，這也確是一種相應平等。我只提醒一句，既然你認為過去遠勝當下和未來，遠了不要說，讓你先活回三十年前的生

活，從衣食住行的方方面面都活回去，你真幹麼？請摸著良心回答我。

　　管見、偏見不可怕，誰的成長都是從管見出發，但希望能早一點發展成洞見、正見。畢竟自性宇宙那麼磅礡，只讓自己偏居一隅之井底，不覺得可惜麼？

　　「但有言說，均無實義」，請大家不要和我較真，我的話都是「義在言之外」，想說明什麼道理，大家應該都能領會，這也就是「標月指」[25]的道理。《金剛經》云「說法者無法可說，是名說法」，我們倡導「不為定義知識，只為啟發智慧」，如果認為我錯，你對就好，只要你越來越自在，怎麼都好。

貧女難陀供燈

　　我們對照一下《賢愚經·貧女難陀品》裏貧女供燈的公案，來領會如何是「長明燈」。

　　佛陀在舍衛國時，國中有個女子名叫難陀。她生活貧窮，流浪乞討為生。因常常看到波斯匿王等王公貴族在佛前供養，難陀就想：我前世沒有積累資糧，以致今生貧窮卑賤，現在遇到如此殊勝的福田，一定要種下福德。於是她四處乞討，終於化到一枚錢。於是難陀拿著這枚錢去買油做燈，意圖供佛。結果賣油人說一枚錢根本不夠做一盞燈，但出於對難陀的同情，賣油人就給了難陀兩倍的油，剛好做成了一盞燈。

　　難陀非常高興，把油燈放在佛陀面前的眾燈之中，並默默發誓：我是個很貧窮的人，只能用此小燈供養佛陀，願以此功德，讓我來世得到智慧的明燈，滅除一切眾生的愚昧黑暗。發誓畢，難陀頂禮而去。

---

25 在佛教中，標月指泛指一切指示實相之方便手段，如《圓覺經》云：修多羅教，如標月指。若復見月，了知所標畢竟非月。

結果過了整整一夜，其他的供燈全部熄滅，惟有難陀的這盞油燈依舊燃放光明。

當日是佛的弟子目犍連尊者當值供燈，目犍連天亮時去收拾燈盞供具，結果看到這盞油燈獨燃發光，且燈油燈芯都毫無減損如新燃一般，心想：白日點燈，沒有大用。於是就舉手去扇滅此燈。可這燈火燃焰如故，竟無動搖。目犍連見燈不滅，又用衣服去扇，燈火還是毫髮無損。佛陀看到目犍連此舉，就對他說道：「這盞油燈，不是你們聲聞弟子的神通力所能熄滅的。就是用四大海的海水來澆，用須彌山頂的風來吹，也無法將其熄滅。因為這是一個發下宏願、廣濟眾生的人所供的燈。」

佛陀剛對目犍連說完此言，貧女難陀就來到佛的面前，頂禮佛陀。當時佛陀即為難陀授記：「你在來世第三阿僧祇百劫之中，可以成佛，名曰燈光，十號具足。」難陀貧女得到佛陀的授記，心中萬分高興，長跪佛前請求出家。佛陀即便答應，讓她作為比丘尼加入僧團。這盞燈的故事很快便引起轟動，舉國上下男女老少，爭相製燈供佛，歷時七天七夜。

見地與修證的不二

我自己前一陣子閉關的時候，也生出很大的感慨，就是很多人去寺院，去各大道場修行，你說他是去學佛嗎？你不能說他不是，但就是只做功夫、逐名相，怎麼都不肯深入見地。其實這種急於求成，反而加重了內心的浮躁。期間還碰到一個外國人，據說年年來道場，堅持坐了四十五年的「禪」。很多人就感覺非常了不起，說修行了四十五年，每天哪怕坐半個小時，四十五年是多少功夫？

我也覺得一件事能堅持這麼久，自己肯定是有所收穫的。重點在

於，如果只是世間事的堅持和世間事的收穫，那和修行道又有什麼關係呢？誰不是堅持活了一輩子，堅持吃喝拉撒、愛恨情仇了一輩子呢？一個從小學書法寫了一輩子字的人，和一個從小種地種了一輩子的人，一個善握筆，一個善揮鋤，如果你承認這些都如不同呈現的電視節目，那究其實，於信號源和電流，這些節目又有什麼真的區別呢？怎麼大家不拿這些來讚嘆修行呢？還是那句話「分別熾盛」！合自己心意的就是高級，不合心意的就是低級，這樣的心態底色能學好佛麼？

我在峨眉山《生命大自在》線下 1.0 的課程裏，打過一個耕田的比方：

一位農夫辛苦耕作一整年，打糧一千斤，賣了兩千元。如此幹了一輩子，就算五十年，收入十萬元。

一位詩人從此田間走過，看到農夫的辛勞，感慨賦詩：「鋤禾日當午、汗滴禾下土。誰知盤中飧，粒粒皆辛苦。」結果廣為傳誦，此詩歌之時代若有版權及改編使用權等，即便以一次使用付費一分錢為標準，同樣五十年，版權費應該至少過億，且詩人身價倍增，約稿無數。

一位禪師同樣路過此田，同樣看到農夫的辛勞，也想起此詩，更是感慨世人著相而求，皆非自在，同樣賦詩一首：「手把青秧插滿田，低頭便見水中天。六根清淨方為道，退步原來是向前。」此詩一出，震撼天下，無數有緣人因此體味平常自在，諸多詩人文人、王侯將相皆成禪師弟子，同樣五十年間，供養無算，不可計數。禪師不著一文，兼濟天下，更加幫助到農夫脫貧，促進詩人更多藝術綻放。

上面這三種情況，是我打的比方，但意思大家應該明白，這就是「格局決定結局」的典型邏輯。同樣一塊田，同樣是自己的身心相應，產值完全不同，天壤之別。那這認知維度的格局，不就是依見地而形成的差異麼？而且這不就是見地直接變現的邏輯麼？世間所有事，其實無不如此！所以還是佛說的那句話「八正道裏，正見第一」！那麼多自稱是向佛學習的人，佛都說的這麼明白了，怎麼還不肯紮實見地

呢？無非一個「貪」字蒙心罷了。以缺乏自信、不敢自重為心態底色，行急功近利、心浮氣躁的機會主義之實，看似精進，其實貪著，不上當受騙、歧路亡羊是沒天理的。

什麼是真實的功夫純熟？不是坐在那兒腿能盤上叫純熟，也不是能把自己的心框限在一種情境裏自得其樂叫功夫。一隻八哥訓練久了能說人話；小貓小狗養熟了，就能聽懂你的語言；一直不缺吃喝的晉惠帝，就會發出「何不食肉糜」的感慨，這些小氣的自我造作，又有什麼真的了不起？《壇經》有云：「劫火燒海底，風鼓山相擊，真常寂滅樂，涅槃相如是。」這是什麼大開大闔、大機大用的自如境界？不該去領教一下麼？「平等法者，凡夫不能入，聖人不能行。平等法者，唯有大菩薩與諸佛如來行也！」如此真實的佛菩薩所行境界，不該去受用一下麼？

有群友前一陣子說：終於開始有點理解什麼是「見到即修到」了。他說因為這指的實際是心性能質關係的轉化態。所以對他而言，他在這裏終於有所體會，這就是修到了。這個解釋角度不錯的。在我看來，見地的「見」，就是生命認知的長寬高；所謂見地的「地」，就是生命能量的體相用。所謂「見」，就是你的「性」；所謂「地」，就是你的「命」。你能認知自心自性到什麼程度，你的性能取用就到什麼程度。如同古人趕牛車，今人坐汽車；古人磨藥成粉，今人細胞治療；古人放風箏，今人探火星……這些性能關係的案例不勝枚舉，都在充分說明見和地的實際作用力！所以不斷超越原有見地，不斷提升優化見地，不斷紮實應用見地，當然身心生活就會相應呈現為越來越不可思議的種種改變。這就是「不修自得」、「不勞而獲」的最快車道，真平常道。

讓我們以「一切智者當以譬喻而得覺悟」，「以種種譬喻種種方便，欲令眾生離其所執」的見地視角，再看難陀女供燈的故事，不僅會一目了然，而且受用大不同。

難陀和佛陀

女名難陀，生活貧窮，流浪乞討為生。你看，此女之名即譬喻因緣如是。佛者覺也，陀者轉也，佛陀者，以明覺轉無明，娑婆轉極樂也；難陀者，一切難以轉動、困於轉動（輪迴）者也。這就是「心能轉物，即同如來」和「心隨境轉，即是迷人」的區別。

難陀女流浪乞討，心向外，行向外，事向外，一切皆向外求，以有為心，行有為法，辦有為事，所以「難」於自在。男表空，女表有，故而「女」者，有為也。做事不能離開有為，但是不能著於有為，著於有為就叫流浪乞討，故生活貧窮。此「貧窮」是指外求之性，須假外緣才能成立，自性家珍不顯，一切皆依他而起，故曰貧窮。死水不見真龍。

難陀女因常看到他人供佛，你看，都是依他起性。覺依他起其實不是問題，隨緣則覺。但慣於依他起性則成了問題。某個角度說，難陀女其實比喻的是一類很有水平的修行人，知道「供佛」，即知道以啟用覺性般若光明來破除無明愚癡黑暗的方向。但慣於依他起性，即她的手法就還是四處乞討攀緣，這其實就叫「求覺悟道」，而不識得「迷途即道」，不識得自己能乞討、能攀緣、能供燈的這個性，本就和佛無別，所以外求覺悟，即難以自轉。

為何只能化到一枚錢？這就是依有為心，行有為法，住於一念，故名一錢。

這一枚錢到賣油人那兒，剛好差一倍，這就是缺了「無心無為」的一半。賣油人是緣境，一切緣境本無差別，本來清淨，不垢不淨，有無不二，所以自然給了她兩倍的油，剛好夠做一盞燈。

一盞長覺明燈

生活裏大家都知道一句話「緣境無好醜，好醜在自心」即是此理。今天也有一句心理學的話，亦同此理，即「沒有讓人絕望的處境，只有對處境絕望的人」。一花一世界，一葉一如來，一切緣境皆平等，一切緣境皆究竟覺。惟在你的認知維度、格局為何？這就還是回到了前面農田的案例，大家其實可以隨著這個案例，自己繼續發揮，比如比農夫還局限的，可能就是田裏的小龍蝦，不僅生活範圍有限，還有可能隨時被人撈起來炒成「麻小」，比禪師更開闊自在的，可能就是你自己，因為這些範疇的內容都在自動服務你的生命發展，你更加真實有力具足！

「真由妄顯，妄自真生」。迷求單邊成困女，不迷自現如來藏。所以此燈非得是消除佛魔兩邊心，打掉有無分別心，破除取捨是非心，方是一盞長覺明燈！

很多所謂的大德也在講比如供燈要講究最好的盛器、黃金材質要比白銀尊貴、燈芯要立得很直表示中道，燈芯纏繞三圈棉花代表戒、定、慧三學……你看他們講的時候，其實也告訴大家是譬喻義。譬喻義即為假說、方便說。既然知道是譬喻義，為什麼還要讓大家不斷去裝飾比方呢？為什麼不借著譬喻讓大家能直下心性，實用身心，直接點起一盞身心長明覺燈呢？就算偶爾比方一下還算勉強情有可原，可積年累月的不斷讓人花錢去裝飾各種比方以為「莊嚴」，我是真的覺得於心難忍和太過可惜。

這裏可能是有太多心思和想法的文章可做，所以我也真的是很不好說了。可佛經裏說了「因地不真，果招迂曲」，用一句相聲裏的話說：「不是所有的蟲子都能蛻變成蝴蝶，有的可能是蛆。」蝴蝶之蟲還是蒼蠅之蛆，其實是自己的那顆心，什麼種子就開什麼花、結什麼果，無論什麼土壤、什麼肥料、什麼包裝袋。只有自欺者，才會被人欺。

較真的角色模仿者

回到故事。

難陀很高興把燈供入眾燈之中，然後發個誓就走了。這盞燈就此點燃且供佛成立。什麼意思？這就是所謂「復歸於嬰兒」的那個無染不著、不取不捨之覺元性，開始啟動，上合本覺，下合無明。但因其初始如樹種，還很弱小，所以只是一盞小燈，但又具足一切能量生發的本質，如此啟動，稱為「供佛」！所以在《華嚴經》普賢十大願王[26]裏，第一個就是「禮敬諸佛」。一切佛道，從此建立！所以這盞燈歷經一夜，他燈俱滅，惟此長明。

目犍連尊者被稱為佛弟子中神通第一，看見這盞「獨燃發光，毫無減損」之燈，如果追究現實，怎麼會有這樣的油燈？所以都是和你打比方，這個覺元之性，就是「不生不滅、不垢不淨、不增不減」的。

目犍連尊者用手、用衣服想扇滅此燈，怎麼都做不到。「手」即執取心，「衣」即著相心，這樣有生有滅的念心，怎麼可能有礙於「不生不滅」的覺性？如同水浪的起伏生滅，怎麼可能會有礙到水性？於是佛陀就說：這盞燈不是你們聲聞弟子的神通能熄滅的。

關於手與衣的譬喻，我在《衣食住行的修行竅訣》和《金剛經》的線上課裏講的比較細，這裏就不再贅述。

佛陀在這裏用譬喻點化我們以目犍連尊者所代表的生滅、淨垢兩邊心的這個性，這個性可生神通功能，但其實於根本上則無效，不值久住。所以你看又很巧，佛陀剛對目犍連說完此言，難陀女就出現在他面前。從事上說，難陀不是走了麼？如果是為了見佛陀，不如不走，就和機場等明星的小粉絲一樣，等著佛陀什麼時候出現唄。而且就算等到了，又哪兒那麼容易就在佛陀點化目犍連的時候恰巧出現？所以

26　普賢十大願王：普賢菩薩的十大行願，即敬禮諸佛、稱贊如來、廣修供養、懺悔業障、隨喜功德、請轉法輪、請佛住世、常隨佛學、恒順眾生、普皆迴向。

要明白，這些寓言故事，徹底都是在和你打比方，而不是讓你掉進故事裏東施效顰。

現在社會上很流行 cosplay，不少年輕人喜歡模仿扮演動畫和影視中的角色，可一個 cosplayer（角色模仿者）再怎麼模仿得像，也不是角色本尊不是？更何況壓根角色就不是實際存在的呢？任何一個玩 cosplay 的青年人自己都明白這個道理，所以再怎麼入戲也是玩玩鬧鬧，怎麼很多所謂的學佛人就和譬喻較上了真？2003 年左右，佛牙舍利曾有一次在泰國出展，中外佛門大德雲集。其中去朝拜者中，我就曾見過一個把自己打扮成白衣觀音一模一樣的女子，旁邊還跟著一男一女兩個隨從。其中一個隨從捧著一個半米多高的淨瓶，裏面插著柳樹枝。該女子在如雲清雅之行走中，隨緣給路人派發名片，我也有幸被賜予一張。金光閃閃的名片正面赫然印著五個大字「觀世音菩薩」，還有聯繫電話，背面是銀行帳號。現在想來，她倒不算是較真之人，而是一個以此為生且觀念超前的 cosplayer。

那大家是日常會和譬喻較真之人麼？

心燈長明的第一步

當目犍連的這種著相兩邊心的性被破，供燈難陀女所代表之覺元性即現。佛陀即給此性授記：在來世第三阿僧祇劫中百劫成佛，名為燈光，十號具足。

為什麼是第三阿僧祇劫啊？前面我們學過了，「三大阿僧祇劫」者，三毒心也。長覺明燈照破無明，貪嗔癡三毒心者，癡心為最後之無明本，故是第三阿僧祇劫成佛。為何百劫？難陀女是我們的外求心，目犍連是我們的著相心，供燈難陀女是我們的初發心覺元性。以此大乘菩薩之初發心種姓，行《瓔珞經》中所言：「未上住前，有十順名字。菩薩常行十心，所謂信心、精進心、念心、慧心、定心、施心、戒心、

護心、迴向心、護法捨心、願心。佛子修行是心，若經一劫、二劫、三劫乃得入初住位中，住是位中增修百法明門。所謂十信心，心心各有十，故修行百法明門。」即得佛果。

　　大家同時要知道的是，如果你也是難陀女之性，當發展為目犍連之緣時，這條路徑就會自動呈現出來。條條大路通羅馬，適合自己的才是最恰當的。但無論是什麼路徑，心燈長明都是第一步，也就是見地紮實，不畏浮雲遮望眼，且直心向道、自信敢行。

出離生死名出家

　　難陀女得到佛陀的授記，請求出家。什麼叫出家？別忘了「出離生死名出家」。如何是出離生死？我也有一篇小文談了這個問題，大家參考。

　　什麼是生死？網上有句話很流行，叫「世間除了生死，其餘都是擦傷」。別逗了，這世間包括生死，其實都是平常事。不是嗎？

　　哪個在意生死的人，能不死呢？有人說生死是大限，限了什麼？死不了才叫大限！因為它限制了我們可以出生入死的自由。不是麼？

　　任何教你為死亡做準備的所謂「修行」，其本質都是失去了平常心、平等心的造作貪求，而貪心只會通向餓鬼道，不是麼？

　　人人都會從生走到死，這真是一個美好的平等、平常現象。我們的生命其實一直在向前發展，從來沒有斷滅過，也沒有衰敗過。

　　所謂生，就是你的每個起心動念，從念起到成相、成熟走向覺知覺悟的過程，人心如此，人身如此。

　　所謂死亡，就是你的自心自性不再繼續依託於一段因緣肉身之相的繼續向前發展，進入下一段覺知、覺悟的動態變化過程。

　　死亡有一個重要的美好特徵，就是堅決不讓你那局限的後天意識

來做主取捨，這才讓死亡的過程充滿著對未知美好的無限發現可能，這多有趣？！

你的死亡讓你對這個執著心變現的器世間什麼也抓不住、住不了，這才能讓你實現真的解脫與自由。死亡是你的自性給自己最美好的謝幕安排，不是麼？

人怎麼可能會怕死呢？沒聽說過看完電影的人會怕出電影院，外面那麼多好吃的、好玩的，擁抱還來不及，怎麼可能會怕？

由此也就知道，任何營造死亡恐懼以加深你的現實執著的，都叫迷信的騙局。任何借了知生死而破除你的現實執著的，都叫智慧的方便。

只問問自己，你學的那些是加重你的「生死大限」怖畏心，還是讓你收穫了更多的平等平常心？如果是後者，恭喜你會越來越走向生死無拘的自在。如果是前者，那就要小心謹慎你的法身慧命了。

世人說生死，說的是肉體的「我」會有生死相，這個「我」是基於狹隘的自我名色執著而確立的，所以這就叫一段自我識別的執著。一段執著心現一段生死相，於人於事其實都是如此。

這在佛經裏就被稱為「分段生死」，人著於八識中，就是分段生死。

《六祖壇經》云：「莫於大乘門，卻執生死智。」你要是接觸了大乘佛法，還在世俗分別心裏玩那點世間分段生死，扯皮這點得失取捨，無非夢裏造夢兩場空，就太辜負自性家珍、如來寶藏了。

不在任何心念上安立「我相」，就叫超越「分段生死」，也就是所謂的轉八識為四智。這就是從「分段生死」入「變易生死」。識生，則智死；識死，則智生。

「變易生死」是生命能量海洋的無限起伏、浪長浪消的狀態，這已經比分段生死不知自在了多少倍，但這還是有「我」，無非是個更自在的我相，還不是本質，那就還是繫縛。

真正的大乘佛法談什麼？「不斷妄想不求真，不住生死不涅槃」。只求清淨，其實還是割裂和迴避分別，這就叫心有掛礙，其本質還是

執著生死念的貪生怕死。

經云：「想澄成國土，知覺乃眾生」。一念一眾生，執著即殺生，不住即放生。

不斷滅也不攀緣，這是真實隨順的開始。如此，無所得亦無所住，自由自在，這才是不住生死。真實的生命能量也才會由此顯發出來。

如此，你會自然契入到自己的心性智慧，透徹一切因緣經歷的無常本質，進而發現不生不滅、不垢不淨、不增不減的真如本來面目。這就是大自在境界的開始。

大自在裏有什麼？一心十法界，無處不是家，處處可玩耍，但行自在去。

現在再看這個故事，大家覺得是不是佛法智慧開始有點好玩了？是不是開始有種深不可測的無盡藏感了？不然佛經裏林林總總說了那麼多聽起來很高大上的話，感覺一副天上天下無與倫比，十方贊嘆頂禮認同的樣子，其實很多人不明就裏，僅把寓言俗解的時候，就會在心裏打鼓，怎麼感覺這些佛菩薩、羅漢天人一副沒見過世面的樣子，那麼簡單的道理，似乎比小學生課本的水平都不太如，還搞成如此煞有介事的不實在。如此繼續下去，其實就會讓佛法離大眾的深廣智慧越來越遠，最後只剩下越來越外在的一些 cosplay 現象，那些作為文化體驗或許還殘存些許意義，可對於激活每個人本自具足的法身慧命的諸佛本願，不是就越來越無關了麼。

有人說，啊！我終於明白了這個故事的道理了！那我就告訴你，你就上了我的當了！這個故事告訴了我們什麼？我不覺得告訴了我什麼，我不過隨緣胡說，通篇戲論，不過多個參考的視角提供給大家以為啟發，而非定義，所以我是絕對不會為我說的任何內容負責任的。你能從故事和我的胡言中，隨緣啟發些什麼來自自己的智慧，能作用你的身心生活越來越自在美好，我覺得怎麼都行。

勿忘「但有言說，均無實義」！

燃指供佛的真實義

大家也都知道，曾經為一切隨喜正心堂弘法利生志業的大眾燃指迴向的高僧，也是我的恩師——明恒禪師，曾在燃指後寫下這樣的一段文字：

予以愚誠，燃指供佛，而因明眼人點化始悟：指者，捉持於物，喻吾人執著心也；臂者，屈伸取物，喻吾人攀緣心也；身者，愛憎於物，喻吾人我見心也；燃者，以火焚一切物相為無，喻吾人般若空智；佛者，覺也；供佛者，明心見性而覺悟也。故燃指、臂、身供佛者，雖大福德，但終歸有漏。若於執法為實處，能更「空」法識心，借舟達岸，以指見月，則必成無漏真實功德。故當取法其上，以自般若智，於一切法不取不捨，無執著心、攀緣心、我見心。「離一切諸相，即名諸佛」是為真實燃指、臂、身供佛矣！

明恒禪師的這段話，你再對照一下《破相論》，是不是義趣一致？所以真正的這些大修行人、真正的金剛祖師，在我眼裏一路都是最真實的心意傳承，確實無二無別。

大家也必須明白一點，著相而求，終無是處。所以從國家宗教相關規則上，不主張修行人以殘身的方式完成修行，其實也是合上了佛法倡導「不住相」的一種「一合相」。同時，當你真能明白性相一如的法界體性時，那無論你怎麼做，做什麼，其實也就都成了自利利他、自覺覺他的自在成就因緣。所以從佛陀乃至金剛祖師們，也有不少讓常人難以理解之行為，其義還是在「破執」！

德山棒與臨濟喝

我這次閉關出來後，應讀書會各地小夥伴們的心意，在北京和上海等地，通過見面會的方式和大家有所交流，之後自己又回到關中閉了幾天方便關。出關前自己也有兩個小偈子，既然是和大家以誠相見、以心相交，不少人也期待我能有所表達，那就用這兩個小偈子和大家分享一下。其實也都是些誑惑眾生的廢話，權作好玩。

一般坐禪，大家最熟悉的詞是「棒喝」。所謂「棒」指的就是德山棒，德山宣鑒禪師以棒打為接引手段。《五燈會元》中記錄：德山上堂，有僧出禮拜，師便打。僧曰：「某甲始禮拜，為什麼便打？」師曰：「待汝開口，堪作什麼？」這便是雖然僧人問未出口，其心已被問縛，所以挨打。德山禪師對門人經常是「道得也三十棒，道不得也三十棒」，皆因心縛麼，如追石頭的韓盧；所謂「喝」指的是臨濟祖師以「喝斷」為接引手段，原理同德山棒。所以「棒喝」二字指的就是通過德山棒和臨濟喝所表現出來的禪法風氣。

我自己既然身處禪修道場，也就以此為緣，先作了一個偈子：「不用德山棒，何須臨濟喝。但行平等法，兀自見彌陀。」

佛法裏有「莊嚴清淨平等覺」的說法，「莊嚴」對應眼耳鼻舌身外五識，「清淨」對應第六意識，「平等」對應第七末那識，最後「覺」對應第八阿賴耶識。所謂的轉八識成四智，轉前五識（眼耳鼻舌身）為「成所作智」，所以叫「莊嚴」。這個「莊嚴」不是非得端坐個樣子叫莊嚴。莊者，結構組建成型意；嚴者，邏輯清晰縝密意。所謂的第六意識轉「妙觀察智」，妙觀察就是清淨，清明不染，淨而任運意。所謂第七末那識，也就是分別識，一切造作都是從這個分別識來的，那也就是所謂轉分別為平等，所以叫「平等性智」。最後所謂阿賴耶識，即種子識，轉為「大圓鏡智」，一切朗照，如實無礙。四智同歸「法界體性智」。要追究，這裏還有很多值得深入的內容，這裏先不展開了。

從平等心、平等性、平等法入的話，就是直切第七識，也就是為

什麼禪修被稱為「打七」，包括七步蓮花、三脈七輪、七重鐵圍、七級浮屠、七色光、一周七日等等，這些都是從分別識至世間萬象呈現的一合相邏輯在起作用。

經裏也說「平等法者，凡夫不能入，聖人不能行，唯有大菩薩與諸佛如來行也」，所以我寫的第一個偈子就是如此，「但行平等法，兀自見彌陀」，由平等心入正等覺。所謂「兀自」，就是一豁然間事。

但是切莫執迷，以為定義。所以我的第二個偈子，就又換了個角度：「見即德山棒，聞即臨濟喝。何須平等法，何處不彌陀。」

你的見聞覺知本來如是，隨眼所見隨處所聞，無不是在提醒你攝用歸體，並引導你從體起用。所以能見、能聞，就是德山棒、臨濟喝！如此若還刻板教條於一種必然的呈現方式才是千年傳承，那才叫真實辜負了祖師心要！據說臨濟祖師臨圓寂前，將弟子召集，問大家如何後傳？結果有弟子大喝一聲，臨濟便罵。想想也是，如此東施效顰、邯鄲學步、徒有其表而著相而求，讓祖師禪法南轅北轍，挨罵都是輕的了。

既然「是法平等，無有高下」，既然「一花一世界，一葉一如來」，那生活中何處不是德山棒、臨濟喝？如此又何須再立一個平等法？所以叫「何須平等法，何處不彌陀」。

大家看，就這麼顛來倒去的玩，風景是不是又不同？佛陀不給人一法是真的，金剛祖師不給人一法也是真的，那我怎麼可能給大家種下任何概念定義？

心中真無礙，則能行平等。心中真不取，則能行不捨，《圓覺經》云：「一切障礙，即究竟覺；得念失念，無非解脫；成法破法，皆名涅槃；智慧愚癡，通為般若；菩薩外道，所成就法，同是菩提；無明真如，無異境界；諸戒定慧及淫怒癡，俱是梵行。」這才真是「如來隨順覺性」的大自在！

我們今天其實是借《破相論》供燈的文字，和大家絮叨了不少多餘的廢話。學到這一講，文字內容其實已無關緊要，因為已經講得太明白。我的絮叨無非意在「只要檀郎認得聲」。

破相論 16：你誤會了利他心

【經文】

又六時行道者：所謂六根之中，於一切時，常行佛道，修諸覺行，調伏六根，長時不捨，名為六時。

繞塔行道者：塔是身心也，當令覺慧巡繞身心，念念不停，名為繞塔。過去諸聖，皆行此道，得至涅槃。今時世人，不會此理，曾不內行，唯執外求；將質礙身，繞世間塔，日夜走驟，徒自疲勞，而於真性，一無利益。

【七非先生解】

自在不自在

鼠年一開始，就是疫情的動盪。

其實從某個角度說，動盪不一定是必然的壞事。通過動盪，我們可以更好地感受到國家的力量、社會的團結，也可以檢查一下自己的身心素養。

有的人會因為動盪而慌張，有的人會因為動盪而激動，有的人也會因為動盪而表現出愛心的溫暖和清明的從容。借著動盪，從上至下，大家都完成了一次考驗、一次檢驗、一次平衡、一次認知的優化；一次身心的成長。

縱觀過往，在這個偉大的國家，在這個偉大的民族共同體面前，一切這樣或那樣的困難，其實都用最快的方式，成為了整體和個體持續發展、不斷優化途中的一塊又一塊鋪路磚、墊腳石。

所以，在這個動盪的迎春時節，衷心的祝願每一位朋友，都能借著動盪，超越原本，困而不難，難而不困，開啟更有力量、更加自在的人生。

這是我在 2020 年除夕發在讀書會群裏的一段內容，順祝大家 2020 庚子鼠年吉祥，一切自在！之所以祝福自在，是因為突如其來的疫情，讓很多人的生活失去了自在。

人生總會面對這樣或者那樣的狀況，有時會呈現出讓你悅意、舒適的樣子，有時候會呈現出讓你不悅、難受的樣子。但這裏最重要的為難，其實並不在於這兩類呈現的差別，而在於我們是不是能真實認知和把握「順逆皆方便」，不失去自己的自在。

自在，不是一種簡單的情緒快樂。如果非要用一句話來描述自在的話，在我的感受和理解裏，它可能更接近於一種基於平等的平常、平和，以及基於力量的從容、自由。再換句話說，自在這兩個字本身，也意味著一種如是安住和如實安住的身心狀態，所以叫自、在。

你每時每刻都沒離開過自、在，所以每時每刻也都是你的自在狀態。只是有時候你的自在所呈現出的，是不符合你的某種習慣認知、觀念感受的一種不適應態。自在從來沒有離開過你。有時候自己覺得不舒服，未必就是不自在，有時候讓自己很舒服，也未必就是真自在。

國家的自在能量

我曾親歷 2003 年的北京非典。我當時在京從事媒體工作，就在作為非典疫情的大本營——北京人民醫院做過媒體節目，所以也算是深入過抗擊非典的第一線，體味過當時疫情一線的真實狀態。非常客觀地說，今年的新冠疫情，從一月下旬國家層面開始介入干預以後，我看到的非常讓我自己感動的場面，就是這個國家從上到下的響應實在

太快了！真的比非典的時候不知道強了多少倍。

在我看來，這是一種不在大眾視野中，似乎看不見也摸不著的國家層面的自在能量在起作用。這個國家，從來沒有在任何困難、任何動盪和曲折面前停下過總結經驗、吸取教訓、優化成長和持續發展的腳步。我們的國家太了不起了！

滄海橫流，方顯英雄本色

回到當下。在不少學佛人的觀念裏，往往把學佛變成一種對知識的認知，或對精神的裝飾，在社群裏進行的，也只不過是彼此間的精神消費和自我美化。

真正的學佛，就是在你的每個真實時空當下，在順境、逆境來臨的時候，看看自己是不是沒有失去方便自在，沒有失去自我清明？能不能平等、平常地看待所有與你不同的人事物？是不是都行進在「初心入三昧，遲速不同倫」的過程裏，懂不懂一切皆是因緣法、解脫相？勿忘「一切諸法是解脫相」，來的都是解脫你不自在的緣。怎麼解脫？沒勁的歷練成有勁的，放不下的能學會自在擔起，這才是真解脫。解脫是自在無礙，而不是閃躲逃避。

「困會不會成為難」，在於每個人的見地和所形成的共識。換個角度說，「難會不會成為困」，在於每個人對每一個生命能否形成更加平等、平和以及平衡的智慧共識。能滄海橫流，方顯英雄本色！

希望你在任何時候，都能一切自在。但能得自在、明自在、覺自在的時候，必然呈現為身心自在態。你的一切所謂苦受、樂受都自然成為你生命發展、力量強大的鋪路磚、墊腳石。

媽媽覺得你冷

　　一位群友問：我知道學佛要發利他的心，我也很希望自己發利他的心，可是我為什麼發不出來呢？就是一想到讓我只去為了別人奉獻，就感覺做不到。

　　另一位群友也有類似的問題：雖然之前沒有學佛，也沒有專門發利他的心，但是也基本能做到日行一善，覺得挺好。如果學佛就一定要發利他的心，是不是反而又掉進了一個利他執念的坑？

　　為什麼說借著動盪中關於自在的一個思考，來談一談「利他心」的問題呢？如同大家在網上有時也會去轉發這樣或那樣的文章、消息，其實可能其中不少內容都是不準確、不靠譜的，但為什麼你有時還是會轉來轉去的分享給別人？不就是因為你秉持了一顆「利他心」麼。

　　你說對啊！我秉持的就是利他心，只是我可能沒注意到。其實群友想問的就是這顆心到底是不是利他心？

　　關於「利他心」，在很多教言裏有不同的說法，比如說《佛子行三十七頌》裏也談到「諸苦生於欲自樂，諸佛生於利他心」。有人說你看，佛都從「利他心」裏生出來，那我單憑這顆利他心，我只要為別人好，那我能有錯麼？

　　先舉一個例子。我們群裏偶爾也會有人分享一些外部鏈接進群，分享的群友覺得自己找到的都是好內容，對大家能有啟發，覺得理直氣壯。可是，群裏還有很多遵守群規的群友，你對群規如此漠視任性，你有真的在意這些遵守群規的群友感受了麼？連眼前的尊重在意都沒有，你和我談利他，那不是假的麼？這不過是把自己在生活中對他人，尤其是對家人習慣性的情感綁架、控制要求包裝了一層「利他」的糖紙，繼續自以為是地自私下流罷了。

　　這和那幾句流行的話，比如「世界上有一種冷，叫你媽覺得你冷」，「媽媽想抱孫子，所以抓緊結婚」如出一轍。那你覺得這樣的說法是利他麼？

凡聖解佛法之弊

今天的不少所謂學佛人非常奇怪，不學佛還正常一點，越學佛，基本的社會常識或者叫基本的社會智商，就變得越來越匱乏。我有時候也納悶為什麼會這樣？後來看到外面一些廣為流傳的「佛法」講義，我覺得可能找到了原因。

大眾起初面對佛法，本如白紙一張，其實就是清淨無染的平常態，這時候你用什麼層次的內容啟發，他就會相應呈現為什麼層次的種子識，這個狀態和小鴨子出生，第一眼看到誰就會認為是媽媽的道理很像很像。一心十法界，你直接用佛之知見相應，大眾就直契佛地；你用餓鬼知見相應，那就直接變現餓鬼態。這裏的為難之處在於，一旦這個種子識被激活，後面就很難改變！不是不能改，但會徒增很多撕心裂肺的自我拉扯、辛苦。

這也就是「初心」之難，也是「因地不真，果招迂曲」的真實。所以《法華經》云：「諸佛世尊唯以一大事因緣故，出現於世。欲令眾生開、示、悟、入佛之知見。」佛出世，只為宣導佛知見，期待眾生畢竟成佛；那菩薩出世，一定宣導的是菩薩知見；羅漢宣導羅漢知見；天人宣導天人知見；凡夫宣導凡夫知見；餓鬼、地獄眾生就算捧著《金剛經》端坐於法座，香花香水供奉，無數人頂禮膜拜，宣導的也只能是餓鬼、地獄知見。

什麼心就生什麼法，什麼法就有什麼見，什麼見就說什麼話，這世界不會有一個人，能真的說出超越自己認知邊界的話，故名法「界」。在想像裏怎麼吹牛都隨意，但那就是吹牛法界的話，不會是真實法界的見。

當今的佛法傳播，一個非常大的問題，就在於有一些相關從業者是依「俗心」做「俗解」，使大家入「俗見」，結果很多大眾就僅依「俗識」來面對生活。這沒有對錯問題，但如果你是花了大量的時間精力和金錢來學佛道，那就會是徹底的竹籃打水一場空。而且自己在生活

中的狀態也會越來越錯位、受限，形成更大的生命困頓和人格扭曲。

有人說六祖大師也說了「佛法在世間，不離世間覺」麼？這話沒錯，重點是「不離覺」啊！俗識皆迷，那和佛法還有什麼關係？不還是《金剛經》那句若人「住相布施，如人入暗，即無所見」麼？

有人說那不俗解，聖解很多人也不懂啊？另外，難道聖解就一定是對的嗎？看，又落「對錯兩邊心」了。這不是論對錯的問題，佛法的本質是聖俗不二的，是隨緣方便的。但是如果只做俗解，那就會像告訴一個人，只如井底之蛙般活著，也是活著，所以就挺好一樣。只做俗解，可以讓相應的人長臥輪迴，但起碼應該讓人知道，每個人還有一個重要的自我面向，即法身慧命。這個面向不僅可以讓人從井底爬出，甚至可以由蛙化龍，自在翱翔。如何選擇腳下的路，是自己的事，但不讓人知道十法界的見地，終歸不合適。

聖解是不是就合適呢？《楞嚴經》云：「不作聖心，名善境界；若作聖解，即受群邪。」落聖解也不行。為什麼？因為落聖解還是基於凡聖兩邊心，有聖解必定認為凡（俗）解是錯，且容易讓人落入義學理論而著於思維，難以有效實用於現實生活。

明心見性和性解相用

既不能落俗解，又不能落聖解，那可怎麼解？性解！佛法本是徹徹底底的心性道，所以《楞嚴經》云：「返聞聞自性，性成無上道。」學佛希望實現的不也正是「明心見性，見性成佛」嗎？

你能會得自心之性，萬法之性，萬相之性，那不就是徹底的任運自在？就好比你了解水性，你就可以用其養育身心、乘風破浪、固而成冰、化而為氣，甚至分解燃燒為火……進行形質態、能質態的隨意應用轉化。推而廣之，萬事萬物萬人萬境皆是如此，惟在「見性」！

你能於一切緣中自在多少，取決於你的見性層次。比如動物，只

能見到一些有關物質的食用性和極其簡單的應用物理性，所以只能寄身於大自然的局部而隨波逐流地生活。人作為萬物靈長，不就是因為能不斷見性，所以實現不斷地發展和自由嗎？

在這裏順便把「明心見性」的神秘面紗揭開。人時時都活在明心見性裏，不然壓根連呼吸之間的生存也做不到。難道不是這個道理麼？你不解鼻肺吐納之性，怎麼呼吸的？不解牙唇堅柔之性，怎麼進食的？不解手足執行之性，你怎麼行動的……

所謂明心見性，只存在層次問題，明什麼層次的心，見什麼層面的性，決定你活進什麼樣的法界，實現什麼樣的自在。明心見性絕不是特殊神秘和區別不同的問題。這才是「佛法在世間，不離世間覺」的意旨所在。就在這裏，都在這裏，你能見到「一花一世界，一葉一如來」之性，你就是一尊佛。只能見到摘花攀葉是否好吃好聞的性，那你就只是一隻猴子。

你見什麼性，決定了你會生什麼心，成什麼相。這是實用佛法的大奧秘！

這就是「佛以一音演說法，眾生隨類各得解」之解，眾生隨類皆依性解而生心、成相。此「性解」落於「用」，就叫性解相用。你能性解相用，自然俗用聖用皆是自由。此解歸性，自然囊括了解、理解、解縛、解脫、解放。

為什麼我們強調「不為定義知識，只為啟發智慧」？就是為了提醒你當知道隨緣自解，無量可能的性、心、身無邊層次的徹底自在與自由。

欲自樂的災區

回到心性層面上，該如何理解利他心？這就又要回到《金剛經》中「滅度無量無數無邊眾生」、「滅度一切眾生已，而無有一眾生實

滅度者」，如是即是「利他心」，不取不捨之道即是利他之心。從這個角度講，所謂「諸苦生於欲自樂，諸佛生於利他心」，「欲自樂」即是取捨之道。

人活在取捨裏都叫「欲自」，因為你一定是基於自我的取捨，在這個層面上，無論形式上是利他還是利己，本質上沒有真的區別。還是我們舉的例子，糞坑裏面哪兒乾點、哪兒稀點，沒有太大的區別；夢裏賺了一百個億和夢裏丟了一百個億，也沒什麼區別。

再舉個例子。我當年在雅安地震救災，把指揮部就設在了蘆山縣人民醫院的邊上，志願者和救災物資的調動，都是從這裏集散。當時每天來來往往的志願者和物資很多，其中有幾次，志願者下到受災百姓的家裏發放物資後，回來一肚子氣。為什麼呢？他們覺得出現了幾種狀況，一是災民重複領取物資，二是個別災民對他們愛搭不理，三是到了緊急救災的後期，有些地方已經基本恢復常態生活，有些災民開始支攤子喝酒打麻將。要知道這些來自五湖四海的志願者家都不在災區，自己都是睡帳篷饑一頓飽一頓，還在用心發放物資和錢款，這三種現象一出現，有些志願者就覺得很委屈。

我一方面要忙乎救災的事，一方面這些委屈的志願者其實也已經成了心理災民，那不也得順便救助麼。於是對於這三種讓他們不滿意的現象，我就問了他們三個問題：1. 如果你是災民，會不會重複領取物資？2. 如果你是災民，會不會對志願者愛搭不理？3. 你來災區救災的目的是什麼？

他們紛紛回答：「1 不會，2 不會，3 來幫助災民重建家園。」我說：「很好，正因為 1、2 你們都不會這麼做，所以你們不是災民，他們才是。1. 如果多一袋大米，就能讓這些家田被毀的受災群眾心裏覺得更安全和踏實，我覺得這個救災算是真到位了；2. 正因為他們是家田被毀，甚至可能親人離世的受災群眾，所以更加不能去要求他們在如此慘痛的身心損失狀態下，還得拿出對你們的熱情響應，這樣的需要不是去救災，是去居高臨下的惡棍裝天使，我覺得不厚道；3. 既然目的是來幫助災民重建家園，人家已經能快速自救到喝酒打牌恢復生活了，

這不正是你們應該最希望見到的場景麼？還不鼓掌慶賀？反而因為人家沒符合你的想像標準扮慘，你就失去了愛心，那你真的是來救災的，還是把災區當遊樂場買樂子來的？」

他們啞口無言，也就自然端正救災初心，繼續該做什麼就做什麼。有些志願者自己來時僅憑一腔熱血熱情，自己一到災區馬上先變成沒吃沒住、無依無靠的「災民」，這樣的「災民」我就把他們都集合起來，不僅管吃管住，還管派一些救助工作，來讓他們表達愛心和熱情。其中還有一些小夥伴，來時熱淚盈眶，一時衝動把自己口袋裏的幾百塊都隨手捐給災民，等緊急救災結束了，連買一張長途汽車票回家的錢都沒有，那我也就再單拿出一些不屬於救災經費的個人的錢款，給他們每人派發幾百塊，讓成都我們的志願者接應一下，開一晚酒店好好洗個澡、吃個踏實的飯，第二天買車票回家。

舉這個例子，就是在說明「欲自樂」是如此寫實。回到現實層面的利他呢？我做的事，從客觀上於災民有益，於志願者安心，於捐贈人盡責，於國家分憂，於我自己不過只是個隨緣相應罷了，其實平常。

三等人的利他之道

我在線下見面會時，曾和大家打過一個比方，我問大家，如果我們用三等人來對照一下我們自己的身心行事狀態，那麼「利人又利己」算什麼人？大家說那算上等人，我說沒錯。我接著問，那上等人標準如此，下等人呢？大家回答「損人不利己」，我說這就是個傻子都不如的地獄眾生，都算不得正常人。難道不是麼？傻子都不會幹出損人不利己的事的，大家想想是不是這個道理？大家就接著問我，什麼是下等人？我說「利人不利己」，大家就有點懵了。

有人就問了，我們的價值觀不是一直倡導「專門利人，毫不利己」麼？為什麼先生你會說這是下等人？我說你也聽了我講的災區的例子，

那些志願者把物資送到了災民手裏，是利益了別人吧？是的！結果自己裝一肚子氣回來，利益自己了麼？沒有！把錢和精力用來利益了別人，結果自己一肚子委屈，這樣的智商水平不是「下等人」是什麼？大家無語了。

其實不用扯到災區那麼遠，請對照下我們自己的日常生活，和家人孩子之間，在工作和社會關係裏，是不是經常幹的就是「下等人」的事？明明幹了對對方有益的事，結果自己落一身委屈和難受。這樣自甘「下等人」的，別人不欺負你也才是沒天理了，什麼都架不住自甘墮落不是？自欺者被人欺麼！

「專門利人，毫不利己」的倡導一點問題都沒有，真能做到，那就真的是超脫了「欲自樂」的邊界。和你有緣的人，都能因你而實現快樂和得到利益，如果你的初心真的是這樣，你怎麼可能就因為對方得到了好處、只是沒合自己的心意而委屈難受呢？但有委屈難受，就是自私的「欲自樂」，不過是自己在用一顆交易心買賣親情、愛情、人情罷了！那你這樣拙劣的「人販子」要能幸福快樂，更是沒天理了！

什麼是「中等人」？「利己不利人」。怎麼講？這就是凡事能自得其樂，不給別人找麻煩，已經很自在了。其實一個真能明白「自他不二」，於是能行真實「利己」的人，自然也就是「利他」之人，因自己就會如一盞自在明燈，給人樹立了榜樣，讓人看到了希望。

上等人，利人又利己；中等人，利己不利人；下等人，利人不利己；不是人，損人不利己。

請各位自行對照，自行優化。當然大家要明白，所謂「三等人」只是打一個關乎自我認知和為人處世的比方，而不是真的把人分為三六九等。其實從更深的層次上講，這裏的上等人，即菩薩乘；中等人，即聲緣乘；下等人和不是人，即六道。

真實利他的自信

其實所謂「利他」的「他」，更深入的說法，指的就是你的每個起心動念。你每時每刻生出的每個念頭，哪個念頭不希望被餵養成長、能成型成功呢？

某個角度說，利他就是隨順你每個起心動念的因緣，將隨緣而現的這顆心或產生的這個念做個大放生。放什麼生？相信這每一念的本質都是清明無礙的，都是讓你「攝用歸體」，然後激發你能「從體起用」的，如同大樹通過光合作用而不斷成長。而不是墮落到「哪個念頭是清淨的，哪個念頭是汙垢的」裏去拉扯分別；或去思考「我該去壓制我的心念，還是應該去專注我的心念」，這些都不是。那都不叫利他，那都叫「殺生」。

你自己生的孩子，哪個你會不愛？想想這個最基本的道理，就知道不應該對自己下這種做慣了習氣奴的自戕刀子。

有人也會說，要是縱容一些不好的念頭，不去控制，萬一傷害到別人和自己怎麼辦？我告訴你，這還是因為做慣了習氣奴的思維模式在主導，雖然可以理解，但不真的可取。你如果真的相信自己本自具足，就會真的發現你壓根就生不起任何會讓自己和人事物境處於任何不自在狀態的念頭！原因很簡單，只要你具備日常不吃屎的基本智商和判斷力，你就壓根不會真的做出任何對自己不利的事，其中就包括不會去傷害別人，因為真的傷害了任何人，你都不會真的收穫幸福快樂。

正如《壇經》有云：「淫性本是淨性因，除淫即是淨性身；性中各自離五欲，見性剎那即是真。」這也正是讓具足性起作用的直下竅訣，「不求自得」、「不勞而獲」。從此不做貪嗔奴，娑婆直接轉極樂！

經中有句根本重要的話，即「信為道源功德母」。很多人都誤以為這句話的意思是要怎麼最虔誠的信佛，其實這個「信」首先就是「真

實自信」，是不是真的自信於「本自具足，能生萬法」！

這個信，就是從凡夫到成佛的核心樞紐！

因利他而生疑

有人又問了，那這麼高級的利他，我日常做不到啊，那是不是就別掉進世俗利他了，省的餵養分別心？別怕，分別心的媽媽也是智慧本覺，如樹葉與樹根。

哪怕是在世俗層面，你通過行持利他，就自然會在過程中產生出很多的思想衝撞和價值觀懷疑，就像我們提問題的群友一樣，越做越懷疑，越覺得好像哪兒不對，生了疑惑。這就對了！行利他能激發出疑情，就是更有價值的收穫。因你付出了、投入了、作為了，但因你本身就在這些名相的斷面裏分別折騰，取捨求好，所以你折騰的越多，越容易產生煩惱困頓和自我懷疑。然後就會不斷地激發你的反思和改進，如果在這種慣於反思的基礎上，再能遇到高人點化超越名相執著，那就叫「一念頓超如來地」，自然就合上了「諸佛生於利他心」。

無論是從理入、從行入、從世間、從出世……只要你能行利他，怎麼走都可以，這才叫「初心入三昧，遲速不同倫」。

「離經叛道」的力量

利他的「利」是利益的「利」，其實換個角度就是力量的「力」。沒有力量，哪兒來的利益？利益本身就是力量。所以還是《普賢行願品》那個話，「智行普修功德力，威神普覆大慈力，遍淨莊嚴勝福力……」，一大堆的「力」，沒有力量怎麼行？

現在，我個人隨喜一切離經叛道的思維和行為，當然從世俗層面說底線是不要犯法犯罪。叛逆的另一個面向，就是代表這個人敢於否定自我、超越自我。學佛也好，修道也好，日常生活也好，最怕的就是固步自封或者得少為足。固化認知的背後，其實是一個非常弱小、怯懦、恐懼的自我，那樣的自我沒有力量。沒有力量怎麼上快車道？怎麼更好地實現自利利他啊？做不到的。就如同車越好馬力越大一樣，換句話說，大馬力也才是好車的標配之一。所以我現在隨喜一切「離經叛道」，真的！但能離經叛道，就是在回頭是岸、超越自我、激發力量。有力量的人，哪怕面對一個自己曾經掏心掏肺成就的人，現在變成忘恩負義地對待自己，各種抹黑、翻臉不認人，自己也能做到「順逆皆方便」的順水推舟，善用因緣，繼續成就自他。

對「離經叛道」有疑惑？那我就引用《維摩詰經》的一句話來給你托底：「爾時文殊師利問維摩詰言：『菩薩云何通達佛道？』維摩詰言：『若菩薩行於非道，是為通達佛道。』」這和《金剛經》中所言「所謂佛法者，即非佛法」是不是完整契合的？佛陀慈悲，金剛祖師慈悲，念念都擔心你掉入「合頭語」的自我陷阱，迷而不覺，長為貪嗔奴。念念殷切，希望你能不斷破格，成就自性的無限美好發展！

三皈依的大寶藏

有人看到了經典所言，又開始掉入一個新的誤區，用了上面的說法，開始給自己的自我任性找藉口。如同有些人聽了《破相論》，是為自我任性和懈怠傲慢找到了藉口，說祖師說了，七非先生也說了，「不用讀經、不用拜佛、不用修行、不用精進」，你往前文看一下，無論是《破相論》的原文還是我的內容，有沒有一個字是告訴你「不用做什麼」？祖師意旨是「不要著於外相而徒勞無功」！我同樣附之驥尾，提醒大家能識得如何是最有效率的大白牛車之最快車道！所以

同樣大家看到要「行於非道」，不要先用來給自己的無知盲目找藉口。能離經叛道，首先得能通經所言、解經之意，能行於非道，首先得能看清什麼是道。不是麼？如同行路，路上哪兒有坑，哪兒平坦，自己都還看不見，然後盲目駕駛，結果可想而知。

前面我們講了這麼多節課，歸攏起來，其實就是三皈依的第一句：「自皈依佛，體解大道，發無上心。」簡而言之，皈依佛者，皈依覺不皈依迷也；體解大道者，即入心性無邊之道而非雜徑小途也；發無上心者，即無所得之平常平等心而非分別取捨心也。「自」者，不只是自從之意，難道不也是提醒你當自皈依而非他皈依麼？

無上者，很多人往往只理解為是無限、高大、尊貴的意思。換個角度，難道無上說的不就是「沒有上」麼？那如何是「沒有上」？上下相對而生，沒有了下，自然也就沒有了上，這不就是在提醒我們「行平等平常」麼？

希望大家都能在皈依自性真佛的基礎上，「自皈依僧，統理大眾，一切無礙」。僧者，經云「和合」意，這不就是能和光同塵，能上合覺、下合迷，能行自他真實不二意麼？如此，自然統理一切內在心念知覺眾生，外現無邊有情，內外一如皆得無礙自在。

誰能如是，誰即為僧。是僧非僧，非有別於衣著髮冠、生活方式，而在其心為何。所謂僧俗二相，皆可為僧，也皆可非僧。這也正是五祖傳衣缽時惠能尚為居士身，蓮花生大士現俗相而受四眾追隨，白衣觀音立於道場而大眾普皆頂禮的平等真實。

如何實現如此無礙自在？「自皈依法，深入經藏，智慧如海」。如何是法？即無心隨緣相應而現之自性能量。如何運轉性能？則需要你「深入經藏」，自然「智慧如海」。深入經藏就包括了深入自身之經歷、自心之感受、自性之本願，也包括了能以平等平常心，深入佛經乃至一切生命智慧之說明書，讀萬卷書行萬里路，不離文字不著文字，不住一念不拘一格，不斷發現、不斷自由。

佛為性，法為能，僧為相，皈依佛法僧，不就是讓我們能學會駕馭自性具足之無邊性能，任運成相麼？佛陀本願之轉娑婆成極樂，不

就是因為徹底認知自心性能，從而運轉外相，讓世界成為自己想要的樣子麼？所以三皈依真是佛法的大奧秘、大慈悲、大智慧總集！如果只是簡單當成一本皈依證和不明就裏的神權膜拜，那付出的是自己的精力財富和時間生命，可耽誤的也正是自己的法身慧命。

三皈依即三法印，即三主要道，即三無漏學，即法報化三身，即身語意三門之真實攝受處。在《壇經》中，六祖大師同樣也講到自性三皈依之皈依覺正淨意，大家也可詳細參考。

佛經林林總總、殷殷切切，無量角度、無量方便、無量譬喻，乃至我們今天學習的達摩祖師之《破相論》，其實這些無邊言教都是希望大家能走上自性皈依的生命大自在之道，用最有效率的方式不斷發現，不斷自由。

「不斷發現，不斷自由」，也是我們讀書會社群的 slogan（口號），背後義理其實就是如此。

凡所有相，皆是虛妄

又六時行道者：所謂六根之中，於一切時，常行佛道，修諸覺行，調伏六根，長時不捨，名為六時。

現在大家再用「體解大道」的角度，來看所謂「六時行道」的這一句，是不是就其意自明了？

在有些道場有一種修行手段，叫做「行般舟三昧」，也就是大眾一起在道場或大殿或空曠處繞佛像持誦佛號不停行走。這個過程中也可以分別上廁所和吃飯，如果有些人實在受不了也可以適當休息，但這個行走本身是二十四小時乘以 N 天不停止的。我個人聽過最多行走的案例，是有一個人一百零八天沒合過眼，一直在走，期間吃沒吃飯、喝沒喝水、上沒上廁所我就不知道了，我自己想，應該會多少有一些。而這個行走法的來歷是一本佛經，名《般舟三昧經》。現在好像這個

行走法在很多地方已經被禁止了。

　　我們在前文說了，佛經都是開門見山的，能從第一句明白就不用再講第二句，其實在大家生活做事的平常裏也是如此，都沒有那麼多必須的廢話，一切以領會為要。簡而言之，般舟三昧者，以大智慧（般若）為舟，行真實禪定以度脫三毒心（三昧），現生命大自在也。那從這裏就可以知道，這肯定和不明心地、蒙昧智慧的世俗貪求是無關的。

　　繞塔行道者，塔是身心也，當令覺慧巡繞身心，念念不停，名為繞塔。過去諸聖，皆行此道，得至涅槃。今時世人，不會此理，曾不內行，唯執外求；將質礙身，繞世間塔，日夜走驟，徒自疲勞，而於真性，一無利益。

　　《破相論》的這段文字，「將質礙身，繞世間塔，日夜走驟，徒自疲勞，而於真性，一無利益」，剛好就說明了這一點。

　　有人說，不是不少這麼走的人，過程中也見到光、見到菩薩相、見到蓮花、身心發生了很多變化，甚至病好了。客觀說，這些所謂的「見到」毫無價值。為什麼？《金剛經》有云：「凡所有相，皆是虛妄」，又云「若以色見我，以音聲求我，是人行邪道，不能見如來。」任何一個普通人，用眼睛盯著一盞燈看久了，或者盯著任何一個東西看久了，都會出現各種幻覺，正常極了！這些和修行有什麼關係？喜好佛菩薩的古裝相、蓮花的美好相，一直用心，不成相反而沒天理了。一直在意自己那點人我是非裏的雞零狗碎、得失對錯、死去活來，不成相也沒天理了。

　　有人說，確實有人病好了呢？我想問一句，是真的好了麼？經云「何為病本，謂有攀緣」，忘了？還是以普通人為例，一個腳崴了的人，如果突然聽到一個自己期盼已久的好消息，可能興奮的都能跑起來，那一刻腳疼蕩然無存，沒錯吧？可過了這個勁，是不是腳又走不了道了？其他現象的道理一樣，因為注意力發生了大的轉移，所以一些身

心現象是會發生某種改變，這其實是很正常的事。可要注意一點，凡是用如此強求手段致病相不見了以為「病好」的人，你觀察一下他（她）的性格習氣狀態，沒有一個不是變得更加偏執貪著。無非以前在意抽菸，現在在意上香，以前喜歡泡麻將館，現在喜歡泡在道場，這有什麼真的本質區別麼？等能讓自己煩惱的緣再現前，病態復發反而更重。大家平常觀察一下，難道不是這個道理和這些呈現麼？

何必撞到南牆才回頭

我自己當年也一樣的，禮拜佛塔、轉繞壇城，那雪都能沒到膝蓋的深，還是堅持行大禮拜、繞塔持誦，苦行不輟。還有很多很多這樣那樣的事。無論藏漢形式，凡是著相而求的「修行」手法，我都算其中非常精進勇猛的那一個。

回過頭看，這些過程對我的價值是什麼，就是從著相利他逐漸生出更大偏執，然後產生更多分裂困頓，繼而開始自我懷疑，然後不再偏聽偏信，真的深入經藏尋找答案，不斷行自我否定、自我突破，不斷回頭是岸以回歸平等平常，開始真的體味大乘佛法心性道甘露妙味的價值。

在這個過程中，所有內心的拉扯、黑暗的苦難、分裂的痛苦感生起的越多，對自我的懷疑、自我的衝撞感就越強。現在看，這真是最值得被恭喜的地方。這真的是福報現前！

如果能夠通過衝撞、拉扯回頭是岸，是大福報。如果不能，還在繼續固執偏見，某個角度說，其實那是更大的福報！因為這個福報力太大，會用讓你死得很難看的方式呈現出來，逼到你終有回頭的那一天，如此則是「山窮水盡」才「柳暗花明」的路徑。

但是你真的想走這條非要撞到南牆頭破血流的路麼？

從佛陀到真正的金剛祖師，一直在為你直指心性，也為你做出示

範榜樣，當你問「月亮在哪兒」？他們都是先直接的指給你看，「擡頭便是」。當你還是不肯擡頭，他們就不捨陪伴的與你同行，陪你去走一些你非要走的路，然後途中還是以種種譬喻給你講什麼是月亮，以種種善巧引導你擡頭。如果你真肯相信自己，並領受這份佛陀和金剛祖師的慈悲，你自然會發現什麼叫做「無往而不利」。

對照行走道，在座的各位裏，行供奉道、放生道、打坐道、持咒道、持誦道、磕頭道乃至所謂「日行一善」道的呢？其實與這些事相何干？難在你到底在依何心而行？本末關係別顛倒錯亂。還是那句話：「若菩薩心住於法而行布施，如人入暗，即無所見。若菩薩心不住於法而行布施，如人有目，日光明照，見種種色。」

我學佛的目的，不是為了當一個人云亦云的學舌者、盲從者和睜眼瞎。

破相論 17：倒行逆施的迦葉

【經文】

又持齋者：當須會意，不達斯理，徒爾虛切。齋者齊也，所謂齋正身心，不令散亂。持者護也，所謂於諸戒行，如法護持。必須外禁六情，內制三毒，勤覺察，淨身心。了如是義，名為持齋。

又持齋者，食有五種：一者法喜食，所謂依持正法，歡喜奉行。二者禪悅食，所謂內外澄寂，身心悅樂。三者念食，所謂常念諸佛，心口相應。四者願食，所謂行住坐臥，常求善願。五者解脫食，所謂心常清淨，不染俗塵。此五種食，名為齋食。若復有人，不食如是五種淨食，自言持齋，無有是處。唯斷於無明之食。若輒觸者，名為破齋。若有破，云何獲福？世有迷人，不悟斯理，身心放逸，諸惡皆為；貪欲恣情，不生慚愧，唯斷外食，自為持齋，必無是事。

【七非先生解】

凡人和英雄

今天，我在朋友圈寫了一句話。因為網上有一句話：「從來沒有從天而降的英雄，只有挺身而出的凡人。」我就著這句話，回應了一下，改成了我自己的一個看法：「能挺身而出的凡人，就是從天而降的英雄！」這麼改一下，大家就知道兩者立意之間的差別。大到疫情，小到生活的點點滴滴，能在遇到逆境、迷境時，不失勇氣、不失擔當、不失平常、不失力量的又有幾人？所謂能做到如此的，就是自己的真英雄。

事後觀世音

我們確實太容易只在身心事物的名相層面，來看待所謂的是非對錯。比如說因為疫情，我們終於開始去重視不吃野味的問題，這個很好。因為我們發現，野味身上有很多的病毒。但這只是普通人的心態，而非真正的源於內在的慈悲，源自仁人愛物的心靈，不是。因為野味的身上有病毒，所以不吃它，這是一個考慮自己的角度，無關對錯，可以理解。

世人誰不考慮自己，誰不在意自己的感受，誰又不活在自己的感受裏呢？當看到一個不合自己心意的呈現，或者處於對自己的生命安全以及身心愉悅帶來影響的情境中時，更多人慣常做的，只是去改變名相。但是有沒有想過，野味攜帶病毒，那病毒本身是從哪裏來的呢？

我們都聽說過一些實驗，說從一個人發怒時候的血液裡提取血清，打進小白鼠的身體裏面，小白鼠很快就死了。還有很多類似的實驗，在不斷證明人的情緒、思想對萬事萬物的直接影響。這也就是為什麼在這次疫情的事件上，有些群友也在問我們說，除了看到我除夕發了一段文字外，好像沒有看到正心堂和正心慈善基金會組織什麼特別規模浩大的行動，為什麼？

第一，我們有不少優秀的群友，自己力所能及在參與物資的募集和調動，其中正心慈善也做了力所能及的必要參與。這些部分等疫情結束，事情全部完結以後，會和大家做一個必要的匯報。

第二，在這些必要的參與之外，其實從個人角度說，我非常希望能和大家溝通一些想法，那也是我個人在整個事件過程中很無奈的點，就是看到太多人太容易心隨境轉，疫情期間隨情緒而正在跟著病毒製造更多「病毒」。你有沒有試著想過，你的這種或恐懼、或躁動、或焦慮、或腦怒的情緒，雖然都可以被理解，但這種真實的身心狀態，又正在為你周邊的空氣、周圍的環境培養和輸出些什麼呢？

每逢災難或大事，一些比較流於形式的宗教或非宗教的呈現就開

始風起雲湧。比如有的人倡導趕緊去念咒保平安，說念咒比吃藥就醫還管用；還有的人或組織，發起各種網上的或者海外的祈禱和平的共修法會等，這些都可以理解，並且感謝動機善良。同時，如果換一個角度來看待，是不是現在的一些宗教團體，在很多時候也就真的只剩下「事後觀世音」的「慈悲」呢？

在沒有災禍的日常，如今的某些宗教團體除了更多的燒香祈福，祝禱平安、健康、財富、功德外，又真的為啟發大眾心中的力量、平等的平和、自在的智慧貢獻了多少呢？

一有事件出來，就是這樣或那樣的對待法，那這和生病吃消炎藥，打抗生素有什麼區別？有多少是從根本上去疏導大家的恐懼，平和每個人的內心，讓每個人的內心深處自然產生智慧而慈悲的從容能量呢？

還是那句話，這一切無關對錯，這一切都可被理解，但這一切不一定是未來。

萬緣放下見真相

佛法中有句很重要的話，叫「萬緣放下」。這個「萬緣放下」不是悲觀消極，也並不是讓你遇事高高掛起，事不關己。萬緣放下是指你該做什麼就做什麼，隨緣去做，盡份去做，只是在過程中，能夠隨著因緣放下你那些情緒上的偏好、執著，不更生是非的波瀾。

一些人這幾天又在追究說「我們要看清真相」。我說句直話，除了隨著自己的喜好在意自己的情緒滿意外，你又真的在意什麼真相？如此心智，你又能看清什麼真相？這麼說不是一種不合時宜的批評。而是因為你的日常，一直是處於用情緒的喜好、是非對錯、習氣標準來判斷、決定你的一切。在這樣的一種生命思維的定式裏，你又怎麼能具備看清真相的能力呢？

打個比方，一條吞食魚餌的魚，怎麼也無法看清垂釣的真相，因

為它的眼裏只有魚餌。再打個比方，假如你看到一個人正在被擊打背部，當你習慣性地認為這是傷害而要報警時，或許下一秒的場景，就是被擊打者從喉中吐出噎阻物。而當你又認為原來擊打者是在救人時，或許再下一秒，則是擊打者仍然繼續擊打此人，為什麼？於是你又懵了……

什麼才是真相？一直要到哪一層的因果起點，才是最透徹的因果真相？往往很多時候的真相是，當真相擺到你面前，你也根本看不清或不接受。這也就是佛法裏常說到的「縱佛當面亦不識」。因為你只能看到你的業力允許你看到的部分。這個答案其實真的很悲哀，因為它說明了你一直是一個習氣奴隸，還自以為是主人。你一直做的事，也都是在餵養習氣，而非成為主人。

在你眼裏，從來沒有真相，甚至從來沒有實在。因為你實在是太習慣於只聽合自己心意的話，只做自己願意做的事。甚至有時候這些話和事，還會偽裝成讓你非常吃苦耐勞和忍辱負重的樣子。其實，你一直在餵養自己的得失分別心，並在其中不斷自我感動。而這將一直障礙你真的了解真相。

如何看清真相？看清還是別人家的事，有本事，請你直接成為真相本身。當你成為真相本身時，你才能洞見所有事情的發生，從表面呈現到背後能量平衡的關係，以及其中錯綜複雜的時空因緣是如何在運轉。換個佛學的說法，這才可以稱得上是「因果」的初步認知。

「禍兮福之所倚，福兮禍之所伏」。在我們的傳統文化中也談的非常清楚，一切因緣的產生，有它背後能量運動的規律在。要想掌握這個規律，至少需要你具備辯證思維的智慧。而具備辯證思維的智慧，需要你先擁有一顆懂得「萬緣放下」的心。

請先放下你那些焦慮，放下你那些恐慌，放下你那些在情緒得失裏失衡的小我判斷。那些太浮躁，太淺層。那些會障住你的法眼，不僅讓你看不清什麼是真相，也更加讓你無法成為真相。我一直都在倡導，希望每個人都能於外緣生起時，不失去理智，不失去智慧，不失去力量，不失去從容，不失去借著因緣返聞覺知的能力。如此，當你

真正能夠隨著外緣而轉動內在的時候，你就會發現你的內在，原來能對外緣貢獻非常有力量和完全不一樣的作用。

如果沒有做到，可以理解，但是可惜。所以與其繼續堅持在習氣中面對一切恐慌的慣常對待或對抗（無論它是否呈現為宗教或非宗教的形式），不若學會安心，學會從容，生出萬緣放下的自在。這和你去做任何事，參與任何行動，表達任何態度，並不相違背，但它的驅動力內核卻發生了根本性變化。於是，它對身心和世界的貢獻也就發生了變化。這很重要。

內三毒和外病毒

你看《破相論》中達摩祖師的話說的多好：「外禁六情，內制三毒，勤覺察，淨身心。」內制三毒的「毒」和病毒的「毒」，難道不是同一個字嗎？你正在外制病毒，那麼也請你內制三毒。相對於帶口罩，勤洗手，順便勤覺察，淨身心，做個內外的配套，如是可好？

內三毒熾盛，必外顯病毒。古人說居安尚思危，何況三界本無安。何不打蛇打七寸，擒賊先擒王？如能轉三毒成五智，再看世界會不會轉汙穢成清明。如每人都能內在清明了，是不是病毒自然就煙消雲散了呢？即使可能還有生成病毒的元素，也不一定還會呈現為當下這個層面的病毒。可能會變成另外層面上對你的新考驗，而你的生命會藉此繼續逢山開路，遇水搭橋，走向越來越強大的無限發展。

這是生命帶給我們最有質量的安排。如此，你便愈發接近真相，逐漸成為真相。這個真相，叫「如來智慧德相」。這個真相，我們原本具足。

持齋和護法

又持齋者，當須會意，不達斯理，徒爾虛切。齋者齊也，所謂齋正身心，不令散亂。持者護也，所謂於諸戒行，如法護持。必須外禁六情，內制三毒，勤覺察，淨身心。了如是義，名為持齋。

「齋正身心」即平常心。在佛教傳入中國之前，負責禮數、典法、律儀的機構稱為寺。故而持者，為寺在手中，「持者護也」，能「內心謙下，外行於禮」，能以平常心行「不取於相」，即為持齋。

所以達摩祖師有云「不染六塵名護法」。日常只是慣於捐錢、捐物、捐人工的小夥伴，不妨對照下，到底自己是在護持喜好在意、取捨分別，還是真的在護法？

食存五觀的孔雀

又持齋者，食有五種：一者法喜食，所謂依持正法，歡喜奉行。二者禪悅食，所謂內外澄寂，身心悅樂。三者念食，所謂常念諸佛，心口相應。四者願食，所謂行住坐臥，常求善願。五者解脫食，所謂心常清淨，不染俗塵。此五種食，名為齋食。若復有人，不食如是五種淨食，自言持齋，無有是處。

持齋或叫吃齋，指的可不是吃幾口蘿蔔白菜的意思！若只從名相論，那是兔子道，不是覺悟道。

寺院本是表法的道場，本是處處譬喻引導眾生能離相破執之地，後來有些人把它變成了引導眾生處處著相增貪之所。這個我們不去過多討論了。但無論它怎麼行其實，終歸原本的譬喻邏輯尚存。比如寺院的齋堂一般被稱為「五觀堂」，即「食存五觀」，所謂「計功多少，

量彼來處；忖己德行，全缺應供；防心離過，貪等為宗；正事良藥，為療形枯；為成道業，故受此食」。

「食存五觀」其實就叫勤覺察。佛門有句話叫「五觀若存金易化，三心未了水難消」，或「五觀若明金易化，三心未了水難消」。「三心」不就是過去心、現在心、未來心麼？其實也正是你的「三毒心」。「五觀」其實就是《破相論》裏談的所謂法喜、禪悅、念食、願食、解脫食。所以，佛法裏面的譬喻無數，其實都是從不同的角度在破你的執著。

執念是不分善惡的，但凡有執，均名三毒造作。但能離執不住的時候，三毒造作就轉為三心清明。一樣是三心，三心為用，貪嗔癡一樣是你的用，反而成了實現自在的工具。佛經中有一個譬喻，有一如來名「孔雀明王」，何解？人食毒會非死即傷，有所謂孔雀反而能以毒為食，且因食毒毛色越發靚麗。所以佛門以「孔雀明王」來譬喻一個人能隨緣轉三毒為五智的自在清明。

吃素的奧義

在這裏用我的一篇小文，把吃素的問題順便和大家探討一下。

關於吃素這個問題，如果只在相上糾纏，那就是無窮無盡的公說公有理、婆說婆有理，而且永遠難以自圓其說。《法華經》云：「吾從成佛以來，種種因緣，種種譬喻，廣演言教，無數方便，引導眾生令離所執。」換句話說，佛經多以譬喻說法，以方便導引我們離相破執，而不會希望我們反而成了更加著於名相分別的是非之徒。

我們吃到嘴巴裏的東西無非兩種：一種叫動物，一種叫植物。動，代表一切運動，比如動物，比如起心動念，是陰所生之陽。靜，代表相對靜止，比如植物，比如寧靜的心，是陽所藏之陰。

我們的心性也常常表現為兩面，一面是無明妄動，一面是澄淨平

和。某個角度來說，動物代表了前者，植物代表了後者。

須知佛門素食的起源，並非佛陀，而是提婆達多。

佛陀並沒有要求弟子必須吃素，這裏有個重要典故：佛陀在涅槃時，對供養他豬肉乾的俊達說，他一生最美好的兩頓飯，一頓是蘇迦達供養的奶粥，幫助他開啟了覺悟的大門；一頓是俊達供養的豬肉乾，開啟了他涅槃的大門。而這兩頓飯都不是形式上的素食。

那麼佛門為什麼倡導素食？素食源自梁武帝，其至多只能論為是因為我們追求感受，追求欲望的妄動心性太強了，所以通過吃素靜心，以此來降低無明妄動。就好像天平，一端的砝碼太重了，另一端也要加幾個才能平衡。在這種追求心性平和、訓練動靜等觀的過程中，我們逐漸超越分別、超越妄想、超越欲望，於「相」至多如此理解，也似乎只有這麼理解，才顯得佛法不那麼狹隘和自相矛盾。

同時，素食作為一種飲食習慣，本是一種正常自主的生活方式選擇，無可厚非。一旦加入宗教思維，變成了某種必須的形式要求，意思可就全變了味。把素食作為信仰符號，刻意強化對錯高下的揀擇，就容易失去了平等，強化了階級對立，這就和佛法本願根本對立，不僅捨本逐末，而且因小失大。

因信仰而吃素的奧義，在於心中無是非，無取捨，無高下，無階級，無分別，如能食此法食，則是最好的吃素。正如寺院齋堂中言：「五觀若存金易化，三心未了水難消。」達摩祖師更加在《破相論》裏有清晰明白的開示：「外禁六情，內制三毒，勤覺察、淨身心。了如是義，名為持齋。……世有迷人，不悟斯理……唯斷外食，自為持齋，必無是事。」

所以吃素，說透這一層，跟吃什麼東西入嘴，並無本質關係，最多只能算作象徵關係。

肉者，妄念分別也；菜者，淨而不染也。六祖「但食肉邊菜」，即行無分別。世人大多時時「食菜邊肉」，念念妄分別。

肉者，迷著也；菜者，覺悟也。「但食肉邊菜」即「萬行門中不

捨一法，實際理地不染一塵」也，是真入「佛法在世間，不離世間覺」。

世人大多無量分別造作，情緒左右人生，如是顛倒取捨，是食肉耶，是食菜耶？真的別再覺得兩捧菜花，幾塊土豆蘿蔔，就是真的佛門吃素了。看看天天在用什麼餵養自己的法身慧命，或者更有價值，因其直通輪迴或涅槃。

人們往往喜歡追究夢裏的對錯得失，並勤學苦練於夢裏賺一百億或夢裏自由的本領。有這功夫，不如想辦法直接醒來多好！

唯有醒來，才是真自由！在醒來的自由空氣裏，確實沒有夢裏的雞腿或土豆味道。

倒行逆施的迦葉

《維摩詰經》裏，關於持齋，就更加深入了一層。迦葉尊者在《維摩詰經》裏面講了自己的一個案例：有一天，迦葉尊者為了給貧苦的人培福報，乞食時就專門去找貧苦的人結緣，讓他們來布施食物給他。

迦葉尊者很慈悲吧？這是不是和現在很多人的行為很像？比如說我要跟大家結緣，弘揚佛法，讓大家與佛結緣，廣積福報，要讓全世界人都皈信三寶。當然，其中有不少人也是用這些說法當幌子謀私利，那另當別論。但就算是順著這個說法來，是不是和迦葉尊者的說法很像？

當迦葉尊者如此行乞時，維摩詰居士就突然出現了，對他說：「迦葉，住平等法，應次行乞食。」這就是在提醒迦葉，你這麼做失去了平等，因為你內心裏還覺得貧苦的人更可憐，貧苦的人更需要福報，那是不是掉在一個很表面的現象層次在看問題，在餵養自己貧富差別的觀念？

我們的文化裏有這樣的話「窮有窮樂呵，富有富煩惱」。人生是平等的，托爾斯泰在《安娜・卡列尼娜》中說：「幸福的家庭總是相

似的，不幸的家庭各有各的不幸。」大家一聽感覺很共鳴，好像確實如此。其實在我看來，幸福的家庭總是相似的，不幸的家庭其實也是相似的。樂因為六根樂，苦因為三毒苦，其實沒什麼真的差別。

維摩詰居士很不客氣，提醒迦葉失去了平等，應當次第隨緣，平等對待一切。並繼續對迦葉說「為不食故，應行乞食」，「為壞和合相故，應取摶食」，「為不受故，應受彼食」等。這些其實都是在提醒迦葉尊者能「行於非道，是為通達佛道」。

「為不食故，應行乞食」，指的是迦葉尊者作為成就者，可不去乞食，自然也有人供養，如此則反而當行乞食，以為平常平等，不落單邊習氣。

「為壞和合相故，應取摶食」，僧團有六和敬[27]的規制，其中就有「利和同均」。大家都出去乞食，有些人可能今天有緣能受到供養，有些人可能一點都沒要到。當大家都回到僧團之後，把彼此要到的飯食合在一起分享，這樣大家都有的吃，這就是最基本的「利和同均」。其實這也是在譬喻法性，指無分別心對待十方一切緣，皆為平等法食，以長養善根。迦葉尊者是公認的大成就者，所以他去乞食，是很容易得到供養的。所以維摩詰居士反而提醒他可行「摶食」，有些經典翻譯成「揣食」，簡單說，就是一個人吃獨食的意思。就是因為你能和大家利和同均，所以當把自己的飯偷偷拿去自己吃，以不讓自己住和合之善德相。

「為不受故，應受彼食」，換句話說，因迦葉是尊者，本身就不

27　六和敬：指六種和同愛敬。(一)身和敬，指同禮拜等之身業和敬。(二)口和敬，指同讚詠等之口業和敬。(三)意和敬，指同信心等之意業和敬。(四)戒和敬，指同戒法之和敬。(五)見和敬，指同聖智之見解和敬。(六)利和敬，指同衣食等之利益和敬。又據《大乘義章‧卷十二》舉出：(一)身業同，(二)口業同，(三)意業同，(四)同戒，(五)同施，(六)同見等六者，稱為六和敬。另據《祖庭事苑‧卷五》列舉出「六和」，即(一)身和共住，(二)口和無諍，(三)意和同事，(四)戒和同修，(五)見和同解，(六)利和同均。

在乎這些世俗供養，完全可以不受此食，所以反而要能受此食，專門「倒行逆施」。

說到底，維摩詰居士就是在破迦葉尊者心中所有的細微分別、自以為是和得少為足的自我成就感。所以最後說「斯皆是破五陰法，成涅槃食」。如此這般，迦葉尊者才能入無分別智，契大乘菩薩道，不然只是個懷著分別法執的羅漢，耽誤法身慧命，永不見清淨涅槃。

破五陰法和成五陰法

五陰就是「色受想行識」，真修行都是「破五陰法」。現在很多著相而求的所謂修行方式，其實都是在讓人「成五陰法」：讓你在著於名「色」時認為有事可做，執幻為實，然後越做越強化感「受」、得失在意，內在上開始不斷形成更深度的價值認知並浮「想」聯翩，繼而開始攀緣過去和未來，如此心「行」堅固，偏執愈深，最後強化分別認「識」。

這就是所謂「佛法」和「魔法」的區別。所以在《金剛經》裏，佛陀把話說的如此直白且嚴厲，即「所謂佛法者，即非佛法」。記住這一點，無論什麼呈現什麼樣貌，但凡加重你的妄想執著，貪求在意的，都不是佛法！

不取不捨的不二利他

上次很多人說聽了利他心，覺得非常震撼和觸動，沒想過利他心是這麼解讀的。其實用更簡約一點的方式去理解，「利」就是利益的「利」，所以「利」是不捨，有利益誰捨呀？那「他」是不是正因不是自己，所以是「不取」，那「心」不就是不二麼。

所以「利他心」這三個字，換個角度，一樣是指不取不捨的不二之道。是故「諸佛生於利他心」！

有人說，這麼一說好像也很有道理啊，那怎麼自己想不到呢？原因很簡單，因為我跟你在講這個東西的時候，我的心就安住於這個不取捨的緣上，所以拿什麼我都往上靠，也就都能靠得上。這就是「萬法唯心造」的寫實。

但你的心如果是住在自他分別上，那你的利他心就是一種非常著相的得失感，那就叫「諸苦生於欲自樂」。

前文我們說了成為真相，成為「此諸眾生云何具有如來智慧」的相。這是真有個相的，我跟你說實話，沒有這個相就不用這個字。大相無形，無形也是一種相。所以誰跟你說最後證悟的那個部分叫無我？無我誰去？誰也不幹的！

說無我，是讓你不執小我發展大我，進而「天上天下，唯我獨尊」！

這個「我」，是不二之性。

破相論 18：有情人成覺有情

【經文】

又持齋者：當須會意，不達斯理，徒爾虛切。齋者齊也，所謂齋正身心，不令散亂。持者護也，所謂於諸戒行，如法護持。必須外禁六情，內制三毒，勤覺察，淨身心。了如是義，名為持齋。

又持齋者，食有五種：一者法喜食，所謂依持正法，歡喜奉行。二者禪悅食，所謂內外澄寂，身心悅樂。三者念食，所謂常念諸佛，心口相應。四者願食，所謂行住坐臥，常求善願。五者解脫食，所謂心常清淨，不染俗塵。此五種食，名為齋食。若復有人，不食如是五種淨食，自言持齋，無有是處。唯斷於無明之食。若輒觸者，名為破齋。若有破，云何獲福？世有迷人，不悟斯理，身心放逸，諸惡皆為；貪欲恣情，不生慚愧，唯斷外食，自為持齋，必無是事。

【七非先生解】

　　今天情人節，祝天下有情人早成覺有情。

　　今年以來，世界不太平，不只是我們在鬧疫情，國外很多區域也有在鬧蝗災，林林總總，真是不易。就像歌裏唱的一樣，「苦海翻起愛恨，在世間難逃避命運」。其實哪年也都一樣，總是悲歡離合，陰晴圓缺，我們的生命也就在各種身心衝突、碰撞中不斷發展向前。

　　《無量壽經》有言：「人在世間，愛欲之中，獨生獨死，獨去獨來，當行志趣，苦樂之地，身自當之，無有代者。」所以我覺得比較客觀的一個祝福，實際上就是祝願每位有情人早成覺有情！

　　這個「有情人」指的不僅是我們個人，更是我們根深蒂固的情執。有情很正常，重在能「覺而不迷」，如此則「多情乃佛心」。

如履薄冰的發芽

回到《破相論》的學習。最近我收到回饋，有些群友特別認真，聽了三遍五遍、十遍八遍大有人在，甚至還有好幾十遍的。而且小夥伴們不只是聽，還在很認真地做摘錄、做筆記，甚至做思維導圖。這個真的是要點贊！但凡對自己認真負責，確實無事不成、無道不辦。同時最難在行，「說得一丈不如行得一寸」是真的。最大的為難就在你的日常行持，是不是真的能在困頓在意執著的當口，轉身破格，離相不俗。這個真的是比較難。

蒼天不負有心人。時至今日，我們通過讀書會的社群和大家攜手同行至今，我是真能感受到有些小夥伴身上，確實開始綻放出敢於直面自我習氣並行突破超越的生命狀態。能在遇事生執的時候，開始返聞自心，歇心平常，而不是再外求得失，餵養習氣。能開始真的對自己的固有偏執下刀子，當我們固有的觀念習氣邊界一鬆動，身心就會自動變現自在。這讓我發自內心的覺得舒暢，覺得自己沒白幹。

這就像種子發芽，雖然還頭頂著土，但已呈現破土而出的跡象。這種破土的鬆動感很難得、很美好！有多少人一直在強化種子的外殼，包裹得越來越死，最後胚芽就胎死殼中。大家自己想像一下，是不是那種種子露出一點小芽，推動一點點土的感覺，特別的喜人，生機勃勃。

但這時候幼苗的力量還很弱小，所以在這個時期的陪伴也叫「如履薄冰」。手法重了不行、輕了不行。你過重了，苗太纖嫩而不受力，容易縮回去，失去信心；過輕了又沒養分，還容易滋生出幼苗的傲慢和自以為是，芽上又增殼。

網上有個視頻，就是一隻剛出生沒幾天的小羊，剛好碰到老虎，那隻老虎當時應該未處於饑餓狀態，所以看起來並不想吃小羊。小羊反而自己去用頭頂老虎，結果就被老虎一巴掌摁住拍死。還有一個喜鵲撩貓的視頻也是如此，貓躺著打瞌睡，喜鵲非不斷地飛過去叼啄招

惹，結果把貓惹煩了，就縱身空中把喜鵲撲住咬死。

　　所以為難也就在這裏。

起心動念的細微

　　起心動念的細微，往往難以觀察。甚至一些在儒釋道醫這些傳統文化的專業領域裏的人，也往往為難在這裏。可能昨天還在和大家說自己對於破五蘊、超六根、證悟空性的認識、理解、感受如何，結果第二天很可能就在自己一個其實很小，但恰好自己在意的細節點上，暴露習氣。

　　祖師說：「求知見者如毛，悟道者如角。」因為碰的都是自己起心動念處的真實細微。越是細微處，其實力量越大，就和劈開一截木頭僅需一把斧子，可要想分裂原子就需要核反應堆的道理一樣。

　　有一位我很敬佩的道德家，辦道德、行禮教不惜成本，非常盡心。且個人生活十分簡樸，為人謙下，甘為大眾做馬牛。有一次我們隨緣交流時，我就和他說，既然大家都至心向道，那咱們好不好就道人心說些道人話？道德家為人謙遜，當然願意誠懇交流。我說你老兄能俯身利他，行為謙下，以身作則於掃廁所、撿垃圾，同時你也是具備很大財務自由之人，這些我確實贊佩。春秋責備賢者，那我想請問，現在讓你再去過一些奢華的生活，比如豪車超跑、私人飛機、管家伺服等等，你會如此麼？道德家說那可不能幹！我問為什麼？回曰此為損福虧德，且未行利他，不免可惜。

　　我們往往做自己心甘情願之事，屎尿亦可入口，做自己不心甘情願的事，縱佳看滋味亦如同嚼蠟。聽說國外（國內也有少量的人）有飲尿療法，自己的前晚宿尿，晨起排出後，自己喝入腹中，以為養生保健。所以你看，一個人只要觀念認同，自我願意，喝尿都沒問題。這裏的為難處在於，如果是別人的尿呢？自己是否還能如甘露飲？有

人想想，可能會說那家裏人的我也能接受吧？那咱們就再升級一下，如果剛好是樓下大街上你最不喜歡的那種渾身體臭、邋遢無比的流浪醉漢的呢？尚能飲否？

打這個比方的目的，大家學到這一講，應該很明白了。任何餵養自我喜好的合頭語模式，不過都是強化分別取捨，加固輪迴鐵圍，加粗貪嗔二性奴隸主手中鐵鏈的習氣奴模式。

好事當然要做，依平等平常心，隨緣做，「不住相」做，自在做，無心相應做，如此和道方相干，才顯「智慧德相」。否則，依分別取捨心而行之「德」，不過是在三界火宅[28]裏徒勞地打了個滾，夢裏造夢畢竟空。

《壇經》所言真實不虛。「自性建立萬法是功，心體離念是德」常常會忘，「常行普敬」真是知易行難。

法喜食的滋味

順著上一講《破相論》，「唯斷於無明之食」方是持齋。如果不能夠外禁六情，內制三毒，勤覺察、淨身心，都叫破齋。當認為自己吃一口白菜、土豆就是吃齋的時候，就已經落在自己的習氣分別而不自知，那就不叫覺有情，而叫有情蒙昧。所以「世有迷人，不悟斯理，身心放逸，諸惡皆為……唯斷外食，自為持齋，必無是事」。

《破相論》食的部分，比較豐富和完整的內容，在我的《衣食住行的修行竅訣》裏。但無論豐言簡說，其根本脈絡是一致的。其實我們做任何事，遇任何境，包括遇到現在讓大家非常不安的疫情，其實

28　三界火宅：比喻迷界眾生所居住之三界。火喻五濁等，宅喻三界。《法華經‧譬喻品》曰：「三界無安，猶如火宅。眾苦充滿，甚可怖畏。常有生老病死憂患，如是等火，熾然不息。」

這都可以是你的法食進行時。

有些人就說了，我明明讀經拜佛放生持咒，是法喜充滿的呀！你說的其實是合了自己喜歡的感受，那真的不叫法喜，那是無明的另一種樣子。人們在做任何事中所生起的任何感受，當然是可以被理解和允許平常發生的。可法者，是離相之心能也，因不住一切名相而自然契入自在無礙之喜樂，這才是法喜。

什麼叫做法喜之食？離一切相，即一切法。這個心相一現，隨緣就歇，內在轉起來的般若自在，可稱為法喜。這就叫「依持正法，歡喜奉行」。如何是正法？如前文引用《壇經》所言，「有念念即邪，無念念即正」，「般若三昧即是無念」，「悟無念法者，萬法盡通，悟無念法者，見諸佛境界，悟無念法者，至佛地位」。

法喜會自然生出身心受用，這份受用確實無比舒適，如同卸下了千年的生命負擔，如同從潮濕腐爛、遍滿蟲蟻、陰冷幽暗的無盡深井裏終於爬上了地面，沐浴在煦日和風之中，這份自在，無與倫比！所以這才是法喜食。

當然，什麼心就生什麼法，什麼法就顯什麼能，什麼能就成什麼相。所以世間法、出世法和不二法的法喜，也確實都是不一樣的。

禪悅食的滋味

所謂的禪悅食，更簡單，「外離相為禪」，你真能離相不住時，那份清明自在、自由爽朗，即為「內外澄寂，身心悅樂」。去坐個禪，覺得舒服，那不叫禪悅食，那叫休息食，是相對於外在忙碌的休息替換。

有些人也會不忙乎外在，卻專門忙乎內心鼓搗。結果鼓搗久了，心累了自動停機休息，這一休息可就真舒服！這份輕鬆自在的質量，其實和火車上站了十八個小時，突然旁邊座位有人起身去上洗手間，

自己趕緊一屁股坐下去的那份舒適質量差不多，無非有時會加上了一點心意上的感受和名色變化，比如光感，比如恍如六根脫落，比如「娘胎本來面目」等。

結果這些人就以為這份深度休息的舒服就是禪悅境界，然後以為開悟分享大眾，結果誤導群蒙更加強化求取，更加鼓搗折騰，而顛倒了「無為」的根本，愈發南轅北轍，還以為在修行「佛法」。這些都不是禪悅食。

念食的滋味

所謂念食，「常念諸佛，心口相應」。還是這個道理，「離一切諸相，則名諸佛」。

《佛藏經》云：「見無所有，名為念佛……念無分別，即是念佛……不可以色念佛，何以故？念色取相，貪味為識。無形無色，無緣無性，是名念佛。是故當知，無有分別，無取無捨，是真念佛。」大家自己看看，如何是念佛，經裏說的多明白，一個字都不用講解翻譯。難在很多人沒有深入經藏，就不知道佛經如是之言，只是掉入十種輕信，人云亦云，最後誤了自己。

再舉個小例子，世面上有一種很奇怪的說法，說《阿彌陀經》是唯一一部佛不請自說的佛經，所以特別重要和殊勝。且不說其中為何不請自說的義理，光這基本信息，就很不準確。佛經中不請自說的經典很多，隨便以《地藏經》為例，同樣就是佛不請自說。

在一些倡導這種唯一指向性學習的所謂學佛團體裏，《地藏經》是其中的常備功課。我有時會很納悶，究竟是什麼樣的洗腦手段，竟能把大眾的智商蒙昧到睜眼瞎的程度。

換個角度，我想這可能也是一種示現吧？就是考驗下大眾是不是在學佛前，首先能學會尊重自己的智商和認字能力。如果這樣的智商

基礎尚且薄弱，學佛更應該先從紮實這個基礎開始。

願食的滋味

　　見地清明了，事情就好辦了，「理則頓悟，事須漸除」。這就跟大冬天身上穿了棉服、馬甲、毛衣、秋衣……厚厚實實的在冰天雪地裏艱難行走，突然進到一個溫暖如春的房間裏，那這些衣服是不是脫一件就舒服一層？如果這房間就是自己家，你不僅都脫了，還舒舒服服洗個澡，往床上一躺，真是輕鬆自在。漸修道裏，心念的解放層次亦如是，每一層次的心念解放，都變現相應的能量，呈現為不同的名相態。

　　所謂願食，「行住坐臥，常求善願」。

　　《地藏經》全名《地藏菩薩本願經》，「願」上還要加一個「本」。如何稱為「本願力」？心之原為願，心之本即初始也。所謂「善願」，不落名相，不著貪嗔，回歸本願也。

　　經中譬喻佛陀託付末世眾生於地藏菩薩，其實就是在做這樣的比喻，即「任何時候都不要忘失初心」。所以一個人在行住坐臥中，但能不忘失初心，就不會讓自己真的陷入任何煩惱。困而不難，因為知道「困」是自己為了更好發展而躬身所入之局，更為激發自己強大的破格力量，會不會成為「難」，只在自己是不是足夠智慧、平常、有力。痛而不苦，因真實知道一切困難的過程呈現，都如健身房鍛煉，不會有任何人因為肌肉的發力、拉扯而覺得是苦，反而很開心。一樣的道理。

　　念念不失本願力，其力量確實是不可思議的，因你會洞穿煩惱的本質，照破貪嗔的束縛，自然任運般若智慧，為自己營造舒適自在。打個不甚恰當的比方，就好像你買了張機票從北京飛深圳，你上飛機只管躺著睡覺，睜眼都能到達目的地。其實這個初心本願力的作用，

比這可大不知道多少倍。

解脫食的滋味

能如是前四食者，自然「心常清淨，不染俗塵」。不染是來去自由意，有句話說「出淤泥而不染」，我們再加上一句「入淤泥而全染」，此名真平等、真自由、真自在，那當然就是真解脫。大家想想這個道理，這不就是「和光同塵，入不二門」的真實表達麼？

空性的證悟

如是齋食就叫「五觀若存金易化」。為何用「金」來譬喻而非其他，這就是古人的洞徹之智。金屬一具堅固性，二代表分別性，所以被稱為「金分萬物」，比如小到鋼刀鐵劍削瓜切菜，大到飛船火箭劃破長空，都是用了這兩個金性。而當這種分別的堅固一旦消融，金性就走到它的另一個面，被稱為「空性」。

所謂的證悟空性，其實並不是有一個叫空性的東西讓你去證悟，如果有，那就是不空！你能存此五觀，行不取捨道時，你會自然契入一種平常清淨、自由無礙的狀態。無礙並不是什麼都沒有，而是什麼都無從妨礙。

萬相是萬法的能質態和合顯現之相，萬法是自心的性能和合顯現之相，自心是自性的功能顯現之相，自性是覺性的妙顯之相，覺性本無相亦無性顯。所以這其中沒有一處具有實性、實能、實力、實質、實相，故假名「空性」。目的是為了讓大家不住一切概念。連性都不自有，何況能、力、質、相？

現在有些人動輒就談「站在空性的角度如何看……」，我對此說

法確實比較無語，一個很簡單的邏輯就是，如果空性還有角度能讓你站上去，那就不叫空性了！有人說那這算不算方便說？我同樣告訴你一句金剛祖師的話，叫「方便亦不許」。

佛法的接引本就是「處處方便」，可人的習氣著實狡猾，一旦習慣了種種方便，就一定會演化為「方便出下流」，繼續當習氣奴！所以祖師慈悲，更立「方便亦不許」的大方便，來破後人易入的習氣下流，讓你四面八方無從安立，逼你轉身。

狂心頓歇，歇即菩提

有群友問，怎麼從習慣的二元對立的單邊思維裏跳出來？我們講了這麼多期，不都是在說這個麼？「二元」本不是問題，那是應用層面的性能相顯，是平常相。那什麼是問題？是你認為二元對立是問題的這顆二元習氣心、習氣見，才是繫縛。

我們總是習慣在對錯、是非、高下、好壞的簡單維度上看問題，明明是個三維血肉活在四維時空裏的人，怎麼驅動自己人生的思維總是二維的？這就是我們前面說的：「升維認知，面對什麼問題都會如履平地，自他雙贏；平維認知，面對什麼問題都會困難重重，自他辛勞；降維認知，面對什麼問題都會徒而無功，自他雙失。」總是習慣於降維思考，那肯定怎麼做都會是四面楚歌。

又有人問，怎麼升維見地？看，又是可以被理解的「求好捨壞」態，說了多次，用柴鍋燒水的認識，是永遠沒法讓宇宙飛船上天的。歇了吧！歇了這顆心吧！「狂心頓歇，歇即菩提」是真境界，你的內在「本自具足，能生萬法」，但不用外層粗大的功能，更深層次更細膩強大功能就會自動顯發力量！

歇了吧！一切人事物境都是你自心起用、對照發展的工具。不歇，你就「心隨境轉」，歇心，你就「境隨心轉」。不歇，打一個不恰當

的比喻，你的生命狀態就叫追骨頭的旺財，也就是「韓盧趁塊」而非「獅子撲人」。

念佛是誰的話頭

以禪門後來立的一個參話頭的方便，叫「念佛是誰」為例。如何是參話頭？所謂話頭，話之頭也，一追成問題追究，就叫落概念，那已經是追話尾骨頭去了。如何參話頭？既然都是隨緣平等相應的事，所以哪分什麼話頭話尾？有人頭相應，有人尾相應，六祖聽聞《金剛經》至第十分「應無所住而生其心」處入道，須菩提至第十四分「聞說是經，深解義趣，涕淚悲泣」處豁然。這不就是個各自相應事麼！又怎麼真的分頭尾？

追話頭只是個方便，當你明白頭尾不二，平等平常時，自然狂心頓歇，清明自現，如此方開入道門，其實這才開始值得被打板子！

現在很多禪堂裏打板子的和挨板子的，確實很像小孩玩過家家用沙子和石頭搭竈做飯，這也沒什麼。客觀說，這也是一個必經的階段。但還是希望早些成人，能早點開始面對真的鍋碗瓢盆、柴米油鹽，滋味完全不同。

某個角度說，禪門留了話頭的方便，淨門留了佛號的方便，密宗留了持咒的方便，種種方便都是為了導人歇心破執，啟平等不二覺，而非賊心求成，執得少為足迷。標月指的目的是讓你看到月亮，而不是讓你抓著指頭不放，那不是耽誤了自己也辜負了指頭麼？

我不會佛法

大家有許多問題來問我，是對我的信任。而讓我自己心中覺得比

較踏實的一點在於，因為我自己是一個了無智慧的七非之人，所以壓根不具備任何能給人答案的智慧、能力。通過我們的交流，你能受到些什麼啟發，那是你自己的智慧運轉，與我無關；如果加重了你的不明白，我同樣開心，因為這還是你的智慧運轉，更增疑情，還是與我無關。我的倡導惟在「不為定義知識，只為啟發智慧」。

有些人也確實有一種可能是慈悲的習慣，就是很喜歡定義知識和給人答案。在我看來，這大約和自己比較喜歡做權威的某種習氣有關，如同有人喜歡吃臭豆腐或喜歡聽人表揚的習氣，其實沒什麼本質區別，都是一種平等平常的世俗心態呈現。「入淤泥而全染」的純世俗遊戲，或者真的是惟大菩薩方能入能行，而我還真的是能力不夠。

《壇經》中有人問六祖大師：「黃梅意旨，什麼人得？」六祖說：「會佛法人得。」那人又問：「和尚還得否？」六祖說：「我不會佛法。」

你看祖師何其高明？要從世間追究這一問一答，其實問者不甚禮貌，明明六祖得承衣缽，此人卻明知故問。而祖師回話不卑不亢，坦蕩有聲「會佛法人得」。若從修行地追究，問者切心真摯，求取得失，故祖師拋以欲勾「會佛法人得」。佛者，覺而不迷也，祖師不住求取得失而隨緣接引，自然清明做主。

該人再問「和尚還得否」，祖師更加高明，曰「我不會佛法」。如此一則以「不會」顛倒於「會」，打掉問者之切心，使其無法住念，開無所得門，方便接引契入無念心地。二則佛尚無法予人，又怎可能有人「會」佛法？畢竟「所謂佛法者，即非佛法」。本都是緣來則應，緣過自捨，無住生心，雁過寒潭之影不留痕事，又哪裏需要「會」什麼佛法？

兩句提問世俗為無禮態，出世為機鋒態，而祖師回答不落窠臼，高山頂立，貫通教理，滴水不漏且普被群蒙，圓融周遍，確實讓人贊佩！

既然連祖師都不會佛法，我能會嗎？我也肯定不會佛法的。我一個佛法都不會的人，怎麼能給大家標準答案和知識定義呢？

實修怎麼修

有群友說，我們還是得實修，只有實修才有意義。條條大路通羅馬，各自相應怎麼都好。只是一般問到我，我都會先問一句：「既然你要修，能不能先告訴我你哪兒壞了？」我看著每個人都是一副能吃能喝能睡能拉，或談笑風生或愁眉苦臉或為情所困或見錢眼開，六根自如運用的樣子，我真看不出是哪兒壞了？

有一次，有一位小夥伴和我說：「先生，我最大的問題就是我從小就脾胃不好，一直遍訪名醫，怎麼治都是有時好些但常常不好，很困苦。」那次的交流也是機緣到了，我就回了一句：「我覺得你從小到大，脾胃就沒有不好過。」小夥伴突然愣住了，然後淚流滿面，我的意思她聽懂了。比如我自己，非要去和姚明比身高，去和帕瓦羅蒂比高音，然後用身高的差距嫌棄自己不好，用嗓音的差距嫌棄自己不好，這不是自討沒趣麼？人生平等，各有因緣，本就是平常事，過度的攀緣求好，就會形成越來越困苦的「自我感覺不好」。

交流完的結果是什麼？從此以後她的脾胃不僅再也沒犯過任何不適，而且無論什麼原來讓她望而生畏的飲食，身體都會舒適的接收，運化功能就這麼正常了。

父親的手腳

再舉一個來自我父親的案例。

我的父親在 2010 年中風，整個身體右半側全部癱瘓，只有右手食指的前端微微有一點點抖動感。當時我的一些中醫好友也是諸多幫忙，讓他僅用了九天的時間，就自己撐著輪椅蹭出醫院，遠超他的那些病情更輕、時間更長的病友，但畢竟恢復需要一個比較長的周期，所以

回到家裏慢慢調理。

在這期間，就有一個很有意思的現象發生了。恢復早期，至少有三個月左右的時間，父親每天早晨醒來，朦朧之間伸懶腰，竟然右手能舉過頭，右腳能蹬脫被，和常人無異，且次次不爽。然而懶腰一伸完，就縮回成了病態，整個右半邊佝僂起來。父親為此非常懊惱，總說早上剛醒就是好人，怎麼全醒就又是病人了！三個月後，慢慢的這個情況也就沒有了，只是個整體不斷慢慢好轉的病人。

學了這麼久，大家應該多少有些明白為什麼會這樣了，就和我自己發燒的病例一樣，父親在半夢半醒恍惚之間，後天的自我意識尚未完全構建，比如姓甚名誰、人生為何、妻子兒女是誰，自己身心情況等，這些信息尚未完全構建，所以在那個相對不受後天認知干擾的「我」那裏，就不存在身體的疾病問題，因為這些全然是基於父親此人的一切後天習氣和觀念認知而構建的！而當父親的後天自我認知還不能做主的時候，這個不受干擾的我的作用力就顯現出來了，這個作用力會自動合上人性本存的「趨樂避苦」性，而身體無礙即為樂，所以在那一個瞬間，父親的手腳全部呈現為正常態。

當代醫學有很多難以解釋的人體現象，我覺得這個現象的發生，應該不只在我父親一個人的身上出現過。

為什麼父親的身體又會佝僂回去呢？我想是因為當父親開始意識到這個好態的時候，一切有關自我構建的信息，和自己病了已經不好了的觀念，就全部附加上來，當下起用，於是一個在不好中求好的病老頭就呈現了出來。為什麼這個現象三個月後也就消失不見了呢？在我看來，是因為時間長了，父親也就見慣不怪了，反而隨著後天習氣認為這本就無益於改善，於是能生成這個現象的那個「清明的我」，也就被後天觀念逐漸淡化，雖然一直還都在，但就不再呈現作用。

那請大家思考一下，我的父親到底是有病還是沒有病？如果有病，病在哪裏？

道不屬修的實修之門

馬祖道一大師和他的弟子間有這樣一段問答：

問：「如何是修道？」

師云：「道不屬修。若言修得，修成還壞，即同聲聞。若言不修，即同凡夫。」

云：「作何見解，即得達道？」

師云：「自性本來具足，但於善惡事上不滯，喚作修道人。取善捨惡，觀空入定，即屬造作。更若向外馳求，轉疏轉遠。但盡三界心量，一念妄想，即是三界生死根本；但無一念，即除生死根本，即得法王無上珍寶。」

道不屬修，因有修即攀緣，攀緣非道行。道不屬不修，因不修即迷愚，迷愚即凡夫。那怎麼辦？其實三祖僧璨大師在《信心銘》中有這樣一個非常簡約而有效的「實修」路徑指給大家，即「至道無難，唯嫌揀擇，但莫憎愛，洞然明白」！

「但莫憎愛」，瞬間斷脫枷鎖，貪嗔二性不再能做你的主人，而你瞬間翻身農奴把歌唱。

真就這麼簡單！

破相論 19：一尊佛頂禮的像

【經文】

又禮拜者：當如是法也，必須理體內明，事隨權變，理有行藏，會如是義，乃名依法。夫禮者敬也，拜者伏也；所謂恭敬真性，屈伏無明，名為禮拜。若能惡情永滅，善念恒存，雖不現相，名為禮拜。其相即法相也。世尊欲令世俗表謙下心，亦為禮拜；故須屈伏外身，示內恭敬。舉外明內，性相相應。若復不行理法，唯執外求，內則放縱嗔癡，常為惡業，外即空勞身相，詐現威儀，無慚於聖，徒誑於凡，不免輪迴，豈成功德。

【七非先生解】

　　大家晚上好，今天是 2020 年 3 月 1 日，《破相論》從去年的 5 月 12 日佛誕開始，到現在講了十九期，一晃快一年了，還沒講完。祖師的文字確實是字字珠璣，我們這算略講，真要細細品味，應用生活，那就要靠大家自己了。

說通及心通

　　有群友問：有一些修行人也修的非常好，只是他們不會講，講不出來。有一些好像講的很好聽，但是又感覺落於空玄，缺乏真修實證的感覺。這是為什麼？

　　我說你說的這兩句其實都叫外行話。我也不知道這種外行話怎麼就能流行起來，大約是符合了多數人因為自己還沒會得的一種想像感。

舉個簡單的例子你就明白。我們的乒乓球總教練劉國梁，女排總教練郎平等，他們能教的原因是什麼？是不是因為都是打出來的？打出來的就是最好的教練，因為他（她）們不僅有理論還有實踐。人們為什麼愛聽世界首富談經濟，聽商業大亨談運營？因為他們都是打出來的。前文說過，佛講佛知見，菩薩講菩薩知見，羅漢講羅漢知見，凡夫講凡夫知見，餓鬼講餓鬼知見，自己能講出來的，都是自己的實在，講不出來的就是缺乏的。所以就不存在有修證講不出來的人。

有人說了，那不是也有那種見到美好的風光，自己語文匱乏、不知怎麼描繪的情況麼？你說的對，你說的是凡夫思維心的邏輯，沒墨水確實難以表達。可你問的是般若智慧的修證，這裏不需要墨水，因為本自具足，自然甘露流淌。

《壇經》裏也說得很明白：「說通及心通，如日處虛空，唯傳見性法，出世破邪宗。」我們其實絮絮叨叨這麼久，說的不一直就是希望大家能直契心性的角度麼？

「說通及心通，如日處虛空。」如果只能說通，但心未通達，那叫「日在地平線」，曙光乍現前的那一刻。這就是理上明了，「理則頓悟」，事上還沒過去，「事須漸除」。太陽還在地平線的時候，一切萬物還朦朦朧朧，就是這個比方。那有沒有可能心通說未通呢？有一瞬間的可能，那叫如日遮浮雲。但只是浮雲暫遮，隨緣就能照破，自然法語如陽光普照。

說這兩種就是打個比方。其實每一個人能表達出來的，都是自己身語意三門的真實和合，是什麼就是什麼，說不出來的肯定沒修證到。我希望大家都能「說通及心通，如日處虛空」！

這裏只有一種因緣是除外的，即不是他的緣。這就好比說有些運動員一樣很優秀，但是後來他未必去幹教練。不代表他不能幹，只是他的緣不是去幹那個的，這就另當別論了，這種情況少之又少。

現在最大的麻煩不是說不出的問題，而是著相胡說，把各種俗解、餓鬼解作為定義以誤導大眾，把好好的大乘佛法變得智商、常識、語文水平連小學三年級都不如的問題！

出世心和入世事

有一句我們經常聽到的說法，叫「以出世心，做入世事」。聽起來很有道理，兩頭兼顧了，這不就是萬行門中，既不捨一法，又不染一塵嗎？多好！

任何言教的成立都有其相對應的語境緣起，只有相應緣起，才是合理，錯開了就不一定都合理，這就如祖師說的「金屑雖貴，落眼成翳」。金子再貴重，放進眼睛裏就是難受的病。從促進社會生產，鼓勵組織共建的角度，無論什麼心，能有所作為都是值得鼓勵的。這和能抓老鼠的貓就是好貓，其實道理一樣。

而從本位的角度，大家想一想，類比「以出世心，做入世事」，那麼請問你用殺人的心能做好救人的事嗎？用吃飯的心能做好上廁所的事？用睡覺的心能做好醒來的事嗎？

我們說的重點不是去否定方便，而是大家要明白，為什麼別人在某種語境下的一句話，你自己就會容易不假思索地全部相應？為什麼不能在這個信息點上返聞智慧，超越習氣？順毛驢的合頭語思維，是很現實的自我迷局。

不少人就是只愛聽合頭語、順耳話，然後像一隻被撸脖子的貓，發出「師父好慈悲呀，他摸我頂好有加持啊，和他在一起就是好舒服的感覺啊……」的呼嚕聲。

什麼心就說什麼話、做什麼事，無論什麼包裝也是如此。你被包裝恍了眼是你的事，但包裝以內，是什麼就是什麼。世間心怎麼做都是世間事，出世心怎麼做都是出世事，不二心怎麼做都是不二事。

依法不依人的開始

又禮拜者：當如是法也，理體內明，事隨權變，理有行藏。會如是義，乃名依法。

「理體內明」，內在上條理清晰的知道自己在幹什麼，即「覺自心現量」；「事隨權變」，呈現出來的時候是權巧隨緣，即「順逆皆方便」。有時以禮拜為禮拜，有時以不禮拜為禮拜，有時以禮拜為不禮拜，有時以不禮拜為不禮拜。沒有死法定法，亦即「能善分別諸法相，於第一義而不動」。

「理有行藏，會如是義，乃名依法」。理有行藏的意思其實就是知行合一，理在行中，行即合理，理事無礙。不是刻意的、造作的、強求攀緣的，是隨順的、相應的、無偽而不諂曲的，即「直心是道場，直心是淨土」。

換個角度再看「以出世心，做入世事」，其實也可以理解成「無為轉有為」，但要注意的是，這個「無為轉有為」是一種隨順覺性的自然相應，而不是基於人我心的攀緣強求。

能如是無為清明，才是真的「依法不依人」的開始。

常禮如是事

夫禮者敬也，拜者伏也；所謂恭敬真性，屈伏無明，名為禮拜。

用一個黃蘗禪師的公案，來理解如何是「禮拜」，就會很清晰。

師在鹽官會裏，大中帝為沙彌。師於佛殿上禮佛，沙彌云：「不著佛求，不著法求，不著僧求，長老禮拜，當何所求？」師云：「不

著佛求，不著法求，不著眾求，常禮如是事！」

「大中帝為沙彌」指的就是後來的唐宣宗。唐宣宗是唐憲宗李純的第十三個兒子，名叫李怡（後改名李忱），封光王。841 年，他的侄子李炎即位，稱唐武宗。唐武宗做了皇帝，對叔叔光王很不放心，百般迫害，故光王為避禍，長期流落民間，並曾遁跡為僧。一日遊方，在廬山遇到黃蘗禪師，一同賞瀑。禪師即詠一聯：「千巖萬壑不辭勞，遠看方知出處高。」唐宣宗應聲而答：「溪澗豈能留得住，終歸大海作波濤。」表達了他雖身在民間，卻念念不忘帝業的雄心壯志。「其後竟踐位，志先見於此詩矣」。幾年後，他真的登上了大唐的皇帝寶座，實現了夙願。

通過這段公案小故事，大家應該就能看出黃蘗禪師的禮拜和一般人禮拜的不同之處了。他的禮拜，形為禮拜，實為返聞自性。這也正是和《破相論》相契合的地方，即「恭敬真性，屈伏無明」。能恭敬真性，自然屈伏無明。真性圓滿，無須別求，道人時時以無所得心平常行道，自然運通自在一切。而世人的內驅常態則是攀緣貪求、分別是非之取捨心造作。落於後者，無論什麼身份的人，也是俗人。能行前者，無論什麼身份的人，都是道人。

佛怡禮佛

其相即法相也。世尊欲令世俗表謙下心，亦為禮拜。故須屈伏外身，示內恭敬，覺外明內，性相相應。

這句講到了世尊的禮拜，是摘自《佛說觀佛三昧海經》的一個片段。

佛告父王：云何名如來從忉利天，下閻浮提時光相變應？我初下時，無數天子、百千天女侍從世尊，獨見一佛，圓光一尋，放千光明，足步虛空，躡階而下……時優填王，戀慕世尊，鑄金為像，聞佛當下，象載金像來迎世尊。蓮華色比丘尼化作琉璃山，結跏趺坐在山窟中，無量供具，奉迎世尊。爾時，金像從象上下，猶如生佛，足步虛空，足下雨華，亦放光明，來迎世尊。時鑄金像，合掌叉手，為佛作禮。爾時世尊，亦復長跪，合掌向像。時虛空中，百千化佛，亦皆合掌長跪向像。

這個故事非常有意思。用佛陀上忉利天為母說法，繼而重返人間的事，打了個比方。忉利天為母說法的主要內容之一，就是《地藏經》，其譬喻義，我在《八大菩薩傳》的《地藏傳》裏有詳述，這裏不再贅述。

回到禮佛的邏輯。故事裏如是講到弟子們見不到佛，又都很想念，天眼第一的阿那律尊者就觀察一下說，佛陀是到忉利天為母說法去了，大約要三個月左右才能回來（這裏其實都是心性層次的關聯譬喻）。當時的優填王也因為思念佛陀，就「戀慕世尊，鑄金為像」，用大象馱著金像，來迎接佛陀重返人間。

同樣在《觀佛三昧海經》的其他段落裏，也說到優填王造這第一尊佛像，是請目犍連尊者用神通力將工匠帶入天宮，瞻禮世尊樣貌，然後以牛頭旃檀木為材質造像。所以後來也有說法，第一尊佛像為旃檀佛，是佛的站立行走態。

所以大家從這裏也就要能明白，什麼是徹徹底底的「法無定法」和「隨緣方便」。再比如《佛遺教經》裏明明白白說的「日可令冷，月可令熱，佛說四諦，不可令異」，即日月都可以顛倒，但「苦集滅道」的真理不可更改。這話你一聽，絕對沒毛病！可對一下《心經》，分分鐘告訴你「無苦集滅道，無智亦無得」。瞬間自我顛覆！

達摩祖師同樣如此，在《破相論》裏解釋了佛亦禮佛的合理性，又在《血脈論》談到了「佛不禮佛」的必要性。你看，這是不是才真的是「承佛意旨」的圓通不二？類似的還有《金剛經》所言「滅度無

量無數無邊眾生，滅度一切眾生已，而無有一眾生實滅度者」。

大家能從這裏真正理解佛法的圓通智慧和真實慈悲了麼？用盡一切辦法，正說、反說終歸無法可說，功德、福德終歸讓你無有少法可得！如此你就不容易固化觀念、得少為足，如此你才可能不住任何一念，不斷發現，不斷自由！

爾時，金像從象上下，猶如生佛，足步虛空，足下雨華，亦放光明，來迎世尊。時鑄金像，合掌叉手，為佛作禮。爾時世尊，亦復長跪，合掌向像。時虛空中，百千化佛，亦皆合掌長跪向像。

說第一尊像為金，是隨順你的分別取捨心，世間以金為貴，金性亦為分別性，同時金性不住即入空性，空性顯用即自金性始（這部分在《生命大自在》的課程裏會詳細展開，這裏先不詳述，不然信息量已經太大了，不好消化也是問題）。

如此之「像佛互禮」，則是為了讓我們明白什麼是性相不二，平等一如。

說第一尊像是牛頭旃檀，同樣是隨順你的分別取捨心，稍後詳述。

愚人除境，智者除心

有群友說，聽了《破相論》以後，不知道家裏的佛像該怎麼處理了。各位，我們學《破相論》，如果大家最後只把「破相」又學成一個概念，那就叫失敗。破的是你的相執，經云「凡所有相，皆是虛妄」，說的是相性是虛妄性，虛妄只是一種屬性，無好無壞、無高無下，惟在善用。

我之前確實建議一些人把家裏的佛像供臺清理出去，為什麼？因為他執著心太重了！好好一個家，不知道「還至本處」即是道場，非

要把家搞得家不像家，廟不像廟，向先生公開宣告，寧可信一個三千年前素未謀面的印度男人也不信你，或者寧可信一個生活交集很少的僧人喇嘛也不信你，或者寧可在意一尊陶瓷或銅胎大過你。那這樣的家不出問題是沒天理的。

　　有一次，幾個年年規定動作要去四大名山朝拜一圈的群友和我交流，我就問他們：「是先有的山還是先有的寺？」他們回答：「那當然是先有的山。」我接著問：「那你們之前去朝山，是在山裏玩的多？還是去寺裏磕頭念經多？」他們回答：「是在寺裏多，每個寺都要進去燒香磕頭供奉念經，然後拜完一圈就下山。」我說：「在你們的說法裏，是不是菩薩都住這個山，修行人在山上蓋寺院、修道場也是為了在這個山上長住修行？」他們回答：「是啊！」我說：「那你們為什麼大老遠跑去了，不向菩薩和修行人好好學習，多花時間在山裏好好轉轉玩玩？」他們楞了，說：「沒這麼想過。」我說：「那你們覺得是不是我說的這個道理？」他們說：「要說還真是這個理。」我說：「那你們自己定。」

　　後來他們再去，回饋給我的信息就成了：「這次去，沒去寺院，結果反而從來沒有這麼開心放鬆過，感覺自己和天地都接軌了。」我又問了：「寺院是不是現在也是山裏的一個文化組成部分？」他們說：「是啊！」我說：「如果我要去玩，反正一張進山套票，山水、寺院我可不會只體驗一種。」他們又傻了，說：「先生我們才聽你的，覺得不用去寺院了，而且確實開心無比，怎麼你又讓我們進去？」我說：「我什麼時候讓你們做這個、不做這個了？我從來不給答案，別冤枉我！我從來說的是但一顆平等無念，無事平常的心，怎麼都會知道怎樣讓自己最自在。」他們這下明白了，再進寺院讀經和禮拜，感覺受用馬上大不相同，感覺升了幾個維度，自在的不得了。

　　再回頭看自己，好不容易從生活裏抽身出來跑進山，結果還是去造作辦事！怎麼會有自在快樂？人生日常已經是六根驅動不斷辦事的操勞，好容易到山裏了，當然應該好好放鬆，歇歇玩玩。更何況，歇心才開入道門！

所以這和寺院、佛像、經書、形式有關麼？「愚人除境，智人除心」，「愚人求好事，智者觀壞因」。所以只是自己愚癡或智慧的問題。更不用說真道人還「心境兩不除，眼中無好壞」呢！

　　誰也別給我扣帽子，說我讓你們怎樣，其實明明只是你自己不想繼續怎樣，但又必須找個背鍋俠，所以就往我身上甩鍋。我是一個連知識都沒興趣定義的人，怎麼可能教人認同左、否定右？「應以何身得度，即現何身，而為說法」，我玩的是追隨如是菩薩道的自在遊戲，把鍋甩我這裏我一樣自在，可你自己還是沈溺在「外因外求」的習氣裏，毫無更張，那就不好玩了。

　　別忘了，你是自己生命的主人！你包括認知觀念在內的一切擁有，都應該為你的自由自在而服務！也希望大家不會被工藝品和紙張、服飾、建築困住，這些不過都是你通向生命大自在的工具和直接實現當下自在的玩具。沒聽說過人應該被工具、玩具左右的道理。

第一個迎接佛陀的人

　　緊接著有人開始說了，那到底是誰先迎接跪拜到的佛陀呢？經裏首先寫到：「蓮華色比丘尼化作琉璃山，結跏趺坐在山窟中，無量供具，奉迎世尊。」

　　蓮華色比丘尼是佛經中一位很重要的比丘尼形象，她的諸多傳奇故事，都在各部經典中有所呈現，包括在前文我們所說的被玷汙的比丘尼，也正是她。同時蓮華色比丘尼也被稱為比丘尼中神通第一。和比丘中神通第一的目犍連尊者一樣，世間層面的結局也看起來不是很好，目犍連尊者是被外教徒眾圍攻打死，而蓮華色比丘尼則是被提婆達多徒手打死。這些也都告訴我們，神通只是某種自性具足的功能態，隨因緣條件而顯現作用，並不是讓人覺得玄幻到可以世間無敵的存在。

　　在迎接佛陀天降的故事裏，第一個迎接到佛陀的正是蓮華色比丘

尼，對佛陀一邊頂禮一邊說：「佛陀，弟子蓮華色第一個迎接了佛陀的聖駕，請佛陀接受弟子的拜見。」然後佛陀就說：「蓮華色，你不能說是第一個來接我的人。」蓮華色說：「哎，不對呀，我看別人都不是第一個見到佛陀的呀，那還有誰是在我前面見到了您呢？」

這時佛就說了：「第一個迎接我的是須菩提。」

須菩提此時在距離很遠的靈鷲山的石窟中觀察諸法本性。佛經裏做了個倒敘，說須菩提在靈鷲山的石窟裏縫衣服，聽聞到佛陀降返人間的消息後，本也起意去迎接，結果心念一動就坐回自己的位置，「還至本處」了（大家《金剛經》要聽一聽，第一分太重要！）。須菩提心中思維：我去迎接佛陀的聖駕，是為了什麼？佛陀的真身又不在眼耳鼻舌身意上，我去就是把他的法身當成了地火水風四大，這是沒有真實的認識諸法的本質等等。須菩提一明白過來，就接著踏踏實實繼續縫補自己的衣服。

所以佛陀就說：「真正第一個見到迎接到我的是須菩提。因為他是見到諸法本性的人，所以見到了我。」

這個故事很有意思，既有像佛互禮的「性相不二」，又有第一迎接的「見相非相」。我們要拆細的話，所謂「神通第一」的蓮華色比丘尼和所謂「解空第一」的須菩提兩者之間，其實是有比照關係在的。

「蓮華色比丘尼化作琉璃山」，還有一些經典是說化為「轉輪聖王」，蓮華色者，因清淨色也；琉璃山者，不動於清淨也；轉輪王者，運通貪嗔二性也。但無論是蓮華是山還是王，譬喻描述的都是自性顯用的一種能量相態。沒有性能之相態，性能無法呈現，但僅以相論，則並非性能之準確表達。比如電流是自然能量的一種呈現態，但電流本身不是自然能量的準確描述。再比如金屬之切割分斷的特性，可以用刀劍來表達，但僅以刀性劍相而言，則遠不能準確描述金屬之完整性能。

如此譬喻，就是並非見到性體本身的意思，所以叫不得見佛。

而須菩提為「解空第一」，空者，不住色聲香味觸法也，解者，空亦不住也。所以佛經在這裏做了這樣一個不住空有的譬喻案例，這

和《金剛經》中「若見諸相非相，即見如來」，也是完整一致的形成了對應。

牛頭旃檀佛像

我們再從牛頭旃檀的角度，談談這第一尊佛像。在《佛說觀佛三昧海經》裏，有如下內容：

牛頭旃檀生伊蘭叢中。未及長大。在地下時芽莖枝葉。如閻浮提竹筍。眾人不知。言此山中純是伊蘭無有旃檀。而伊蘭臭。臭若膀屍薰四十由旬。其華紅色甚可愛樂。若有食者發狂而死。牛頭旃檀雖生此林未成就故。不能發香。仲秋月滿卒從地出，成旃檀樹。眾人皆聞牛頭旃檀上妙之香。永無伊蘭臭惡之氣。

「牛頭旃檀生在伊蘭叢中」，伊蘭是一種非常臭的植物，和屍臭味一樣。鮮花的香味叫香飄萬里，伊蘭的屍臭味能「薰四十由旬」，也就是大約五百公里左右，這個範圍很可怕了，其實這個「四十由旬」，也就是你的地水火風四大和天地十方。

同時這個伊蘭花又「其華紅色甚可愛樂」，非常的美麗，大家都很喜歡。為什麼是紅色？紅主心火，起心即欲，動念有為，以此來譬喻你的地水火風、天地十方的貪嗔之欲。

「若有食者發狂而死」，人要吃這個花就發狂而死，這不就是入顛倒夢想，執迷不悟意麼？所以佛經裏全是譬喻。

「牛頭旃檀雖生此林未成就故，不能發香。仲秋月滿卒從地出，成旃檀樹」。菩提生於煩惱，淫性本是淨性因，但需要怎樣的過程才

能「發香」呢？八月者，八正道[29]也，八識田也；十五者，十五道心或名十五波羅蜜[30]也；地者，眾生性也；旃檀樹者，平等不二行也。

六祖大師自見心性後，於山林中避居十五年，某個角度說，也正是這個圓滿十五道心的過程。其中山林、獵人、放生、肉邊菜的譬喻意，在我的《禪堂實錄》裏有詳述，大家可以去聽。

「眾人皆聞牛頭旃檀上妙之香，永無伊蘭臭惡之氣」。所謂用牛頭旃檀木造的第一尊佛像，就是這樣的一個比喻。這和《維摩詰經》中維摩詰和文殊菩薩討論如何是如來種的內容也是完整對應關係，我們復習一下：

於是維摩詰問文殊師利：「何等為如來種？」
文殊師利言：「有身為種，無明、有愛為種，貪、恚、癡為種，四顛倒為種，五蓋為種，六入為種，七識處為種，八邪法為種，九惱處為種，十不善道為種；以要言之，六十二見及一切煩惱，皆是佛種。」
曰：「何謂也？」

29　八正道：又作八聖道、八支正道、八聖道分、八道行、八直行、八正、八道、八支、八法、八路。乃三十七道品中，最能代表佛教之實踐法門，即八種通向涅槃解脫之正確方法或途徑。八者即：（一）正見，又作諦見。即見苦是苦，集是集，滅是滅，道是道，有善惡業，有善惡業報，有此世彼世，有父母，世有真人往至善處，去善向善，於此世彼世自覺自證成就。（二）正思惟，又作正志、正分別、正覺或諦念。即謂無欲覺、恚覺及害覺。（三）正語，又作正言、諦語。即離妄言、兩舌、惡口、綺語等。（四）正業，又作正行、諦行。即離殺生、不與取等。（五）正命，又作諦受。即捨咒術等邪命，如法求衣服、飲食、床榻、湯藥等諸生活之具。（六）正精進，又作正方便、正治、諦法、諦治。發願已生之惡法令斷，未生之惡法令不起，未生之善法令生，已生之善法令增長滿具。即謂能求方便精勤。（七）正念，又作諦意。即以自共相觀身、受、心、法等四者。（八）正定，又作諦定。即離欲惡不善之法，成就初禪乃至四禪。
30　十五波羅蜜：據《大梵天王問佛決疑經》，十五波羅蜜為布施、持戒、安忍、精進、禪定、般若、方便、願、力、智慧、成所作智、妙觀察智、平等性智、大圓鏡智、法界體性智等。

答曰：「若見無為入正位者，不能復發阿耨多羅三藐三菩提心，譬如高原陸地，不生蓮華；卑濕淤泥，乃生此華。如是見無為法入正位者，終不復能生於佛法；煩惱泥中，乃有眾生起佛法耳。又如殖種於空，終不得生；糞壤之地，乃能滋茂。如是入無為正位者，不生佛法；起於我見如須彌山，猶能發於阿耨多羅三藐三菩提心，生佛法矣。是故當知：一切煩惱為如來種。譬如不下巨海，不能得無價寶珠；如是不入煩惱大海，則不能得一切智寶。」

「一切煩惱，皆為佛種」，你的菩提種子，就在你的煩惱之中，你能覺知到煩惱的那個，其實就是不垢不淨的自性靈覺。你的菩提自性也就是你的輪迴業海，一體兩面，只在你如何自我觀待。

我相信，在座的每一位都是終有月圓花開時，必將綻放出生命的旃檀妙香！

破相論 20：菩提樹下打個假

【經文】

問曰：如《溫室經》說，洗浴眾僧，獲福無量。此則憑於事法，功德始成，若為觀心可相應乎？

答曰：洗浴眾僧者，非洗世間有為事也。世尊嘗為諸弟子，說《溫室經》，欲令受持洗浴之法。故假世事，比喻真宗。

【七非先生解】

種棵自性菩提樹

　　春天來了，植樹節到了。不少小夥伴也更願意趁著春風舒展身心，剛好上一講我們談到了「禮佛」。其實我之前帶大家去印度遊學，在菩提迦耶時，也帶著大家做了大禮拜，認知和動作邏輯都不太一樣，大家反而很受用。現在很多人就是為了舒筋活血，大禮拜的動作也非常的不到位，完全沒有理解這些動作的設計初衷。大禮拜只從動作上，也有其嚴密的設計邏輯的，不是那種求多求快的全身雞叨米，那樣無論是十萬或幾十萬遍，也毫無真實價值。從身體的平順舒展上都沒有達標的動作，不用說內在的浮躁和糾結有多嚴重，至於能舉外明內、離體內明、性相相應，那就徹底不要想了。如是禮拜，就是「若復不行理法，唯執外求，內則放縱嗔癡，常為惡業，外即空勞身相，詐現威儀。無慚於聖，徒誑於凡，不免輪迴，豈成功德」。

　　記得同樣是在菩提迦耶，正覺塔的那棵菩提樹，確實是一副被煙熏火燎病病歪歪的樣子，反而院落之外，同樣的菩提樹枝繁葉茂，葉

片又肥又綠，養分十足。偶爾一陣風吹過，院內的樹上掉落些許殘枝枯敗葉，下面轉塔的信眾便撲地爭搶，如珍如寶。而數米之隔的院外，同樣的樹葉不僅無人問津，信眾行路踩在腳下更是稀鬆平常。那情那景，讓人慨嘆。且不說僅從歷史而言，塔下之樹本也是數十年前移植過來，並非原樹。就算真是原樹，心若執迷，樹還是樹，又與菩提何干？另外，其實也能想通爭搶樹葉的道理，除了有些信眾自己執迷外，其實更多撿到的樹葉枯枝，是為了用來和信眾做價值交換，這個就不說明了，大家應該懂的。任何營銷，都需要故事，僅此而已。

回過頭再看看《破相論》中繞塔和禮佛的篇章，不禁再次慨嘆。正值植樹節，大家不妨栽種一下自己心裏的菩提樹，以清明知見和無掛礙心為土壤，用智慧和風、般若陽光、甘露妙雨來養育，看看會長出什麼？

非時非處的佛道

有群友留言：先生，我聽你的內容非常受用。什麼時候都聽，睡覺前我也聽，做飯的時候我也聽，特別的讓自己心開智解。但是好像別人說，聞法要有恭敬心，不能在不恰當的條件下，比如「非時非處」時聽法。不然自己會不如法、有過失。

我想這個問題，大家學到第二十講，不用我繼續廢話，應該都知道如何回答了。

諸佛本願是「但願眾生得離苦，不為自己求安樂」。既如此，只要你能真的越來越自在美好，誰又會去介意你的方式方法呢？形式、儀軌存在的目的，是為了提醒人們不要忘了初心和當踏上回家的路，而當你已經踏上了路，怎麼走得最適合自己，都是自己腳下的自由。

於我個人而言，如果能促進你自在發展途徑的，是一個長著白鬍子，一身紅棉服，背著禮物包的老爺爺的形象，那我絕對願意放下我

所謂佛教徒的標籤與身份，來實現你的快樂與幸福。還是觀世音菩薩那句話，「應以何身得度，即現何身，而為說法」，也還是《金剛經》那句話，「是法平等，無有高下，是名阿耨多羅三藐三菩提」。

但能如此，所有的「非時非處」就是「正時正處」，也恰是「行於非道，是名通達佛道」的最佳契機。

修成一隻小動物

因為我倡導的是「不為定義知識，只為啟發智慧」，於是又有小夥伴陷入另一種誤會：「哎呀，反正我知道不管我問什麼，七非先生也不會給我答案。他都說了自己無法予人。」結果這樣的小夥伴留言提問就變成了：「先生你好，雖然我知道你不會予人一法，但是我還是有個問題想請你解答……」

你看，這是不是又把「無法予人」變成了「予人一法」？

有時我也告訴人說該穿棉褲，該喝宮主茶，甚至說家裏可能如何調整下，或者換一種方式去生活，或者人和人之間該怎麼換角度對待彼此……誰說我不給？隨緣施教才是真平等，有時以給為不給，有時以不給為給，哪有死法定法？有所謂「死水不養真龍」。

又有群友說：「那現在明白了，能相應的我就享受，不相應的我就放下。原來這就是平常心，果然這種不攀緣感很自在。」大家是不是覺得也當如此？聽起來多好、多自在、多隨順啊！如果你是這麼認識，那麼真要恭喜你，終於經歷多年修成了一個典型的動物法界。為什麼？這種相應隨順叫隨順習性，動物界全這樣的習氣，因「我」而生心，因「感」而起念，繼而活在喜惡中隨波逐流不能自主。大家想想是不是這樣？

相應時你既可以享受，也可以放下；不相應時你既可以放下，也可以拿起，這才是真做主、真自由的開始！只能相應的享受，不相應

的放下，是典型的為受所縛，小動物性在起現行。

看，迷在受裏就看不清自己了吧！色受想行識，五蘊就是五座寶藏山，明白做主的人就會隨緣開顯寶藏，完全為己所用。不明白的，就成了那隻被壓在五行山下的猴子，怎麼折騰也只是個受困的小動物。

大家別覺得修成小動物是歧視，其實這是恭喜，學佛修成著受而行的外道法都這樣，就這還得說是鳳毛麟角，絕大多數修了一輩子，越來越堅固了貪之餓鬼性、嗔之地獄性，那個才叫沒法說。所以群友說但能如此隨順動物習氣，都輕鬆自在的不得了，這是因為之前一直強求攀緣，活如地獄餓鬼，和小動物相比當然更累更辛苦。

屠夫亦有真言

前文提過，在藏地近代佛教史上，出現過一位很有名望的智者，名華智仁波切，他有一部言教錄名為《屠夫真言》。我覺得這個名字很好，殺豬人的話也能讓你覺悟。這個書名的指向，和「一切法皆是佛法」的意趣一致，也和禪門裏比如屠子和尚、德山點心、香嚴擊竹等諸多公案意旨契合。

公案一：昔日有一屠子和尚，在外參方。一日行至一市，經過屠戶之門，有許多買肉的都要屠戶割精肉給他們。屠戶忽然發怒，將刀一放，曰：「哪一塊不是精肉？」屠子和尚聞之，頓然開悟。

公案二：德山宣鑒禪師聽說南方禪宗盛行，大講明心見性、頓悟成佛，天下學人莫不歸附。於是心裏憤憤不平，說道：「出家兒千劫學佛威儀，萬劫學佛細行，不得成佛。南方魔子敢言直指人心，見性成佛。我當搜其窟穴，滅其種類，以報佛恩。」於是，宣鑒禪師便擔上自己多年所著的《青龍疏鈔》離開四川，準備去湖南、江西，找那

裏的禪宗大德一決高低。

在去灃陽的路上，有一天，宣鑒禪師遇見一位老婆婆在龍潭山山腳下的一處路口賣燒餅。放下擔子歇息一下，順便準備買一些點心充饑。

老婆婆指著他的擔子問：「這個是甚麼文字？」

宣鑒禪師回道：「《青龍疏鈔》。」

老婆婆又問：「講何經？」

宣鑒禪師回道：「《金剛經》。」

老婆婆道：「我有一問，你若答得，施與點心。若答不得，且別處去」。

宣鑒禪師心裏並不在意，說道：「請問。」

老婆婆道：「《金剛經》道『過去心不可得，現在心不可得，未來心不可得』，未審上座點哪個心？」

宣鑒禪師一聽，傻了，不知道該如何應答。燒餅也就沒有吃成。

公案三：一日，香嚴智閑禪師正在田間除草，不經意間，拋起一塊破瓦片，恰好打在竹子上，發出一聲清脆的響聲。他忽然大悟。於是回到室內，沐浴焚香，遙禮溈山，贊嘆道：「師父大慈大悲，恩逾父母。當時若為我說破，何有今日之事？」並作偈言：「一擊忘所知，更不假修持。動容揚古路，不墮悄然機。處處無蹤跡，聲色外威儀。諸方達道者，咸言上上機。」

這樣類似於生活平常中返聞入道的公案不勝枚舉。上面這些公案的細解，在我的《禪堂實錄》和《公案那些事兒》裏，就不占用《破相論》的空間了。拿出來例證一下，就是為了說明「一花一世界，一葉一如來」的平常道理，會不得是自己住於狹隘分別取捨的事，但是法平等，無有高下的。

順便打個岔，上面這位本來志在消滅心性道一佛乘，結果在老婆婆那裏沒吃到燒餅、反而吃癟的德山宣鑒和尚，就是後來弘揚心性道

一佛乘的「德山棒」祖師。從這裏，我們就當知道，一個真正的道行者，是壓根不會固守自己的任何已有觀念或在意顏面感受。在真正的道行者這裏，否定自我確實是家常便飯。相比之下，大多世間人之好爭面子計較自我，固守觀念不願被人否定更不敢自我否定，是多麼的荒唐無味。更不用說很多所謂的修行人，一旦得了些許名聲或自我價值感，就更加增上我慢，迷失在世俗心的「我知我見，我感我得」裏而不自知。如此，縱口說般若、手翻蓮花，位高權重名聞天下，其實也與道行沒有一毛錢的關係了。

打打忘了初心的假

今天很多人慣於「依人不依法」，慣於追逐名相標籤，慣於炫耀自己的師門曾經有多榮光，自己的師父有多麼多麼了不起，都和誰誰誰認識等等，這些其實都不重要。當你或者還很在意這些對自己的精神裝飾時，我的關心只在於你是不是真的越來越快樂？你和身邊的因緣彼此之間，是不是真的更加幸福？你的生命是不是真的越來越自在綻放？

放到佛法的學習語境裏面，你老師是佛弟子，你我也是佛弟子，尺有所短、寸有所長，互相之間取長補短、見賢思齊、彼此促進不好麼？三人行皆是我師，有本事活出自己的真實精彩，這是對一切因緣的真實不負！趁著植樹節和 3.15，轉轉自己覺而不迷的無所得之菩提智，再打打自己諂曲心的假，幫派主義的假，自欺欺人的假，忘了初心的假，可能更有意義。

諸佛本願，意在「眾生畢竟成佛」，佛從來沒說過期望眾生永遠成自己弟子，對嗎？

我從來不希望任何人輕易相信和認同我說的任何內容，我希望的是所有人都能夠從我的內容裏生出疑情，最好還能找出更不同的角度

來推翻我的話。若大家能以「打倒趙一澄」作為起點，繼而能再推翻自己由此構建的認知，然後不斷推翻、不斷構建……如此你就會真的在自性智慧的殿堂裏，不斷升級，不斷發現，不斷自由。如同從幼兒園到小學，從小學到中學，從中學到大學，從大學到步入社會實踐，成為一個更有能力作為的人。幼兒園就是動物習性道，小學就是世人智愚道，中學就是聖人仁愛道，大學就是聲聞緣覺道，社會實踐就是大乘菩薩道，更有能力作為的人就是佛光普照道。

有人說，怎麼能輕易對老師行「打倒」，萬一成了不敬的擡槓，助長了小我怎麼辦？各位，勿忘「但有言說，均無實義」。任何人但能不忘了真的為自己好，誰也沒興趣總活在擡槓的情緒裏。再有一點，就算是擡槓，對方快樂就好，我既然希望成就別人的快樂，別人哪怕是擡槓的快樂，我當然也為他高興。第三點，也是最重要的一點，我自不落是非，只管攪動就不問其他，但能攪動大家原本的固化觀念，就如春天鬆土，怎麼都會有助大家的菩提種子破土而出。「若有見聞者，悉發菩提心」！我要還介意必須得用讓我舒服的方式和我相應，那我才是虛偽的騙子。

不是說好了「不為自己求安樂，但願眾生得離苦」麼？怎麼現在很多學佛人的狀態都成了「只為自己求安樂，不願眾生得離苦」了呢？繼而只有自己做的才叫善業，別人不合自己信仰標準的生活方式，就都成了造「惡業」。然後自己還假模假式地偽裝慈悲，為對方沒有符合自己心意活著而不斷祈禱，意圖早日實現對其的精神綁架。學個佛把自己學的跟個武俠小說裏，意圖一統江湖的邪教教主似的，這樣的學佛，不是迷信又是什麼呢？

常自見己過的遊戲

有小夥伴舉例，說看到一段話：「除了光明覺性以外，我沒有一個世間的親人。除了煩惱以外，我沒有一個世間的敵人。」覺得說的很有道理，啟發人「破煩惱入明覺」。再一看落款，更是一位藏地古代的大德所言。於是到處轉發，也轉給了我。

其實這話到底是不是古德說的，無從追究，世人本就好託名貼標籤來妝點精神。但是換一個角度，我就回了小夥伴一段話，我說：「包括光明覺性在內，世間無處不是我的親人。包括煩惱在內，世間、出世間我沒有一個敵人。」

我這麼回覆的用意到底是什麼？如果你看出的是高下分別，那就是既辜負了古德，也誤解了我。古德、你、我皆平等！古德是在他當下緣境裏的「說己心理」，你是在自己當下相應了「說己心理」，我同樣是隨我的當下「說己心理」。這三種相應的出處，都是自性自覺。從這裏是徹徹底底的平等！

要能看到這一點，《破相論》就沒白學，才是真的「離相破執」。換句話說，三個電視節目，無論呈現為何，都是電流數據的呈現，其實沒有絲毫本質差別！若能如是清明觀待，就是開始真的超越世俗習氣看問題了！也就算開始會得一點佛法的皮毛了。

群友很擡愛我，說我講佛法的風格直契平等不二，很是追隨維摩詰居士或金剛祖師的風格，若是分類，則屬於「祖師禪」。我和你們說心裏話，什麼祖師禪、如來禪、藏漢南傳這宗那派，佛都「無法予人」，六祖尚「不會佛法」，我還能有興趣去追究什麼學術或宗派歸類？那是職業宗教從業人員當合之緣，當行之事。我的唯一想法就是大家能早日實現生命大自在，但能如此，怎麼都行，當我臭狗屎也行。

現在大家能更深理解《壇經》所言「若真修道人，不見世間過。常自見己過，與道即相當」的意思了麼？

過，即為著相之執，如執著電視節目為實；自見己過，即為返聞

自性，知道節目皆平等，性能終歸一，而不是簡單論對錯是非，高下取捨，那都叫「夢裏死舅舅——了無價值」。

禪門裏也有類似案例。修行人在師父那裏，不管怎麼說怎麼做，師父都說「不是」，做得好也說不是，領悟了還是不是，搞到修行人最後很煩惱，覺得沒法學了，因為不管幹什麼都是不是，不管想什麼做什麼都是個錯，心灰意冷準備離開。走前問他師兄：「師兄，你在師父這兒學了個什麼？」師兄是過來人，即點了他一句：「我就學了個不是」。嘩！修行人豁然開朗，哎呀！如是不是，就是讓你腳下永無立錐之處！如是不是，才能激活你「應無所住而生其心」的家珍自在！不然總是外求認可，不還是個難以自立的小孩麼。

真能明白這個，反而永無立錐之處，就變成處處皆可安身的自在剎土。

不識本心，學法無益

《壇經》云「不識本心，學法無益」是實在的，又云「若識自本心，見自本性，即名丈夫、天人師、佛」也是實在的。

但識本心，見地清明，在自主邏輯下所謂學法的過程，就不是簡單的世俗名相裏的手段了，而是真正成為你開啟生命能量的手段，超越自我的工具。如此「不捨一法」也才變得真實有效。不然很多時候大家對八萬四千法門的認知很不到位，就如同你只知道怎麼彈玻璃球，給你一顆原子彈，你也只能當大號玻璃球彈，是徹底徒而無功的。

看得見摸得著的都叫顯法、相法。我們用電流數據和電視節目打比方，大家便理解了什麼是不住名相，而電流數據其實是生成名相的「法相」，這其實也還是顯法、相法的範疇。

法相之後，才能談到法性。這部分無法言說，被稱為「言語道斷，心行處滅」。大乘菩薩道玩的其實就是這個部分，也只有這個部分才

真的有點意思。但你不放下世俗分別心、是非取捨心，不超越狹隘自我，還固化在幫派思維、感受情緒、人我關係裏，跟你談這個部分壓根無效。

自立自強之道

我一向覺得我們的群友，無論從學修素養、人格素養等方面，是非常優秀的。這也確實和我們倡導「不為定義知識，只為啟發智慧」有關。在一個不搞盲從迷信、神權膜拜，鼓勵大家獨立思考、自轉般若的氛圍裏，大家的自尊、自信、自立、自強的業識性就容易被調動，這些「如來善友」就會引導我們發現自性的美好光明。

如果每個人不是本自具足這些品質，怎麼可能在我這裏被激發出來？真正的佛法就是讓你通過自尊、自立、自信、自強，逐漸走向自性大雄的。

如果有人對我個人越來越依賴，也跟我說「生生世世不離我」，或者必須越來越抱我大腿，看起來好像我的受眾會越來越多，但實際上這就證明我們都彼此墮落了。因為我們彼此都失去了平等的清明和對本自具足的尊重。而我這裏不過也變成市面上多開的一間「鴉片館」，只是外裝修用了佛經。

基於見地，通過平等，深入自性般若，超越固有觀念，實現生命自在。在彼此照見的光光互攝中，大家互為船水，一同乘風破浪，如此誰也掉不了隊，是名大勢至，是名真躺贏。

破相論 21：心能量方便七法

【經文】

問曰：如《溫室經》說，洗浴眾僧，獲福無量。此則憑於事法，功德始成，若為觀心可相應否？

答曰：洗浴眾僧者，非洗世間有為事也。世尊當爾為諸弟子說《溫室經》，欲令受持洗浴之法；故假世事，比喻真宗。隱說七事供養功德，其七事云何？一者淨水、二者燒火、三者澡豆、四者楊柳、五者淨灰、六者蘇膏、七者內衣。以此七法喻於七事，一切眾生由此七法沐浴，莊嚴，能除毒心無明垢穢。其七法者：一者謂淨戒洗蕩愆非，猶如淨水濯諸塵垢。二者智慧觀察內外，猶如燃火能溫淨水。三者分別簡棄諸惡，猶如澡豆能淨垢膩。四者真實斷諸妄想，如嚼楊枝能淨口氣。五者正信決定無疑，猶如淨灰摩身能辟諸風。六者謂柔和忍辱，猶如蘇膏通潤皮膚。七者謂慚愧悔諸惡業，猶如內衣遮醜行體。如上七法，是經中秘密之義。如來當爾為諸大乘利根者說，非為小智下劣凡夫，所以今人無能解悟。其溫室者，即身是也。所以燃智慧火，溫淨戒湯，沐浴身中。真如佛性，受持七法，以自莊嚴。當爾比丘，聰明上智，皆悟聖意，如說修行，功德成就，俱登聖果。今時眾生，莫測其事，將世間水洗質礙身，自謂依經，豈非誤也。且真如佛性，非是凡形，煩惱塵垢，本來無相，豈可將質礙水，洗無為身？事不相應，云何悟道？若欲身得淨者，當觀此身，本因貪欲，不淨所生，臭穢駢闐，內外充滿。若也洗此身求於淨者，猶如漸漸盡方淨，以此驗之，明知洗外非佛說也。

【七非先生解】

天下最好懂的是佛經

　　回到《破相論》，達摩祖師引用了《溫室經》的說法，講了七事供養的功德和洗浴眾僧的意義。作為我來講，我就會追究一下《溫室經》是說什麼的，繼而追究下《溫室經》裏的人物，比如用奈女、耆域的母子關係譬喻什麼？於是又追究到《佛說奈女耆域因緣經》等等，然後再看看這些經是誰翻譯來的？再去追究它的譯者安世高的故事。如此你才能知道為什麼這部經會這樣表達。如是則洞見其義。

　　和大家說這些，是想讓大家知道，除了你自己，沒人對你的法身慧命負責，只有認真才是對自己最好的負責。

　　另外很多人說佛經難懂，這個我特別能理解，我也這麼過來的。時至今日，於我而言，佛經大概是我現在看的所有書中，覺得最好懂的一種，比看言情小說還輕鬆。原因很簡單，因為當自己能真的領會「說法者無法可說，是名說法」，「所謂佛法者，即非佛法」，「說己心理，非關文字」，「吾從成佛以來，種種因緣，種種譬喻，廣演言教，無數方便，引導眾生令離所執」，「但有言說，均無實義」，「以無所得故，菩提薩埵」……的根本意旨脈絡時，你就知道確實佛經沒打算跟誰說什麼道理，全然就是不離自性之隨緣方便。

　　如此再讀佛經，也就很容易透過文字而受用般若，即所謂「依義不依語」；然後不住自己的分別識，自然的就會容易會得如何是「依智不依識」，那就會自然照見如何是不了義的方便背後隱藏的了義究竟。也正因為了義究竟無處不在，所以才可以呈現為無數可能性的不了義的方便。所以在我這裏，了義不了義都是不二的。

　　佛經比世間雜書要好懂一萬倍。世間雜書無論怎麼彎彎繞繞，政治、經濟、財富、親子、親情、愛情、健康……其實背後無非貪嗔二

性來回拉扯，無非得失在意來回糾纏。如果看世間雜書不覺得為難，看佛經就應該更容易直下相應，因為它壓根什麼都沒說。

說這些的目的不是為了顯得我有多高明，人人各有所長，本性一致平等，這世界誰也不比誰真的高明哪怕一點點。說這些是為了讓大家能更深領會如何是徹徹底底的「本自具足，能生萬法」之心性道、一佛乘。所以《華嚴經》中有云：「若人欲了知，三世一切佛，應觀法界性，一切唯心造。」

菩提道次第和密宗道次第

洗浴眾僧者，非洗世間有為事也。世尊當爾為諸弟子說《溫室經》，欲令受持洗浴之法；故假世事，比喻真宗。隱說七事供養功德。

洗浴眾僧這個部分，大家目前生活中很少碰到這樣的情況。我們碰到更多的是比如佛誕日浴佛，用個小勺子舀點水去澆一下太子佛銅胎。請僧人洗澡這種事，可能現在比較少見。達摩祖師也是用這七件事，講七項心性運動原理，但能回到這七項心性運動原理，自然就會去共振出七項業識功能。

其七事云何？一者淨水、二者燒火、三者澡豆、四者楊柳、五者淨灰、六者蘇膏、七者內衣。以此七法喻於七事，一切眾生由此七法沐浴莊嚴，能除毒心無明垢穢。

之前在《生命大自在》1.0 的課堂上，我也曾引用過一段《菩提道次第廣論》的內容，「諸佛非以水洗罪，非以手除眾生苦，非移自證於餘者，示法性諦令解脫」，這四句在很多市面上流通的講解裏，翻譯的和沒翻譯幾乎沒有區別，無非是「佛陀時代，大家都在恒河洗澡，

所以佛陀說不能用恒河水洗刷自己的罪過，也不能用手把你的苦拿掉」等等。在我看來，這種翻譯都屬於基礎語文不過關。換句話說，實在是有些過於把學人聽眾，當小學三年級以內的常識和語文水平的小朋友。如果是這麼翻譯，那還用你翻譯一遍麼？只能說，什麼見地就現什麼境界什麼表達，也算是一種實事求是的「說己心理」吧。

學員問我，那該怎麼理解這四句話？我說簡單極了，水者，智慧也，有智即有愚，故依分別心而行洗罪事，分別愈盛也；手者，攀緣執取心也，以攀緣執取除苦只會苦上加苦；移自證者，非自性家珍而從外求也，即非佛道；示法性諦者，明自心見本性，入佛知見也，當然自得解脫。

另外，因為教內一些人利用《菩提道次第廣論》而過度強調「依師法」，以至出現種種修學問題的原因，如何正確認知《廣論》的意義和作用，也成為一個值得深入的課題。在我的學術淺見裏，宗喀巴大師[31] 當年所作為二，一曰《菩提道次第廣論》，二曰《密宗道次第廣論》，此二論一為破世間執而行立規矩之方便手段，即《菩提廣論》，一為破法相執而行壞規矩之方便手段，即《密宗廣論》。現在很多學

31　宗喀巴：又名羅卜藏箚克巴。《西藏新誌》中曰：宗喀巴生於甘肅省之西寧府，性慧敏。年十四，學於後藏札什倫布之西薩迦廟，已涉紅教之流弊，憂吞刀吐火之幻術，不足為世益，誓洗其風。一日會眾，自換黃色衣冠，告眾曰：教主者，世世呼畢爾罕，以救人民。後得道於西藏之噶爾丹寺，此為黃教之始祖。其改正紅教之特點有三：一易衣帽為黃色，二改正咒語，三假定呼畢爾罕之轉生，以傳衣缽。於是黃教勃興。
宗喀巴所著《菩提道次第廣論》，係基於顯教而闡說佛道修習之次第。本論初述迦當派之祖阿提沙與其所著《菩提道燈論》之偉大，以為全篇之序分。次述親近善知識之必要與其敬禮作法，正文本論則述三士教之各說。三士即指下士（人天）、中士（二乘）、上士（大乘）。最後略說趣入金剛乘。
《密宗道次第廣論》，原名《勝遍至大金剛持道次第開顯一切密要論》，亦稱《德勝主大金剛次第道開顯一切密要論》。明永樂四年（1406）宗喀巴著於西藏絳巴林寺。此論概括密宗的四部教法，而以無上瑜伽為重點，對密宗四部的修行次第、儀軌、方法、法器使用等方面作了詳細論述。

修團體，本就見地不清，著相而求，結果又只抓單邊而放棄一邊，如同一架雙輪馬車少了一邊一輪，那推出去不翻車是沒天理的。

回到根本，無論學人要從什麼門入道行，終歸「著相而求」都是南轅北轍，終歸「離相破執」都是必須的第一步。不明白這個，可能永遠也不會明白「菩提道者攝用歸體，密宗道者從體起用」的不二自在。

同時大家要知道，上面所言「宗」者，非關宗派，這不是我的興趣和意旨。所謂宗者，就是你的初心所在，是故六祖大師同樣在《壇經》中有言：「與汝說者，即非密也。若汝返照，密在汝邊。」

七項自在法寶

一者謂淨戒洗蕩愆非，猶如淨水濯諸塵垢。

淨戒是什麼？前面談過三聚淨戒，能如是持三聚淨戒，便是行持淨戒。也就是我們說的食三淨肉。三者，身語意三門也；淨者，不取也；肉者，不捨也。身語意三門行不取不捨平常之道，即是食三淨肉，持三聚淨戒。

二者智慧觀察內外，猶如然火能溫淨水。

這就不用說了，智慧觀察內外，與剛剛談到的是一樣的邏輯。

三者分別簡棄諸惡，猶如澡豆能淨垢膩。

分別取捨即惡，能行無分別，即入般若智。

四者真實斷諸妄想，如嚼楊枝能淨口氣。

近代有一位僧人，用自己的行為恢復所謂原始佛教，生活簡樸，嚴格律儀，讓人也很贊佩。他的那個年代已有現代牙具，但他還是去找楊柳枝來淨口，在他的一些文章中，甚至還討論楊柳枝到底是哪種木質才符合律儀標準等。作為宗教文化考究，這些都很有價值，但作為佛法修學來講，客觀地說，不免徒勞。

這裏也有人問，不是說「絕學無為閑道人，不除妄想不求真」³²麼？那這裏為什麼是「真實斷諸妄想」？「不除妄想不求真，不住生死不涅槃」，其實就是「真實斷諸妄想」。此處強調「真實」當頭，所對應的「妄想」指的是迷執心的功能態，但能不住此功能態，即入不二任運態，亦即無自身功能態，而可隨緣現覺、迷、真、妄各態。

因為有人在問如是事，所以隨緣回個方便說，這就叫相應法，而不是說這又成了標準答案。如是大家就能從這裏「破」了對《破相論》迷執的相，而不被《破相論》文字鎖死。必須自己學會做主，知道一切都是「但有言說，均無實義」的方便善巧。

五者正信決定無疑，猶如淨灰摩身能辟諸風。六者謂柔和忍辱，猶如蘇髓通潤皮膚。

正信是徹底相信「本自具足，能生萬法」，故而利、衰、毀、譽、稱、譏、苦、樂八風吹不動。真實的柔和安忍，源自於真實的平等平常心。惟有平等，才能任何時候都推己及人，設身處地，同理同心。

真實的柔和，源自真實的自信，而佛門忍辱的最高境界就是「無生法忍」。很多人不理解什麼是無生法忍，其實也很簡單。生忍者，制身不動，即平常不取，出離心也；法忍者，制心不起，即平等不捨（起

32　詳見《永嘉證道歌》。

心即生分別取捨，故為不捨），菩提心也；無生法忍者，無制身心而不動不起，不二心也。

回到生活裏，你是否相信每一個人的生命都會越來越好？你是否可以在生氣、不安、焦慮、狐疑或糾結、沮喪或惱火、別人不合你心意時，相信所有的事情都正處於應有的平衡發展態？你是否真能做到，當你最親近在意的人，在你面前暴露他（她）最不堪的那一面時，你依然能平常平和的智慧對待？

我在見面會和私享會上也和我們的小夥伴說過，我一點也不介意原來很認可我的人，可能因為覺得我沒活成他們想要的樣子，就開始非議我甚至誹謗我。我曾經也會覺得委屈和難過，但現在只會發自內心的為他們高興。為什麼？因為我看到一個遠比我在意自己情緒感受更有價值的點，就是無論如何，這都是他有力量推翻自己原有觀念的表現。多好！

只是這種自我推翻的力量還很稚嫩薄弱，還必須得通過否定他人的方式，來完成對自己新的肯定，但終歸是變化。只要是變化，就一定會發展，所以我只剩高興，並深深祝福！

我還說過：如果小夥伴之間彼此會掉入習氣鬧人我是非，有一個很好的竅訣，就是把是非裏的主人公都換成是我。什麼讓你不爽的事，都說是七非先生幹的。愛說什麼說什麼，只要你高興，只要你能過得去，真的！我發自內心的這麼看問題。互相之間不必要去鬧是非。彼此鬧是非，彼此沒好處，和我鬧叫現煩惱。我本就是到處向人要煩惱的人，能要出來煩惱才能發現如來種子，這對我是最有效的修行道和大便宜，不占白不占。

越是有人說我不好，我越為你們點贊，說明你們敢於否定、敢於成長。只是希望否定完我之後，一定是繼續向前不斷否定，直到有一天也能敢於否定自己。等你否定自己到徹徹底底的時候，那就一定是你超越了妄想執著，終現如來智慧德相的時候，那就算我沒白陪你玩這場遊戲，那就真的太值了！

能讓生命自在的自生智慧，往往就在我們習氣習性的對立面，試

試「行於非道」，去發現價值。

七者謂慚愧悔諸惡業，猶如內衣遮醜行體。

我有一門課，叫《所有智慧的兩大核心法門》，其中把懺悔和祈禱講的非常細，大家有時間可以聽一下。究其本質，懺悔者，即「端坐念實相，是名第一懺悔」，實相無相從而心消業亡，不再著相而求而執幻為實，就是最好的懺悔。從應用的層面，慚愧懺悔是一個有智慧的修行人，在他的生命成長路徑裏所必須和自然具備的修行品質，是在任何時候都能夠直率表達習氣、直接超越習氣、直下回歸平等、直達無心無求。

跟大家說句實在話，我現在眼裏面看不到任何人的真實是非，是真的看不見。為什麼？因為當我看到對方呈現為是非相的時候，我已經知道對方正在開始轉出是非。這就和排毒一樣，無非早晚快慢而已，所以不會跟著動念是非。那從自己的層面，反而就變成了自然而然的「隨緣了舊業，不再造新殃」。「牛飲水成乳，蛇飲水成毒」，是成乳滋養還是成毒自戕，是真的都只在自己，和外境無關。

《華嚴經·普賢行願品》有云：「往昔所造諸惡業，皆由無始貪嗔癡。」很多人把「無始」僅理解為無邊無際、無窮無盡的過去。其實所謂「無始」者，就是沒有開始的意思，而會不會開始，只在你當下一念，是清明無為自然相應，還是貪嗔啟動著相外求。

如上七法，是經中秘密之義。如來當爾為諸大乘利根者說，非為小智下劣凡夫，所以今人無能解悟。其溫室者，即身是也。所以燃智慧火，溫淨戒湯，沐浴身中。

真如佛性，受持七法，以自莊嚴。當爾比丘，聰明上智，皆悟聖意，如說修行，功德成就，俱登聖果。

今時眾生，莫測其事，將世間水洗質礙身，自謂依經，豈非誤也。且真如佛性，非是凡形，煩惱塵垢，本來無相，豈可將質礙水，洗無

為身？事不相應，云何悟道？

若欲身得淨者，當觀此身，本因貪欲，不淨所生，臭穢駢闐，內外充滿。若也洗此身求於淨者，猶如漸漸盡方淨，以此驗之，明知洗外非佛說也。

「臭穢駢闐」指的就是你的分別心、貪著念，無明造作的味道。當這些味道已經填滿你的身心內外時，你該怎樣清淨自己？學了這麼久，無須再言。想找密法修學的，「如上七法，是經中秘密之義」也就在這裏。

破相論 22：念佛的終極秘訣（上）

【經文】

問曰：經説言至心念佛，必得往生西方淨土。以此一門即應成佛，何假觀心求於解脱？

答曰：夫念佛者，當須正念，了義為正，不了義為邪。正念必得往生，邪念云何達彼？佛者覺也，所謂覺察身心，勿令起惡；念者憶也，所謂憶持戒行不忘，精進勤了。如是義，名為念。故知念在於心，不在於言。因筌求魚，得魚忘筌；因言求意，得意忘言。既稱念佛之名，須知念佛之道。若心無實，口誦空名，三毒內臻，人我填臆，將無明心不見佛，徒爾費功。且如誦之與念，義理懸殊，在口曰誦，在心曰念。故知念從心起，名為覺行之門；誦在口中，即是音聲之相。執相求理，終無是處。故知過去諸聖所修，皆非外説，唯只推心。即心是眾善之源，即心為萬德之王。涅槃常樂，由息心生。三界輪迴，亦從心起。心是一世之門戶，心是解脱之關津。知門戶者，豈慮難成？知關津者，何憂不達？竊見今時淺識，唯知事相為功，廣費財寶，多傷水陸，妄營像塔，虛促人夫，積木疊泥，圖青畫綠，傾心盡力，損己迷它；未解慚愧，何曾覺悟！

【七非先生解】

念佛法門的殊勝

念佛法門真的太好了！之前有慣於積年累月著相死磕佛號數億遍，和讀誦經典近萬遍的念佛人，專門來和我交流如何念佛，我就和

他們說，客觀來講，我對念佛的信心不知道比你們大了多少倍。你們念佛是離了名相就不行，我是有相沒相全然相應，這裏面的受用差距之大，如天壤之別。細細交流後，一個個淚流滿面且豁然自在，有的說不敢說自己已身處極樂，但感覺也就只是一步之遙了；有的說終於明白如何是那種身處蓮苞，花開即可見佛的清明了；有的說委屈了家人那麼久，真是辜負了自己和所有愛自己的人等等。

著相而求，是背離佛義的，只會越念越苦，縱然期間少得輕安，不過一如吸了鴉片的快感，其實並非真實。經裏都說了「不可以色念佛。何以故？念色取相，貪味為識」。好好一個解脫極樂的念佛法門，現在很大程度上被搞成貪識取相的加固鐵圍山，把一個本來最簡單、最直下、最方便的善巧工具，變成對佛法根本立意的整體性折損、貶抑，這不是既耽誤了自己，又辜負了佛恩麼？

正因念佛法門具有「三根普被，利鈍全收」的大方便性，故千百年來，有無數名利客一直在行利用大眾的求好心，裏挾經典，綁架精神，大搞階級神權，強化生佛差異，從而在其中大行漁利的勾當。

發菩提心是基本條件

夫念佛者，當須正念，了義為正，不了義為邪。正念必得往生，邪念云何達彼？

有人在這兒開始對達摩祖師的說法有異議了：「這是胡說，經裏明明說的是稱佛名號就能得生彼國。」好的，那我們就翻開《無量壽經》看一看，翻開《阿彌陀經》看一看，看看經典是如何描述的，看看到底是祖師胡說，還是你自己沒仔細閱讀經中文字。

《無量壽經》原文片段如下：

其上輩者，捨家棄欲而作沙門。發菩提心，一向專念阿彌陀佛。修諸功德，願生彼國。此等眾生，臨壽終時，阿彌陀佛，與諸聖眾，現在其前。經須臾間，即隨彼佛往生其國。便於七寶華中自然化生，智慧勇猛，神通自在。是故阿難：其有眾生欲於今世見阿彌陀佛者，應發無上菩提之心。復當專念極樂國土。積集善根，應持迴向。由此見佛，生彼國中，得不退轉，乃至無上菩提。

其中輩者，雖不能行作沙門，大修功德，當發無上菩提之心，一向專念阿彌陀佛。隨己修行，諸善功德，奉持齋戒，起立塔像，飯食沙門，懸繒燃燈，散華燒香，以此迴向，願生彼國。其人臨終，阿彌陀佛化現其身，光明相好，具如真佛，與諸大眾前後圍繞，現其人前。攝受導引，即隨化佛往生其國。住不退轉，無上菩提。功德智慧次如上輩者也。

其下輩者，假使不能作諸功德，當發無上菩提之心，一向專念阿彌陀佛。歡喜信樂，不生疑惑。以至誠心，願生其國。此人臨終夢見彼佛，亦得往生。功德智慧次如中輩者也。

若有眾生住大乘者，以清淨心，向無量壽。乃至十念，願生其國。聞甚深法，即生信解。乃至獲得一念淨心，發一念心念於彼佛。此人臨命終時，如在夢中，見阿彌陀佛，定生彼國，得不退轉無上菩提。

這裏說了，有四類人：上輩者、中輩者、下輩者、住大乘者。這算把人的根器種類概括全面了吧？裏面明明白白寫著「其上輩者，捨家棄欲而作沙門，要發菩提心，一向專念阿彌陀佛」；「其中輩者，雖不能行作沙門，大修功德，當發無上菩提之心，一向專念阿彌陀佛」；「其下輩者假使不能作諸功德，當發無上菩提之心，一向專念阿彌陀佛」。上、中、下輩，全得先發菩提心啊！

超越這三輩的叫住大乘者，「住大乘者以清淨心，向無量壽，乃至十念，願生其國」，還要有清淨心。住大乘本身就是住於菩提心；基於菩提心，還得徹底以清淨心，入自性道，才能實現十念成就。

所以無論你怎麼念佛，都有一個明白無誤的前提：發菩提心！

有人說：「我有發菩提心啊，我天天發菩提心。」你發的叫什麼菩提心？你發的明明是貪求心。想去好地方，想得解脫，想求覺悟……這些是不是貪求？沒錯吧？

有人說：「那經裏《往生正因品》還說了『若有善男子、善女人，聞此經典，受持、讀誦、書寫、供養，晝夜相續，求生彼剎』，那不是也可以嗎？」你能不能繼續多看一眼，後面剛好緊連著四個字「發菩提心」啊？很奇怪，就不看這四個字，這就是習氣蒙昧的厲害，字在眼前，誦讀千遍也和沒看見一樣。

作為學佛人，你總是相信因果的吧？生活裏，你不給別人好臉色，別人就不會給你好臉色，對吧？這就是很寫實的基本世間因果邏輯。生活尚且如此，何況求生淨土？發菩提心是因，成就極樂是果，沒這個因怎麼結出果來？

關於什麼是菩提心，我們在前文已經講解得很詳致了，大家可以復習了解。

不做烏合之眾

有人又說了：「那《往生正因品》裏不是還說了『若有眾生欲生彼國，雖不能大精進禪定，盡持經戒，要當作善。所謂一不殺生，二不偷盜，三不淫欲，四不妄言，五不綺語，六不惡口，七不兩舌，八不貪，九不瞋，十不癡。如是晝夜思惟極樂世界阿彌陀佛，種種功德，種種莊嚴。誌心歸依，頂禮供養。是人臨終，不驚不怖，心不顛倒，即得往生彼佛國土』。那我行十善業，不就同樣可以順利往生了麼？」

我想請問你，你怎麼又剛好漏了「即得往生彼國」前面的八個字「不驚不怖，心不顛倒」呢？

什麼叫「不驚不怖」？《心經》裏不是說了麼，「無掛礙故，無有恐怖」啊！覺得這邊不好，想像那邊美好；覺得這邊的問題煩人，想像那邊能天上掉餡餅。只要自己每天嘴皮子嘚嘚加腦子裏幻想，就能一切越來越好，這樣的人也會被稱為腦子有病。如此雜念掛礙到違反常識的程度，又怎麼可能內心不驚不怖？「心不顛倒」就更不用說了，著相而求即是顛倒。「離一切諸相」才「即名諸佛」。

這個國家很偉大的，為了提高全民文化水平，簡體字都已經推廣了幾十年了。今天七十歲以下的人中，不識字的都很難找了。佛經也早有簡體字版本了，明明白白的漢字寫在這裏，也不是什麼多義字、生僻字，怎麼就和睜眼瞎似的看不見？

原因很簡單，缺乏自信，所以容易上當。因為自欺，所以定被人欺。而且越是自欺的人，生活裏因為心虛沒底氣，就還得靠欺人來為自己的合理性做背書。終日裏活的內心更加是非怯懦，行為更加黨同伐異，最後一輩子別的事都沒幹成，就幹成了一件事，就是給自己挖了一座用佛號做棺材，用經書做墓碑的墳，然後鮮活的靈魂跳進去，埋葬自己的法身慧命，活成行屍走肉玩。

近日看到篇文章，說一個因為唱歌突然走紅全網的農村大哥，家門經常被村民用腳踹開。為什麼其他村民要踹他家的門呢？因為那些村民要拍他做直播，網上有點擊，平臺就會有些散碎分賬，所以村民就要拍這個名人，而不管人家在家裏做什麼，願不願意被人用手機直接對進家裏。而這位網紅大哥因為走紅，靠演出賺了點錢，其實也不斷地給家鄉修路，給鄉親發紅包。結果反而有的村民說你憑什麼一個紅包裏才包兩百塊錢？然後各種親戚朋友鄉黨不斷地向他借錢，卻沒一個還錢的。有的村民還說出這樣的話：「他修路怎麼了，他賺那麼多錢，拿這點就讓我們滿意了？非得是每家給我們配個小轎車再給1萬塊錢，我們就認他的好。」

在法國社會心理學家古斯塔夫·勒龐所著《烏合之眾》一書中，提到了當個人是一個孤立個體時，容易具備自己鮮明的個性化特徵。當個體融入群體後，他的個性就會被群體所淹沒，而獨立認知也會很

容易被群體化後的情緒化、無異議和低智商態所取代。

羊群效應很可怕。《弟子規》亦云「流俗眾，仁者稀」。但是請大家不要忘記自己的一個基本身份，即學佛人。學佛人當每天問問自己，我為什麼要學佛？學佛到底學什麼？如此或可提醒自己不忘初心，而避免中了習氣的招。

念佛即念一佛乘

有人又說了：「好了，心不顛倒我也知道了。可經裏不是還說有些人事情很多，『若多事物，不能離家』，沒時間大修齋戒，能在有空閑時端正身心，晝夜念佛，一樣能夠往生佛國淨土啊。」你怎麼又沒仔細看中間還有「絕欲去憂，慈心精進」，「不當瞋怒嫉妒，不得貪餮慳惜」呢？這些大家應該都明白指的就是平常心、無為念、平等行的意思了，不以此為基礎，一點戲都沒有。

很多人自稱念佛人，我真的要請問下，對自己的祖師傳承經典《無量壽經》，你到底認真看了沒有？裏面說的明明白白的：「知一切法，悉皆空寂，生身煩惱，二餘俱盡。於三界中平等勤修，究竟一乘，至於彼岸。決斷疑網，證無所得。以方便智，增長了知。從本以來，安住神通，得一乘道，不由他悟。」

是不是明明白白寫著「證無所得」，寫著「得一乘道，不由他悟」。這不是完全和《金剛經》、《法華經》、《六祖壇經》、《破相論》一脈相承麼！

經文不去看，道聽途說兼人云亦云，盲目跟風兼投機主義，這樣不要說學佛，開車都會翻車，做飯都會失火，更何況駕馭生命之舟乘風破浪，燃般若之火照破無明？天天嚼嚼廣告詞，傳銷洗腦一樣的對待自己的慧命生命，自己良心不虧的慌麼？

什麼人不能往生極樂

《無量壽經》裏還有一段慈氏菩薩——彌勒菩薩與佛的對話，專門談了什麼人不能往生極樂的問題：

慈氏白言：云何此界一類眾生，雖亦修善，而不求生？

佛告慈氏：此等眾生，智慧微淺。分別西方，不及天界，是以非樂，不求生彼。

慈氏白言：此等眾生，虛妄分別，不求佛剎，何免輪迴？

佛言：彼等所種善根，不能離相，不求佛慧，深著世樂，人間福報。雖復修福，求人天果，得報之時，一切豐足，而未能出三界獄中。假使父母、妻子、男女眷屬欲相救免，邪見業王，未能捨離，常處輪迴，而不自在。汝見愚癡之人，不種善根，但以世智聰辯，增益邪心，云何出離生死大難。復有眾生，雖種善根，作大福田，取相分別，情執深重，求出輪迴，終不能得。若以無相智慧，植眾德本，身心清淨，遠離分別。求生淨剎，趣佛菩提，當生佛剎，永得解脫。

說的多明白！「所種善根，不能離相，不求佛慧，深著世樂」，「取相分別，情執深重，求出輪迴，終不能得」。不能離相破執，且取相分別，覺得這裏不好那裏好，就永不出輪迴，念什麼都沒用。說食不飽，一個用鐵鏈把自己拴在家裏的人，天天念叨自己要去世界遊覽和廣交朋友，不是胡扯麼。

所以「若以無相智慧，植眾德本，身心清淨，遠離分別，求生淨剎，趣佛菩提，當生佛剎，永得解脫」。說的多明白！依無相智慧才能植眾德本，身心清淨還當遠離分別，這才有可能得到淨土解脫。

信樂受持之難

　　《無量壽經》裏又說：「心無下劣，亦不貢高。成就善根，悉皆增上。當知此人非是小乘。於我法中，得名第一弟子。其有眾生，值斯經者，隨意所願，皆可得度。如來興世，難值難見。諸佛經道，難得難聞。遇善知識，聞法能行，此亦為難。若聞斯經，信樂受持，難中之難，無過此難。若有眾生得聞佛聲，慈心清淨，踴躍歡喜，衣毛為起，或淚出者，皆由前世曾作佛道，故非凡人。」

　　「心無下劣，亦不貢高」，是平等法意；「悉皆增上」和「若有見聞者，悉發菩提心，盡此一報身，同生極樂國」相合，是無分別意。「於我法中，得名第一弟子」，「我法」不就是極樂淨土法麼。不依平等無別，極樂怎麼現前？

　　「隨意所願，皆可得度」，即與《大梵天王問佛決疑經》，「我有正法眼藏，涅槃妙心，實相無相，微妙法門，不立文字，教外別傳，總持任持，凡夫成佛第一義諦，今方付屬摩訶迦葉」相合，亦即一闡提亦可成佛義[33]，因本自具足。

　　如何是「難中之難，無過此難」？難在「信樂受持」！你真信本自具足，能生萬法了麼？真信就絕不會外求！自性家珍之無盡藏尚取用不盡，哪兒有功夫去當叫花子。迷信裏生出的叫欲樂，結果就是「諸苦生於欲自樂」！心向外求或向內求，有求皆苦！狂心頓歇，歇即菩提，無求自樂！這是正受且持。

　　不解佛義，俗解佛義，誤解佛義，如此念一句佛則謗一句佛，花了那麼大的身心投入，結果修成個謗佛之過，不是傻子是什麼？

33　一闡提：又作一闡底迦、闡提。此語原意為「正有欲求之人」，故譯為斷善根、信不具足、極欲、大貪、無種性、燒種，即指斷絕一切善根、無法成佛者。《入楞伽經·卷二》分闡提為二，即：(一) 斷善闡提，即本來即缺解脫因者（斷善根）。(二) 大悲闡提，又作菩薩闡提，即菩薩本著救度一切眾生之悲願，而故意不入涅槃者。

把佛念對了麼

「若有眾生，得聞佛聲，慈心清淨，踴躍歡喜，衣毛為起，或淚出者，皆由前世曾作佛道，故非凡人」。什麼是佛聲？佛者覺也，覺之聲也。別忘了「若以色見我，以音聲求我，是人行邪道，不能見如來」。你嘚啵嘚啵，只憑嘴巴叨叨幾十億遍，這六根六塵六識之音和佛聲又有什麼關係？

殊不聞大音希聲，「離一切諸相，則名諸佛」。能以無所得心應無相之慧，自在無礙於一切，即是發大般若音、大雷霆音，獅子吼音。有音之聲算什麼，聽聞過無聲之音嗎？唯通過返聞自性，才能會得的什麼叫法音雷霆音，般若能量音，此音隨緣能成無限音聲色相。

大多數人日常發出、得聞的是互相的祈求聲、欲求聲、逃遁聲、迷妄聲、悲聲、切聲……但這都屬於後天五蘊音聲，跟佛聲其實沒關係。

有個群友請教我關於念佛時發聲的問題：「如果堅持一口氣念到沒氣，換氣時用鼻子吸會深些，但是不如口鼻速度快，哪種更好？吸氣時暫停時間太久，這段時間怎麼處理思維？咒音如果維持一個音頻，心會比較平等，如果採取旋律時高時低，共鳴腔會感覺打通，但會產生雜念。哪種更適合？」我當時說講這一期課的時候順便回答。

這有點像問我小孩的玩具車換哪個零件，能跑出法拉利的感覺，那我怎麼跟你說？或者是在問我用一隻螞蟻的前腿之力，怎麼能推倒一隻大象。你在玩粗大外在五蘊六根的遊戲，那和超越五蘊的佛法有什麼直接的關係呢？

我也聽過一些說法，教大家一口氣憋住念，用「嗯嗯」或「嗡嗡」的聲音，用鼻音或胸腔共振。我真的想問，你這是準備灌唱片嗎？《無量壽經》裏說的都那麼明白了，回到《破相論》中一樣如此，「在口曰誦，在心曰念，故知念從心起，名為覺行之門；誦在口中，即是音聲之相。執相求理，終無是處」。

因筌求魚，得魚忘筌；因言求意，得意忘言。既稱念佛之名，須知念佛之道。若心無實，口誦空名，三毒內臻，人我填臆，將無明心不見佛，徒爾費功。

說的多明白！

「佛者覺也。所謂覺察身心，勿令起惡」，此即不取。「念者憶也，所謂憶持戒行，不忘精進勤行。了如是義，名為念」，此即不捨。於不取不捨行歇心無住而隨緣平常，是正念佛。對照一下，你是怎麼念的佛？

別忘了心不顛倒

有人換了部經，用《阿彌陀經》來繼續提問：「舍利弗，不可以少善根福德因緣，得生彼國。舍利弗，若有善男子善女人，聞說阿彌陀佛，執持名號，若一日、若二日，若三日，若四日，若五日，若六日，若七日，一心不亂，其人臨命終時，阿彌陀佛，與諸聖眾，現在其前。是人終時，心不顛倒，即得往生阿彌陀佛極樂國土。」

問我說：「先生你看，這不是寫的明明白白，執持名號七日，只要我專注的一心不亂，不就是能蒙佛接引嗎？」你說的沒錯，就是怎麼又漏了四個字「心不顛倒」呢？

明明就在「阿彌陀佛與諸聖眾，現在其前」和「即得往生阿彌陀佛極樂國土」之間，不好視而不見的！著相而求就是顛倒。你喜好古裝相，心就生幻覺滿足你，這沒錯，自己的心為自己的習氣服務，當慣習氣奴隸了麼。

見著喜歡的就撲上去，這種習氣你客觀地告訴我，和撲火的飛蛾區別在哪裏？和喜歡骨頭的旺財區別在哪裏？現在好多劣質狗糧，其實沒什麼肉在裏面，但加了點味素，小狗就哈喇子直流。念了一輩子佛，念出個現佛形的執著魔，瞬間自己智商就蒙昧了，和追劣質狗糧

的旺財一樣，迷入動物習性。這樣念佛，自己不真覺得虧麼？

兩點重要提醒

經常有群友發各種讓自己存疑的大德教言讓我評議，其實不必要的。前面已經講了那麼多，大家應該要學會用徹徹底底的平等心和平常智來看待一切。在我這裏，再次提醒無非兩點：

1. 任何言說，但凡是增強了你的內心執著的都叫魔說，無論什麼人、什麼造型，用什麼形式、什麼語法。同時要知道，但為激發你的疑情，大菩薩亦行魔業，你若能由此會得佛魔不二，從而自主自在，那就是真本事；

2. 任何言說，但凡讓你突破原有觀念執著的全叫佛說，無論什麼人、什麼造型，用什麼形式、什麼語法。同時要知道，學佛最怕落合頭語，切忌自以為是，切忌得少為足，能內心謙下，行於非道，平等平常於一切，即是真入佛門。

《阿彌陀經》云「不可少善根福德因緣得生彼國」。如何是善根福德因緣？「以無相智慧植眾德本，身心清淨，遠離分別」，就這麼簡單、直接。

關於助念

有群友問：「臨終助念真的能讓生前不通佛法的人遠離惡趣嗎？」關於臨終助念，我好像之前在講《金剛經》的時候談過這個問題，大家有時間可以去聽一聽。簡單說，所謂助念，就是助人放下執念，助己放下執念。人都是執在什麼上就死在什麼上，迷在什麼上就惡在什麼上。

能不能離所謂惡趣，在於你心中能放下多少執念。如果求念者、被念者和行念者都是執念深重，分別熾盛，貪好厭壞的，那這個助念就成了住念，那就是在幫著對方和自己鋪通往惡趣的路。

更好玩的遊戲

故知過去諸聖所修，皆非外說，唯只推心。即心是眾善之源，即心為萬德之王。涅槃常樂，由息心生。三界輪迴，亦從心起。心是一世之門戶，心是解脫之關津。知門戶者，豈慮難成？知關津者，何憂不達？

無論你學不學佛，念不念佛，但生活日常時時處處，無不在用「心」。各位，我們天天就站在自性家珍的門口，天天守著無盡寶藏要飯，真心沒天理。

窺見今時淺識，唯知事相為功，廣費財寶，多傷水陸，妄營像塔，虛役人夫，積木疊泥，圖青畫綠，傾心盡力，損己迷它；未解慚愧，何曾覺悟！

這是達摩祖師的慈悲批評，說的可太直白了。這裏的難處，在我看來，其實不在後面的這些事相本身，緣境無好醜，而是在於「唯知事相為功」。若如此，就是錯用了功夫而南轅北轍，鴨媽媽生不出兔寶寶，確實耽誤自他慧命的根本問題。

之前有一些漢藏道場也找到我，因為覺得在互聯網上和我響應的學佛人多，於是和我商議怎麼幫他們修建供奉一萬尊小佛像大佛像的佛殿或幫著修靈骨塔等，說法也都很好，如是供奉萬佛，則千秋不滅，以接引後人，或者為亡者永久超度以往生極樂等。同時也談到了我幫

著募捐怎麼提成分賬的問題，甚至誇張者還可以給我一個轉世活佛的身份，大家合作麼。

我就告訴他們，我的興趣在於直接把塔蓋進每個人的心裏，其實每個人心中的佛塔本來就在，我更願做個喚醒者、提醒人，如是本自具足，則永無生滅之苦，這樣的遊戲不是更好玩？而關於超度和生死，我更喜歡玩直接超拔見地、度脫執念、平常生死的遊戲，前文也有詳談什麼是生死，就不再贅述。

在信仰領域，利用恐懼營造希望，讓人跪下來給紅包的事，對我而言確實太容易做到。同時也正因為太容易，所以反而對我激不起興趣和快樂。對我而言，與其和其他人一樣慣於讓大家跪下受教，確實不如折騰點更有難度的遊戲，比如讓大家實現自信自主，能站著活出更精彩的生命自由什麼的，這樣的遊戲對我更好玩些。如果其中有人還能不斷離相破執，不斷發現無盡藏的美好，那我的玩伴可就越來更多，遊戲也就越來越好玩了。

有人問：「那跪下有錯麼？」跪下有什麼錯，折服傲慢沒問題。但別忘了跪下的目的，不是為了「成佛弟子」，而是「畢竟成佛」，如此才是對四重恩[34]的真實報答。又有人問：「那照達摩祖師這麼說，修寺建塔塑像都錯了麼？」你說說你，前面是白學了麼？說的是這些事麼？一直說的都是用什麼心！

我同樣讚嘆所有塑像的場所，因為「應以何身得度，即現何身，而為說法」。不是所有人都要走快車道的，不是所有人都願意一夜暴富的，名利心本也相應名利客，以名相當然可以暫設方便，以勾召回家。「先以欲勾牽，後令入佛智」麼。只是走久了別忘了為什麼出發，別忘了目的是回家做主，發掘自性寶藏。而不是總把法王子當要飯的，永遠可憐兮兮地在習氣業海裏生死漂泊。

---

34 四重恩：即四恩。《心地觀經》謂四恩者：一父母恩，二眾生恩，三國王恩，四三寶恩。《釋氏要覽》中謂：一父母恩，二師長恩，三國王恩，四施主恩。

破相論 23：念佛的終極秘訣（下）

【經文】

見有為則勤勤愛著，説無相則兀兀如迷。且貪現世之小慈，豈覺當來之大苦。此之修學，徒自疲勞，背正歸邪，誑言獲福。但能攝心內照，覺觀外明；絕三毒永使銷亡，閉六賊不令侵擾；自然恒沙功德，種種莊嚴，無數法門，一一成就。超凡證聖，目擊非遙。悟在須臾，何煩皓首？真門幽秘，寧可具陳？略述觀心，詳其少分，而説偈言：

我本求心心自持。求心不得待心知。
佛性不從心外得。心生便是罪生時。
我本求心不求佛。了知三界空無物。
若欲求佛但求心。只這心心心是佛。

【七非先生解】

莫忘初心莫辜負

今天是四月初八佛誕日，大家佛誕吉祥。

因緣，確實是一種自行運轉的不可思議。去年的四月初八佛誕日，我們開啟了《破相論》的第一講。今年的四月初八，我們迎來最後一講。這個時間點不是刻意安排的，安排不了。因為從內容而言，哪個部分講長、哪個部分講短，我自己也不知道，都是隨性在講。中途又有一些別的事情，比如線下課、閉關等等穿插，周期其實無法準確安排。本來想著上一講就能收尾的，結果沒講完，就到了這一期，恰好又是四月初八，真是奇妙的巧合。

正心讀書會有一款純銀的手鐲，其上鐫刻的是我請一位書法家朋友書寫的《金剛經》四句偈「一切有為法，如夢幻泡影，如露亦如電，應作如是觀」。小夥伴們起名「無定飛環」，讓我寫一句寄語時，我就寫了這樣一句話：「因緣不思議，此生幸遇金剛般若，莫忘初心莫辜負。」

　　我們往往是不辜負有為造作，而特別辜負金剛般若。我們的無明煩惱有多少層次，般若智慧就有多少個等量層次，它是完整對應的，因為煩惱即菩提。

　　「橫看成嶺側成峰，遠近高低各不同」，問題就在於「不識廬山真面目，只緣身在此山中」。你在山中的時候，你就是不識廬山真面目，所以要學會跳脫視角。

生命的見與地

　　如果能夠站位高空，眼光如鷹銳利，那地面上的任何事物都能看得清清楚楚。如果眼睛再有了高科技的種種功能，那天上地下廣大精微的任何呈現，你也都能一眼洞穿。這就是見地變化所帶來的生命認知和駕馭能力的變化。所以我們反復強調佛陀所言的「八正道中，正見第一」。

　　有人會說：「那我們只談見地不談修持，行嗎？」見地決定修持，修持成熟見地。見地和修持能分成二嗎？你的一切修持，其目的就是為了打撈見地，而真的不是修有所得，因為所有的「得」都叫基於見地的自然果得。

　　我們在前面說了，見地的「見」，就是你的生命認知的長寬高，見地的「地」，就是你生命能量的體相用。

　　「見」就是「天行健，君子以自強不息」的「健」，無限發展，無限超越，這是根本見地。基於本自具足而天然無住，通過自在發展

而發展自在，如是即「自然智、無師智、菩薩一切智、佛果一切種智」自然現前。這就是你生命原生動力的自動模型和根本態。

基於如此之「見」，落實就叫「地勢坤，君子以厚德載物」。所謂厚德，就是本覺性的能質化相量態。

見即性，見性可成佛；地即能，能即為性相。天地關係，其實也就是你的生命性能體用關係的外現，看透這個本質，才知道什麼叫心法世法不二、世出世間不二。萬法唯心造，百相由心生，性心不二、心能不二，能質不二，質量不二，相性不二……徹底不二。

我們原來也說過，所謂人生在世，性命二字。「天行健，君子以自強不息」就是你的「性」；「地勢坤，君子以厚德載物」就是你的「命」。性命就是你的見地，能自見本性為何，就會幹出與之相應的事，這就叫性命與見地不二。

不少人談「性命雙修」，只以為是男女交媾，這其實也是一個見地，分割了身心關係的見地。你從哪個「見」上入，你就從哪個「地」上生。你的「見」就是性命為二的見，所以你的「地」最後就是脫不開臭皮囊的「地」，就這麼真實。什麼因地初心，就什麼果地呈現。

相信本自具足，就敢於無限超拔自己的生命見地。相信能生萬法，就敢於不斷深入自己的自性層次。如此你會不斷發現自己不同「法界」的生命能量運轉態，你的整個生命能質態就會變得越來越有意思，性相一如自然境界不虛。

穿皇帝新衣的阿 Q

有位大德曾和我交流，說原本自己的佛法認知很豐富，後來真明白了一句佛號的力量時，就把自己之前的講義、法要全一把火燒掉了。我覺得大德很有力量，很是敬佩，春秋責備賢者，於是就乾脆火上幫著再澆一勺油，我說：若把佛號也一並擦掉，再看看是個什麼？

前文我們引用了《佛藏經》的片段，借著話題，把這一整段發上來，大家了解下：

舍利弗，云何名為念佛？見無所有，名為念佛。

舍利弗，諸佛無量不可思議不可稱量，以是義故，見無所有，名為念佛。

實名無分別，諸佛無分別，以是故言，念無分別，即是念佛。

舍利弗，一切諸念皆寂滅相，隨順是法，此則名為修習念佛。

不可以色念佛。何以故？念色取相，貪味為識。無形無色，無緣無性，是名念佛。

是故當知，無有分別，無取無捨，是真念佛。

如此對照，大約放不下佛號的念佛，很難稱為真念佛，大約燒掉東西只留佛號的做法，其實就很像賣盡家產只為鴉片的菸鬼吧。所以我說我對阿彌陀佛的信心，真的不知道比很多名相念佛人大多少倍，我是有名無名皆念佛，念念覺而不迷，這難道不是真念佛麼？

「不可以色念佛，何以故？念色取相，貪味為識」。一個專貪音聲色相，專迷色聲香味的人和我說念的是佛？我只能「呵呵」，順便再送一句話：「你有病啊！」我倒還真希望能回我一句：「你有藥啊？」嘿嘿，還真有藥！

佛經和金剛祖師言教裏處處是藥，專治各種著相貪求之病。所以佛被稱為大醫王，亦有藥師佛喻，專治眾生的貪色、取味、著相、執實之病。

有個群友說：「我是搞唯識的，我們是用唯識去證五蘊皆空……我們是要在阿賴耶識裏種下金剛種子識。只要把金剛種子識種進去，然後就會開出金剛菩提果。」

我說好啊，是法平等無有高下，怎麼搞我都隨喜讚嘆，但能折騰就是好事。但既然問到我，那我還是反問一句，聽沒聽過五祖大師的偈子「有情來下種，因地果還生。無情亦無種，無性亦無生」？

「有情來下種，因地果還生」，什麼心入就什麼心出，什麼識就現什麼境，沒錯的。那「無情亦無種」時，你的金剛種子識下在哪裏？「無性亦無生」時，你的金剛菩提果又為何物呢？

沐猴而冠還是猴，狐假虎威還是狐，鴉片槍就算包了金、鑲了象牙過濾嘴，還是鴉片槍。還是那句話，不在你做什麼事，八萬四千法門，條條大路通羅馬。首在其心，是諂曲分別，高下是非，取捨喜惡，還是清淨無為，平等平常？

《破相論》講到最後這個段落，祖師說得很明白，很多人的特點就是這樣：

> 見有為則勤勤愛著，說無相則兀兀如迷。且貪現世之小慈，豈覺當來之大苦。此之修學，徒自疲勞，背正歸邪，誑言獲福。

「此之修學，徒自疲勞」，結果就是「背正歸邪」，然後為了掩蓋自己實際的空虛無力，還必須編謊話騙自己，即「誑言獲福」，自欺欺人，其實不過就是阿 Q 穿著皇帝的新衣。

貧女寶藏和力士額珠

> 但能攝心內照，覺觀外明；絕三毒永使銷亡，閉六賊不令侵擾；自然恒沙功德，種種莊嚴，無數法門，一一成就。超凡證聖，目擊非遙。

如何是攝心內照，覺觀外明呢？如何絕三毒，閉六賊呢？繼續往後看，祖師說：「悟在須臾，何煩皓首？真門幽秘，寧可具陳？略述觀心，詳其少分，而說偈言……」

最後這個偈子是很漂亮的，如果細講，僅這一個偈子，大約三天線下課都講不完。偈文如是：

我本求心心自持，求心不得待心知。佛性不從心外得，心生便是罪生時。我本求心不求佛，了知三界空無物。若欲求佛但求心，只這心心心是佛。

學了一年，這一段偈文前半部分，其實大家應該不難理解了。

「我本求心心自持，求心不得待心知」，就是騎驢找驢的意思。你能知能覺、能看能言、能吃能睡的這個性，本來就是覺性的隨緣顯能，從未和你分開。所以求心求覺，就是頭上安頭的多餘，反而還會因求覺而生迷，因求佛而生魔，因求好而生壞……結果是自己造作出了無量無邊的是非糾纏，終於作繭自縛，把自己困成貪嗔奴。如此則成了「佛性不從心外得，心生便是罪生時」。

在《大般涅槃經》中有這樣兩個譬喻故事：貧女寶藏和力士額珠。

從前，有一位十分貧窮的女子，她家的院子裏埋著許多金銀財寶，可是家裏沒有一個人知道這件事。

有一位很有智慧的人心地善良，知道此事後，就想善巧方便地告訴貧女。於是他對貧女說：「我想請你為我幹活，能為我做除草的工作嗎？」

貧女回答說：「我不能這樣做，除非你告訴我說我的家裏有寶貝，我才為你工作。」貧女本來想用這個借口來回絕智者的要求，因為她心想自己家裏根本不會有什麼寶藏。

不料智者聽了之後卻滿口應承說：「我知道你家裏有寶貝，我也可以告訴你寶藏埋在什麼地方。」

貧女回答：「我家裏的人都不曉得有寶藏這回事，你怎麼可能知道？」智者說：「我確實知道這件事。」貧女回答：「好吧，眼見為實，我要親眼看到才行。」

智者就從貧女家裏挖出了寶藏。貧女見了心生歡喜，對智者產生了由衷的敬佩之情。

在這個譬喻故事中，智者即是如來性，貧女即是眾生性，寶藏即是本具佛性。智者下欲鉤讓貧女發現自家寶藏的手法，其實就是諸佛世尊出現於世，「以種種譬喻，種種方便，欲令眾生離其所執」的手法。眾生本有佛性，由於被煩惱垢塵覆蓋，一時之間不能自行發現，好似貧女家中本有寶藏，由於尚未發掘故，暫為貧女，而一旦發掘出來即成巨富。這就是在告訴大家一旦見性，即可成佛。

從前，王家有一位大力士，他的眉間有一顆金剛珠。有一次，這位力士與其他力士較力時，對方用頭抵觸他的額頭，珠子被壓入了肌膚中，但他自己不知道，以為丟失了這顆珠子。

後來，被珠子擠壓的傷口生了瘡，力士便尋找良醫為自己治療。

良醫善知方藥，一看這個傷口，便知道這個瘡是金剛珠被壓入身體所造成的，並且這顆珠子只沒入肌膚就停住了。

良醫問力士：「您額頭上那顆珠子哪裏去了？」

力士吃驚地回答醫生：「我額上的珠子不知去哪裏了，是不是這個珠子已經幻化消失了？」於是就開始憂愁啼哭，傷心不已。

良醫勸慰這位力士：「您不用這麼憂愁。您與其他力士較力時，這顆珠子被壓入了您的身體，就在皮膚之下，珠影隱約可見。您打鬥時，嗔恚熾盛，所以連寶珠陷入身體都不自知。」

力士不信醫生所言，說：「如果珠子在皮膚中，傷口流血化膿，珠子怎麼不掉出來？如果已經深入筋骨中，您就不可能看到。您為什麼說謊話騙我呢？」

這時，醫生拿過一面鏡子，讓力士自己來照，這顆寶珠在鏡中顯現明了。力士覺得驚異，認為這位醫生非同尋常。

佛性又好似力士額上的寶珠，由於外求而隱沒不見，修行人在善知識的接引下，如鏡觀心，返聞自性，即可重見寶珠。

心的層次和面向

學到這裏，大家應該知道「心生便是罪生時」的「罪」，指的就是妄想執著，也就是《地藏經》所言「閻浮提眾生，起心動念，無不是業，無不是罪」的所指。自心靈覺性能顯相皆是妄想執著態，難在一顯相就隨染心起用淪落為染體態，從這裏開始的妄想執著，便叫心生罪生。

《壇經》怎麼說？叫「成一切相即心，離一切相即佛」。心有很多層次，能夠成一切相的這個心，是自心靈覺性能的成相能量態，這個能量態，你可以稱它為願力，也可以稱它為業力，其本質是不二的，就是同一個力的兩種應用面向。願力是促進你的自我發展永不停歇的內驅動能態，業力是促進你的自我發展不斷變現的外驅動能態。你的生命，就在這種拉力和推力、使用和受用、願和業、取和捨、得和失之間不斷地交互拉扯，促進你的性能發展。

有人說了，怎麼這麼多的「心」，這都是一個心麼？心這個字，在描述我們生命能量的功能層次態上，就像分子、原子、質子、量子的「子」一樣，是一個承載性用詞。這麼比方，大家就容易明白了，就不容易暈菜。比如求好心、是非心、諂曲心，這些都是習氣心的應用呈現一樣，而習氣心是習性心的應用變化呈現，習性心是習識心的應用變化呈現，習識心是心識心的應用變化呈現，心識心是心性心的應用變化呈現，心性心是自性的承載，自性是覺性的性能態……無窮無盡的生命層次，確實值得我們不斷去發現，所以在我眼裏，從佛陀到金剛祖師再到大家每一位，其實都是對生命科學不斷探索的前行者。

《西遊記》中也有這樣的段落，來說明心的種類。

那國王聽信妖道讒言欲加害唐僧，孫悟空變作師父模樣進宮面君。國王不識真偽，跟「假唐僧」說要借他的一顆黑心來做藥引治病。孫悟空痛快答道：「既如此，快取刀來。剖開胸腹，若有黑心，謹當奉命。」

昏君喜出望外，立刻命人將一把牛耳短刀交給猴子。

孫悟空接刀在手，解開衣服，挺起胸膛，將左手抹腹，右手持刀，嗖喇的響一聲，把腹皮剖開，那裏頭就骨都都地滾出一堆心來。唬得文官失色，武將身麻。國丈（妖精）在殿上見了道：「這是個多心的和尚！」假唐僧將那些心，血淋淋的，一個個撿開以眾觀看，卻都是些紅心、白心、黃心、慳貪心、利名心、嫉妒心、計較心、好勝心、望高心、侮慢心、殺害心、狠毒心、恐怖心、謹慎心、邪望心、無明隱暗之心、種種不善之心，更無一個黑心。那昏君唬得呆呆掙掙，口不能言，戰兢兢的叫：「收了去！收了去！」

「我本求心不求佛，了知三界空無物。若欲求佛但求心，只這心心心是佛」。三界一般是指欲界、色界、無色界[35]。簡單劃分，欲界人著欲，為貪；色界人著色，為瞋（分別）；無色界人著法（能量），為癡（無明）；三界落於身體層次，就是身、語、意三門；落於身心關係，即性、心、身三界，也叫法、報、化三身。

所以整個偈子在最後這三個心上，其實是標出了三種生命層次的邏輯。這是三個大層次，要是細化再拆分，每個心又可以拆分出三個層次，或者無數個層次，從便於理解的角度來講，大框架上可以分三

35　三界：指眾生所居之欲界、色界、無色界。此乃迷妄之有情在生滅變化中流轉，依其境界所分之三階級；係迷於生死輪迴等生存界（即有）之分類，故稱作三有生死，或單稱三有。又三界迷苦之領域如大海之無邊際，故又稱苦界、苦海。(一) 欲界，即具有淫欲、情欲、色欲、食欲等有情所居之世界。上自第六他化自在天，中包括人界之四大洲，下至無間地獄等二十處；因男女參居，多諸染欲，故稱欲界。(二) 色界，色為變礙之義或示現之義，乃遠離欲界淫、食二欲而仍具有清淨色質等有情所居之世界。此界在欲界之上，無有欲染，亦無女形，其眾生皆由化生；其宮殿高大，係由色之化生，一切均殊妙精好。以其尚有色質，故稱色界。此界依禪定之深淺粗妙而分四級，從初禪梵天，終至阿迦膩吒天，凡有十八天。(三) 無色界，唯有受、想、行、識四心而無物質之有情所住之世界。此界無一物質之物，亦無身體、宮殿、國土，唯以心識住於深妙之禪定，故稱無色界。

個層次，即世間心、出世間心、不二心；或相心、法心、性心；或幻化心、業報心、覺性心。

自信的「有錢」人

有群友問：「《破相論》的見地似乎如此之高，那人們會不會因此而放縱自己，不去持戒，放任自流了？」

前面不是說了麼？戒是破執意，持戒是不斷破執意。你的生命從來都在離相破執，不然你都無法從受精卵長大到今天這個樣子。

同時這種擔憂也叫杞人憂天。為什麼？我從來只聽說越是「沒錢」的人，才會越不知道怎麼理財和把握生命價值、優化生命質量。生命活的越有質量，越「有錢」的人，越是能夠善於打理自己的一切，綻放價值。只有小草才最容易隨季節榮枯，最容易被踐踏和隨風飄搖，隨雨淹泡。參天巨樹自然不懼風吹雨搖，這就是力量，實實在在的力量。「不管風吹浪打，勝似閑庭信步」的背後，是真實的生命自信和見地清明！

網上有一段短視頻，是一個生命充滿活力的年輕人的作品，其文字內容如下：

很多人以為自信就是相貌好、身材好或者有錢，但這些都是低級的自信。那麼中級的自信是什麼？是認知。一個閱讀廣泛、見多識廣，對這個世界認識深刻的人，在同齡人面前是維度碾壓的，他（她）怎麼可能不自信？因為這是一種可以向下兼容、降維打擊的能力。

就像你看到小縣城的青年，不明不白就早早結婚的宿命，以為這也是你的終點。而當你到了大城市才發現「唉，三十歲，我的青春才剛剛開始啊」。當你放眼望向全世界，你看到老年人都可以比你活得

更勇敢、瀟灑，你就知道年齡原來真的不足以設限。當你看到人們對容貌的多元化審美，你就學會欣賞自己和每一個人的與眾不同。當你看到人們對成功的多元化定義，比如健康的體魄、自由的心靈、有真心相愛的伴侶、健康的人格和身心、豐富的精神世界……就明白了房子、車子和錢作為成功的標準是多麼的粗鄙。

當你開始向知識臣服致敬，你會發現人類的精神可以如此豐富且超越。我希望你能發現一百種人類活出的一百種不同的人生，希望你能感受到一個個平凡人的自信裏所蘊含的力量，希望你不會再為自己的人生感到急躁、迷茫和自卑，因為你所有的底氣都在你的認知裏。

我從未見過一個讀萬卷書、行萬里路的人不自信過，所以為什麼要鼓勵多讀書，為什麼要鼓勵從小縣城到大城市去，從大城市到全世界去，這就是去拓寬你的認知，拓寬你整個人的維度，向更高的世界探索吧，勇敢、坦然、從容……

這樣的文字會給大家帶來什麼樣的心靈激蕩，可想而知。文中只談到了中級自信，那我承續一下高級的自信是什麼，其實在我看來，就是八個字「本自具足，能生萬法」！不是麼？

今天愛旅遊的人越來越多，就是因為大家渴望通過見識更多生命狀態、人事物境的不同，來豐富自己的身心內外。那自性無盡藏的風光呢？是不是也真的值得去深入了解下？更不用說旅遊往往還是花錢你都願意去做的事，而遊歷自性無盡藏，還能順手變現想要的一切幸福美好。

在生命遊歷的路上，你可能會受到一些局部的磨難和暫時的曲折，凡事就是如此，有得就有失，有利就有弊。得失利弊實在是生命最美好的安排。人生不可能永遠一帆風順，也不可能永遠一蹶不振。福禍從來兩相依，就是要在得失利弊、陰陽取捨間不斷去打磨、激發出你更大的生命力量。

某個角度說，「兇多吉少」恰是生命給我們的最美好的安排，若非如此，你的生命將很容易陷入得少為足的陷阱而止步不前。而「兇

多吉少」恰是逼著你不斷發展、不斷優化自我，永不駐足的最佳動力。

網上有個很有意思的段子，說有個人在黑板上寫了一串數字：

1+1=2　1+2=3

1+3=4　1+4=5

1+5=6　1+6=7

1+7=8　1+8=9

1+9=9

最後一個 1+9 的答案，他寫的是 9。大家於是嘲笑：「哈哈，你寫錯了。」他說：「是的，你們看到的是我這一次的錯誤，但是何必忽略我前面 9 次的正確呢？」

舉這個例子的意思，是希望大家不要因為局部而喪失整體，不因枝節而失去根本，不要因一葉障目而不見泰山。生命質量的發展，當取大為上。但真「有錢」，還怕亂花錢麼？沒錢人才怕呢，是不是這個道理？

有錢人就算亂花錢，也容易拉動 GDP。沒錢人倒是不亂花錢，關鍵連自己都養不活、吃不飽，還得社會救濟啊。我們就是打個比方，不是倡導奢靡浪費或鼓勵貧富差距合理化的意思，大家會意即可。

法藏比丘的大願

通過對《佛藏經》、《無量壽經》、《阿彌陀經》的客觀了解，大家就明白了如何才是念佛，於是《大集經》中的那句「末法億億人修行，罕一得道，唯依念佛，得度生死」，方顯得格外切實！這麼簡約方便的法門，念佛者，念念覺而不迷也，直下返聞自性，攝用歸體激發具足靈覺智性、從體起用變現萬法任運，實現生命自在。

所以大家好好念佛，正信念佛，「無有分別，無取無捨，是真念佛」。我自己多年前一次禪坐，從心裏流露出如是兩句「正念佛時真心做主，一聲佛號圓澄大千」，今天看來，仍未過時。

有群友又問：「對阿彌陀佛的四十八大願怎麼理解？」這點我在《金剛經》網課裏有詳講，不在這裏贅述，但要首先扣住《無量壽經》裏非常高明的一個根本出發點，就是在於描繪淨土莊嚴前，先把法藏比丘的四十八大願一條一條地羅列出來。而法藏比丘在立願之前首先說的是：「我立是願，都勝無量佛國者，寧可得否？」什麼意思？這就是法藏比丘說我要發的願，一定是比成就無量佛國的那些佛都要更加宏大有力的願！

這才是「長江後浪推前浪，一代更比一代強」的真實！如此，經中之世間自在王佛才對法藏比丘大加贊嘆，並勉勵發願。所以記住，學佛務必要能做到青出於藍，才是對佛陀和古德們的真實不負，對眾生陪伴成長的真實不負，更是對自己生命的真實不負。諸佛本願是讓你「畢竟成佛」而不是「成佛弟子」！為什麼無論藏漢兩地佛教，通被阿彌陀佛攝受，這份遠超諸佛本願的不負擔當、豪情氣魄就是第一步。

所以後面的四十八大願，其實就是很實在的四十八個見地臺階，真能如是發願、踐行，必得如是結果。只是後來有些人忽視整體，只從中抓取一二文字，著於名相，用來為自己的世俗妄心做包裝、搞營生，那就是另外一件事了。

至於法藏比丘的名字，相信大家現在應該就能很清晰其比喻義了，不再贅講。

轉娑婆成極樂

最後有一段很重要的內容要分享給大家。《六祖壇經》裏面一段

專門在談念佛求生西方的問題，文字直白，不作過多講解：

　　刺史又問曰：弟子常見僧俗念阿彌陀佛，願生西方。請和尚說，得生彼否？願為破疑。

　　師言：使君善聽，惠能與說。世尊在捨衛城中，說西方引化，經文分明，去此不遠。若論相說，里數有十萬八千，即身中十惡八邪，便是說遠。說遠，為其下根；說近，為其上智。

　　人有兩種，法無兩般。迷悟有殊，見有遲疾。

　　迷人念佛，求生於彼；悟人自淨其心。所以佛言：隨其心淨，即佛土淨。

　　使君東方人，但心淨即無罪。雖西方人，心不淨亦有愆。東方人造罪，念佛求生西方；西方人造罪，念佛求生何國？

　　凡愚不了自性，不識身中淨土，願東願西。悟人在處一般（在哪兒都一樣）。所以佛言：隨所住處恒安樂。

　　能「隨所住處恒安樂」才是真本事。這句大家不要誤解為小動物習性，小貓小狗一般在哪兒都有吃有睡就行，不是這個意思的！這句的意思，用今天的大白話來說，就叫「讓世界活成自己想要的樣子」！

　　以我們腳下的這塊土壤為例，三千年沈厚的歷史風雲變幻，數經跌宕起伏，在十九世紀末二十世紀初跌至歷史低谷，列強欺辱、主權分裂、文明衝撞。然而，就在這樣一片多災多難的土地上所誕生出的中國共產黨，帶領這個民族從苦難中崛起，不斷擔當、不斷進取、不斷革命、不斷自我革命……堅定不移地奉行全心全意為人民服務的根本準則，讓廣大人民從受欺壓、受貧窮、挨人打的歷史悲劇中不斷強大、不斷發展為整體越來越富強、自在、幸福的喜樂人間，這不就是對「隨所住處恒安樂」的最好證明麼。

　　「轉娑婆成極樂」是諸佛本願，大白話還是「讓世界活成自己想要的樣子」。而這個國家的當今呈現，確實正在更加深切地證明這份來自中華兒女血脈深處的文化自信、文明自信和生命自信力的真實不

虛。

斷十惡與行十善

使君心地但無不善，西方去此不遙。若懷不善之心，念佛往生難到。

今勸善知識，先除十惡，即行十萬；後除八邪，乃過八千。念念見性，常行平直，到如彈指，便睹彌陀。

使君但行十善，何須更願往生。不斷十惡之心，何佛即來迎請？

若悟無生頓法，見西方只在剎那。不悟，念佛求生，路遙如何得達？

師言：善知識，若欲修行，在家亦得，不由在寺。在家能行，如東方人心善。在寺不修，如西方人心惡。但心清淨，即是自性西方。

中間這段講行十善、斷十惡。一些人把十善業道也講成了世俗身語意的貪好厭壞，那都叫製造分別、餵養取捨，那怎麼可能得睹彌陀呢？

有人問我：「那什麼是行十善、斷十惡？」簡單說，斷十惡就是不住身語意性心身之執，即「覺自心現量，妄想不生」，即出離心；行十善就是借身語意性心身之用，而能「超自心現量，自覺聖智相現」，即菩提心。從而不斷發現，不斷自由。

佛法在世間，不離世間覺

重點是後面的《無相頌》，我們前文引用過，這裏再用一次，以為重要！希望大家都能拿這個偈子來對照自己的生活，但能如是踐行，西方只在目前。

韋公又問：在家如何修行，願為教授。

師言：吾與大眾說無相頌，但依此修，常與吾同處無別。若不作此修，剃髮出家，於道何益！《無相頌》頌曰：

心平何勞持戒？行直何用修禪？

恩則孝養父母，義則上下相憐。

讓則尊卑和睦，忍則眾惡無喧。

若能鑽木出火，淤泥定生紅蓮。

苦口的是良藥，逆耳必是忠言。

改過必生智慧，護短心內非賢。

日用常行饒益，成道非由施錢。

菩提只向心覓，何勞向外求玄？

聽說依此修行，西方只在目前。

這些看著好像都是不怎麼為難的世間事，所以後來有些人為了搞幫派的高下區別，故意把最後一句改成了「聽說依此修行，天堂只在目前」，認為六祖大師說的這些不過只是人天福報。這是真心外行的視角。

《無相頌》概括起來即是「佛法在世間，不離世間覺」。佛法在世間，即是不捨；不離世間覺，即是不取；如此，即入不取不捨之道啊！

佛法在世間，即是色；不離世間覺，即是空。

佛法在世間，即是理；不離世間覺，即是行。

佛法在世間，即是脈；不離世間覺，即是血。

佛法在世間，即是傳；不離世間覺，即是承。

佛法在世間，即是地；不離世間覺，即是天。

佛法在世間，即是精；不離世間覺，即是神。

佛法在世間，即是命；不離世間覺，即是性。

佛法在世間，即是身；不離世間覺，即是心。

佛法在世間，即是俗；不離世間覺，即是僧。

佛法在世間，即是空間；不離世間覺，即是時間。

佛法在世間，即是有為；不離世間覺，即是無為。

佛法在世間，即是能生萬法；不離世間覺，即是本自具足。

佛法在世間，即是實；不離世間覺，即是修；

…………

離此「佛法在世間，不離世間覺」之不二實修，無有是處。若能解行如此，即為明行足尊，極樂剎主。明行足者，佛之十大名號之一也，極樂剎主，阿彌陀佛也。

用《金剛經》四句偈對應一下，阿者，空也，能生「一切有為法」；彌者，遍布也，其皆「如夢幻泡影」；陀者，轉通也，顯能「如露亦如電」；佛者，覺而不迷也，當「應作如是觀」。

同時，「一切有為法」，即性相也；「如夢幻泡影」，即性質也；「如露亦如電」，即性能也；「應作如是觀」，即性見也。

所以佛法是徹徹底底的心性道，不二門。我們通篇引用佛經典故無算，大家現在回過頭自己看一看，是不是皆萬法歸一，一歸於心？

似在迷途和迷途即道

從佛陀到金剛祖師再到大家平常生活的每一個人，其實生命的佛法傳承從未斷熄。因為這就是你的自性靈覺妙相，也就是祖師說的「神通並妙用，運水及搬柴」，只是大家不敢信，所以在《周易》裏也就如是言道，「百姓日用而不知，故君子之道鮮矣」。

這個君子之道，就是「天行健，君子以自強不息」的心性本體之道，時時處處你都沒有離開過，不然你是怎麼閱讀到這裏，識別出文字，體味出感受，等下還會自覺地去吃飯、喝水、睡覺、上廁所的呢？你從來沒離開過讓自己活成「自得其樂」，所以即便是進生活的「健身房」，也確實是你的自主選擇，所以也就不會存在真能為難住你的困境。現在回頭看看，你人生的每一次挫折和困頓，難道不是你為了

加持自己增長「肌肉」而給自己加的「檳鈴片」麼。

同時要提醒大家一點，大家千萬不要因為學了《破相論》而去歧視他人暫時的迷信態。我們可以去呼喚迷信歸途，我們也可以去建議他們都能少經歷些偏執狹隘的苦和觀念繫縛的痛。但千萬不要真的簡單否定任何不合你心意的人事物境，當你輕易否定任何，其實你也正在身處迷信。

很多人的呈現，其實只是叫「似在迷途」，其實誰不是為了自己更好而努力奮鬥？不過只是會因見地不真而枉受勤勞罷了，但其性一如，亦從未動搖。但能以平等平常心看待一切，那無論你怎麼做，也就都是在示現「迷途即道」。

當你真能行平等不二的時候，生殺予奪皆是佛法；不能行時，慈悲喜捨[36]亦非佛道。

佛，誕於此

整整一年《破相論》的學習，到今天算是畫下一個階段性的句號。這個句號不是終點，而是起點。

基於《破相論》，我們當開展的是基於當代人文特徵背景下，有關生命智慧的新時代語序的課題構建。這個課題，並不僅關乎學術，而是直接和你的生活息息相關。所以這應該是一個每個人用自己的生命實踐，來不斷驗證、優化、發展的生命科學課題。

基於《破相論》，我們從同一個起跑線出發，去探尋自性無盡藏的真相。過程中，每個人都有自己的受益，我在大家身上也受益良多。

---

36 慈悲喜捨：即四無量心，又名四等，四梵行。一慈無量心，能與樂之心也。二悲無量心，能拔苦之心也。三喜無量心，見人離苦得樂生慶悅之心也。四捨無量心，如上三心捨之而心不存著也。又怨親平等，捨怨捨親也。此四心普緣無量眾生，引無量之福故名無量心。又平等利一切眾生，故名等心。

在此，我深深地感謝在這一過程中陪伴、加持我的每一位小夥伴，其實真的是大家在成就我，給我信心，給我信任。你們都在感謝我，其實大家真的不知道此刻我對大家每一位，從內心深處是多麼地感謝。謝謝！

生命質量的世界、生命力量的世界、生命能量的世界、生命性能的世界⋯⋯實在是太大太大了，所以中國本土化佛法經過發展，公認佛覺悟後首部宣講即為《大方廣佛華嚴經》，並以此立論。大者，無限發展也；方者，無限精密也；廣者，無限變化也；佛者，覺也；華者，無限靈妙也；嚴者，無限構建也；經者，無限見識也。經中為我們描繪的自性華藏世界，具有無與倫比的壯闊雄美，而我們自我識別在意生活的所謂娑婆世界和對應的極樂世界，不過都是華藏世界二十層構建中第十三層中的兩粒微塵，更何況著相為實存之千百萬億年中的你我，不過塵中之塵之塵之塵⋯⋯

人生短暫，好玩的遊戲太多了，別再困頓於那些其實一分錢都不值的人我是非、高下喜惡、愛恨情仇了。凡是在意處，即是執著處；凡是執著處，也即是當覺悟處。我們是需要通過這些，讓自己看到觀念、習氣邊界的受力點，才能學會歇心平常，超越執著，行於非道，駕馭貪嗔，成為自己生命的真正主宰。但我們不需要不停地考同一課的試，同樣的卷子同樣的題，反反復復的不斷留級。

基於《破相論》，希望我們的人生，都能不斷考級合格，一起攜手邁入下一個更有意思的生命征程，一起更加自在地玩耍，一起收穫更加博大的生命力量，一起續寫更加美好的生命遊戲，我的愛與你同在，你的愛也與我同在，因為我們是同圓種智的一家人。

不為定義知識，只為啟發智慧。

佛，誕於此，佛誕吉祥。

菩提自性，本來清淨，但用此心，直了成佛。

一切般若，皆自性生，不從外得，莫錯用意。

如是性相，不二平等，實事如是，得大自在。

後 記

　　為何將這樣一部對祖師《破相論》的通講文字，起名《不二之光》的原因，相信大家讀到這裏應該各有領悟。

　　佛說無量法，為度無量心。如果佛是我們生命根本覺性的譬喻，法是覺性能量的各種呈現態，那心則是我們的隨緣相應之能量集合承載變現體。從隨緣而生的心體，繼而再生出無量無邊的應用心相，心相自識別為有我，繼而生出無量攀緣執著之念，再以此念為體，繼續生出無量取捨在意之心，繼而再以此心為體，生出無量小我之心體、心相、心用……如是無量反復，一路自識別、自疊加，不斷構築心念輪迴，最終呈現為地水火風、眼耳鼻舌之堅固外在，眾生以此外在而識別為我，終日圍繞五欲六塵打轉，終於徹底困住自己，長臥輪迴。

　　曾文正公有云：破山中賊易，破心中賊難。其實《破相論》的價值，就是首在「破心中賊易」！打個比方，心恰如器。生活裏有各種器，小的比如飲酒時的開瓶器，車裏的點煙器，上網的調制解調器等；從身體上，比如種種器官、臟器等；從素養上，再比如我們常說一個人的根器如何？是否能成大器、堪為法器等；再上升一個譬喻維度，比如國家機器、法律武器、制度利器等等。

　　既然心如器，那器則是最好打破的，因器只是器，是應用端的工具屬性。人從來都是發明各種工具的主人，沒有任何道理應該被工具所縛，變成工具的奴隸。打蛇打七寸，擒賊先擒王，真能做了心王，自然天下無賊無兵，因一切皆器。

　　所以「破心中賊易」的要點，其實不在破賊，而在心中本無賊，一切不過隨緣相應的當家用器，如是則為「是法平等，無有高下，是名阿耨多羅三藐三菩提」的自由做主，如是則成「天上天下，唯我獨尊」的自在大雄。

　　經云「因地不真，其果迂曲」。真實的平等見、不二見，是真實

的「正信稀有」！說大富翁迷失記憶淪落乞丐，是方便；說乞丐當找回家珍回歸富翁，還是方便。一切乞丐潦倒處，看似迷失困頓於小我執著、得失詭曲，其實恰如英雄訓練營，玉不琢不成器，烈火才淬真金，滄海橫流方現英雄本色！一切富翁自在處，看似清明逍遙，其實亦如英雄訓練營，看看是否能超名利心、過美人關？這裏的名利心，指的不僅是世間名利，乃至一切自在覺悟、解脫智慧、神通般若……這裏的美人關，指的不僅是世間美好，乃至一切心相自由，逍遙力量，無邊心地風光。

「橫看成嶺側成峰，遠近高低各不同。不識廬山真面目，只緣身在此山中」。這是蘇軾的感慨。而《破相論》則是開山之斧，讓我們能開始發現如何是「看山是山，看山不是山，看山還是山」的第一層境界自如。至於破相之後，如何繼而破法（看山不是山）、破性（看山還是山）的好玩之處，都需要先以破相為基而入不二之見才能真實落地。

方便與智慧是真平等不二，般若與迷執是真平等不二，煩惱與菩提是真平等不二，佛與魔是真平等不二，眾生似在迷途與覺者迷途即道是真平等不二……如是，恰如《圓覺經》中所言：「一切障礙，即究竟覺；得念失念，無非解脫；成法破法，皆名涅槃；智慧愚癡，通為般若；菩薩外道所成就法，同是菩提；無明真如，無異境界；諸戒定慧及淫怒癡，俱是梵行；眾生國土，同一法性；地獄天宮，皆為淨土；有性無性，齊成佛道；一切煩惱，畢竟解脫。」

如是，心佛眾生則真無差別，每一個人的生命大自在之門真真開啟矣！至於門內無限風光，請容我先賣個關子，先不在此書中予以討論，因紮實見地是本。見地不真紮實，一切攀求則如冰上建塔，其實一無是處。

行文至此，諸君亦當破此《不二之光》之七非之論，佛尚有言：「汝莫信我，莫隨我欲，莫依我語，莫觀我相，莫隨沙門所有見解，莫於沙門而生恭敬。莫做是語，沙門喬達摩是我大師。」以此而提醒每一個人徹底回歸「本自具足，能生萬法」的返聞自性家珍之途。那何況

如我這般七非之人的無知陋見？全書不過通篇戲論，其內容必定完全一無是處，絲毫不值得作為任何答案或定義標準，充其量算為大家多添加一個視角，權作或提醒或警醒的正負參考。

最後，要感謝在本書成稿過程中的諸多小夥伴們，如奚景敏先生、孟凡晶先生、吳小美女士的幫助，如宗淡、章英、咎歡俸、陳顯微、于志紅、盧喜鳳、任未玿、奚秀英、王曉莉等對校稿的辛苦付出，還有其他太多朋友、夥伴們的前後幫助，難以一一列舉，在此一並真摯感謝！

最要感謝的，則是我的傳道恩師——明恒禪師，在他這裏，我真切領略到如何才堪稱佛門元氣；在他這裏，我真的知道佛法原來確實就在每一個人的生命周遍處，從未消損哪怕如一枚芥子般；在他這裏，我無須任何概念的前置，真的領會到如何是從佛陀乃至所有金剛祖師的真實相授之道和印心之手眼；在他這裏，我無須任何觀念的前提，真的領會到如何是如古書傳奇般的師徒之道和心意相傳，並著實領教到全體佛法的根本風光。雖然我自知距離一個合格的心子還相去甚遠，可他就是我的法父。法父本是自性之義，在我這裏，明恒禪師誠然和我的自性真實無二無別。謝謝我的法父能以如此殊勝且平常的方式，出現在我的生命世界裏！

本書恰成稿於 2022 年驚蟄當日，如是緣起，願為天地一聲雷，喚醒一切迷，報答四重恩。

七非之人　趙一澄
壬寅年佛誕日 於正心堂

附錄 1：《破相論》全文

問曰：若復有人誌求佛道者，當修何法最為省要？

答曰：唯觀心一法，總攝諸法，最為省要。

問曰：何一法能攝諸法？

答：心者萬法之根本，一切諸法唯心所生；若能了心，則萬法俱備；猶如大樹，所有枝條及諸花果，皆悉依根。栽樹者，存根而始生子；伐樹者，去根而必死。若了心修道，則少力而易成；不了心而修，費功而無益。故知一切善惡皆由自心。心外別求，終無是處。

問曰：云何觀心稱之為了？

答曰：菩薩摩訶薩，行深般若波羅蜜多時，了四大五陰本空無我；了見自心起用，有二種差別。云何為二？一者淨心，二者染心。此二種心法，亦自然本來俱有；雖假緣合，互相因待。淨心恒樂善因，染體常思惡業。若不受所染，則稱之為聖。遂能遠離諸苦，證涅槃樂。若墮染心，造業受其纏覆，則名之為凡，沈淪三界，受種種苦。何以故？由彼染心，障真如體故。十地經云：眾生身中有金剛佛性，猶如日輪，體明圓滿，廣大無邊；只為五陰重雲所覆，如瓶內燈光，不能顯現。又涅槃經云：一切眾生悉有佛性，無明覆故，不得解脫。佛性者，即覺性也。但自覺覺他，覺知明了，則名解脫。故知一切諸善，以覺為根；因其覺根，遂能顯現諸功德樹。涅槃之果德，因此而成。如是觀心，可名為了。

問：上說真如佛性，一切功德，因覺為根，未審無明之心，以何為根？

答：無明之心，雖有八萬四千煩惱情欲，及恒河沙眾惡，皆因三毒以為根本。其三毒者，貪嗔癡是也。此三毒心，自能具足一切諸惡。猶如大樹，根雖是一，所生枝葉其數無邊。彼三毒根，一一根中，生諸惡業百千萬億，倍過於前，不可為喻。如是三毒心，於本體中，應現六根，亦名六賊，即六識也。由此六識，出入諸根，貪著萬境，能

成惡業，障真如體，故名六賊。一切眾生，由此三毒六賊，惑亂身心，沈沒生死，輪迴六趣，受諸苦惱；猶如江河，因小泉源，洎流不絕，乃能瀰漫，波濤萬里。若復有人斷其本源，即眾流皆息。求解脫者，能轉三毒為三聚淨戒，轉六賊為六波羅蜜，自然永離一切諸苦。

問：六趣三界廣大無邊，若唯觀心，何由免無窮之苦？

答：三界業報，唯心所生；本若無心，於三界中，即出三界。其三界者，即三毒也；貪為欲界，瞋為色界，癡為無色界，故名三界。由此三毒，造業輕重，受報不同，分歸六處，故名六趣。

問：云何輕重分之為六？

答：眾生不了正因，迷心修善，未免三界，生三輕趣。云何三輕趣？所謂迷修十善，妄求快樂，未免貪界，生於天趣。迷持五戒，妄起愛憎，未免瞋界，生於人趣。迷執有為，信邪求福，未免癡界，生阿修羅趣。如是三類，名三輕趣。云何三重？所謂縱三毒心，唯造惡業，墮三重趣。若貪業重者，墮餓鬼趣；瞋業重者，墮地獄趣；癡業重者，墮畜生趣。如是三重，通前三輕，遂成六趣。故知一切苦業由自心生，但能攝心，離諸邪惡，三界六趣輪迴之苦，自然消滅離苦，即得解脫。

問曰：如佛所說，我於三大阿僧祇劫，無量勤苦，方成佛道。云何今說，唯只觀心，制三毒，即名解脫？

答：佛所說言，無虛妄也。阿僧祇劫者，即三毒心也；胡言阿僧祇，漢名不可數。此三毒心，於中有恒沙惡念，於一一念中，皆為一劫；如是恒沙不可數也，故言三大阿僧祇。真如之性，既被三毒之所覆蓋，若不超彼三大恒沙毒惡之心，云何名為解脫？今若能轉貪瞋癡等三毒心，為三解脫，是則名為得度三大阿僧祇劫。末世眾生愚癡鈍根，不解如來三大阿僧祇秘密之說，遂言成佛塵劫未期，豈不疑誤行人退菩提道。

問：菩薩摩訶薩由持三聚淨戒，行六波羅蜜，方成佛道；今令學者唯只觀心，不修戒行，云何成佛？

答：三聚淨戒者，即制三毒心也。制三毒成無量善聚。聚者會也，

無量善法普會於心，故名三聚淨戒。六波羅蜜者，即淨六根也。胡名波羅蜜，漢名達彼岸，以六根清淨，不染六塵，即是度煩惱河，至菩提岸。故名六波羅蜜。

問：如經所說；三聚淨戒者，誓斷一切惡、誓修一切善、誓度一切眾生。今者唯言制三毒心，豈不文義有乖也？

答：佛所說是真實語。菩薩摩訶薩，於過去因中修行時，為對三毒，發三誓願，持一切淨戒。對於貪毒，誓斷一切惡，常修一切善；對於瞋毒，誓度一切眾生，故常修慧；對於癡毒，由持如是戒定慧等三種淨法，故能超彼三毒成佛道也。諸惡消滅，名為斷。以能持三聚淨戒，則諸善具足，名之為修。以能斷惡修善，則萬行成就，自它俱利，普濟群生，故名解脫。則知所修戒行不離於心，若自心清淨，則一切佛土皆悉清淨。故經云：心垢則眾生垢，心淨則眾生淨；欲得佛土，當淨其心，隨其心淨，則佛土淨也。三聚淨戒自然成就。

問曰：如經所說，六波羅蜜者，亦名六度；所謂布施持戒忍辱精進禪定智慧。今言六根清淨，名波羅蜜者，若為通會。又六度者，其義如何？

答：欲修六度，當淨六根，先降六賊。能捨眼賊，離諸色境，名為布施；能禁耳賊，於彼聲塵，不令縱逸，名為持戒；能伏鼻賊，等諸香臭，自在調柔，名為忍辱；能制口賊，不貪諸味，讚詠講說，名為精進；能降身賊，於諸觸欲，湛然不動，名為禪定；能調意賊，不順無明，常修覺慧，名為智慧。六度者運也，六波羅蜜喻若船筏，能運眾生，達於彼岸，故名六度。

問：經云：釋迦如來，為菩薩時，曾飲三斗六升乳糜，方成佛道。先因飲乳，後證佛果，豈唯觀心得解脫也？

答：成佛如此，言無虛妄也；必因食乳，然始成佛。言食乳者，有二種，佛所食者，非是世間不淨之乳，乃是清淨法乳；三斗者，三聚淨戒，六升者，六波羅蜜；成佛道時，由食如是清淨法乳，方證佛果。若言如來食於世間和合不淨牛羶腥乳，豈不謗誤之甚。真如者，自是金剛不壞，無漏法身，永離世間一切諸苦；豈須如是不淨之乳，以充

饑渴。經所說，其牛不在高原，不在下濕，不食穀麥糠麩，不與犍牛同群；其牛身作紫磨金色，言牛者，毗盧舍那佛也。以大慈悲，憐愍一切，故於清淨法體中，出如是三聚淨戒六波羅蜜微妙法乳，養育一切求解脫者。如是真淨之牛，清淨之乳，非但如來飲之成道，一切眾生若能飲者，皆得阿耨多羅三藐三菩提。

問：經中所說，佛令眾生修造伽藍，鑄寫形像，燒香散花燃燈，晝夜六時繞塔行道，持齋禮拜，種種功德皆成佛道；若唯觀心，總攝諸行，說如是事，應虛空也。

答：佛所說經，有無量方便，以一切眾生鈍根狹劣，不悟甚深之義，所以假有為，喻無為；若復不修內行，唯只外求，希望獲福，無有是處。言伽藍者：西國梵語，此土翻為清淨地也；若永除三毒，常淨六根，身心湛然，內外清淨，是名修伽藍。鑄寫形像者：即是一切眾生求佛道也；所為修諸覺行，彷像如來真容妙相，豈遣鑄寫金銅之所作也？是故求解脫者，以身為爐，以法為火，以智慧為巧匠，三聚淨戒、六波羅蜜以為模樣；鎔煉身中真如佛性，遍入一切戒律模中，如教奉行，一無漏缺，自然成就真容之像。所謂究竟常住微妙色身，非是有為敗壞之法。若人求道，不解如是鑄寫真容，憑何輒言功德？燒香者：亦非世間有相之香，乃是無為正法之香也；薰諸臭穢無明惡業，悉令消滅。其正法香者，有其五種：一者戒香，所謂能斷諸惡，能修諸善。二者定香，所謂深信大乘，心無退轉。三者慧香，所謂常於身心，內自觀察。四者解脫香，所謂能斷一切無明結縛。五者解脫知見香，所謂觀照常明，通達無礙。如是五種香，名為最上之香，世間無比。佛在世日，令諸弟子以智慧火，燒如是無價珍香，供養十方諸佛。今時眾生不解如來真實之義，唯將外火燒世間沈檀薰陸質礙之香，希望福報，云何得？散花者，義亦如是；所謂常說正法，諸功德花，饒益有情，散沾一切；於真如性，普施莊嚴。此功德花，佛所讚歎，究竟常住，無雕落期。若復有人散如是花，獲福無量。若言如來令眾生，剪截繒彩，傷損草木，以為散花，無有是處。所以者何？持淨戒者，於諸天地森羅萬像，不令觸犯；誤犯者，猶獲大罪，況復今者。故毀淨

戒，傷萬物求於福報，欲益返損，豈有是乎？又長明燈者：即正覺心也，以覺明了，喻之為燈；是故一切求解脫者，以身為燈臺，心為燈炷，增諸戒行，以為添油；智慧明達，喻如燈火。當燃如是真正覺燈，照破一切無明癡暗，能以此法，轉相開示，即是一燈燃百千燈，以燈續燃，燃燈無盡，故號長明。過去有佛，名曰燃燈，義亦如是。愚癡眾生，不會如來方便之說，專行虛妄，執著有為，遂燃世間蘇油之燈，以照空室，乃稱依教，豈不謬乎！所以者何？佛放眉間一毫相光，上能照萬八千世界，豈假如是蘇油之燈，以為利益。審察斯理，應不然乎！又六時行道者：所謂六根之中，於一切時，常行佛道，修諸覺行，調伏六根，長時不捨，名為六時。繞塔行道者：塔是身心也，當令覺慧巡繞身心，念念不停，名為繞塔。過去諸聖，皆行此道，得至涅槃。今時世人，不會此理，曾不內行，唯執外求；將質礙身，繞世間塔，日夜走驟，徒自疲勞，而於真性，一無利益。又持齋者：當須會意，不達斯理，徒爾虛切。齋者齊也，所謂齋正身心，不令散亂。持者護也，所謂於諸戒行，如法護持。必須外禁六情，內制三毒，勤覺察、淨身心。了如是義，名為持齋。又持齋者，食有五種：一者法喜食，所謂依持正法，歡喜奉行。二者禪悅食，所謂內外澄寂，身心悅樂。三者念食，所謂常念諸佛，心口相應。四者願食，所謂行住坐臥，常求善願。五者解脫食，所謂心常清淨，不染俗塵。此五種食，名為齋食。若復有人，不食如是五種淨食，自言持齋，無有是處。唯斷於無明之食。若輒觸者，名為破齋。若有破，云何獲福？世有迷人，不悟斯理，身心放逸，諸惡皆為；貪欲恣情，不生慚愧，唯斷外食，自為持齋，必無是事。又禮拜者：當如是法也，必須理體內明，事隨權變，理有行藏，會如是義，乃名依法。夫禮者敬也，拜者伏也；所謂恭敬真性，屈伏無明，名為禮拜。若能惡情永滅，善念恒存，雖不現相，名為禮拜。其相即法相也。世尊欲令世俗表謙下心，亦為禮拜；故須屈伏外身，示內恭敬。舉外明內，性相相應。若復不行理法，唯執外求，內則放縱瞋癡，常為惡業，外即空勞身相，詐現威儀，無慚於聖，徒誑於凡，不免輪迴，豈成功德。

問：如溫室經說，洗浴眾僧，獲福無量。此則憑於事法，功德始

成，若為觀心可相應否？

答：洗浴眾僧者，非洗世間有為事也。世尊當爾為諸弟子說溫室經，欲令受持洗浴之法；故假世事，比喻真宗。隱說七事供養功德，其七事云何？一者淨水、二者燒火、三者澡豆、四者楊柳、五者淨灰、六者蘇膏、七者內衣。以此七法喻於七事，一切眾生由此七法，沐浴莊嚴，能除毒心無明垢穢。其七法者：一者謂淨戒洗蕩愆非，猶如淨水濯諸塵垢。二者智慧觀察內外，猶如燃火能溫淨水。三者分別簡棄諸惡，猶如澡豆能淨垢膩。四者真實斷諸妄想，如嚼楊枝能淨口氣。五者正信決定無疑，猶如淨灰摩身能辟諸風。六者謂柔和忍辱，猶如蘇膏通潤皮膚。七者謂慚愧悔諸惡業，猶如內衣遮醜形體。如上七法，是經中祕密之義。如來當爾為諸大乘利根者說，非為小智下劣凡夫，所以今人無能解悟。其溫室者，即身是也。所以燃智慧火，溫淨戒湯，沐浴身中。真如佛性，受持七法，以自莊嚴。當爾比丘，聰明上智，皆悟聖意，如說修行，功德成就，俱登聖果。今時眾生，莫測其事，將世間水洗質礙身，自謂依經，豈非誤也。且真如佛性，非是凡形，煩惱塵垢，本來無相，豈可將質礙水，洗無為身？事不相應，云何悟道？若欲身得淨者；當觀此身，本因貪欲，不淨所生，臭穢駢闐，內外充滿。若也洗此身求於淨者，猶如漸漸盡方淨，以此驗之，明知洗外非佛說也。

問：經說言至心念佛，必得往生西方淨土。以此一門即應成佛，何假觀心？求於解脫。

答：夫念佛者，當須正念，了義為正，不了義為邪。正念必得往生，邪念云何達彼？佛者覺也，所謂覺察身心，勿令起惡；念者憶也，所謂憶持戒行不忘，精進勤了。如是義，名為念。故知念在於心，不在於言。因筌求魚，得魚忘筌；因言求意，得意忘言。既稱念佛之名，須知念佛之道。若心無實，口誦空名，三毒內臻，人我填臆，將無明心不見佛，徒爾費功。且如誦之與念，義理懸殊，在口曰誦，在心曰念。故知念從心起，名為覺行之門；誦在口中，即是音聲之相。執相求理，終無是處。故知過去諸聖所修，皆非外說，唯只推心。即心是眾善之

源，即心為萬德之王。涅槃常樂，由息心生。三界輪迴，亦從心起。心是一世之門戶，心是解脫之關津。知門戶者，豈慮難成？知關津者，何憂不達？竊見今時淺識，唯知事相為功，廣費財寶，多傷水陸，妄營像塔，虛促人夫，積木疊泥，圖青畫綠，傾心盡力，損己迷它；未解慚愧，何曾覺知。見有為則勤勤愛著，說無相則兀兀如迷。且貪現世之小慈，豈覺當來之大苦。此之修學，徒自疲勞，背正歸邪，誑言獲福。但能攝心內照，覺觀外明；絕三毒永使銷亡，閉六賊不令侵擾；自然恒沙功德，種種莊嚴，無數法門，一一成就。超凡證聖，目擊非遙。悟在須臾，何煩皓首？真門幽秘，寧可具陳？略述觀心，詳其少分，而說偈言：

　　我本求心心自持。求心不得待心知。
　　佛性不從心外得。心生便是罪生時。
　　我本求心不求佛。了知三界空無物。
　　若欲求佛但求心。只這心心心是佛。

附錄 2：與佛有關的一切，都讓我感到深深的慚愧

釋迦牟尼佛本人一生都在與個人崇拜對抗，不斷地轉移門徒對他的注意。他深知，重要的不是他的生平和人格，而是他的教法。他的弟子只要遵循這種方法修道，也會獲得同樣的證悟。但是如果人們開始崇拜喬達摩這個人，他們就會偏離自己的修行，並且這個崇拜會助長一種只會阻礙靈性發展的毫無意義的依賴。

—英國著名比較宗教學者凱倫・阿姆斯特朗 (Karen Armstrong)

1. 每當我禮拜佛像，都會感到深深的慚愧

因為我總是習慣了把佛當成能保佑我平安富貴的神明，於是不停地用水果、鮮花和保護費來做交易，希望能換回美麗、健康與財富，而忘了其實這尊像是在提醒我，我應該通過自己的努力，來成為更好的自己。

2. 每當我閱讀經書，都會感到深深的慚愧

因為我總是習慣了從誦經中尋求功德與加持，而忘了其實經書記錄的是關於智慧的教言，目的是為了讓我深解其意，並啟發我的人生，應用我的生活。

3. 每當我見到僧人，都會感到深深的慚愧

因為我總是習慣了把他們看作完人、神人，甚至高人一等的人，而忘了六祖大師與惠明的對話，惠明說「我為法來，不為衣來。」而我，總是只認衣服不認法，用造神運動的方式看似恭敬，實則敗壞了佛法的智慧弘揚和對方的道業。

4. 每當我強調「依止上師」，都會感到深深的慚愧

因為我總是習慣了快點找個師父，而我只需要選擇相信他，就能不再有任何煩惱需要自己面對。至心祈禱他，相信他並「視師如佛」，才是最殊勝的無上法門。而忘了佛陀在經中所言的十種不輕信：

(1) 不因傳說而輕信；

(2) 不因傳統而輕信；

(3) 不因謠言而輕信；

(4) 不因經典記載而輕信；

(5) 不因邏輯推理而輕信；

(6) 不因學說推論而輕信；

(7) 不因符合常識判斷而輕信；

(8) 不因預設成見而輕信；

(9) 不因說者外表而輕信；

(10) 不因師長所言而輕信。

更加忘了佛陀親口所言的「依法不依人」，反而在現實裏讓自己成了大搞黨同伐異、山頭幫派、人我是非的幫兇，而這壓根早就背離了我學習佛法的初衷。

5. 每當我撚動手裏的念珠，都會感到深深的慚愧

因為我總是習慣了 108、108 的不斷撥弄它，不斷的念佛、持咒、求菩薩保佑加持，而忘了那個著名的小段子：一個孩子問一個老人，我們念佛求菩薩，為什麼觀音菩薩手裏也拿念珠，他求誰？

老人說：觀音菩薩這是在告訴我們，求人不如求己。也忘了我更應該念念回歸的，是我的那顆本自具足、能生萬法的自性寶珠。

6. 每當我正在修持某某大法或某某秘密殊勝法時，都會感到深深的慚愧

因為我總是習慣了接受全天下的餡餅，剛好都能落在我頭上，最低的投入就能獲得最大的產出的交易心態，而忘了《金剛經》中佛所說的「了無少法予人」和「無有少法可得」，更加忘了「所謂佛法者，即非佛法」。

更嚴重的，是把我最耳熟能詳的《心經》早拋在了腦後，忘了明明白白的兩百六十個字裏，專門用九個字告訴我，「以無所得故，菩提薩埵」。

7. 每當我放生，都會感到深深的慚愧

因為我總是習慣了為我又拯救了多少魚菩薩、鳥菩薩而歡呼且雀躍，為那些殺生造業捕撈的人感到可憐和悲哀，而忘了佛陀說「一切

法平等，無有高下」，繼而沈溺在自己的愛心功德簿上，製造高下是非，而忘了其實應該用「三輪體空」的心態來返聞自性，讓自己成了一個遠比梁武帝修寺建塔做得少，卻覺得自己很棒，一點不比梁武帝執著少的著相者。

我更加忘了，梁武帝是被達摩祖師說「了無功德」。

8. 每當我吃素，都會感到深深的慚愧

因為我還是習慣性地覺得吃素比吃肉高明，在我的心裏，越來越生起對肉食者的鄙視與可憐。而忘了佛陀涅槃的時候，對供養他豬肉乾的俊達說，他一生最美好的兩頓飯，一頓是蘇迦達供養的奶粥，幫助他開啟了覺悟的大門，一頓是俊達供養的豬肉乾，開啟了他涅槃的大門。

這兩頓飯都不是形式上的素食。而我這些夾雜著情緒喜好的分別造作，才是佛法要面對的敵人。

9. 每當我淚流滿面、激動萬分的供養僧人時，都會感到深深的慚愧

因為我還是習慣性地覺得，只有供養僧人，會給我帶來巨大的功德，其他所有人都不如僧人功德大。而忘記了《維摩詰經》裏的故事，維摩詰居士把善德長者供養的瓔珞一分為二，一半供養給最貧賤的乞丐，一半供養給難勝如來。並說道：如果能用平等心布施一個乞丐，那麼就是如同供養了一尊佛。

我，喪失了平等，更遠離了不二，而「平等」和「不二」才是大乘佛法的本懷！

10. 每當我參加各種宗教活動時，都會感到深深的慚愧

因為我還是習慣性地覺得參加一次法會，我的業障就能消減幾億倍，越多參加，業障越輕。而忘了這樣的認識其實加深了我的貪執，而貪執才是最大的業障。

……

因為我的以上習慣，我的生活開始進入一種越來越與他人格格不入、越來越自大傲慢、越來越傷害家人、越來越不能正常工作與生活，

心裏的苦惱和是非越來越多，覺得除了自己最智慧，自己的派別最高大，自己的師父最完美，其他任何一個和我意見不一樣的人，都是可悲可憐的墮落靈魂。

我的人生幾近精神分裂、陷入癲狂……

這時，在明眼人的指點下，我看到了以下幾段話，如當頭一棒，又如晴天霹靂，讓我震撼、哭泣、悔悟到無語深思：

1. 若欲修行，在家亦得，不由在寺。在家能行，如東方人心善；在寺不修，如西方人心惡。——《六祖壇經》

2. 汝等門人終日供養，只求福田，不求出離生死苦海。汝等自性若迷，福門何可救汝？——五祖弘忍

3. 問曰：因何不得禮佛菩薩等？答曰：天魔波旬阿修羅示見神通，皆作得菩薩相貌。若見自心是佛，不在剔除鬚髮，白衣亦是佛。若不見性，剔除鬚髮，亦是外道。」——《達摩血脈論》

4. 外道不會佛意，用功最多；違背聖意，終日驅驅念佛轉經，昏於神性，不免輪迴。佛是閑人，何用驅驅廣求名利，後時何用？但不見性人，讀經念佛，長學精進；六時行道，長坐不臥；廣學多聞，以為佛法。此等眾生，盡是謗佛法人。——《達摩血脈論》

5. 難陀，汝莫信我，莫隨我欲，莫依我語，莫觀我相，莫隨沙門所有見解，莫於沙門而生恭敬。莫作是語，沙門喬達摩是我大師。然而但可於我自證所得之法，獨在靜處思量觀察。常多修習隨於用心所觀之法，即於彼法觀想成就，正念而住。自為洲渚，自為歸處。法為洲渚，法為歸處。——《大寶積經》

6. 最後一段來自《六祖壇經》的《無相頌》語句如此平實，而又如此震撼人心：

心平何勞持戒，行直何用修禪。

恩則孝養父母，義則上下相憐。

讓則尊卑和睦，忍則眾惡無喧。

若能鑽木出火，淤泥定生紅蓮。

苦口的是良藥，逆耳必是忠言。

改過必生智慧，護短心內非賢。

日用常行饒益，成道非由施錢。

菩提只向心覓，何勞向外求玄。

聽說依此修行，西方只在目前。

六祖大師有云：佛法在世間，不離世間覺。離世覓菩提，恰如求兔角。

我希望我接下來的人生，再面對與佛有關的一切時，所有的恥辱感將不復存在，「佛」之一字所代表的，也不僅局限於宗教的形式，而是真正能代表我在生活裏，生命中行持的智慧光明。每一位與我結緣的人，都能收穫來自每個人本自具足的自性光明裏，更美好的從容自在與喜樂安康。

如此，或者我可以自稱為一個佛法的信仰者、追隨者。

或者，我可自稱為一個佛教徒……

附錄 3：什麼是殺生？

問：我三月開始學佛，五月皈依。聽了法師的開示後，夏天不敢打蚊子，走路怕踩了螞蟻，也只敢吃三淨肉…總怕犯了殺戒，越活越緊張、和家人矛盾越來越大，總覺得哪兒不對勁，心裏有些迷茫。請問七非先生，到底什麼是殺生呢？

首先，小編為你找到了學術經典的說法，如下：

殺生：十惡業之一，殺害人畜等一切有情之生命也。《智度論·十三》曰：「若實是眾生，知是眾生，發心欲殺而奪其命。生身業，有作色，是名殺生罪。」——《丁福保佛學大詞典》

阿難，又諸世界六道眾生，其心不殺，則不隨其生死相續。汝修三昧，本出塵勞，殺心不除，塵不可出。——《楞嚴經》

諸餘罪中，殺業最重；諸功德中，不殺第一。——《大智度論》

若自殺，教人殺，方便殺，讚嘆殺，見作隨喜，乃至咒殺，殺因、殺緣、殺法、殺業，乃至一切有命者，不得故殺。——《佛說梵網經》

若菩薩摩訶薩，能盡形壽遠離殺生，即是施與一切眾生無驚無怖，令諸眾生不生憂苦離毛豎畏。由此善根速得成熟。——《大乘大集地藏十輪經》

接下來，小編又為你搜羅了當今各家知名大德的說法供你參考，如下：

大德 A：動植物分屬有情和無情眾生，因為它們受傷害時產生的痛苦程度不同，所以佛教所講的不殺生，主要是從不殺動物的角度來說。

大德 B：殺生，就是殺害生命，包括自殺與殺他。宇宙間不只人

或動物有生命，舉凡山河大地，一花一木，一沙一石，它們的存在就有生命，只要破壞其功能，就是殺生。

大德C：殺生是違逆自性，是最重的惡業，果報是短命墮三途。

大德D：明明知道它是眾生，心裏也有想殺的念頭，行為上也實施了殺害，最終也斷除了它的生命，這就叫殺生。

大德E：殺生是很可怕的，真要做到不殺生很難，除非你的禪定功夫到達三禪天，可以不吃不喝不呼吸，否則，你呼吸也在殺生，空氣中有細菌。嚴格說不殺生，太難了！我們只好姑且培養一點慈悲心。

七非先生說：

討論「殺生」，首先不能失本。

如何是本？《金剛經》云：凡所有相，皆是虛妄。

夢裏面死舅舅和夢裏賺一百個億，對於現實，真的有意義麼？

電視節目裏，各種愛恨情仇、悲歡離合、宇宙爆炸、家長里短……你都知道那不過是戲碼，無從追究得失，那在名相裏論生死是非，不是真的可笑荒唐麼？

節目的意義在於啟示觀眾。同樣的，我們說殺放生死，也是為了啟示人們能以智慧超越迷執，而非反而執幻為真的追究對錯。

什麼是眾生？

《楞嚴經》云：想澄成國土，知覺乃眾生。

能知「覺」者，是為眾生。你的每一個知覺都是眾生，你的知覺性本身就是眾生性，所以一念一眾生！

能一念不住就是放生，住任何一念都是殺生。

《一心戒文》中亦云：於自性靈妙常住法中，不生斷滅之見，名不殺生。

那反之，於任何情況下，生出任何斷滅之見，都叫殺生。

《金剛經》亦云：是法平等，無有高下，是名阿耨多羅三藐三菩提。

如果你要分別高下取捨、吃土豆的比吃豬肉的高級，對不起，你已經落在是非心裏，遠離了佛法，背離了三寶，你在誹謗三寶。

你但凡動是非心、高下心、取捨心，住分別念而自以為是，你都是在殺生，這就叫見殺、聞殺，然後為你所殺。

我們每天殺太多這樣的生了，所以《地藏經》才說：閻浮提眾生，起心動念，無不是業，無不是罪。

從應用上來說，那些在你腦子裏無數角度的呈現卻沒有付諸行為的念頭，沒有成活成相的心思，不都是你的孩子們麼？

有些念你付諸行為了，可帶著執著，這叫殺生。有些你沒有做，可帶著偏見，這還是殺生。

如此對待自己的心念孩子，你怎麼從來沒有去追究過自己這個殺生呢？

名相裏，有非常複雜的因緣規律，今天你殺這條魚，因為過去這條魚殺過你，所以報應，可再之前呢？為什麼這條魚的過去生會殺過你？難道不是因為你又在更遠的過去生殺過它……

這樣的追究有頭麼？這樣的追究真的有必要麼？這就如同電視劇裏論生死，和自己的影子說生滅，真的有意義麼？

《楞嚴經》云：離一切相，即一切法。

離一切相，方名佛法！

大量所謂「學佛人」和所謂的「大德、上師」們，天天導人執著名相，更增是非分別，而非破名相執，超越是非分別，這真的厚道麼？

敢放個不取不捨、隨順平等的生麼，看看是什麼滋味？或者這就是你一直想追求的自在甘露美味。

念念平等，念念不住，念念覺而不迷，是真放生。

反之，迷而不覺，心有偏向，著相而求，皆是殺生。

一切夢裏造夢，讓人更增執著分別的戲論，都和佛法無關，都叫世間法，無論披的是什麼外衣，打的什麼旗號。

這在經裏被稱為：若著相於外，而作法求真，或廣立道場，說有無之過患，如是之人，累劫不可見性。

另外再引幾位聖人之言提供參考：

1. 王陽明言：殺人須就咽喉上著刀。

2. 龐蘊居士言：護生須是殺，殺盡始安居。

3. 趙州禪師言：老僧好殺！

4. 莊子言：殺生者不死。

聖人為何如是言？聖人所言是何義？自己參詳下？

至於路怎麼走，還是那句話：自己定。

附錄 4：什麼是放生？

問：皈依後，每到秋冬季都有很多團體組織放生，說這是積功累德、增加福報，並且給予眾生解脫的最好途徑。可我經常看到成千上萬條被裝在網袋和筐裏的魚，都已經憋得不行了，還有不少憋死的，而冗長的儀軌儀式沒有做完就不能放。還有新聞報導說很多不恰當的放生導致的各種問題，很被社會詬病！越放生疑惑越多，請問七非先生，什麼才是真正的放生呢？

首先，小編為你找到了學術經典的說法，如下：

眾生至愛者身命，諸佛至愛者眾生，能救眾生身命，則能成就諸佛心願。——《大方廣佛華嚴經》

放諸生命……病得除癒，眾難解脫；放生修福……令度苦厄，不遭眾難。——《藥師琉璃光如來本願功德經》

六道眾生皆是我父母，而殺而食者，即殺我父母，亦殺我故身，一切地水是我先身，一切火風是我本體，故常行放生，生生受生，常住之法，教人放生。——《梵網經》

普惠恩及群生，視天下群生身命，若己身命。慈濟悲愍，恕己安彼，道喜開化，護彼若身，潤逮草木，無虛機絕也。——《佛滅度後棺斂葬送經》

接下來，小編又為你搜羅了當今各家知名大德的說法供你參考，如下：

大德A：放生只有帶著菩提心去做，才是自利利他的菩薩行。否則，不過是人天善法而已。

大德B：我們盡一己之力讓動物免於被宰殺的痛苦，又讓參與放

生的人，借著這樣一個機會培養慈悲心，培養祥和的社會風氣，這是放生最大的意義所在。

大德C：放生是對生命的尊重與愛護，但是放生要隨緣而行，更重要的是在日常生活中能做到「護生」。護生最大的意義是放人一條生路，給人方便、給人救濟、給人善因好緣、助成別人的好事等，這才是最好的放生之道。

大德D：放生要隨緣不要刻意，不要去跟人家說我明天放生，你多抓一點鳥，多抓一些魚，那你就大錯，你就害生，就不叫放生了。

大德E：怎麼才能使生命具有保障呢？就是多做放生，放生的功德積累得越多，就越會使自己處在善法光明的護佑當中，自然遠離橫禍災難。

大德F：放生拯救其他眾生的生命，拯救某個本來肯定要死或者過早死去的眾生，是最高的有功德的行為，從這個角度，可以說放生比修建寺廟更有功德。

大德G：有人只喜歡放生，放生是善根之一，可是我常勸人在都市中不要亂放生。例如你去菜場買些動物來放生，這不但不是放生，反而是殺生。有些賣動物的人曉得有人愛放生，他就拼命去抓來賣。甚至於你今天放生的，明天就又被抓回來，所以真放生是很難的，有時救了個小動物不見得是做善事，做善事是要智慧的。

七非先生說：

《六祖壇經》云：眾生無邊誓願度。心中眾生，所謂邪迷心，誑妄心，不善心，嫉妒心，惡毒心，如是等心，盡是眾生。各需自性自度，是名真度。

一些人處於種種原因，熱衷於形式上的放生。作為一種生活喜好，這是各得其所的事。可如果在其中心有疑惑，那不妨可以先問問自己，到底為什麼要這麼做？

《金剛經》云：如是滅度無量無數無邊眾生，實無眾生得滅度者。

自性眾生如是清淨、平等無別了，外在人、事、物的因緣呈現自然就會改變，所以叫「隨其心淨則國土淨」。

日常中，人總是糾纏於對的錯的，好的壞的，高的低的，美的醜的，符合自己價值感的、不符合自己價值感的……這些住念，其實都叫殺生。

因以取捨分別心為驅動。

你能放下這些分別取捨造作的執念，即是放自性眾生之生，即是放了自己一條生路，放給世界一個擁有平等、平常心的平和、隨順、溫暖、自在的人。

從名相而言，你執著於花錢放一些鳥魚蛇鱉、牛羊狐貍的生，為自己又拯救了多少生命而歡呼雀躍，充滿意義感的同時，首先你有沒有想過，你忘了應該秉持的「三輪體空」之根本？其次你有沒有想過，你也有可能是在干預屬於生殺者之間的因果平衡？

你當然可以從槍口下強行救下一名殺人犯，可其性若未轉，別忘了有個故事叫「農夫與蛇」。

有人說經裏說過一個重要的故事，有隻將被宰殺的羊看著屠夫流淚，說自己四百九十九世前就是殺羊的人。這個故事確實提醒人當慈心不殺，可不要忘了這個故事的出處在《楞嚴經》，其前後文的作用是告訴人們心識的運動規律，一旦有所貪愛，就必生瞋恚，如此貪瞋輪轉，是構築輪迴之因。同時，更加不要忘了，這隻羊第五百世受完這一刀，可就還清了業債，終於不用再做羊。

簡單救下的動物，習性要圖生存，但要生存就自然依貪瞋之性過活，自然要傷害比自己低等無力的其他生命。即就是吃草的羊，也難以脫開被它覓食踩死的昆蟲和混在青草的蟲卵等，如此，繼續造業，出苦無期。

另外也別忘了經裏還說過很多同樣重要的話，比如《金剛經》云：凡所有相，皆是虛妄。比如《地藏經》云：閻浮提眾生，起心動念，無不是業，無不是罪。

有一個很有名的佛門公案：

有一天，知雲和尚去參訪石頭禪師，二人談興很濃，說說笑笑不知不覺來到了江邊。這時一位船夫正將沙灘上的渡船用力推向江裏，準備載客過江。船下水後，沙灘上留下一片被壓死的螃蟹蝦螺，讓人看後心生憐憫。

知雲看後不禁向石頭禪師問道：「請問大師，剛才船夫推船入江，壓死不少蝦螺，這是乘客之過，還是船夫之過？」

石頭禪師毫不猶豫地答道：「既非乘客之過，也非船夫之過！」

知雲不解，又問：「乘客、船夫都無罪過，那究竟是誰之過呢？」

石頭厲聲說道：「是你的罪過！」

知雲聽後，莫名奇妙。

石頭禪師這才娓娓道來：「佛教雖講有六道眾生，但是以人為本。站在人本立場，船夫為謀生計而賺錢，乘客為了過江而搭船，蝦蟹卻又為了藏身而被壓，這是誰之過？罪業由心造，心亡罪亦無，無心怎能造罪？縱使有罪，也是無心之罪，而你卻無中生有，自造是非，這難道不是你的過錯嗎？」

知雲聽後默然不語。

《維摩詰經》云：何為病本？謂有攀緣。今天多少所謂「放生」不都是基於「攀緣心」麼？攀緣善惡，攀緣好壞，攀緣生殺，攀緣對錯……如此則為「根本錯亂修習，猶如煮沙，欲成佳肴，縱經塵劫終不能得」，「累劫不得見性」。

再回到世俗的角度，你用慈悲的、救贖的、護生的各種美好的名義，去掩飾自己想得到功德福報，或消災延壽的自我需求，卻讓本可隨緣了舊業的動物們，在不屬於它們的環境中，要麼為了生存再造新殃，要麼環境不適大批死亡。

你在自己的愛心功德簿上製造高下是非，為那些殺生造業捕撈的人感到可憐和悲哀的同時，也在促使著放生鏈上更加變本加厲地養殖、搬運、捕撈，促使著殺業的進一步升級。

你無非是更加沈溺於各種形式上的功德貪求，讓無數眾生用生命來陪自己繼續造作夢執，加重分別妄想的把戲，折騰因果，徒耗福

報……

不要忘了，這個也是有因果的。和吃飯睡覺一樣，個人因果個人背，誰也替代不了。

祖師有云：著相修行，皆是惡法，非菩提道。

《金剛經》中更是明白無誤地告訴我們：「若菩薩心住於法而行布施，如人入暗，即無所見。」

念念分別取捨，念念貪求執著，迷而不覺，此為真殺生。

念念平等不住，念念隨緣平常，覺而不迷，此為真放生。

佛陀於樹下終能平等不二地看待一切，包括生死不二、醒夢不二、真妄不二……此名根本覺悟及根本放生，於是連這顆樹都被稱為了菩提樹。

佛陀同樣於樹下示現涅槃，讓大眾放下對他的執念，終無所依，徹底走向自性自度，平等不二的自解脫道，此亦名根本覺悟及根本放生……

「眾生至愛者身命」，這話沒錯，所以一個連對自己的生命能行真放生，同時能行真不殺生都做不到的人，又怎麼可能真的對自己之外的生命，給予真實的愛和慈悲？

「因地不真，其果迂曲」。大乘菩薩道無外在眾生可度，唯隨緣盡度自性眾生，自然佛光普照，光耀大千。

這樣的放生遊戲，敢玩麼？難道不該這麼玩麼？

勿忘「三輪體空」的本，勿忘「一切有為法，如夢幻泡影」的真。至於其他那些夢裏造夢、癡人夢囈的荒唐說法，論之無益也無味。

附錄 5：什麼是吃素？

問：聽說有佛教信仰的人，要斷肉戒葷吃素，請問七非先生，那什麼才是吃素？生活裏又該怎樣吃素呢？

首先，小編為你找到了學術經典的說法，如下：

若食肉者，當知即是眾生大怨，斷我聖種。大慧！若我弟子聞我所說，不諦觀察而食肉者，當知即是旃陀羅種，非我弟子，我非其師。是故大慧！若欲與我作眷屬者，一切諸肉悉不應食。——《大乘入楞伽經》

夫食肉者，斷大慈悲佛性種子，一切眾生見而捨去。是故一切菩薩不得食一切眾生肉，食肉得無量罪。若故食者，犯輕垢罪。——《梵網經》

若諸菩薩，住家間時，於諸眾生，恒住慈心及利益心，堅持淨戒，攝護威儀，澡潔其身，不應食肉。——《大方廣佛華嚴經》

迦葉菩薩復白佛言：世尊，云何如來不聽食肉。善男子，夫食肉者斷大慈種。——《大般涅槃經》

人食肉譬如食其子，諸畜生皆為我作父母、兄弟、妻子，不可數。亦有六因緣不得食肉：一者，莫自殺；二者，莫教殺；三者，莫與殺同心；四者，見殺；五者，聞殺：六者，疑為我故殺。無是人意得食肉，不食者有六疑。人能不食肉者，得不驚怖福。——《佛說佛醫經》

接下來，小編又為你搜羅了當今各家知名大德的說法供你參考，如下：

大德 A：素食是修習慈悲的最好體現。雖然南傳佛教和藏傳佛教吃的是三淨肉，即不見為我殺，不聞為我殺，也沒有任何跡象表明是

為我殺。但只要有人消費，總會有人去殺生。所以，惟有素食才能徹底杜絕殺生現象。作為學佛者來說，只要有條件，應盡量堅持素食。如果條件不允許，則可吃些肉邊菜。

大德B：吃素讓我們不造惡業，將來會有好的因緣和功德，讓我們的身體不受冤親債主的干擾。

大德C：吃素是源自於大慈悲心，是因於對畜生道眾生的悲憫，是對他們被殘殺、被屠戮、被燒煮等慘烈遭遇的不忍。

大德D：吃素是福，是幫助我們得健康長壽，無畏布施最好的表現。

大德E：佛教徒最好是吃素。倘若你實在做不到，在吃肉的過程中，也應該多念一些懺悔咒。

大德F：金剛乘是否開許人們吃肉？絕對沒有。金剛乘沒有偏好。過去在印度，佛教起源的地方——婆羅門的文化是最高文化，他們極度蔑視吃肉這一行為，並把吃肉的人看作最低種姓。密續總是反對二元，因而反對所有偏好。

大德G：吃素是不吃葷，葷是蔥、蒜、韭、芥末、興渠五葷，這是五種刺激性的植物，並沒有包括肉。不吃肉是不殺戒，為了培養慈悲心。

七非先生說：

關於吃素這個問題，如果只在相上糾纏，那就是無窮無盡的公說公有理，婆說婆有理，而且永遠難以自圓其說。

《法華經》云：吾從成佛以來，種種因緣，種種譬喻，廣演言教，無數方便，引導眾生令離所執。

換句話說，佛經多以譬喻說法，以方便導引我們離相破執，而不會希望我們反而成了更加著於名相分別的是非之徒。

我們吃到嘴巴裏的東西無非兩種：一種叫動物，一種叫植物。

動，代表一切運動，比如動物，比如起心動念，是陰所生之陽。

靜，代表相對靜止，比如植物，比如寧靜的心，是陽所藏之陰。

我們的心性也常常表現為兩面，一面是無明妄動，一面是澄淨平和。某個角度來說，動物代表了前者，植物代表了後者。

須知佛門素食的起源，並非佛陀，而是提婆達多。

佛陀並沒有要求弟子必須吃素，這裏有個重要典故：

佛陀在涅槃時，對供養他豬肉乾的俊達說，他一生最美好的兩頓飯，一頓是蘇迦達供養的奶粥，幫助他開啟了覺悟的大門；一頓是俊達供養的豬肉乾，開啟了他涅槃的大門。

而這兩頓飯都不是形式上的素食。

那麼佛門為什麼倡導素食？其源自梁武帝，其至多只能論為是因為我們追求感受，追求欲望的妄動心性太強了，所以通過吃素靜心，以此來降低無明妄動……就好像天平，一端的砝碼太重了，另一端也要加幾個才能平衡。

在這種追求心性平和，訓練動靜等觀的過程中，我們逐漸超越分別，超越妄想，超越欲望。

於相，也就至多如此理解，也似乎只有這麼理解，也才顯得佛法不那麼狹隘和自相矛盾。

同時，素食作為一種飲食習慣，本是一種正常自主的生活方式選擇，無可厚非。

但一旦加入宗教思維，變成了某種必須的形式要求，意思可就全變了味。

把素食作為信仰符號，刻意強化對錯高下的揀擇，就容易失去了平等，強化了階級對立，這就和佛法本願根本對立，強化了捨本逐末，並因小失大。

因信仰而吃素的奧義，在於心中無是非，無取捨，無高下，無階級，無分別。

如能食此法食，則是最好的吃素。

正如寺院齋堂中言：五觀若存金易化，三心未了水難消。

達摩祖師更加在《破相論》裏有清晰明白的開示：外禁六情，內制三毒，勤覺察、淨身心。了如是義，名為持齋。……世有迷人，不悟斯理……唯斷外食，自為持齋，必無是事。

所以吃素，說透這一層，跟吃什麼東西入嘴，並無本質關係，其最多只能算作象徵關係。

肉者，妄念分別也，菜者，淨而不染也。

六祖「但食肉邊菜」，即行無分別。

世人大多時時「食菜邊肉」，念念妄分別。

肉者迷著也，菜者覺悟也。

「但食肉邊菜」乃「萬行門中不捨一法，實際理地不染一塵」也，是真入「佛法在世間，不離世間覺」。

世人大多無量分別造作，情緒左右人生，如是顛倒取捨，是食肉耶，是食菜耶？

真的別再覺得兩捧菜花，幾塊土豆蘿蔔，就是真的佛門吃素了。

看看天天在用什麼餵養自己的法身慧命，或者更有價值，因其方直通輪迴或涅槃。

人們往往總是喜歡去追究夢裏的對錯得失，並勤學苦練於夢裏賺一百億或夢裏自由的本領。

有這功夫，不如想辦法直接醒來多好！

唯有醒來，才是真自由！

在醒來的自由空氣裏，確實沒有夢裏的雞腿或土豆味道。

附 6：什麼是三寶？

問：都說進入佛門要皈依於三寶，請問七非先生，那什麼才是三寶呢？

首先，小編為你找到了學術經典的說法，如下：

教云：一切之佛陀，佛寶也；佛陀所說之教法，法寶也；隨其教法而修業者，僧寶也。佛者覺知之義，法者法軌之義，僧者和合之義也。

謂小乘之三寶也。如佛為丈六之化身，法為四諦十二因緣，僧為羅漢及緣覺。——《佛說無常經》

木佛畫像，住持之佛寶也；三藏經典，住持之法寶也；剃髮染衣之比丘僧，住持之僧寶也。——《大乘法苑義林章》

佛者，覺也；法者，正也；僧者，淨也。——《六祖壇經》

佛寶：最勝業遍知，色無礙自在，救世大悲者。法寶：及彼身體相，法性真如海，無量功德藏。僧寶：如實修行等。——《大乘起信論》

接下來，小編又為你搜羅了當今各家知名大德的說法供你參考，如下：

大德 A：佛，代表究竟的覺醒；法，代表修行的方法；僧，指追求解脫、覺醒、智慧的四人以上的團體。

大德 B：自覺聖智就是心中的佛寶，般若智慧就是你心中的法寶，一切法無諍、平等、體體相同就是你心中的僧寶。

大德 C：清淨就是僧，平等就是法，覺就是佛；清淨平等覺，就是佛法僧。

大德 D：用煩惱去處理事情不可能圓滿的，但你對三寶有信心，憶念三寶的力量，佛菩薩就會創造不可思議的因緣。

大德 E：佛陀是唯一功德圓滿，具有能力、悲心、智慧，能把無量眾生從輪迴中救拔出來的聖尊；佛陀所宣說的法，也是可以皈依的；再加上修持佛法的僧眾以及文殊、觀音等大乘聖者，合在一起就是三寶。在三寶面前我們要虔心皈依，這就是佛子行。

大德 F：佛就是已成正覺、功德圓滿、圓滿一切佛之特質，並清淨一切染汙的人；法對許多人來說，像是一本書或佛的教授，這沒有錯，但真正的佛法並不是一種知識、語言或概念性的文章，而是我們生命的實相、現象的實相和事實，生命的真理、來世的真理和現象的真理；僧侶是法的實修者。

大德 G：佛就是法，佛就在法中；法就是眾，法就是僧；佛法僧三寶是一寶。真正佛法僧三寶在你那兒，在每個人心中。每人心中能萬緣放下，一念皆空，你那兒就是三寶，與虛空相等。

七非先生說：

當一切回到經典，就都變得清晰簡單。

《金剛經》云：離一切諸相，則名諸佛。

《楞嚴經》云：離一切相，即一切法。

《大毗盧遮那成佛神變加持經》云：最初正覺心，第二名為法；彼心相續生，所謂和合僧。

這三句經文，闡釋的就是「三寶」意。

佛陀菩提樹下覺悟初語：奇哉！奇哉！此諸眾生云何具有如來智慧，愚癡迷惑，不知不見。

換句話說，一切所謂佛法修學的根本，只在「破除妄想執著」這一件事，絕無二件。

所以你想成佛，就問你能不能離一切相。

這個相包含了外在的一切名相，包含了你的思維相，包含了你起心動念的所有的心相。

但你迷執於一人一物一法一受一識一念……無論其為宗教形象或

日常形象，均是構築輪迴苦海。

凡讓你離相破執的，無論呈現為何，或誦經持咒，或烹牛宰羊……生殺予奪，都是佛法。

凡讓你加重迷執，更添繫縛的，無論呈現為何，或誦經持咒，或烹牛宰羊……都不是佛法。

僧，就是你的無住心。隨緣生、隨緣滅，隨緣起用而不生任何染執，這便是你的覺悟人生，如此，無論衣服髮型為何，行為角色為何，你都是一個真正的和合僧。若非如此，皆不足論。

佛法僧「三」寶同時對應你的身語意「三門」，指的也是你的生命體相用的「三」層關係。

那麼什麼是「寶」？

「寶」是難得稀有珍貴義，凡夫能行離相破執是很難很難的。

「寶」還表能圓滿成就自他一切功德義。這個能圓滿一切功德的，就是我們每個人本自具足的自心性。

其實就好比小學、中學、大學都在教數學，可層次畢竟不同。

佛法亦如是。

小乘、大乘、最上乘，也都在講佛法僧。

小乘的佛法僧是理、法、事。

大乘的佛法僧是般若心行。

最上乘則直指心性，回歸徹底不二。

你想皈依哪個層次的佛法僧三寶，惟在自己選擇了。

回到生活裏，能於時時處處覺而不迷，解黏去縛，自在平常，就是你很好的應用三寶。

附錄 7：拿什麼來愛你，佛的三法印！

這是七非先生和小夥伴們的一次隨性講話片段，小編覺得這種從心裏自然流淌出的精彩，大家當不錯過，於是整理了出來。

比如現在屋裏燈很亮。如果把燈關掉，一開始你會覺得怎麼這麼黑，可過一會兒你就覺得沒有關燈一開始那麼黑了。從生理上，這是你自動在調整視覺適應，包括耳鼻舌身意的敏感度都會得到提升。換個說法，其實這也就是你的內明開始顯露。只是因你的認知邊界和習氣邊界，這種敏感的增加往往只能達到一個比較小的限度。然而經過專門訓練的人，他的敏感度邊界，就會大過一般人。這也說明這個敏感度邊界並不是固化的，是隨緣改變的。

同理，當人睡覺時做夢，這也是一種內明的運動。所以你的夢裏所有的圖案也都是清晰可見的，感受也都是真實不虛的。關於這個運動，我們也會賦予一個名字，叫法身運動。其實醒著也是一種法身運動。只是你醒著的時候看不見夢裏的法身運動。因為這時候你心外的燈開著，就顯不出內明。

人做事也是如此。著在六根六塵生的六識裏，這叫你的外明在現，但著在這裏，你就永遠看不見內明的部分。所以非得是讓你白天黑夜，有光明黑暗，如此對照，來勾引你兩頭不住，兩頭受益。

再深入一點，無論外明也好、內明也罷，人心都是嚮往光明的。為什麼？因為人性的底色就是個光明性。這個光明性也合我們生命成長、生活發展的性。一合相的合。比如生命有光才成長，沒光就不成長，有光才看得清，沒光就看不清，人心的種種外化呈現就跟這個底色合。這個心的力量是很大的。內在發展因為需要這個明，外在我們就能造出這些人造的光（火把、電燈）來。這還是個性相的合。心在這個階段，所呈現出的能夠創造一切的力量是非常強大的。這個階段的心，在經裏被稱為識神。識神能創造後天的一切，所以很多時候還有個名字，

叫造物主。

為什麼這個造物主叫識神呢？因為它是隨我們的六根接觸六塵所生的六識而顯的緣心。這個緣心的力量就這麼大！六根碰六塵就生六識，於是人心底色那股無形無相、無方無所的能量狀態，順著六識，就能顯化創造一切。佛法並不反對識神，因識神只是我們本性的一個用。如果沒了六根六塵，不生六識的時候，自然這個自生識別、創造的「神功能」也就不顯現了。有人說，那死後難道就是識神也死了麼？這裏涉及的是你的意識層次的問題，也就是所謂的五蘊層次和關係問題，「色受想行識」的層次很豐富，表現出來，就是通過六根觸六塵而生六識，如此循環往復不休。死了，也是你的六根六塵六識的另一種緣境關係呈現，而非識神消亡。識神，也就是五蘊的後天起用功能層次之名。

破了這個識神的執，才能逐漸會得五蘊另外的面貌，也叫原本的樣貌。這個面貌，有時候也被稱為五方佛。所以識神並不能真做你的主。那沒了識神，你的這個能隨根塵生識的性和能，還在不在？這個性和能，一直在！透過了識神，這個性能的相，就開始在經中被六祖比喻為「如水常流通」。這裏也就叫種子性，或能量性，或般若性，或菩提性……無論什麼高大上的名字，所指向的都是這個東西。從這裏，這個「不生不滅、不垢不淨、不增不減」的性，就開始顯為不假任何外緣的自身能量運動狀態。而這個能量，其實也並非實有。

這個能量也分很多層次，比如以「妄想執著」為例，「執」就是「著」的能量底色，「想」就是「執」的能量底色，「妄」就是「想」的能量底色，「迷」就是「妄」的底色，「覺」就是「迷」的底色……這就是雖然本質一體不二，但卻又是層層構建嚴密的生命運動底色狀態。這也就是為什麼無論是什麼生命修學法門，都務必要從「離相破執」的理路出發的基礎原因。

剝洋蔥一樣，一層層的不斷發現，回到應用上，所謂心想事成，其實也就是這麼來的。當我們能回到這個不住「眼耳鼻舌身意」、「色聲香味觸法」、「眼識耳識鼻識舌識身識意識」這三科十八界的生命

性能流上去的時候，那麼從這裏任意念動，就會自然相應生起能量運動，也就會非常自然的在十八界裏相應成相。這就叫心想事成。

比如你起念為一隻大象，那麼就像從這個如清瀑般無窮無盡的生命妄想能量流中，迸射出一粒極微小到不足道的浪沫。同時因這粒浪沫同樣是如此的清澈無染，而構成大象的所有元素，本就如原子般的存在於生命的無限洪流之中，那麼這粒浪沫就會自然的將這隻大象呈現所需要具備的所有元素，以色聲香味觸法的形式自然呈現出來。於是這隻大象，就顯露出來，自然出現在你的生活裏。

如果用互聯網來打比方就更容易，比如所有的信息底色，都是無窮無盡的 0101……編碼，而這個編碼是可以應你的需求，呈現為無量無邊的網頁圖案和色彩、運動、商務活動，一層編碼就是另一層的基礎，同層編碼也可以互相作用形成新的呈現，無量無邊，而編碼的底色只是 0101……你說這是能量還是質量，還是什麼都不是？

而你的筆記型電腦，其實原本只是一個連接和呈現工具，通過電腦和網線，你就可以調取無量無邊的網絡信息，運用無量無邊的功能，實現無量無邊的價值和創造。可如果你的電腦沒聯網，那就只剩下自帶硬盤裏的那點存儲，估計怎麼計算，你的價值就都很貧瘠。

這裏其實還涉及持續性電流的問題。沒有電流，編碼就無法呈現，這個以後再說，其實在《破相論》裏也有詳說。所以，所謂的先天成後天，就是這樣。這就是經裏說的「妄有緣氣，於中積聚，似有緣相，假名為心」，也就是六祖說的「成一切相即心，離一切相即佛」。隨著能生的妄識心，就成一切相應的相。

世間之人，其實也都是在這麼用自己。但就如同這臺斷了網的電腦，困在自己的十八界的名色執著裏，以成像功能為自己的邊界，世界就變得很小，價值就變得幾乎等同於零，很是可惜！這個通過聯網，回歸性能流的顯相，其呈現也確是一種光明流。這也就被稱為「明心」。正修行人的基本，都是要先回到這兒，所以祖師說「不識本心，學法無益」。

這裏也有很多層次！這裏其實也只是個用，還只是性顯、性能，而不是性體、性本。但很多修行人就把這裏的某個層次又識別成了一個我，以為本我，其名「法我」。菩薩就住在這個不同層次的法我上。所以明白諸行無常後，還得諸法無我。前面那個六根六塵六識的關係，就叫諸行無常。識神以下都是諸行無常，到這裏才叫諸法無我。要從諸法，也就是能生、生所的這個光明流的性能上，悟得沒有這個我。以諸法有我，菩薩就能化身無數百俱胝，上合佛道，下化眾生。以諸法無我，菩薩還是可以化身無數百俱胝，上合佛道，下化眾生，但就知道這只是自性的用，故不必住。因其無量變化，也無所住。從這裏再不住的時候，這個能量流就成了回歸真實心性的船，也就是經裏說的「知我說法，如筏喻者」，導我們回到真正的「菩提自性」上，也就是很多人認為《心經》說的波羅蜜，也就是所謂的「到彼岸」，也叫「見性」，故曰「見性成佛」。

六祖在經中如是云：離境無生滅，如水常流通，即名為彼岸，故號波羅蜜。這個心性能量流的層次非常多，粗的比喻就叫十地。回到這個「菩提自性」的體上來，這裏就沒了光明，沒了黑暗，也沒了「有無」，沒了能造作的，沒了被造作的，什麼都沒有，這個部分才叫不可言說，或名「涅槃」，或名「寂滅」。也就是三法印的最後一個，所謂「涅槃寂滅」。所以菩薩叫如來使，一用出來就是性的能相，就叫如來使。被用出來的這個性能，因無來無去、無始無終、無常無斷、無一無異、無生無滅，就叫「如來」，又名「如來藏」或「無盡藏」……各種名字。呈現在六根六塵六識端，就叫「世尊」；而離一切相的這個本體，就被稱為「佛」。所以所謂佛的十種名號，「如來、應供、正遍知、明行足、善逝、世間解、無上士、調御丈夫、天人師、佛世尊」，就這麼來的。

各種稱謂，對應不同應用場景，這個以後線下課有機會詳細講。但無論如何，都從這個本末關係裏來。而世人，就恰恰因六根六塵六識的習氣驅動，太容易迷執在名相上。換句話說，就是死抱著這臺上不了網的破筆記型電腦不肯撒手，都不知道現在都雲存儲、雲計算了

麼？名相名相，名在相先，因名而立相，因名而著相。所以十二緣起裏也是無明、行、識，然後名色，依名色而立六入，繼而觸、受、愛、取、有、生和老死的循環。

但無名色，就無六入，也就不會再有後面的那些糾葛，所以一切佛法在世間，就從這裏入。所謂出家持戒，那麼多規矩戒條的目的，就是為了這個，方便不入六根之賊，啟人「離相破執」！而在家人行於五戒，就是讓人能直接立足於五味人生，直破殺盜淫妄飲五相之執，不住於貪嗔癡慢疑五性之迷，進而勘破色受想行識五蘊即為自性真如之五佛不二妙顯。

還是個「離相破執」！離相破執的過程，就是破名相，也就是破名色的過程。切記，這個根本重要！所以《心經》裏說「無眼耳鼻舌身意，無色聲香味觸法，無眼界乃至無意識界，無無明亦無無明盡，乃至無老死亦無老死盡，無苦集滅道，無智亦無得」，然後說「以無所得故，菩提薩埵」。

這個菩提薩埵，就是開始入「法身等流」的真實。唯有破了對名相的執，才有可能看清六根六塵六識的交互關係，而超越識神用事。然後從這裏，才有可能回到對「行」的般若觀察上，這裏才開始叫「菩薩行」或「菩薩道」，而不是簡單地做些世間著相著念，強化分別取捨的好事善事。這個「行」也就是前面說的種子流，經云「阿陀那識甚微細，一切種子如瀑流，我於凡愚不開演，恐彼分別執為我」。

這個「行」是不住四相的，所以經裏說「菩薩若有我人眾生壽者，即非菩薩」。能回到這個「如水常流通」的心性能量裏，從這個「行」再不住，才能去破這個現為大光明的根本無明。誰要和你說無明就是黑暗，那就叫外行話。根本無明就是大光明，因其無黑暗與光明的對立，住此即為無明，不住就叫性相光明藏。破了這個根本無明，才叫如來智慧德相自現，也叫佛果。所以複雜嗎？其實不複雜。繁瑣嗎？其實不繁瑣。三藏十二教廣設方便，巧立名目，各種譬喻，說來說去就說這點事。所以為什麼四聖諦是佛印？苦集滅道十二緣起，住輪迴是住在這上面，出輪迴還是出在這上面，壓根就是一件事的不同面向。

最後連「四聖諦」都不讓你住，所以說「無苦集滅道」，因若尚有此念此分別，就仍是「有念念成邪」，「分別是識」，就還在後天心裏，也就還沒真聯上全網，最多是個擴大範圍的識神境界，不過小局域網，也就是人天乘，羅漢四果都很勉強。有些人算不錯，在這裏得了點小境界，就得少為足。所以佛經裏很多時候，都是佛在破斥學生們在不同層次上的得少為足。

在這裏要切記一點，凡是六根裏產生的不同受用，全都沒有價值！你會品嚐啤酒上泛起的泡沫，你也會欣賞雨後天空的彩虹，可泡沫裏沒任何實在的酒味，彩虹再美也沒有一絲滋潤大地的價值。所以六根裏就沒個實在境界，有人在這裏各種受用，各種觀察，各種用功，各種逐求，以為解脫。這只能說是一種可以被理解的沒見過世面。所以經裏也才說要「都攝六根，淨念相繼」，這說的就是入法身等流。故而要做六根主，莫做六根奴，被六根縛。

我原來做的《從當下出發》，也在講十二緣起，作為佛教基礎知識普及很必要，大家也值得反復紮實。但作為真正講修行，只算一個前期認知的索引。很多法師、上師們，乃至不少所謂古德大德們，一路到今天還是如此，一路都還是在講名相知識，口說般若而未實行，讓人學有所得，求成更盛，而沒導人離相破執，也早把心經中「以無所得故，菩提薩埵」的切實拋在了腦後。這就自然讓初學者更著名相，更增貪好，於是「更添繫縛」，這其實是傷了佛法的本。

很多世間課程，無論呈現為何種文化表達、角度表達，傳統的、非傳統的各種身心靈修學的樣貌，但能導人「離相破執」、「歇心無為」、「無念無住」而無所得的，無論呈現為何，都是正道。

這就是「是法平等，無有高下」，「離一切相，即一切法」。凡讓人使心作意、心外馳求、無限造作的，都是徒勞無益的瞎折騰。所以《金剛經》云：若菩薩心住於法而行布施，如人入暗，即無所見。是徹徹底底的徒勞，都是在破電腦裏變著方法的各種折騰，就不肯聯網雲計算、雲存儲，而這個開關，就叫「離相破執」、「歇心無為」。

這也就是從佛陀到真正的金剛祖師們，一路的清晰標指，種種方

便譬喻，意旨所在。所以無論你是不是學佛或其他，不破名相執著，想要嚐到真自在的滋味，一點戲都沒有。任何名相都不能住，無論宗教相或非宗教相，心外相或心內相……才能實現「若見諸相非相，即見如來」。也就是經中所說的「若以色見我，以音聲求我，是人行邪道，不能見如來」。但麻煩就在於，讓世人不住名相，往往就跟殺他父母一樣。這也很能被理解，因是名色生了他的六入，六入生觸、受、愛、取、有，才有了他的「生」，各種念生，身生，我生，直至「老死」……所以從這個角度，學佛的真實向上一路，就叫「殺人父母」，然後還要「斷人錢糧」，因不讓繼續染汙著相麼！這是出家持戒所喻意，而不是換身衣服繼續著相，和下飯館一樣，原來愛吃辣，現在愛吃鹹。

　　無論鹹淡，但入取捨，其實就沒區別。非得如此「殺」、「斷」，才是出家！才能人心死、法身活，入大自在。這樣的事，又有幾個人真肯幹呢？也就無怪祖師說「求知見者如毛，悟道者如角」了。這裏還整不明白，殺斷無能，我們再去深入討論如來藏如何真實起用，如何任運調動，就都成了無益的空談。那裏的大秘密、大寶藏，又有幾人知？

　　文後補丁：前文均為戲論，無一真言。然或可以為自鏡，以期顯漏啟疑，方家批評。然則世人多好以銅為鏡，以史為鏡，以人為鏡，以言為鏡……然則諸鏡皆為外鏡。能以十八界為鏡以照認知，以五蘊為鏡以照意識，以四空為鏡以照識神，以如來藏為鏡以照心地，如此行者，又有幾人？繼而打破法身鏡以性照時，又當為何？或可參之！真如若生妄想執著則非真如，不過以一切眾生心而顯智慧德相。如此，鏡體又何來？故知性、心、思、想、念、識、意、知……身身不二。其業識者，則乃一切真如之鏡。鏡鏡當下，鏡鏡昭顯如來智慧德相，鏡鏡即是如來智慧德相，鏡鏡即是「眾生之久遠心等諸佛心」。性即相之真，不因鏡而別。打破一切鏡，無礙一切鏡時又為何？同參！

附錄 8：我的佛呀，在您的生日，和您說幾句心裏話……

我的佛呀，您是如此偉大，如果沒有三千年前，您在菩提樹下的那句徹悟：「奇哉！奇哉！此諸眾生云何具有如來智慧，愚癡迷惑，不知不見。」（《華嚴經》）我至今都還不知道，自己竟是如此的迷執於一場假我幻夢，並在自我造作的無邊幻海中無限沈淪於得失，自欺又欺人。

我的佛呀，您是如此智慧。

您早在無數經典言教中，一以貫之地不斷強調大家，無論在您在時還是您離開後，都當「依法不依人」。（《大般涅槃經》）

並告訴大家「若以色見我，以音聲求我，是人行邪道，不能見如來」。（《金剛經》）

甚至不惜在經典裏如是言道：「汝莫信我，莫隨我欲，莫依我語，莫觀我相，莫隨沙門所有見解，莫於沙門而生恭敬。莫作是語，沙門喬達摩是我大師。然而但可於我自證所得之法，獨在靜處思量觀察……」（《大寶積經》）

您是千方百計地不想讓大家「著相而求」，不讓大家視您為唯一偶像，不讓大家誤入神權膜拜的階級陷阱、迷信歧途！

您的苦口婆心，殷切勸導和真誠實在，是如此地慈悲動人。

同時您對人性的弱點又是如此地洞見了然。

很多人常常是這樣的：貪名好利而又喜不勞而獲，捍衛偏執而又易輕信盲從，常以交易心而行占有欲，慣以浮誇傲慢裝點愚昧狹隘。

雖然您也常在經典中，對我們的這些弱點，批評到讓人體無完膚地無地自容，但您卻也從未因我們的粗鄙醜陋，而對任何一個人輕視、放棄。

因為在您眼裏，我們不過是那個在外面玩耍了太久，又饑又睏，惶恐緊張，想回家但忘記了歸途的可憐小孩。

我們會跌撞，會迷失，會反復，會糊塗，會矯情，會固執，會犯錯……

這些，在您慈祥的眼中又是如此的熟悉平常，因為您曾經，也是這個小孩。

所以您又以富有經驗的過來人身份告訴我們：

1. 不因傳說而輕信；

2. 不因傳統而輕信；

3. 不因謠言而輕信；

4. 不因經典記載而輕信；

5. 不因邏輯推理而輕信；

6. 不因學說推論而輕信；

7. 不因符合常識判斷而輕信；

8. 不因預設成見而輕信；

9. 不因說者外表而輕信；

10. 不因師長所言而輕信。──（《羯臘摩經》）

通過您所說的這十種不輕信，弟子能深切地感受到，您是多麼希望我們能學會於一切處生「疑」。

因只有從坦率的「疑」中，每個人才能真的找到屬於自己的那份真信、正信、智信！

大疑大悟，小疑小悟，不疑不悟。而任何的輕易相信和簡單認同，其結果，都只會導向迷信和偏執。

雖然迷信和偏執，有時也並不是什麼真的錯誤，但確實會讓我們真的受苦，和付出更大的成本、更慘痛的成長代價。

偉大而智慧的佛呀，可饒您如此細膩慈悲，切心點滴，千百年來，很多後來人還是將您誤解誤讀。

有時無心，有時故意。其實往往大眾本無過，其責在師焉。大眾如白紙，其師如筆墨。筆墨的引導，決定了這張紙最後會是一頁斜貼在電線桿上的小廣告，還是被高奉於殿堂額楣的大中堂。

所以您在這裏，又不厭其煩地給予我們對「師」的正確認知提醒：

須菩提言：「何所菩薩惡師者，當何以知之？」

佛言：「其人不尊重摩訶般若波羅蜜者，教人棄捨去遠離菩薩心，反教學諸雜經，隨雜經心喜樂，復教學餘經，若阿羅漢、辟支佛道法，教學是事，勸乃令諷誦，為說魔事魔因行壞敗菩薩，為種種說生死勤苦，言：『菩薩道不可得。』是故菩薩惡師。」

須菩提白佛言：「何所菩薩善師，何行從知之？」

佛言：「其人尊重摩訶般若波羅蜜，稍稍教人令學成教，語魔事令覺知、令護魔，是故菩薩善師也。」──（《道行般若經》）

無上而慈悲的佛呀，請允許我再次用最摯誠的語言來贊美您，您真的是體貼周遍到一切處。

不僅首先從根本處為我們指出了「但破妄想執著，即復如來智慧德相」的生命成長方向。更從下手處指出了「凡所有相，皆是虛妄」（《金剛經》）的實操定位。同時給我們標示出「以平等智知無量法，以正直心離諸分別，則能以勝欲樂現見諸佛」（《華嚴經》）的大道通途。

若弟子們能篤實依教奉行，則人人皆可實現「以無所得故，菩提薩埵」的菩薩自在果得，毫不費力！

然而，佛呀，弟子有時也真的迷茫，若您今日尚在世，可還能認出這些自稱為您弟子的「師」或「徒」們麼？可還能認得出如今大眾對您的這些「信奉」麼？

其實千百年來，一路也都有許多人，在不斷想盡辦法、苦口婆心地重復著您的言教與提醒。

在您離世一千多年後，您的心髓傳承弟子菩提達摩曾言道：「竊見今時淺識，唯知事相為功，廣費財寶，多傷水陸，妄營像塔，虛役人夫，積木叠泥，圖青畫綠，傾心盡力，損己迷它；未解慚愧，何曾覺悟！」（《破相論》）

同樣在您離世一千多年後，您的另一位心髓傳承弟子五祖弘忍也言道：「汝等門人終日供養，只求福田，不求出離生死苦海。汝等自性若迷，福門何可救汝？」（《六祖壇經》敦煌本）

　　即便是在雪域高原，在您離世一千多年後，也有您的一位名叫蓮花生的心髓傳承弟子也曾懇切言道：「這空明常在的覺性，又被稱為平常心。不論它具有多少個深奧而美妙的名相，最終所指，不過是這當下覺性而已。」（《無染覺性直觀自行解脫之道》）

　　而之後，同在雪域高原的另一位您的心意繼承者密勒日巴尊者，在給他的弟子岡波巴的言教中，同樣繼承了從您到他的老師們一脈相承的意旨：「究竟見須觀自心……佛果不能假外求……究竟上師即佛性，莫向心外空尋求。」（《密勒日巴尊者道歌》）

　　若論佛法的究竟意旨，確有太多的層次值得追究，這點本文暫不展開。但最基本的，希望大眾能不入迷信，平等階級，建立自信，回歸生命自由，實現自主大雄的殷切本懷，卻是無論各家各宗原有的普遍本懷。

　　在近代，您的又一位名為太虛的弟子，曾寫下這樣一段話：「佛教的本質，是平實切近而適合現實人生的，不可以中國流傳的習俗習慣來誤會佛教是玄虛而渺茫的，於人類現實生活中了解實踐，合理化、道德化就是佛教。」並自此開創至今影響中國佛教主流百年的「人間佛教」運動。

　　然而，如今的現實是，山頭主義大行其道，階層分化愈發嚴重。

　　一些同樣以您的弟子自詡的「師」們，其所真正在意的，並不在於能讓弟子因自己的啟發，收穫在生活中更具自立、自強、自信、自主的自由智慧。這些「師」們所樂見的，是弟子對他的個人崇拜是否與日俱增，和是否能更長久地跪倒在他們的面前，用錢包和肉體完成無限的靈魂侍奉……他們所不樂見的，則是自己的弟子們去廣聞博學，兼聽而明。因為這樣很容易「自己」的弟子就變成了「別人」的學生。

　　他們慣常將一切合理質疑，都不由分說地扣上「誹謗」的帽子，然後再用「下地獄不得超生」，對質疑者進行無限的身心折磨和恐嚇

打壓。在這樣的手段下，所謂「學佛」，最終造就的只可能是一具具思想僵化的行屍走肉，其靈魂的本質充滿著無力、軟弱和緊張、繫縛。如此長久，還談什麼「荷擔如來家業」？這樣的身心，又能擔得起什麼？

在今天，這樣的手段，只能被稱為精神控制或脅迫、綁架。別忘了，那四個供奉著您的塑像的大殿，明明白白寫著這充滿自主力量感的四個大字：大雄寶殿！

這四個字所指向的生命狀態，最不濟也是：

超越的勇氣（大）

承擔的力量（雄）

真實的自尊（寶）

智慧的莊嚴（殿）

而這四個字，是寫給能識文斷字的每一個人的。如果離開對每個人的自性啟發，那間房子裏剩下的不過只是一堆泥偶銅胎。不是麼？

佛呀，他們是怎麼了？弟子至少知道，就是一個社會上最普通的小學教師，都會希望從自己手裏教出來的學生，未來的人生成就能遠超自己。中學、大學老師更是如此。這世界上不會有任何一個老師，會不以教出遠勝於己的學生為榮。

弟子有時也會想，如果我的學生們，最後都不過是一群永遠只會跪在我面前抱著我大腿，或塞我紅包以求祝福加持，或哭訴委屈傾倒情緒垃圾，或遇事毫無主見、自縛手腳失去自在的人，那得是說明我的教導是何其徹底之失敗？一個好老師，不可能希望學生永遠不離開自己，一個好老師，一定希望學生早日超越自己！這可是最基本的教育操守啊。

「見與師齊，減師半德。見過於師，方堪傳授。」這是在您千年之後的一位好學生百丈懷海禪師的直心語、師者心。每每聞及，不禁涕下。其成人之懷，如是之真！

後來有一位名叫龔自珍的清代詩人，也曾寫下這樣一首詩：九州生氣恃風雷，萬馬齊喑究可哀。我勸天公重抖擻，不拘一格降人才。

佛法的振興，真的需要人才。歷任新中國三屆佛協會長的趙樸老（趙樸初）也說過：「當前和今後相當時期內佛教最重要的工作，第一是培養人才，第二是培養人才，第三還是培養人才。」

那就很明確了，佛法的振興，不需要培養奴才！

佛呀，您的義理是如此透徹，您的真正傳承弟子們的繼承發揚，也是如此殷切肯實。那究竟是什麼原因，才會讓這樣的「師」們，無論穿著什麼衣服、留著什麼髮型，在時空流轉的千百年裏，能始終層出不窮並廣行其道呢？

我想，可能原因還是那兩個字：名利。名與利，其實本身沒有對錯。任何生產生活，也都離不開這兩個字的實際。行走江湖的邏輯，「名利道義」四字概之。道義能成就名利，名利能體現道義。道義原是名利本，可凡事只求名利，就容易傷了本。

佛呀，關於佛法的道義，您其實也早在《法華經》中一言以蔽之：「諸佛世尊，唯以一大事因緣故，出現於世。欲令眾生開、示、悟、入佛之知見。」

您的出現，除此一事，別無其他。您和所有的佛，都是一致希望所有人都能具備如您般的生命見地。因您知道，見地決定一切，任何人只要能越來越清明自己的生命見地，自然就會走出屬於自己的萬里坦途。所以您在《雜阿含經》中也提到「八正道中，正見第一」。

然而，這就是那些「師」們，不想我們走上的路。弟子們如果真走出了屬於自己的生命自在道路，可能一個非常現實的影響，就是直接減少了這些「師」們的人財和靈魂權的歸屬收益。所以對於您的很多教言，比如「是法平等，無有高下，是名阿耨多羅三藐三菩提」（《金剛經》），就會被他們故意視而不見，或見而不言，或言而不行，或行非所言。

他們往往強調自己所傳的法，是最至高無上、最殊勝難遇的最高級之法，你只需相信依從修持這一家一人之法，即可立地成佛。天下的餡餅怎麼就那麼巧，就剛好全部落到你的頭頂。可他們卻忘了，他們的這些說法，早被洞見了他們的您，用「實無有法，得阿耨多羅三

藐三菩提」，「乃至無有少法可得，是名阿耨多羅三藐三菩提」（《金剛經》）啪啪打臉。

也有您的另一些正信弟子、前輩大德用「道不屬修，有修皆壞」、「著相修行，皆是惡法，非菩提道」，把他們一樣破得乾乾淨淨。所以這就知道了，為什麼他們不讓自己的弟子，去領略更廣闊的佛法世界，他們必須用盡千般理由、萬般說辭，把弟子強拴在自己的井下，只能仰望著他這一片天空來下雨。他們是真的不敢，因為世界真的很大，他們的把戲真的很小很小。

佛呀，您的教育，一向是倡導回歸平等，超越階級的，而這些「師」們最喜歡的，就是營造不平等和製造階級。衣服淪為階級代表，名號變成地位象徵。法座本為尊法而設，法器本為表法而造，可如果這些變成了交易工具，利益代言，那這和菜市場裏爭個靠通道的好銷鋪位又有什麼差別？

長此以往，這就讓人們越來越在意是什麼樣標籤名號的人，坐在什麼樣的殊勝寶座上，用著什麼來歷的法器寶物，來為自己加持功德。長此以往，人們會越來越在意和算計一切外在呈現的價值幾何，而越來越遠離和濁化自己的內心清明。說好聽了，這和追明星買包包又有什麼區別？說難聽了，這樣的精神吸毒，又和殺人又有什麼區別？如何殺人？斷人慧命啊！

我的佛呀！

您明明說「一切有為法，如夢幻泡影」。

您明明說「離一切諸相，則名諸佛」。

您明明說「以無所得故，菩提薩埵」！

他們對這些，也再一次選擇了實質意義上的失憶失聰，或者曲解俗解，或者繼續視而不見，見而不言，言而不行，行非所言……他們必須要讓人有所得，並用盡手段強化得失感。因為只有通過得失感，才能營造患得患失的真實恐懼。而要想控制一個人的靈魂，最好的工具，就是恐懼！

佛呀，您在最後階段的《法華經》裏明明白白地告訴大家：「吾

從成佛以來，種種因緣，種種譬喻，廣演言教，無數方便，引導眾生令離所執。」這是和您在菩提樹下的第一句話「只因妄想執著不能證得」完整對應。這是您的無漏智。眾生之苦，皆因所執，也只因所執！但能離執，就是自在。

可他們故意強化大眾對種種「生死勤苦」的恐懼，故意強化大眾對種種「得失取捨」的在意，繼而坐實五蘊，坐實生死，坐實輪迴，那還怎麼可能實現「照見五蘊皆空，度一切苦厄」呢？他們不管。他們故意誤讀您本用例舉世間苦來破眾生世間執的方便善巧，故意讓大家去追求一個被觀念坐實的或長這樣或長那樣，比現實更加虛無縹緲的所謂「理想國」，其實這不僅一點沒讓大家收穫當下的自在，反而是愈發加重了他們更深的執念執著。大家的心被割裂在幻想中的美好裏，而愈發對立身處的現實。

如此，整個人的身心狀態就會陷入一種愈發無力、無能去客觀面對生活，必須選擇遠離逃避的荒唐。這不就是典型的吸鴉片麼？

他們還故意說，去這些或長這樣或長那樣的理想國，是您的心意包票。可他們就是不願意讓大家去簡單了解，您在任何經文的方便譬喻裏，都強調了要「首發菩提心」！菩提心是什麼心？簡單極了，「以無所得故，菩提薩埵」！人之苦，從來在於迷執貪求，是故經云「有求皆苦，無求乃樂」。無所得必無所求，一無所求，即是當下解放。自在自現，又夫復何求！

他們很多時候確實是自己不懂，但有一些是裝作不懂。裝作不懂，其實也是不懂。夢裏人說夢裏話、做夢裏事，醒來都覺得很荒唐！真懂了，哪兒會在乎這點夢中名利。真醒來了，怎麼會在意夢裏是賺了一百億還是吃了一口屎？

他們是真在意。可同時他們告訴所有人，他們是醒來的。某個角度說，這其實也應該算是一種謀財害命的犯罪了吧？弟子之前說錯了，他們其實不瘋，他們其實是要把所有人都搞瘋了。因為瘋子的錢和命，是不能自主的。

我的佛呀…！

飯，從來都是一口口吃到嘴裏，才會走向飽。當下，就在每一個當下。如果不能就在當下開始直接收穫安康喜樂、從容自在，說什麼我也是不會相信任何虛無縹緲的理想國的。所以您也說「隨其心淨，則佛土淨」，「欲得淨土，當淨其心」（《維摩詰經》）。當下，就在這每一個當下！

「自性若悟，眾生是佛；自性若迷，佛是眾生。」（《六祖壇經》）怎麼悟自性？其實您也早給我們說得明明白白，「狂心頓歇，歇即菩提」（《楞嚴經》），「知幻即離，不作方便。離幻即覺，亦無漸次」（《圓覺經》）。就是這麼簡單。

從當下，真出發！

其實我知道，簡單的道理有時候簡單說，不見得會合大家喜好繁復花俏的胃口。世人好著相，下勾子亦可。您也說過「欲令入佛智，先以欲勾牽」（《維摩詰經》）。可他們經常幹的，卻是故意讓大家迷執在對勾子的追求上。可誰又見過一條被勾子吊起的魚，能有好下場的呢？吊在勾子上的，除了大眾，其實還有他們自己。

您可真慈悲周到，關於勾子，您也都早為我們預備下了：「譬如鑽火，兩木相因，火出木盡，灰飛煙滅，以幻修幻，亦復如是，諸幻雖盡，不入斷滅。」（《圓覺經》）勾子就是個以幻修幻的方便，而不是真有個勾子。換句話說，所謂修一切法，都是為了能離一切相的舟筏。

所以您也說「離一切相，即一切法」（《楞嚴經》），而不是讓我們真的修成任何一個法！所以任何讓我們修成什麼法的說法，原來都是最大的騙局！「法尚應捨，何況非法」（《金剛經》）。那什麼是非法？「所謂佛法者，即非佛法」（《金剛經》）。原來所有自稱有個實在的佛法可修可成的，也都是全然的騙局！要不說你的這部《金剛經》，稱為金剛般若，能斷一切無明煩惱呢。

嘿，可還真好使，真透徹，斷的真乾淨！

可他們是真狠啊，這些您在經典裏的大白話，怎麼就是不肯說給大眾聽呢？他們也可能是真瘋了。有句話其實也說得好，欲使其滅亡，

先使其瘋狂。

換個角度，可他們再瘋狂，也是我們的兄弟姐妹，在佛的眼裏，也都是和我們無二無別的糊塗孩子。所以，我的佛呀，弟子找到您講的四部經，其中兩部是您用來提醒一些好為「師」者的，我想借您的聖誕，作為送給大家的禮物。

一部叫《佛說當來變經》，一部叫《迦丁比丘說當來變經》。

這兩部經，從古至今，少有人講。為什麼呢？因為佛對於這類「師」們的特徵，在這兩部經裏，是真的一點面子也沒有留地全部展露無餘，俗稱「內褲都扒掉了」。

這類「師」們會說，不讓大家看這兩部經，是怕大家看了會失去對佛的信心。我想這應該是赤裸裸的藉口吧，也其實有點侮辱了您的智慧。您能公開講給大家的內容，會覺得不適合大家閱讀學習，那您講什麼講？這便是侮辱了您的智慧。這可就沒天理了。可能只能是那種對自己沒自信的人，才會怕被揭短吧。若真有自信，又會何懼佛言、眾生眼呢？正值佛誕，建議那些「師」們還是有空讀讀吧，對自己好，對別人更負責。

另外兩部是提醒給所有學習者的，一部叫《佛說演道俗業經》，一部叫《佛說三品弟子經》，相信這兩部經，會讓很多真誠追求生命智慧的人，至少能少走很多出發定位上的彎路。至於其他推薦，比如《六祖壇經》、《金剛經》、《達摩四論》、《維摩詰經》、《楞嚴經》、《法華經》……都是大家耳熟能詳的。真心祈禱大家都能深入經藏，不斷篤行，以不負自己，不負佛恩。

佛呀，上面的內容，不過是弟子想和您說的心裏話裏，最表面層次的萬分之一。關於「徒」們的諸多錯位荒唐，更是罄竹難書。騙子有市場，因為傻子有需求。這部分弟子在《弟子不靠譜》中略有淺薄陳述，其本質就是錯位而行，導致荒唐。

弟子心中還有更多關於法的理解和傾訴，都還來不及向您一一訴說。其實即便什麼都和您說，弟子的心，您一樣徹底洞見。您的大慈大悲大智大願，正如萬世明燈、夜海慈航。有您和歷代的金剛祖師、

真心切願的踐行者們珠玉在前，弟子必當瓦礫追隨。

　　此篇心聲，簡單引用了來自近二十部漢藏經論的片段言教，以證佛法方向之共指。願天下有緣人都能早日回歸見地清明，從迷夢中醒來，趨入真實平等，實現生命大雄。如經中言，歌中唱：

　　一切有為法，如夢幻泡影，如露亦如電，應作如是觀。
　　菩提自性，本來清淨，但用此心，直了成佛！

附錄 9：與佛有關的一切，都讓我感到深深的驕傲！

數年前，七非先生一篇點擊超過十萬的文章《與佛有關的一切，都讓我感到深深的慚愧！》引爆網絡。數年後的佛陀成道日，當「恥辱」變成了「驕傲」，更不同的滋味飄然而至。內容就在下面：

1. 每當我禮拜佛像，都會感到深深的驕傲

因為我越來越理解到經中所言，「凡所有相，皆是虛妄」，「若以色見我，以音聲求我，是人行邪道，不能見如來」的更深意義。

在禪宗祖師黃檗禪師的著名公案中這樣寫道：

禪師於佛殿禮佛，小沙彌問他：「不著佛求，不著法求，不著眾求，長老禮拜，當何所求？」

黃檗禪師回答道：「不著佛求，不著法求，不著眾求，常禮如是事！」

如是回答，是何等的俐落灑脫，一塵不染，直下清淨！

經云：有求皆苦，無求乃樂。

每當我禮拜佛像，能不失此意，都會感到深深的驕傲。

2. 每當我閱讀經書，都會感到深深的驕傲

因為我越來越深入的明白「自皈依佛，深入經藏，智慧如海」的美妙，和佛陀四十九年無一法可說，無一法予人的意旨。原來確乎都是隨緣善巧的方便，以引導眾生離相破執，而非有法予人。

正如《金剛經》中所言：「知我說法，如筏喻者，法尚應捨，何況非法。」又言：「所謂佛法者，即非佛法。」亦如《法華經》中所言：「吾從成佛以來，種種因緣，種種譬喻，廣演言教，無數方便，引導眾生令離所執。」

甚至《金剛經》中還明確說：「若人言如來有所說法，即為謗佛，不能解我所說故。」

原來每當我閱讀經書，其實我都是在和我本自具足的自性佛、自性智心心相應，以心印心。原來「如是我聞」的我，真的就是我自己！

在閱讀中，能不離文字，又不著文字，「文」的不捨引導與「殊」的不落概念，並舉不二，讓我越來越會得那一份意在言之外的無說之說、無教之教，如是文殊，真是不可言說的美好！

對此，我感到深深的驕傲。

3. 每當我見到僧人，都會感到深深的驕傲

因為我越來越感受到，在這個更容易讓人向外馳求妄想，著迷五欲六塵的時代，能有一個群體，無論漢藏南北，膚色各異，其本願甘於寂靜，回歸恬淡，是如此的了不起！

甚至正因其本願如此美好清淨，所以其中也會有些性格操切者，容易率先契合了《迦丁比丘說當來變經》中所描述的種種末法呈現，來讓大眾受騙、吃苦、生疑，進而逼迫大眾遠離盲目的個人崇拜，遠離造神的自欺迷信。繼而逼迫大眾自然調頭深入智慧，不再「依人不依法」，而能「依法不依人」，不落相求，回歸平等，真實學道。

我更願意相信，這些率先契合了此經的先行者們，也一定會像先進醫院的病人一樣，最早發病自然最快痊癒，如雄獅般最快奔向遠大前程，反而率先成就人天師表。

祖德有云：寧攪千江水，莫擾道人心。每當我見到僧相，無論其動機真假，名頭標籤為何，都會感到深深的驕傲。

僧相不易，願我們皆能少以俗情糾纏，多行護持寂靜，是為殊勝功德。

4. 每當我強調「依止上師」，都會感到深深的驕傲

因為我越來越理解了如《六祖壇經》所言「迷時師度，悟時自度」是如此的真切紮實。在迷惑的時候，一個好老師，一個明眼過來人的

指導，是如此的重要，能讓自己少走太多彎路。

　　而確實一個真正的好老師，也會用最大的誠意，來成就學生早日超越自己。「青出於藍而勝於藍」。正如《無量壽經》法藏比丘能得到世間自在王佛贊許的大願「所攝佛國，超過於彼（二十一俱胝佛土）」，「我作佛時，光明無量，普照十方，絕勝諸佛」。

　　而不會讓學生成為自己身邊永遠長不大，永遠抱大腿的巨嬰。

　　亦正如宗門所言：「見與師齊，減師半德。見過於師，方堪傳授。」換句話說，如果你的生命見地和老師是一致的，這便是辜負了老師的教導栽培，為何？好老師的價值，一定是要培養出超越自己的學生，而不是複製自己。只能培養出複製自己的學生，這個老師是得有多失敗？更不用說如果學生懦弱成生生世世抱大腿的餓鬼性巨嬰呢？那不是徹底的辜負了佛恩眾生恩，和否定了自己的教學價值？只有培養學生的見地超越老師，老師的所有教學，學生也才能全然的領會消化，如此師徒雙贏，不負因緣。

　　就是在最為倡導「依止上師」的藏傳學修系統，縱觀歷史，弟子成就遠勝於師，師徒互相灌頂、互相成就的案例在幾大教派中比比皆是。

　　正如歷史上最具勝譽的藏傳佛教大師密勒日巴尊者，在給他的弟子岡波巴大師的道歌中所言：「究竟見須觀自心，務必堅定具決斷。佛果不能假外求，唯有思維汝自心……究竟上師即佛性，莫向心外空尋求。」

　　一花一世界，一葉一如來，狗子亦具佛性，如此若能心懷平等，則三人行必有我師，三人行皆是我師！自己迷惑執著時，自性一定會安排各種因緣來促進你離相破執，超越狹隘。我們的自性是我們最好的老師，呈現為外在的一切順逆因緣，讓你喜樂的給你鼓勵，讓你愁苦的破你執著。

　　真正的老師，會用一切手段讓我們學會：

　　（1）超越妄想執著之苦；

　　（2）真正回歸自皈依而非他皈依；

（3）契入徹徹底底的不二法門，光明本覺。

每當我如此這般的依止上師，都會感到深深的驕傲。

5. 每當我撚動手裏的念珠，都會感到深深的驕傲

因為我越來越能理解那首著名的禪詩：

我有明珠一顆，久被塵勞關鎖。

今日塵盡光生，照破山河朵朵。

無論我手裏是不是在撚動念珠，還是換成了電子化的計數器，或是壓根手中空無一物，我其實都沒有一刻離開過我的這顆自性寶珠，我的所有幸福悲傷，也一直都是這顆家珍的安排。

所以，還是那個著名的小段子：一個孩子問一個老人，我們念佛求菩薩，為什麼觀音菩薩手裏也拿念珠，他求誰？老人說：觀音菩薩這是在告訴我們，求人不如求己。

這個「己」，就是這顆自性寶珠！

《六祖壇經》有云：無念念即正，有念念成邪。有無俱不計，長御白牛車。無念之念，是為正念，如是我每每撚動這顆自性寶珠，接納隨順，而非偏好執著於祂所做的任何安排，無論是讓我快樂的，或者是讓我痛苦的，果然都讓我進入越來越廣闊的生命自由。

對此，我感到深深的驕傲。

6. 每當我正在修持某某大法或某某秘密殊勝法時，都會感到深深的驕傲

因為恰恰是在我執著名相標籤，貪求功德福報，習慣於接受全天下的餡餅剛好都能落在我頭上，以為用最低的代價，就能獲得最大的回報這種交易心態發生時，我才有可能真的看清自己的貪婪和愚蠢，也才能真的想起佛在經中反復強調的「無有少法予人」和「了無少法可得」，「所謂佛法者，即非佛法」。

也才會真的想起藏傳佛教的創建人，蓮花生大士在《無染覺性直觀自行解脫之道》中的珍貴言教：

「既然你已聆受三世如一的秘密教誨,便應盡拋過去的知見及一切,斷除未來的冀望及籌劃。眼前這一刻,縱有念頭生起,不執不取,心如虛空。既然,由究竟觀之,根本無法可修,故無需修持。……一旦悟及佛性無道可及,無法可悟,不證自明,便得如實而見金剛薩埵。」

尤其當後果嚴重到自己因上當受騙而人財兩失時,也才能讓我對原本最耳熟能詳的《心經》,專門用九個字重點提醒的那句,「以無所得故,菩提薩埵」,印象入心深刻!

如此,真的感恩這些能輕易出現在我生命裏的諸多「無上大法」,感恩我的自性安排,對此我感到深深的驕傲。

7. 每當我放生,都會感到深深的驕傲

因為我越來越能理解到,真正的放生,是放自己各種執念的生。一切隨順,真實隨順,是最好的放生!祖師有云:著相修行,皆是惡法,非菩提道。《金剛經》中更是明白無誤的告訴我,若人住相布施,「如人入暗,即無所見」。

我從此不再沈溺於各種形式上的功德貪求,讓無數眾生用生命來陪我繼續那造作的夢執,和加重分別妄想的把戲。而在我隨緣而行的護生救生裏,我也終於知道了要依「三輪體空」的心態來返聞自性。

更重要的是,我開始能夠在我的日常生活裏,學會主動放家人、朋友們一條生路,而不是讓他們不停的去接受和包容我的所謂信仰,我終於更多的學會了什麼是同理心、平常心、平等心和溫暖的心,我的生命開始變得開闊而從容。

每當我如此放生,都會感到深深的驕傲。

8. 每當我吃素,都會感到深深的驕傲

因為我終於知道了,因信仰而吃素的真實奧義,在於心中無是非,無取捨,無高下,無階級,食此法食,是最好的吃素。正如寺院齋堂依佛制而言:五觀若存金易化,三心未了水難消。

達摩祖師更加在《破相論》裏有清晰明白的開示:外禁六情,內

制三毒，勤覺察、淨身心。了如是義，名為持齋……世有迷人，不悟斯理……唯斷外食，自為持齋，必無是事。

我不再存有對肉食者的偏見，因為任何偏見都源於貪愛之心，若存此心，水尚難消，何況齋食。更加不會忘記這個重要的典故：佛陀在涅槃時，對供養他豬肉乾的俊達說，他一生最美好的兩頓飯，一頓是蘇迦達供養的奶粥，幫助他開啟了覺悟的大門，一頓是俊達供養的豬肉乾，開啟了他涅槃的大門。而這兩頓飯都不是形式上的素齋。

如此吃素，無論飯食隨緣為何，我都會感到深深的自在與驕傲。

9. 每當我供養僧人時，都會感到深深的驕傲

因為我沒有忘記《維摩詰經》的故事：維摩詰居士把善德長者供養的瓔珞一分為二，一半供養給最貧賤的乞丐，一半供養給難勝如來。並說道：如果能用平等心布施一個乞丐，那麼就是如同供養了一尊佛。

我更加沒有忘記《華嚴經》中所言：諸供養中，法供養最。而最殊勝的供養之法，同樣在經中如是言道：平等法者，凡夫不能入，聖人不能行。平等法者，唯有大菩薩與諸佛如來行也。

於是，我終於不再喪失平等，能夠把包括供養僧人在內的一切投我所好的美好感受，和別人對我的批評是非、責難冤枉，甚至羞辱誹謗，都畫上等號。我同樣感謝和如理供養這些讓我不悅意的人事。

我也終於知道了，經中所言「佛法僧三寶」為何？《金剛經》云「佛」者，是「離一切諸相，則名諸佛」，《楞嚴經》云「法」者，是「離一切相，即一切法」，而「僧」者，則是「和合」之意。

原來，能於一切時一切處，行不取不捨，平等不二，即為和合之人，此種人等，乃名為僧。

無怪達摩祖師同樣在《血脈論》中言道：若見自心是佛，不在剔除鬚髮，白衣亦是佛。若不見性，剔除鬚髮，亦是外道。

而六祖大師在《壇經》中也是說清了皈依佛法僧，乃皈依覺正淨也。佛者，覺而不迷；法者，正而不邪；僧者，淨而不染。而非簡單粗暴的依人不依法，著相而求，更加區分出階級高下，反而從根本上

動搖了佛陀創建佛教，廣行平等法的信仰基礎。

常行普敬，是對一切人的平等不二。要知道，一個人能恭敬他願意恭敬的人，其實沒有任何了不起，如果能從心底同樣恭敬他不喜歡的人，這才是真實的平等恭敬啊！

於是，我在內心不失對一切人事的普敬平等上，隨緣清明，如是供僧，我感到深深的驕傲。

10. 每當我參加法會時，都會感到深深的驕傲

因為當我站在這座名為「大雄寶殿」的內外時，深深的認識到，這四個字及這座殿，完全是因我而設立存在。這四個字代表了每一個人應有的超越的力量（大）、承擔的勇氣（雄）、具足的尊貴（寶）和智慧的莊嚴（殿）！

而其中所有的像，都在表徵著我內在本具的豐盈與美好；所有的儀軌，是對我內在光明的呼喚與提醒，提醒我本是佛，我本具足與自由！

我不再貪著於參加一次法會，我的業障就能消減幾億倍，越多參加，業障越輕。不再用任何說辭去加深我的貪執。因為我知道，貪執才是最大的業障。

我也更加知道，法會的意義，更在於「若言下相應，即共論佛義」，彼此促進、互相啟發，參照破執，如此，則「十方同聚會，各自學無為」，內心光明自現，自然成就吉祥。而非簡單的盲從膜拜與追求神秘。

更加不再墮落於評比宗派高下，墮落人我是非，畢竟佛言「是法平等，無有高下，是名阿耨多羅三藐三菩提」。是法平等，只在各自相應，是如此的真實不虛！

如是參加法會，我感到深深的驕傲。

……

因為我的以上改善，我的生活開始進入一種越來越自在喜樂、身心健康、從容和諧的境地，內心反而越來越真實謙下、越來越能讓家人覺得溫暖，產生信心，讓同事、朋友越來越覺得佛法務實落地，能

作用生活，更願接近。我心裏的苦惱和是非越來越少，不再覺得只有自己最智慧、自己的派別最高大，自己的師父最完美……

我更加認識到，其實除了自己之外，每個人都在自性大雄的成長之路上，走得風生水起，各自風光，哪有真的弱者？每個人都在自己的自性因果裏，行持著最恰如其分的成長節奏。

我終於不再那麼幼稚可笑，開始走向破除迷信，解放思想，實事求是的生命大自在之路。

以上，就是在明眼人的幾段話點化下，在短短的時間裏，我的生命從內到外的迅速轉變。如此可見，見地有何其重要！無怪佛言「八正道裏，正見第一」！

這幾段話，此時再讀，更如旭日陽光，讓人感動、震撼，深思：

1. 「若欲修行，在家亦得，不由在寺。在家能行，如東方人心善；在寺不修，如西方人心惡」。——《六祖壇經》

2. 「汝等門人終日供養，只求福田，不求出離生死苦海。汝等自性若迷，福門何可救汝？」——五祖弘忍

3. 問曰：因何不得禮佛菩薩等？答曰：天魔波旬阿修羅示見神通，皆作得菩薩相貌。……若見自心是佛，不在剔除鬚髮，白衣亦是佛。若不見性，剔除鬚髮，亦是外道。——《達摩血脈論》

4. 外道不會佛意，用功最多；違背聖意，終日驅驅念佛轉經，昏於神性，不免輪迴。佛是閑人，何用驅驅廣求名利，後時何用？但不見性人，讀經念佛，長學精進；六時行道，長坐不臥；廣學多聞，以為佛法。此等眾生，盡是謗佛法人。——《達摩血脈論》

5. 難陀，汝莫信我，莫隨我欲，莫依我語，莫觀我相，莫隨沙門所有見解，莫於沙門而生恭敬。莫作是語，沙門喬達摩是我大師。然而但可於我自證所得之法，獨在靜處思量觀察。常多修習隨於用心所觀之法，即於彼法觀想成就，正念而住。自為洲渚，自為歸處。法為洲渚，法為歸處。——《大寶積經》

6. 善男子，一切障礙，即究竟覺，得念失念，無非解脫，成法破法，皆名涅槃，智慧愚癡，通為般若，菩薩外道所成就法，同是菩提，無明真如無異境界，諸戒定慧及淫怒癡，俱是梵行。眾生國土，同一法性，地獄天宮，皆為淨土，有性無性，齊成佛道，一切煩惱，畢竟解脫，法界海慧，照了諸相，猶如虛空，此名如來隨順覺性。——《圓覺經》

7. 最後一段來自《六祖壇經》的「無相頌」，語句如此平實，而又如此震撼人心：

心平何勞持戒，行直何用修禪。
恩則孝養父母，義則上下相憐。
讓則尊卑和睦，忍則眾惡無喧。
若能鑽木出火，淤泥定生紅蓮。
苦口的是良藥，逆耳必是忠言。
改過必生智慧，護短心內非賢。
日用常行饒益，成道非由施錢。
菩提只向心覓，何勞向外求玄。
聽說依此修行，西方只在目前。

六祖大師有云：佛法在世間，不離世間覺。離世覓菩提，恰如求兔角。

我希望我接下來的人生，再面對與佛有關的一切時，不僅能繼續昂首驕傲，「佛」之一字，可以更好在我的點滴生活裏，成為可隨時運用自如的智慧光明。而每一位與我結緣的人，都能收穫來自每個人本自具足的自性光明裏，更美好的從容自在與喜樂安康。

如此，或者我可以自稱為一個佛法的信仰者、追隨者。或者，我可自稱為一個佛教徒。

以此文，紀念偉大的佛陀成道。

以此文，願每位有緣人皆得無上生命自在。

國家圖書館出版品預行編目資料

不二之光：達摩祖師《破相論》全維度解析／趙一
澄著作 . -- 初版 . -- 新北市：華夏出版有限公司，
2023.01
　　　　面；　　公分 . --（圓明書房；04）
ISBN 978-626-7134-68-9（平裝）
1.CST：佛教修持 2.CST：生活指導

225.87　　　　　　　　　　　　　111018339

圓明書房 004

不二之光：達摩祖師《破相論》全維度解析

著　　作　趙一澄
印　　刷　百通科技股份有限公司
　　　　　電話：02-86926066 傳真：02-86926016
出　　版　華夏出版有限公司
　　　　　220 新北市板橋區縣民大道 3 段 93 巷 30 弄 25 號 1 樓
　　　　　電話：02-32343788　傳真：02-22234544
E-mail：　pftwsdom@ms7.hinet.net
總 經 銷　貿騰發賣股份有限公司
　　　　　新北市 235 中和區立德街 136 號 6 樓
　　　　　電話：02-82275988　傳真：02-82275989
　　　　　網址：www.namode.com
版　　次　2023 年 1 月初版—刷
特　　價　新臺幣 600 元（缺頁或破損的書，請寄回更換）

ISBN-13：978-626-7134-68-9